Oliver Rosenbaum

Wörterbuch **Computerenglisch**

Deutsch | Englisch
Englisch | Deutsch

5., erweiterte und
aktualisierte Auflage

Cornelsen

Bis zur 4. Auflage erschien das Werk bei
Cornelsen Verlag GmbH & Co. OHG, Berlin

Verlagsredaktion: Erich Schmidt-Dransfeld / Christine Schlagmann
Technische Umsetzung: Christian Jackmuth, Dormagen
Umschlaggestaltung: Cornelsen Verlag Design

Informationen über Cornelsen Fachbücher und Zusatzangebote:
www.cornelsen.de/berufskompetenz

5. Auflage

Druck: Druckhaus Thomas Müntzer, Bad Langensalza

ISBN 978-3-589-24053-1

Gedruckt auf säurefreiem Papier
aus nachhaltiger Forstwirtschaft.

Hinweise für den Benutzer

Das vorliegende Wörterbuch wendet sich an berufliche und private Nutzer von Computern und Telekommunikationseinrichtungen. Es berücksichtigt grundlegendes Vokabular zur Datenverarbeitung, zum PC, zur Programmierung sowie zur Computertechnik und zu Netzwerken. Das Wörterbuch soll Hilfsmittel sein, um Bildschirmdialoge, Bedienungshinweise, Handbücher, technische Beschreibungen etc. unmissverständlich verstehen und sich umgekehrt angemessen mit den Fachtermini ausdrücken zu können.

Englisch ist im Computerbereich nicht nur Fremdsprache, sondern teilweise auch Fachsprache. Zahlreiche Begriffe der Computerwelt entstammen der englischen Sprache und werden in einer besonderen fachlichen Bedeutung benutzt.

Das Wörterbuch enthält deshalb nicht nur die eindeutigen Fachbegriffe, sondern auch allgemeinere Termini mit einer fachlichen Spezialbedeutung. Dies ist durch erläuternde Anmerkungen oder Fachgebietszuordnungen jeweils klargestellt.

Da Benutzer eines solchen Wörterbuchs in der Regel mindestens über Schulkenntnisse des Englischen verfügen werden, wurde zugunsten eines handlichen Umfangs darauf verzichtet, die einzelnen Wortarten komplett aufzunehmen. Wenn Substantiv und Verb den gleichen Wortstamm haben, ist meist nur das im Hinblick auf die Anwendung wichtigere Wort aufgeführt. Berücksichtigt sind aber sowohl Einzelbegriffe als auch stehende Wortverbindungen, die in konsequent alphabetischer Reihenfolge angeordnet sind.

Die vorliegende fünfte Auflage stellt im Wesentlichen die Erweiterung und Fortschreibung der vorangegangenen Auflage dar. Zahlreiche Begriffe aus neuen Entwicklungen der Internet-Technologie, aber auch aus den Bereichen Schule, Universität und Beruf sind hinzugekommen. Der Teil Deutsch/Englisch umfasst damit nun ca. 8.700 und der Teil Englisch/Deutsch etwa 9.000 Einträge.

Deutsch – Englisch

A

abändern to alter
Abänderung variation
abbestellen to unsubscribe
Abbild image, disc image (CD-R)
abbilden to image
Abbildung figure
Abbildungsspeicher frame-buffer
abblättern (Beschichtung) to exfoliate
abblenden to fade down
abbrechen to truncate, to break (a program)
Abbruch abort (program)
Abbruchcode break code
Abbruchfehler (Fehler der zum Abbruch führt) truncate error
Abdeckplatte cover plate
Abdeckung mask, cover
Abdruck print (hardcopy)
Abenteuerspiel adventure game (software)
abfallen to release (electronics)
Abfallspannung drop out voltage (electronics)
Abfallwert release value (electronics)
abfangen (eine Meldung) to intercept
abfassen (z.B. Programmbeschreibung) to redact
abfedern to cushion (mechanics)
abfertigen to dispatch
Abfertigung dispatch
Abfluss drain (electronics)
Abfrage query (software)
Abfrage mittels Beispiel query by example (QBE)
Abfrageimpuls (Speicher) interrogation pulse (electronics)
abfragen to interrogate
Abfrageregister interrogation register
Abfragesprache (Datenbank) query language (software)
Abfragestation inquiry station (hardware)
Abfragestrom sensing current (electronics)
Abfragetechnik (z.B. beim Telefaxgerät) polling
abfühlen to sense
Abgabe, Steuer tax
abgehend outgoing
abgehende Einzelverbindung personal shared connection
abgehende Nachricht outgoing message (software)
abgehender Ruf (Telekommunikation) call request
abgeleiteter Schlüssel slave key (software)
abgerundet round
abgeschirmter Doppelleiter shielded twisted pair
abgeschirmtes Kabel shielded cable
abgeschirmtes Teilnetz screened subnet (firewall)
abgeschlossene Datei historical file (software)
abgesetzte Zahlentastatur ten digit keyboard
abgespult unwind (mechanics)
abgetastete Werte sampled data (software)
Abgleich allignment (electronics)
abgrenzen to delimit, to delimitate
Abgrenzung delimitation
Abgrenzungszeichen data link escape
Abhandlung discourse, dissertation
abhängen to depend
abhängig interdependent
Abilene highspeed-network (Internet2)
Abklingzeit decay time (electronics)
abkürzen to abbreviate
Abkürzung abbreviation
Ablagerung deposition, incrust
Ablaufdiagramm flow diagram, sequence chart
Ablaufdiagramm flowchart
ablaufendes Programm running program (software)
Ablauffehler der Gegenseite remote procedure error
Ablaufgeschwindigkeit take-off speed
ablaufgesteuert sequence-controlled
Ablauflinie flow line
Ablauforganisation operational chart
Ablaufplan flowchart
Ablaufsteuerung program control
Ablaufverfolgung trace (program)
Ablaufzeit running time
ablegen to deposit
ablehnen to disallow
ableitbar derivable
Ableitung derivation (mathematics)
ablenken (z.B. Elektronenstrahl) to deflect (electronics)
Ablenkplatte (an einer Kathodenstrahlröhre) deflection plate (electronics)

A

Ablenkspannung (an einer Kathodenstrahlröhre) deflection voltage (electronics)
Ablenkspule (an einer Kathodenstrahlröhre) deflection coil (electronics)
Ablenkung deflection, deviation
Ablesegenauigkeit reading accuracy
ablösbar detachable
Ablösung redemption
ablöten to unsolder
abmelden to log off (network)
Abmeldenachricht logoff note
Abmessung dimension
abmontieren to dismount
Abnahme acceptance, decrease, decrement, dwindling
Abnahmeprüfung acceptance test, inspection test
abnehmbar detachable
abnehmen to dwindle, to decrease
Abnehmer purchaser
abnutzen to fray
Abnutzung abrasion, attrition, waste, wear (mechanics)
Abonnement (z.B. Zeitschrift) subscription
abonnieren (z.B. Zeitschrift) to subscribe
Abrechnung payoff
Abrechnungsmanagement accounting management
Abriss, Kompendium compendium
Abruf (z.B. Daten) fetch (data)
abrufen to recall
Abruf-Telefax fax on demand
Abrufzyklus fetch cycle
abrunden to half adjust, to round off (mathematics)
Abrundung round off (mathematics)
Absatz paragraph
abschalten to cut-off, to dump
Abschaltung shutdown
abschätzbar appreciable
abschätzen to value, to size up
Abschätzung estimation (mathematics)
abschirmen to screen (electronics)
Abschirmung screen (electronics), shielding
abschließen (z.B. eine Datenübertragung) to complete
Abschlusstest final test
Abschlusswiderstand termination (electronics)
Abschnitt segment, sector
Abschnitt einer Festplatte partition (software)
Abschnittsmarke file mark (software)
abschrägen to bevel, to slope
Abschrägung slope
Abschreibungszeitraum payoff period
Absenderadresse source address
Absenderkennung blind carbon copy (E-Mail)
Absicht intention
Absolutbetrag absolute value
absolute (Speicher-) Adresse absolute address (software)
absoluter (unbedingter) Befehl absolute instruction (software)
Absolutwert magnitude (mathematics)
Absolutwert einer komplexen Zahl modulus (mathematics)
absondern to detach, to isolate
Abspeichern des Bildschirminhaltes in eine Datei screen shot (software)
abspulen to unwind (magnetic tape)
Abstand elongation, separation, space, distance
Abstandhalter spacer (mechanics)
absteigende Folge descending sequence
abstellen to disconnect
Abstimmungssumme control total
abstrakte Testfolge abstract test suite
abstraktes Symbol abstract symbol (software)
Abstufung graduation, graduated level
Absturz crash (software), systemcrash
Abstützung brace (mechanics)
absuchen to search
Abszisse abcissa (mathematics)
abtasten to scan, to sense (mathematics, electronics)
Abtastfrequenz sampling rate (electronics)
Abtastgeschwindigkeit sampling rate (electronics)
Abtastkontakt sensing contact (electronics)
Abtastmatrix scan matrix (software)
Abtastregelung sampling control (electronics)
Abtaststift sensing pin (hardware)
Abtastung sampling (electronics), oversampling
Abtastzeit action period, scan rate
Abteilung department, section
Abteilungsleiter department head
abtreiben (z.B. einer Spur) to drift

abtrennbar detachable
Abwandlung variation
Abwärtsstrecke (Satellitenfunk) downlink
abweichen to deflect, to deviate, to diverge
abweichend variant, divergent
abweichende Namensgebung distinguished name
Abweichung aberration, deflection, deviation, divergence, nonconformity
Abweichungen korrigieren correct for deviations (mathematics, electronics)
Abweichungsbericht nonconformity record
Abweichungsgenehmigung deviation permit
abwerten to devalue
Abwertung devaluation
abwickeln (eine Spule) to unwind (mechanics)
Abzug trigger (mechanics), discount (mathematics)
abzweigen to divaricate
Achse axis (geometry)
Achteck octagon (geometry)
achtsam heedful
Adapter adapter (hardware)
Adaption adjustment
Addierbefehl add instruction (software)
addieren to add
Addierer adder
Addiermaschine adding machine (hardware)
Addierwerk adding mechanism (hardware)
Addierzähler accumulating counter
Addition summation, addition (mathematics)
Additionstheorem addition formula (mathematics)
Additionsübertrag add carry (mathematics)
Adressbus address bus (hardware)
Adresse address
Adressenänderung address modification (software)
Adressenanhang address appendix (software)
Adressenauflösung address resolution
Adressencode (in einem Befehl) address code (software)
Adressenende end of address
Adressenfeld address array (software)
Adressenkonstante address constant (software)
Adressenleerstelle address blank (software)
Adressenregister address register (software)
Adressenübersetzung address translation (software)
Adressenversatz offset (software)
Adressenwahl address selection (software)
Adressenzugriffszyklus address cycle
Adressenzuweisung address assignment (software)
Adressenzuweisung orienting (software)
Adressfeld address field
adressierbarer Punkt (Bildschirm) adressable point
adressierbarer Speicher addressable memory (hardware)
adressieren (z.B. Speicherzelle) to superscribe, to address (software)
adressierter Speicher addressed memory (hardware)
Adressierungsart addressing mode (software)
Adressierungsverfahren address mode (software)
Adressmaske address mask
Adressraum address space
Adressteil (eines Befehls) address part (software)
ähnlich analogic, analogical, analogous, similar
Ähnlichkeit analogy
akademischer Abschluss academic degree
Akkreditierung accreditation
Akkreditierungsstelle accreditation body
Akku power pack (electronics)
Akkumulator (Addierer) accumulator (hardware)
Akronym acronym
Akte dossier, file folder, file wrapper
Aktenschrank file cabinet
Aktenzeichen reference number
aktivieren to activate
Aktivierung activation
Aktivlampe (Laufwerk) busy lamp
aktualisieren to update
Aktualisieren einer Datei file updating
Aktualisierung update, hotfix (software)
Aktualität einer Webseite freshness
aktuell up-to-date

A

aktuelles (heutiges) Datum currency sign
Akustikkoppler acoustic coupler (hardware)
akustisch audible
akustische Ausgabe audible output
akustisches Signal audible signal
Akzeptanz acceptance
Akzeptieren accepting
akzeptieren to accept
Alarm alert
algebraische Funktion algebraic function (mathematics)
algebraischer Addierer algebraic adder
algorithmische Adressierung algorithmic addressing (software)
Algorithmus algorithm (mathematics)
allgemein universal, common
allgemeine Lösung general solution
allmählich gradual
allmähliche Leistungsabnahme gradual detorioration of performance (electronics)
allumfassend universal
Allzweckrechner all-purpose computer
Alphabet alphabet
alphabetisch geordnet abecedarian, alphabetic
alphabetischer Code alphabetic code
alphabetisches Zeichen alphabetic character
alphamerisch, aus Alphazeichen (Buchstaben) bestehend alphameric
alphanumerisch alphanumeric
alphanumerische Suche keyword search
alphanumerisches Zeichen (Buchstabe oder Zahl) alphanumeric character
Alternativspur alternate track (magnetic tape)
altertümlich antiquarian
Alterungseffekt stale effect
ALT-Taste alt key
Amboss anvil (mechanics)
Amortisation redemption, amortization
amortisieren to redeem
Amperemeter ammeter (electronics)
Amplitudenmaßstab amplitude scale factor
amtliches Schriftstück official document
Amtsleitung (Telefon) subscriber line
Amtston (Telefon) dial-tone
Amtszeichen (Telefon) dial-tone
analog analog
Analog-Digital-Umsetzer analog-digital converter (electronics)
Analog-Digital-Umsetzung analog-digital conversion
analoge Darstellung analog representation (electronics)
analoge Daten analog data (software)
analoger Prozessrechner analog process computer (hardware)
Analogwert analog quantity (electronics)
Analyse (z.B. eines Problem) analysis
analysieren (einen Text) to parse (software)
Analytiker analyst
anbauen to attach (mechanics)
Anbieter provider (Internet), supplier
Anblick spectacle
andauernd abiding
ändern to modify
anders als unlike
Änderung amendment, modification, surge
Änderungsdatei updating file (software)
Änderungsliste list of modifications
Änderungsroutine modification routine (software)
Andock-Station link station
andrücken to glue (mechanics)
anerkennen to receive, to recognize
Anerkennung acknowledge
anfällig prone
Anfälligkeit brittle
Anfang origin, start, commencement
Anfänger rookie
anfänglich initial
Anfangsadresse commencement location address (software)
Anfangsbuchstabe initial
Anfangsfehler inherited error
Anfangskennsatz presentation header
Anfangskennung (Datensendung) transmission header
Anfangsmarke beginning mark (software)
Anfangspunkt zero
Anfangswert initial value (mathematics)
Anfangszustand initial state (of a system)
anfassen to handle
Anforderung request, requirement (software, electronics)
Anforderungsende end of inquiry
Anforderungszähler (Netzwerkserver) request counter
Anfrage (über ein Terminal) console request (software)

A

anführen to lead
Anführungszeichen inverted commas, quotation-marks
Angabe datum
Angebot tender, service
Angel pivot (mechanics)
Angelpunkt hinge (mathematics, mechanics)
angemessen apposite, proportional
angemessen appropriate
angestrengt intense
angewandte Forschung applied research
angewandte Mathematik mixed mathematics
angleichen to assimilate
Angrenzen (von Daten) adjacency (software)
angrenzend adjoining
anhaftend inherent
anhalten to halt
Anhalteweg stop distance (magnetic tape)
Anhaltspunkt reference point
Anhang affix, appendix
anhängen to suffix
anhäufend cumulative
Anhäufung (von Daten) heap (software)
Anheben peaking
anheften to fasten, to glue, to tag
Animation animation (software)
anisochrone Übertragung anisochronous transmission
Anker anchor
anklebend adhesive
Anklopfen (Telefon) call waiting
ankommende Nachricht incomming message (software)
ankoppeln to couple
Ankopplung coupling (mechanics)
Ankreuzkästchen (Formular) checkbox
Ankreuz-Testverfahren multiple choice
ankündigen to advertise, to announce
Ankündigung notification
Anlage unit (hardware)
Anlaufzeit start time, warm-up time (system), (CD-Laufwerk) spin up time
Anmeldegebühr registration fee
anmelden to log on (network)
Anmeldung registration, login
Anmerkung remark (in a program)
annähernd approximate
Annäherung iteration (mathematics)
Annäherungsmethode method of approach (mathematics)
Annahme aceptance, supposition, assumption
Annahmeprüfung acceptance inspection
annehmen to adopt
annullieren to annul
Anode anode, plate (electronics)
anordnen to order
Anordnung (räumlich) arrangement, placement
Anordnung (Vorschrift) order, disposition
anpassen to adapt (hardware, software)
Anpassung accomodation, adapting, adaption, matching (hardware, software)
Anpassungsfähigkeit compatibility (hardware, software)
Anpassungsgerät adaptor
Anpassungsstück adapter (mechanics)
Anprall impact (mechanics)
Anregung suggestion
Anruf (Telefon) call
Anrufanforderung (Telekommunikation) call request
anrufen to call
Anrufer caller
Anruffehlersignal (Telefonnetz) call failure signal
Anrufverteilung (TK-Anlage) call distribution
Anrufweiterschaltung call forwarding
Anrufzeit call time
ansagen, ankündigen to announce
ansammeln to accumulate
ansässig (z.B. im Speicher) resident (a program)
anschaffen to purchase
Anschaffung purchase
anschaulich demonstrative
Anschlag (Drucker) impact (mechanics)
Anschläge pro Zeile characters per line
anschlagfreier Drucker non impact printer (hardware)
Anschlagtafel (schwarzes Brett) billboard
anschließen to connect cable (electronics), to join
Anschluss port, connection
Anschlussadresse socket address (TCP/IP)
Anschlussdatei follow up file (software)
Anschlussgerät adaptor, interface equipment (hardware)
Anschlusskabel connecting cable

A

Anschlusskennung attachment identification, calling line identity (Telekommunikation)
Anschlussklemme connecting terminal (mechanics)
Anschlussleitung lead, subscriber line
Anschlussstation link station
ansprechen to operate
Ansprechschwelle operating threshold (electronics)
Ansprechspannung pick-up voltage (electronics)
Ansprechzeit response time
anstehend pending
ansteuerbarer Punkt addressable point
Ansteuerung activation
Ansteuerungsimpuls drive pulse (electronics)
Ansteuerungsleitung seletion line
Ansteuerungsschaltung selection circuit (electronics)
Ansteuerungsstrom drive current (electronics)
Anstiegsrate (Elektronik) slew rate
Anstiegszeit rise time
Anstoß impulse (mechanics)
anstoßend adjoining
Anstrich (mit Farbe) paint
Anteil share
Antivalenz non equivalence
Antragsformular application form
antreiben to drive (mechanics)
Antrieb drive, impulse, propulsion (mechanics)
Antriebsrolle drive capstan flywheel (mechanics)
Antriebswelle transmission (mechanics)
Antwort recall, response
antworten to reply, to respond
Antwortton (Telefon) answer tone
Antwortzeit response time, turnaround time
Antwortzeit des Computers computer response time
Antwortzeitüberwachung response time monitor
anvertrauen commit
Anwahl dialup
anweisen to instruct
Anweisung statement, directive, program statement (software)
Anweisungsblock block statement (software)
Anwendbarkeit applicability
anwenden to apply, to employ
Anwender user
Anwenderhandbuch user manual
Anwenderprogramm application program, user program
Anwenderprotokoll user protocol
Anwendersoftware application software
Anwenderteil data user part
Anwendung application (software)
anwendungsbezogen practice-related
Anwendungsdienstelement (OSI-Schichtenmodell) application service element
Anwendungsflexibilität feature flexibility
Anwendungsgebiet field of application
Anwendungspaket application package (software)
Anwendungsprogramm application program (software)
Anwendungsschicht (OSI- Schichtenmodell) application layer
Anwendungssystem application system (software, hardware)
anwesend present
Anwesenheit presence
Anwesenheitspflicht compulsory attendance
Anzeige display (hardware), notice, indication, insertion, notification
Anzeigeeinheit display unit (hardware)
Anzeigeeinrichtung display device, visual indicator (hardware)
Anzeigegerät display device (hardware)
Anzeigeliste display liste
anzeigen to display, to indicate
Anzeiger index
Anzeigeregister display register
anziehen to attract (magnetism)
anziehen (eine Schraube) to tighten (mechanics)
Anziehungskraft gravitational pull
aperiodische Schwingung dead beat oscillation (electronics)
Apparat apparatus (hardware)
Applikationsschnittstelle (ISDN-PC-Karten) programmable communication interface
Approximation (Näherung) approximation (mathematics)
Äquivalenz equivalence (mathematics)
Arbeit work, employment
arbeiten to work, to function, to operate
Arbeitgeber employer
Arbeitsablauf operating sequence
Arbeitsanweisung working instruction

Arbeitsauftrag job order
Arbeitsbelastung load
Arbeitsbereich (z.B. im Speicher) working space, scratch area
Arbeitsbescheinigung confirmation of employment
Arbeitsblatt spreadsheet (software)
Arbeitsdatei work file (software)
Arbeitseinheit item of work
Arbeitsentwurf working draft
Arbeitserlaubnis work permit
Arbeitsgang pass, cycle
Arbeitsgeschwindigkeit operating speed
Arbeitsgruppe working group
Arbeitskontakt normally open contact (electronics)
Arbeitskraft (menschliche) human resources
Arbeitskreis study group
Arbeitsleistung load
Arbeitsmarkt job market, labor market, employment market
Arbeitsmethode working method
Arbeitspapier working paper
Arbeitsplatzbegehung workplace inspection
Arbeitsplatzrechner workstation
Arbeitsprogramm working program (software)
Arbeitsschritt job step
Arbeitssicherheit occupational safety
Arbeitsspannung operating current (electronics)
Arbeitsspeicher working memory, working storage (hardware), work space
Arbeitsstunde man-hour, working hour
Arbeitsunfall accident at work, occupational accident
Arbeitsvorbereitung job management, operations scheduling
Arbeitsvorgang working process
Arbeitswicklung operating coil (electronics)
Arbeitszeit work hours, working time
Arbeitszyklus operating cycle, working cycle
Architekt architect
architektonisch architectonic
Architektur architecture
Archiv morgue, archive
Archivierungssystem document recognition system
Archivordner hotfolder
Archiv-Rechner archiv site
Argument argument (mathematics)
Arithmetik arithmetic (mathematics)
arithmetische Rechenoperation arithmetic operation (mathematics)
arithmetische Reihe arithmetic progression, arithmetic series (mathematics)
arithmetischer Koprozessor floating point processor (hardware)
arithmetisches Mittel arithmetic mean (mathematics)
arretierende Taste locking type of button (mechanics)
Art sort
Art und Weise mode
Artikel item
Artikelnummercode european article number (EAN), universal product code (UPC), (Barcode)
Asbest (z.B. als Isolierung) asbestos
Assembler (Programmiersprache) assembler (software)
Assembleranweisung assembler statement (software)
Assemblerbefehl assembler instruction (software)
Assemblerprogramm assembly routine (software)
Assemblersprache assembly language (software)
Assemblersystem assembly system (software)
assemblieren to assemble (software)
Assoziativspeicher associative memory, associative storage (parallel search memory)
Asymmetrie asymmetry
asymmetrische Vollduplex-Datenübertragung split-speed
asynchron nonlocked, asynchronous
Asynchronbetrieb asynchronous operation
asynchrone Übertragung asynchronous transmission
Atomtechnik nucleonics
Attrappe dummy (software, hardware)
Attribut attribute (software)
ätzen to corrode
Audio-Ausgang audio output (electronics)
Audio-Erweiterungskarte soundcard (hardware)
Aufbauen einer Verbindung dialup
Aufbereiten (von Daten) editing
Aufbereitung preparation, reconditioning

A

Aufbereitungsroutine edit routine (software)
aufbewahren to reserve
aufblenden to fade up
aufblitzen to flash
aufdrücken to imprint
aufeinanderfolgend sequent, successive
aufeinanderlegen to stack
Aufenthaltserlaubnis residence permit
auffinden to locate
Auffinden von Fehlern fault finding
Aufforderungsbetrieb normal response mode
auffrischen to recreate, to refresh
Auffrischen (z.B. Speicher) refresh (electronics)
Auffrischung refreshing (memory)
Auffrischungsschaltung refresh logic (electronic)
Auffüllen padding
auffüllen to refill
Auffüllen mit Nullen zero fill, zeroise
Aufgabe lesson, task
Aufgabenstellung problem
Aufgabensteuerung task management (software)
aufgliedern to dissect
Aufgliederung dissection
Aufhängen (Programm) hang up
aufhäufen (sich) to accumulate
aufheben to annul, to cancel, to undo
Aufhebungsbefehl undo command (software)
Aufkleber sticker
Auflage edition
auflaufende Summe running total
auflösen to disintegrate, to resolve, to solve
Auflösung resolution (picture)
Auflösungszeit response time
Aufmachung get-up
Aufmerksamkeit interest
Aufnahmegebühr initiation fee
aufnehmen to enter
Aufnullen zerofill
Aufprall des Schreib-/Lesekopfes head crash (mechanics)
aufrecht perpendicular
aufrechterhalten to uphold
aufrollen to uncoil
Aufruf call, cue
Aufruf zur Stimmenabgabe call for votes
Aufrufbefehl (für ein Unterprogramm) calling instruction (software)
Aufrufbetrieb normal response mode (Telekommunikation)
aufrufen to call
aufrunden to half adjust, to round up (mathematics)
Aufrundung round up (mathematics)
Aufrundungs-Fünf five impulse (mathematics)
Aufrüstungsprozessor upgrade processor (hardware)
Aufschlagstelle (z.B. beim Drucker) point of impact (mechanics)
aufschließen to unlock (mechanics, software)
aufschrauben to unscrew (mechanics)
aufschreiben to inscribe, to note
Aufschrift superscription
Aufseher supervisor
Aufsetzbereich landing zone (harddisk)
Aufsetzen (des Schreib-/Lesekopfes) landing (mechanics)
Aufsicht inspection
aufstapeln to stack
aufsteigende Reihenfolge ascending sequence
aufstellen to install
Aufstellung installation (hardware)
Aufstellungsort site
aufsummieren to accumulate
Aufsummierung addition
auftauchen to surface
aufteilen to split
Aufteilung (Frequenzband) channel raster
Auftrag job, order, commission
Auftragsbestätigung sale-note
auftragsbezogen job oriented
Auftragsnummer job number
Auftragsrechner job server
Auftreten incidence
Auftritt scene
aufwärtskompatibel upward compatible (hardware, software)
Aufwertung appreciation
Aufwickelgeschwindigkeit take-up speed (mechanics)
aufwickeln to wind up
Aufwickelspule take-up wheel (mechanics)
aufzählen to enumerate
Aufzählung enumeration
aufzeichnen to graph, to record
Aufzeichnung record (electronics)
Aufzeichnung der Kopfdaten header record (software)

Aufzeichnung, simulierte simulated recording (CD-writer)
Aufzeichnungsdichte recording density, storage density (electronics)
Aufzeichnungsgenauigkeit accuracy of recording
Aufzeichnungsmedium recording medium
Aufzeichnungsschicht recording layer (CD-R)
Aufzeichnungssoftware recording software
Aufzeichnungsspur recording track, tracking guide groove (CD)
Aufzeichnungsverfahren recording method
Aufzeichnungsverkettung record linkage
augenscheinlich evident
Ausbau (Erweiterung) development (hardware)
ausbauen to extend
ausbessern to refit
Ausbesserung refitment
Ausbeute yield
Ausbilder instructor
Ausbildung education, training
Ausbildungsprogramm training program (software)
Ausbleiben non-attendance
Ausblendebefehl mask instruction (software)
Ausblenden masking (software)
Ausblendung (audio/video) fade out
Ausblick preview
ausbreiten to explode, to expand
ausdehnen to distend, to expand, to extend, to lenghten
Ausdehnung expansion, extent, dilatation, distention
Ausdruck expression, term (mathematics)
Ausdruck (auf Papier) hardcopy (on paper)
Ausdruck des Bildschirminhaltes (auf einem Drucker) screen dump
Ausdruck, eingeklammerter bracketed therm (mathematics)
ausdrucken to print out (on paper)
ausdrücken to word, to voice
ausdrücklich explicit, expressly
Ausdrucksweise diction
ausdünsten to exhale
Ausdünstung exhalation
auseinandernehmen to dismount, to disassembly, to strip (mechanics)
Ausfall failure, outage, shortfall (system)
Ausfall der Netzspannung AC dump (electronics)
Ausfall eines Bits (auf einem magnetischen Speicher) dropout (electronics)
Ausfall eines Gerätes equipment failure
ausfallen to break down
Ausfallhistogramm failure histogram
Ausfallkurve failure curve
Ausfallrate failure rate
ausfallsicheres (störungssicheres) System fail safe system (hardware)
Ausfallzeit (durch eine Reparatur) makeup time, down time
ausfasern to shred
Ausfertigung execution
ausfindig machen to locate
ausfragen to interrogate
ausfransen to fray
ausfräsen to countersink
ausführbar executable
ausführbare Programm executable program (software)
Ausführbarkeit executable
ausführen to implement, to effect, to execute
ausführendes Programm executive routine (software)
Ausführung execution, implementation
Ausführungszeit run time, execution time, operation time
Ausführungszyklus execution cycle
Ausgabe edition, issue, output
Ausgabe, akustische audible output
Ausgabebefehl output instruction, output statement (software)
Ausgabebereich output area
Ausgabedatei output file (software)
Ausgabedaten output data (software)
Ausgabedrucker terminal printer (hardware)
Ausgabeeinheit output element, output unit (hardware)
Ausgabeformat output format
Ausgabegerät output device, output equipment (hardware)
Ausgabekanal output channel
Ausgabeport output port (hardware)
Ausgabe-Pufferspeicher output buffer storage (hardware)
Ausgabewarteschlange output queue
Ausgabewicklung output winding (electronics)

A

Ausgang (aus einem Programm) exit (software)
Ausgang eines Gerätes output terminals (hardware, electronics, mechanics)
Ausgangsadresse home address (software)
Ausgangsanschlüsse output terminals (hardware)
Ausgangsbedingungen initial conditions
Ausgangsbuchse exit hub (electronics)
Ausgangsdaten original data, raw data, source data (software)
Ausgangsmaterial raw material
Ausgangspaketlänge default packet size (network)
Ausgangsposition home position
Ausgangswert default value
ausgearbeitet elaborate
ausgeblendeter Zustand masked state
ausgewachsen, erwachsen adult
Ausgleich compensation
ausgleichen to compensate, to counterbalance
Ausgleicher handicaper
Aushilfspersonal temporary staff
Auskleidung lining
auskoppeln to uncouple
auskratzen to erase
Auskunft information, intelligence
auskuppeln to declutch, to disconnect, to ungear
Auskuppelung disconnection (mechanics)
Auslagerung outsourcing
Auslagerungsdatei swapfile, temporary file (software)
Auslagerungsdatei, ständige permanent swapfile (PSF)
ausländisch foreign
Auslandspraktikum practical training abroad, practicum abroad
Auslandsstudium study abroad
Auslandsvermittlung foreign exchange
Auslaufen level off (electronics, mechanics)
Auslaufsektor run out sektor (CD-R)
Ausleihbibliothek lending library
auslesen to read out
Ausleuchtbereich (Satellit) footprint
ausloggen to log off
Auslösefunktion trigger function
Auslöseimpuls trigger pulse (electronics)
Auslösekriterium trigger criterion
auslösen to release, to trip
Auslöser trigger
Auslösesignal trigger signal (electronics)
Ausmaß dimension
Ausmessung admeasurement
Ausmultiplizieren factoring (mathematics)
Ausnahme exception
auspacken (eine Datei) to unpack (a file)
Ausprobieren trial-and-error
ausradieren to erase, to rub out
ausrechnen to cipher (mathematics)
ausreichend bemessen conservatively rated
Ausreißer outliers
ausrichten align
Ausrichtung alignement
Ausrüstung equipment (hardware), outfit
Ausschalter cut-out (electronics)
ausschließen to exclude
ausschließlich exclusive
Ausschuss junk, scarp
ausschwitzen to exude
Ausschwitzung exudation
außen external
Außenstation outstation (hardware)
Außenstelle remote station
Außenstellenrechner satellite computer (hardware)
außer Betrieb out of order
außerhalb befindlich, äußerlich external
außerordentlich extraordinary
äußerst extreme
außerstande unable
äußerste linke Ziffer leftmost position
äußerste Maßnahme extremity
Aussetzen intermission
aussetzen to expose, to intermit
Ausstattung configuration, outfit
ausstellen to show
Ausstellung show
ausstoßen to reject (mechanics)
Ausstrahlung radiation
Ausströmen eduction
Austausch exchange, interchange (hardware, software)
austauschbar interchangeable
austauschen to interchange, to swop, to exchange
Austauschteil substitution part (hardware)
austeilen to deal
Austesten checkout
Ausübung exercise
Auswahl choice, selection
auswählen to choose, to select

Auswahlkontrolle selection check
Auswahlsortierung selection sort
Auswahlzyklus selection cycle
auswechselbar interchangeable, demountable
auswechseln to interchange
Auswechselung replacement, interchange
Ausweis identification
ausweisen to identify
Ausweisleser badge reader
Ausweitung expansion
auswerfen (z.B. Diskette) to eject (mechanics)
auswerten to interpret, to evaluate
Auswertung evaluation, interpretation
Auswertungsformular answer sheet
Auswertungszeit interpretation time
Auswurfmechanismus ejection mechanism
Auswurftaste eject button
auszeichnen to excel
Auszeichnung marking, distinction, honor, award
ausziehbar telescoping (mechanics)
Auszug dump, extinguish
Authentifikation authenticity
Authentifikationszertifikat certificate of authenticity
automatisch robot, automatic
automatische Kontrolle automatic check
automatische Nebenstellenanlage private automatic branch exchange
automatische Prüfgerät automatic test equipment (hardware)
automatische Rückruffunktion automatic callback, auto call back
automatische Rückstellung self resetting
automatische Synchronisation (CD-R-Laufwerk) automatic synchronize
automatische Vorschubeinrichtung automatic carriage (mechanics)
automatische Wahl auto dial (modem)
automatische Wegewahl automatic route selection
automatische Zeichengenerierung automatic character generation
automatische Zurückstellung (in den Ausgangszustand) automatic reset
automatischer Übertrag self instructed carry
automatisches Parken (der Schreib-/Leseköpfe) auto-parking (mechanics)
automatisiert automated
Automatisierung automation
autonomer (unabhängiger) Betrieb autonomous operation
Autor author
Autorensprache author language
Axiom axiom (mathematics)

B

Backus-Normal-Form, erweiterte extended backus naur form
Bahn (Spur) path, track
bahnbrechend groundbreaking
Balkencode barcode
Balkendiagramm bar diagram (graphics), barchart
Band (z.B. Buch) volume (book)
Band (z.B. Magnetband) tape, ribbon, band, volume
Bandanlauf tape start
Bandbreite bandwith (electronics)
Bandeinfädelung tape threading (mechanics)
Bandende end of tape (EOT), tape outage
Bandfehler tape error (software)
Bandführung tape transport (mechanics)
Bandkassette tape cartridge (mass storage)
Bandlaufwerk magnetic tape device, tape drive (hardware)
Bandriss torn-tape condition (mechanics)
Bandrolle reel (mechanics)
Bandschräglauf skew
Bandspannung tape tension (mechanics)
Bandstörung tape jam (mechanics)
Bandtellerbremse reel brake (mechanics)
Bandtransport tape feed, tape transport (mechanics)
Bandvorspann tape leader
Bandwickelvorrichtung tape reeling device (mechanics)
Bank (Speicherreihe) bank (memory, hardware)
Banknote (Geld) paper
Bankumschaltung bank switching (electronics, software)
bares Geld ready money
Barrierefreiheit accessibility
Basis base (mathematics)
Basisadresse base address
Basisauflösung base resolution (photo-CD)
Basisband baseband (electronics)
Basiskomplement noughts complement (mathematics)
Basisregister base register
Basisspeicher base memory (MS-DOS: 0–640 KB)
Basisstation (Telefon) radio fixed part
Basisstrom base current (electronics)
Basiszahl radix (mathematics)
Bauelement component (hardware)
Baugruppe assembly (electronics, hardware)
Baugruppensystem assembly system (electronics)
Baum-Inhaltsverzeichnistopologie directory information tree
Baumstruktur, Baumtopologie tree structure (network, directory)
Bausatz kit (hardware)
Baustein module (hardware, software)
Bauteil component
Bauteildichte packing density, component density (electronics)
beanspruchen to stress, to strain
Beanspruchung stress (mechanics)
bearbeiten to edit (software)
bearbeitete Oberfläche finish
Bearbeitungsart occupation
beaufsichtigen to supervise
Beaufsichtigung supervision
bebildern to illustrate
Bebilderung illustration
Bedarf need, demand
Bedarfsauswertung lazy evaluation
bedeutsame Ziffer significant bit
Bedeutung denotation, significance
bedeutungslos insignificant
bedeutungslose Daten irrelevant data (software)
Bedeutungslosigkeit insignificancy
Bediener operator
Bedienungsfehler operating error
Bedienungsfeld control panel (hardware)
Bedienungspersonal operating staff
Bedienungspult control console (hardware)
Bedienungsrichtlinien operational guidance
Bedienungsvorschriften operating instructions
bedingte Programmunterbrechung conditional breakpoint
bedingter Befehl conditional instruction (software)
bedingter Sprung conditional jump, conditional transfer (software)
bedingter Sprungbefehl branch on condition (in a program)
bedingungslos unconditional
Beeinflussung manipulation
beeinträchtigen to impair
Beeinträchtigung derogation
beenden to finish, to terminate

Beendigung termination
befähigen to enable
befähigt qualified
Befähigung qualification
Befehl command, instruction, order (software)
Befehl ohne Adresse addressless instruction (software)
Befehl, bedingter conditional instruction (software)
Befehl, undokumentierter undocumented command
befehlen to order
Befehlsablauf control sequence (software)
Befehlsadresse instruction address (software)
Befehlsadressenregister instruction address register
Befehlscode operation code, instruction code (software)
Befehlsdecodierschaltung instruction decoder
Befehlsfolge sequence of instruction (software)
Befehlsformat instruction format (software)
Befehlslänge instruction length (software)
Befehlsliste instruction list
Befehlsmenü command menu (software)
Befehlsmix instruction mix (software)
Befehlsregister instruction register, control register
Befehlssatz instruction set
Befehlssprache job control language
Befehlsstruktur code structure, command structure
Befehlsverkettung command chainig, piping
Befehlsverweigerung command reject
Befehlsvorrat instruction repertory, instruction set
Befehlswort instruction word
Befehlszähler control counter, instruction counter, program counter
Befehlszählerregister instruction counting register
Befehlszeit instruction time
Befehlszyklus instruction cycle
befestigen to fasten, to fix, to pin
Befestigung holddown (mechanics)
befristet terminable
befristeter Vertrag temporary contract, fixed term contract
Befugnis access privileges
Befund evidence
Beginn der Zeichenfolge start of heading
Beglaubigungszentrale authentication center (GSM-network)
begrenzen to limit, to terminate
Begrenzerschaltung limiter circuit (electronics)
Begrenzung limitation
Begrenzungswiderstand limiting resistor (electronics)
Begriff conception
Begriffsbestimmung definition
begründen to found
begutachten to survey
Begutachtungsverfahren evaluation procedure, evaluation process
Behälter box, container (mechanics)
behandeln to manage, to handle, to manipulate
beherrschen to dominate
behutsam cautious
Beihilfe subvention
Beimischung admixture
Beispiel example, sample
beispielhaft belegen to exemplify
Beizmittel mordant
bekannt noted
Bekanntmachung publication
Bekleidung incrust (mechanics)
beladen to fraught
Belag incrust
Belastbarkeit wattage rating, load carrying ability, power rating (electronics), rated load
belasten to encumber
Belastung charge (electronics, mechanics)
Belastungsfaktor load factor (electronics, mechanics)
Belastungswert rating
beleben to animate
Beleg voucher
Belegleser document reader (hardware)
Belegung, Auslegung seizing (electronics)
Belegungsanzahl, mittlere cent call seconds (telecommunication)
Belegungsplan layout (electronics)
Belegungszeit holding time
belichten (Foto) to expose
beliefern to yield
bemerken to notice
Bemerkung remark
bemessen (Konstruktion) to design

B

B

benennen to term
Benennung designation
Benutzer user
Benutzeradresse (network) user address
Benutzer-Einschränkungen handling restrictions
benutzerfreundlich human friendly, easy to use
benutzerfreundliche Schnittstelle user friendly interface
Benutzergruppe user group
Benutzergruppe, geschlossene closed user group
Benutzerkennsatz user label
Benutzerklasse privilege class (telecommunication)
Benutzeroberfläche user interface (software)
Benutzerrestriktionen handling restrictions
Benutzerschnittstelle user interface (software), userport
Benutzerzugriff, gemeinsamer common user access
Benutzung use
beobachten to notice
Bequemlichkeit easyness
Beratervertrag consultant contract
berechenbar computable
berechnen to calculate, to account
Berechnung account, calculation, computation, evaluation
Berechnung der Adresse address computation (software)
Berechnungsmethode arithmetic technique, method of analysis (mathematics)
berechtigen to licence
Berechtigung authorization
Bereich array, area, domain
Bereichsnamensystem domain name system (databse, Internet)
Bereichsnamen-Wilderung domain name poaching
bereit ready
Bereitschaft readiness
Bereitschaftszeichen prompt
Bereitstellung provision
Berichterstatter rapporteur
berichtigen to rectify, to adjust
berichtigte Version amended version (program)
Berichtigung rectification, amendment
Berichtigungsdaten correction data (software)
Berichtswesen reporting structure
bernsteinfarben (z.B. Monitorbild) amber (color)
Berufsausbildung vocational training
Berufungskommission appointment committee
berühmt noted
Beschaffung provision
Beschäftigung lay
bescheinigen to certificate
Bescheinigung certificate
beschichtet (mit Folie) foliated
beschichtetes Papier coated paper
Beschichtung coating
Beschlag mounting (mechanics)
beschleunigen to accelerate, to speed up
Beschleuniger accelerator
Beschleunigerkarte (z.B. Grafikkarte) accelerator-card (hardware)
beschleunigte Fehlerkorrektur advanced error correction
Beschleunigungszeit acceleration time
Beschluss decision, resolution
beschränken to limit, to restrict
beschränkend restrictive
beschränkt limited
beschreibbar recordable
beschreiben to describe
beschreibende Literatur descriptive literature
beschreibende Programmiersprache declarative language
beschriften to inscribe
Beschriftung lettering
beschweren to encumber
besetzen (eine Stelle) to staff a position
besetzt (Telefonleitung) engaged
Besetztanzeige busy signal
Besetztzeichen (Telefon) engaged tone
Besetztzustand busy condition
besichtigen to survey
Besichtigung inspection
Besonderheit feature
Besprechungsraum meeting room
Bestand constancy
Beständigkeit constancy
Bestandsführung file maintenance
Bestandteil ingredient, element, integral part (hardware, software)
bestätigen to ratify, to affirm, to verify
bestätigen (eine Eingabe) to confirm (an input)
Bestätigung grant, ratification, acknowledge, confirmation

Bestätigungsanfrage request for confirmation
Bestätigungstaste enter key
Bestätigungszeichen acknowledge character
bestehen to exist
bestehen (eine Prüfung) to pass an exam
besteuern to tax
bestimmbar definable, determinable
bestimmen to appoint
bestimmend determinant
bestimmt definitive, determinate
bestimmtes Integral definite integral (mathematics)
Bestimmung determination
Bestimmungsort destination
Bestrahlung irradiation (electronics)
Besucherdatei visitor location register (GSM-system)
betätigen to actuate
Betrag sum, amount
betreiben to operate
Betreiber carrier
Betrieb mode, operation
Betriebsabrechnung factory accounting
Betriebsanleitung instruction manual, operation instruction
Betriebsanweisung operation instruction
Betriebsart mode of operation
betriebsbereit operational, ready for operation, standby
Betriebsbuchhaltung factory accounting departement
Betriebsdauer operating time
betriebsfähig workable, operable
Betriebsfernmeldenetz enterprise network
Betriebsfrequenz operating frequency (electronics)
Betriebskosten operating expenses
Betriebsrat works council
betriebssicher dependable, fool-proof
Betriebssicherheit von Geräten equipment dependability
Betriebsspannung operating voltage (electronics)
Betriebssprache operating language (software)
Betriebsstörung equipment failure, break down
Betriebsstrom operating current (electronics)
Betriebsstundenzähler time-hour meter (hardware)
Betriebssystem operating system (software)
Betriebstemperatur operating temperature
betriebsunfähig unworkable
Betriebsvereinbarung institute agreement
bevorzugt privileged
bewegen to stir, to move
bewegend kinetic
beweglich mobile, moveable, portable
Beweglichkeit mobility, portability
Bewegtbild full motion image
Bewegung motion, stir
Bewegungsdaten variable data
Bewehrung armoring
Beweis argument (mathematics)
Beweis evidence
beweisen to verify
Bewerber applicant
Bewerbung application
Bewerbungsfrist application deadline, closing date for applications
bewerten to assess, evaluate
Bewertung weighting, assessment, evaluation, review
Bewertungsfunktion weighing function (mathematics)
Bewertungsproblem benchmark problem
bewirken to effect
bezeichnen to mark, to signify, to term
bezeichnend characteristic
Bezeichnung marking, notation, denotation, designation
beziehen to relative
beziehungslos irrelative
bezüglich re: (in regard to ...)
bezüglich relative
Bezugsadresse reference address (software)
Bezugsdokument reference document
Bezugsgrößen, technische technical references
Bezugspegel reference level (electronics)
Bezugspunkt benchmark
Bezugswert reference value
bezwecken to aim
Bibliothek library (software)
Bibliotheksdatei library file
biegen to curve, to incurve
biegsam limber, pliable, flexible
Biegsamkeit flexibility, pliability
Bilanz balance-sheet
Bild image, picture, figure
Bildabtaster scanner (hardware)

B

Bildauflösung picture resolution
Bilddatenkompression picture image compression
Bilddekompression image decompression (software)
bilden (z.B. einen Block) to frame
Bilderfassung image capture
Bildfenster window (software)
Bildfrequenz refresh rate (electronics)
Bildinhalt-Austast-Synchron-Signal (BAS) composite signal (electronics)
Bildkommunikation image communication
Bildlaufleiste scroll bar (software)
Bildmischung image mix (photo CD)
Bildpunkt pixel
Bildpunktdichte (Auflösung) pixel density
Bildröhre cathode ray tube (hardware)
Bildrotation image rotation
Bildschirm screen, scope (hardware)
Bildschirmansteuerung display control interface
Bildschirmaufbau screen design
Bildschirmdarstellung soft copy
Bildschirmeditor screen editor (software)
Bildschirmgerät visual display terminal (hardware)
Bildschirmmaske screen mask (software)
Bildschirmtext teletext, videotext system
Bildschirmtreiber display driver (software)
Bildsensor image sensor (hardware)
Bildteilung (Videokonferenz) joint viewing
Bildübersicht (Photo CD) index print
Bildübertragung picture transmission
Bildungsgesetz law of formation (mathematics)
Bildungssoftware educational software
Bildverarbeitung image processing (software)
Bildwechsel frame switching
Bildwiederholrate refresh rate (electronics), framerate
Bildwiederholspeicher frame buffer (hardware)
billig inexpensive
binär binary
binär dargestellte Dezimalschreibweise binary coded decimal notation
binär dargestellte Dezimalzahl binary coded decimal digit
Binär-zu-dezimal-Umwandlung binary to decimal conversion
Binäraddierer binary adder
Binärarithmetik binary arithmetic (mathematics)
Binärbaum binary tree (software)
Binärcode binary code
Binärdaten binary data
Binär-Dezimal-Umsetzer binary to decimal converter
binäre (duale) Zahl binary number
binäre Information binary information
binäre Informationseinheit information bit
binäre Stelle binary position
binäre Zähler radix-two counter
binäre Ziffernfolge bit rate
binäre Zufallsfolge pseudo random binary sequence
binärer Datenfluss digital bit pipe
binärer Zahlenbereich binary scale
binäres Schieberegister binary shift register
binäres System two-state system
Binärmuster bit-pattern
Binärschreibweise binary notation
Binärsignal digital signal
Binärsuche binary search
Binärsystem binary system
Binärzahl mit Vorzeichen signed binary
Binärzähler binary counter
Binärzelle binary cell
Binärziffer binary digit, bit
Bindelader link loader
Binder (für Programmodule) linker (software)
Bindestrich hyphen
BIOS Basic Input Output System
bistabile Kippschaltung trigger pair circuit, flipflop (electronics)
bistabile Schaltung bistable circuit (electronics)
bistabiler Code on-off code (electronics)
Bitdichte (z.B. Schreibdichte) bit density (electronics)
bitfehlerfreies Intervall error free interval
Bitfehlerrate rate of error
Bitfolgeunabhängigkeit bit sequence independance
Bitfrequenz bit frequency (electronics, software)
Bitfüllung (Einfügung informationsloser Binärelemente) bit stuffing

Bitkette bit string
Bitkonfiguration bit configuration
Bitmaske bit mask
Bitmuster bit pattern, bit map, bit configuration (software)
Bitmusterschriften bitmap font
bit-orientierter Speicher bit organized memory
bit-orientiertes Protokoll bit oriented protocol
bitparallel bit parallel (transmission)
Bitrate bit rate
Bits pro Sekunde bits per second, (bps)
Bits pro Zoll bits per inch (bpi)
bitseriell bit serial, serialized
Bitübertragungsschicht (OSI-Schichtenmodell) physical layer
Bitvektor bit vector
Blasenspeicher bubble memory (hardware)
Blatt sheet, paper
Blättern leafing
Blattkurve folium, n-leaved rose (mathematics)
Blattvorschub form feed (mechanics)
Blattzuführung form feeding (mechanics)
Blattzuführungsgerät form feeding device (hardware)
Blaupause blueprint
Blech tin, sheet
blechern tiny
Blei lead
Bleiakkumulator lead acid storage battery (electronics)
Bleistift pencil
blind blind, dead
Blindbefehl dummy instruction (software)
Blindenschrift braille
Blindleistung reactive power (electronics)
Blindsicherung dummy fuse (electronics)
Blindstecker dummy plug (electronics)
Blitz flash
Blitzableiter lightning-conductor (electronics)
blitzen to flash, to sparkle, to lighten
Blitzschutzsicherung lightning-arrester (electronics)
Block block
Blockadresse block address
Blockanfang start of block
Blockauswahl block selection
Blockbegrenzung flag sequence
Blockende end of block
Blockfehler block error
Blockfehlerhäufigkeit block error rate
Blockfehlerrate block error rate
Blockierung (einer Datei im Netzwerk) file locking (software)
Blocklänge block length, block size
blockorientiertes Gerät block device (hardware)
Blockprüfung block check
Blockprüfzeichen block check character
Blockregister block register
Blockrückweisung frame reject
Blocksatz (Text) justified text
Blockschaltbild block diagram (electronics)
Blockübertragung frame relay
Blockverschiebung block movement
blockweise Aufzeichnung packet writing (CD-R)
Blockzwischenraum interblock space
Boden ground
Bogen arc (geometry)
bohren to bore (mechanics)
Bohrer borer, piercer (mechanics)
Bohrloch bore (mechanics)
Bohrung bore (mechanics)
Bolzen bolt, gudgeon (mechanics)
bombenfest bomb-proof
bombensicher bomb-proof
Bonus-Punktesystem credit point system
Boole'sche Algebra Boolean algebra (mathematics)
booten (das Betriebssystem laden) to boot (software)
Bootvorgang bootstrapping
Botschaft message
branchenspezifische Norm sector specific standard
Brandschutz fire prevention
Brandschutzbeauftragter fire prevention officer
brauchbar usable, useful, workable
brauchen to require
brechen to fracture, to refract
Brechzahl refractive index, index of refraction (Lichtwellenleiter)
Brechzahlprofil refractive index profile
Breitband (Übertragungstechnik) broadband
Breitbanddienst broadband service
Breitbandkanal wide band channel
Breite width
Breitformat landscape representation

B

B

Bremse brake (mechanics)
Brenner (schreibfähiges CD-Laufwerk) writer
Brenner-Software recording software
Brief letter, mail
Briefpapier notepaper
Briefqualität (eines Ausdruckes) letter quality
Briefumschlag envelope, letter-cover
Briefwaage letter-balance
Brille specs
Broschüre folder, booklet, brochure
Bruch fraction, algebraic fraction (mathematics), fracture (mechanics)
Brüche auflösen clearing of fraction (mathematics)
Bruchform fractional representation (mathematics)
brüchig (Metall) short (mechanics)
Bruchstrich fraction line (mathematics)
Bruchstück fragment, fraction (mechanics)
Brücke strap, bridge (hardware)
Brückenseite (für Suchmaschinen optimierte Internetseite) doorwaypage
Bruttokapazität unformatted capacity
Bruttolohnabrechnung gross pay calculation
Buch book
buchen to book, to enter
buchen nach ... to post
Buchse hub, bush
Buchstabe letter, alphabetic letter
buchstabenweise Übertragung (von einem Alphabet in ein anderes) transliterate
buchstäblich literal
Buchungsbeleg journal voucher
Budget budget
Budgetierung flexible budget management
Bündel bundle, trunk
Bündelfunk trunked radio
bündeln to multiplex (channel), to bundle (software, hardware)
Bundesdatenschutzgesetz (BDSG) Federal Data Protection Act
bündig terse
bunt particoloured
Büroautomation office automation
Bürobedarfsartikel office appliances
Büroinformationssystem office information system
Bürokratie red tape
Bus (Datenbus, Adressbus ...) bus (hardware)
Bustreiber bus driver (software, hardware)
Bytegrenze byte boundary
Bytestromende end of bytestream

C

Cache-Speicherbereich cache memory
Cachespeicher-Fehlgriff cache-miss
CD-ROM Compact Disk Read Only Memory (mass storage)
Chiffre cipher
chiffrieren to cipher
Chipsatz chip set
Chrom chrome
Code, korrigierbarer correctable code
Code-erzeugendes Programm generator (software)
Codegenerierung code generation
Codemuster code pattern
Coderekonstruktion code reconstruction
Codeseite (vorbereiteter Zeichensatz) codepage (software)
Codeumsetzer code translator
Code-Umsetzer data translator
Codeumsetzung code conversion
Codewandler code converter
Code-Wort code word
codieren to code
codiert coded
codierte Dezimalschreibweise coded decimal notation
codierte Dezimalzahl coded decimal digit (software)
codierte Signalausgabe coded output (electronics)
codierter Befehl coded instruction (software)
Codierung coding
Compiler für Compilerentwicklung metacompiler (software)
Computer für die Handfläche palmtop computer (hardware)
Computer für die Jackentasche pocket computer (hardware)
Computerfachmann computer professional
Computergeneration computer generation
computergesteuert computer controlled
computergestützt computerized
Computergrafik computer graphics
Computerlauf computer run
Computersicherheit computer security
Computersimulation computer simulation (software)
computerunabhängige Programmiersprache computer independent language (software)
computerunterstützt computer aided
computerunterstütztes Lernen computer based training (CBT)
Computervirus computer virus (software)
Cursorsteuertaste arrow key (keyboard)

D

d.h. (das heißt) i.e. (id est)
D/A-Umsetzer digital-analog-converter (hardware)
Dachorganisation umbrella organization
Dampf reek

dämpfen to quench
dampfen to reek, to smoke
Dämpfung attenuation
Dämpfungsfrequenz lowest usable frequency
Dämpfungskoeffizient attenuation coefficient
Darlegungsgrad quality assurance level
Darlegungsnorm quality assurancestandard
darstellen to present
darstellende Geometrie projective geometry
Darstellung presentation, representation
Darstellung auf einem Bildschirm scope presentation
Darstellung mit Summenzeichen sigma notation (mathematics)
Darstellungsschicht (OSI-Schichten-modell) presentation layer
Datagrammdienst datagramm service
Datei file, data file (software)
Datei mit wahlfreiem Zugriff random file (software)
Datei, komprimierte compressed file
Dateiaustauschformat interchange file format
Dateiende end of file, (EOF)
Dateiendekennzeichen file separator
Dateiendemarke end of file mark
Dateifernzugriff remote file access
Dateinachfrage file request
Dateiname file name (software)
Dateinamenserweiterung extension (COM, EXE, BAT, JPG, MP3)
Dateiorganisation file organisation
dateiorientiert file oriented
Dateischutz file protection (software)
Datei-Server file server (hardware)
Dateisicherung file backup
Dateisteuerblöcke file control blocks, (FCB)
Dateisystem file system
Dateitabelle file control table
Dateitransferdienst simple file transfer (protocol)
Dateiübertragung file transfer
Dateiübertragungsmethode file transfer method
Dateiübertragungsprotokoll file transfer protocol (FTP)
Dateiverwaltung file management (software)
Dateiverwaltungssystem file management system (software)
Dateizugriffsmethode file access method
Dateizugriffsprotokoll file access protocol
Dateizuordnungstabelle file allocation table (software)
Datel-Dienste datel services
Daten bereitstellen supply data
Daten/Sprache Mischer data/voice multiplexer
Datenabstraktion data abstraction
Datenabwanderung data migration
Datenadresse data address
Datenadressverzeichnis data directory
Datenanschluss data port (interface)
Datenaufbereitung data preparation
Datenaufkommen data volume
Datenaufzeichnung data recording
Datenaufzeichnungsmedium data recording medium (harddisk, diskette etc.)
Datenausgabe data output
Datenauslagerung data migration
Datenaustausch data exchange
Datenaustauschformat data exchange format, (DXF)
Datenauswertung interpretation of data
Datenautobahn information highway (network)
Datenbank data base (software)
Datenbankabfrage data base access
Datenbankbetreiber spinner
Datenbankprogrammierung data base programming
Datenbankschlüssel data base key (software)
Datenbanksprache data base language
Datenbanksystem data base system (software, hardware)
Datenbankverwaltung data base management
Datenbankzugriff data base access
Datenbereich data area
Datenbeschreibung data description
Datenbibliothek data library
Datenblatt data sheet
Datenblock block of informations, data block (software)

Datenblock data frame
Datenbus data bus (hardware)
Datenbüschel burst
Datenbyte data byte
Datendarstellung data presentation
Daten-Darstellungsschicht data presentation service
Datendefinitionssprache data definition language
Datendienstanschluss data service adapter
Datendiensteeinheit data service unit
Datendurchsatz information flow rate
Dateneingabe data input
Dateneinheit data unit
Datenelement data element
Datenendeinrichtung (z.B. Terminal) data terminal equipment (hardware)
Datenendstation data terminal (hardware)
Datenerfassung data collection, data gathering, data recording, data acquisition
Datenfeld data field, field
Datenfernübertragung remote data transmission
Datenfernübertragungsgerät data communications equipment
Datenfernverarbeitung remote data processing, teleprocessing of data
Datenfernverarbeitungssteuereinheit transmission control unit
Datenflag data flag
Datenfluss data rate, information flow
Datenfluss, binärer digital bit pipe
Datenflussdiagramm (Programmierung) data flow diagram
Datenflusskontrolle (Telekommunikation) data flow control
Datenflussplan data flow chart
Datenformat data format
Datenfunk radio data transmission
Datengrenze data boundary
Datengruppe string
Datenhandschuh dataglove (input device)
Datenhierarchie data hierarchy
Datenintegrität data integrity (software)
Datenkanal data channel, information channel (software, hardware)
Datenkasse point of sale
Datenkassette data cartridge (mass storage)
Datenkategorie data category
Datenkette data chain
Datenkompatibilität data compatibility (software)
Datenkompression data compression (software)
Datenkontrollwort data control word (software)
Datenleitung data line, data highway
Datenlexikon repository (Software)
Datenmanipulation data manipulation
Datenmanipulationssprache (Teilsprache einer Programmiersprache) data manipulation language
Daten-Markierung data flag
Datenmassen bulk of data
Datenmenge pack of data, bulk of data, data volume
Datenmodul data module
Datenmodullaufwerk data module drive (hardware)
Datennachverarbeitungssystem data post processing system
Datennetz, leitungsvermitteltes circuit switched data network
Datennetzadresse data network address
Datennetz-Kennzahl (internationale vierstellige Kennzahl) data network identification code
Datennetzwerk data network
Datenorganisation data organization
Datenpaket packet (software)
Datenpaketfolgesteuerung data packet sequencing
Datenpaketnetzwerk data packet network
Datenpaketvermittelndes Netz data packet switched network
Datenpfad data path
Datenpuffer data buffer (hardware)
Datenquelle (Sender) data source (hardware)
Datenrahmen data frame
Datenreduktion data reduction
Datenrückführung roll back
Datensatz record
Datensätze record set
Datensatzende end of record
Datensatzendemarke end of record
Datensatzsperrung (im Netzwerkbetrieb) record locking (software)
Datenschnittstelle, externe external file interface
Datenschutz data protection (hardware, software)

D

D

Datenschutz (Personendaten) data privacy, electronic privacy
Datenschutzbeauftragter data security officer
Datensenke data sink
Datensicherheit data security
Datensicherheit, elektronische electronic information security
Datensicherung backup, data security, protection of data
Datensichtgerät terminal, information display system (hardware)
Datensichtstation (Terminal) data display unit (hardware)
Datenspeicherplatz data storage position
Datenspeicherung auf Mikrofilm videomicrographics
Datensprache data language
Datenstation data station (hardware)
Datenstau network congestion (network)
Datensteuersprache data control language
Datenstruktur data format, data structure
Datentechnik data engineering
Datenträger data carrier, data medium (diskette, magn. tape)
Datenträgername volume label
Datentransfer information transfer
Datentransportprotokoll datagramm transport protocol
Datentyp data type
Datenüberhang packet overhead
Datenübertragung data communication, data transfer, data transmission
Datenübertragung im Gegenverkehr duplex communication
Datenübertragung, synchrone synchronous data transmission
Datenübertragungsbus (Übertragungsleitung) data transfer bus
Datenübertragungseinheit data transmission unit (hardware)
Datenübertragungseinrichtung data circuit equipment, (DCE)
Datenübertragungsnetz data communication network
Datenübertragungsprotokoll data transmission protocol
Datenübertragungsprozess data transmission process
Datenübertragungsrate average data transfer rate
Datenübertragungsschnittstelle data transmission interface
Datenübertragungssteuerung communication control
Datenübertragungssystem data transmission system
datenverarbeitendes Gerät data processing equipment (hardware)
Datenverarbeitung data handling, data processing
Datenverarbeitungsanlage data processing machine (hardware)
Datenverarbeitungsexperte data processing expert
Datenverarbeitungssystem data processing system (hardware and software)
Datenverbindung data link
Datenverbindungssteuerung (OSI-Schichtenmodell) data link control
Datenverdichtung data compaction
Datenverkettung data chainig
Datenverlust data loss
Datenvermittlung data switching exchange, data switching unit
Datenvermittlungseinrichtung data exchange unit
Datenvermittlungssystem data switching system
Datenverschlüsselungs-Standard data encryption standard
Datenverwaltung data management
Datenverzeichnis data dictionary
Datenveschlüsselung data encryption (software)
Datenwandler data transducer
Datenwiedergewinnungssystem data retrieval system
Datenwort data word (= 2 Bytes bzw. 16 Bits)
datieren to date
Datum date
Dauer permanence, constancy, endurance
Dauerbetrieb continuous-duty operation
dauerhaft permanent, solid, stable
dauerhafte Verbindung optischer Fasern optical splice (mechanics)
dauerhafter Speicher permanent memory (hardware)
dauernd abiding
Dauerverbindung full time circuit
Dauerzellrate sustainable cell rate (network)
Daumen thumb
Daumenabdruck thumb-print
deaktivieren to deactivate

dechiffrieren to decipher (software)
Deckblatt cover page
Deckel cover, dome (mechanics)
dediziertes Netzwerk dedicated network
Defekt fault
Definition definition
dehnbar ductile
Dehnbarkeit ductility
dehnen to strech
Dehnung strech
de-installieren to deinstall (software)
Dejustierung misalignment (mechanics, electronics)
Dekade decade (mathematics)
dekadische Logarithmus Briggsian logarithm (mathematics), common logarithm
dekodieren to decode
Dekodierer decoder
Dekodiermatrix decoder matrix
Dekodierung decoding
dekomprimieren to decompress (data)
Dekomprimierung decompression (data)
Dekrement decrement (mathematics)
demagnetisieren to demagnetize (electronics)
demnächst next
Demodulator demodulator
Depaketieren (Auflösung empfangener Datenpakete) depacketizing
Depot depot
Design design (hardware, software)
Designänderung design change (software)
Designergebnis design output (software)
Designlenkung design control (software)
Designplanung design planning (software)
Designprüfung design review (software)
Designvalidierung design validation (software)
Designverifizierung design verification (software)
Designvorgaben design input (software)
Deskriptor descriptor (software, mathematics)
Detail detail
deutlich articulated, definite, explicit, express
dezentrale Dateidienste distributed file service
dezentrale Datenbank distributed database
dezentrale Datenverarbeitung distributed data processing
dezentrales Netzwerk distributed network
Dezibel decibel
dezimal decimal
Dezimal-binär-Umwandlung decimal to binary conversion
dezimale Schreibweise decimal notation
dezimale Zahl decimal number
dezimaler Bruch decimal fraction (mathematics)
dezimaler Gleitpunkt (Komma) decimal floating point
Dezimalpunkt (Komma) decimal point
Dezimalpunktschreibweise dotted decimal notation
Dezimalsystem decimal system, metric system
Dezimalziffer decimal, decimal digit
Dia(positiv) slide
Diagnoseprogramm maintenance program
Diagnose-Routine diagnostic routine (software)
diagnostizieren to diagnose
diagonal diagonal
Diagonale diagonal
Diagramm chart, diagram
Dialekt dialect
Dialog dialogue
Dialogbetrieb conversational mode, interactive mode
dialogorientiert conversational
Dialogsprache conversational language
Dialogsprache (Programmiersprache) dialogue language
Dialogverarbeitung dialogue processing
Diapositiv (Dia) lantern-slide
dicht compact
Dichte density
Dichte, einfache single density (SD)
dichtgedrängt serried (data)
Dichtigkeit thickness, compactness
Dichtigkeit (von Papier) texture
Dichtung gasket (mechanics)
Dichtungsring gasket, washer (mechanics)
Dicke thickness
Dienst service
Diensteanbieter service provider (Internet)
Diensteintegration service integration
Dienstgüte quality of service
Dienstknoten service node

D

Dienstleistungszentrum service center
Dienstmanagementsystem service management system
Dienstprogramm service program, utility program (software)
Dienstqualität quality of service
Dienstvermittlungsknoten service switching point
Dienstzugriffspunkt service access point
Differential differential (mathematics)
Differentialgleichung differential equation (mathematics)
Differentialgleichung höherer Ordnung higher-order differential equation (mathematics)
Differentialquotient derivative (mathematics)
Differentialrechner differential analyser (hardware)
Differentialrechnung differential calculus (mathematics)
differentielle Phasenumtastung differential phase shift keying
Differenzmodulation delta modulation
Differenz-Pulscodemodulation differential pulse code modulation
digital digital
digital arbeitende Prozessrechner digital process computer (hardware)
digital codierte Sprache digital coded voice
Digital-analog-Umsetzer digital to analog converter
Digitalanzeige digital display (hardware)
Digitalcomputer digital computer (hardware)
Digitaldatendienst digital data services
digitale Darstellung digital representation
digitale Datenaufzeichnung (DAT) digital data storage
digitale Mietleitung digital leased circuit
digitale Umsetzung digipeating (digital repeating)
digitale Unterschrift (E-Mail) digital signature
digitale Wiederholung digipeating (digital repeating)
digitaler Winkelstellungsgeber shaft position digitalizer (mechanics)
digitales Telekommunikationsnetz (z.B. ISDN) digital communications system
digitalisieren to digitalize, to digitize
Digitalisiertablett digitizer (hardware)
Digitalisierung digitalization
Digitalkassette digital cassette (mass storage)
Digitalkonzentrator digital line unit
Digitalsignalprozessor digital signal processor
Digitalwertwandler digital transducer (electronics)
Dimension dimension
dimensionslose Größe dimensionless quantity (mathematics)
Diode diode (electronics)
Dioptrie (Optik) dioptric
Diplom diploma
DIP-Schalter dual inline package switch (electronic)
direkt direct, lineal
Direktantrieb direct drive (mechanics)
direkte Adresse one level address
direkte Adressierung direct addressing, immediate addressing
direkte Ansteuerung linear selection (electronics)
direkte Verarbeitung one-line processing
direkter Betrieb on-line operation
direkter Speicherzugriff direct memory access, immediate access
direkter Zugriff (Speicher) direct access
Direktkontrolle (Aufzeichnung) direct read after write
Direktorium Board of Directors
Direktruf direct call
Direktüberschreibung direct overwrite
Direktzugriffsmethode direct access method
Direktzugriffsspeicher direct access memory, random access memory
Disassembler disassembler
Disjunktion disjunction
Diskette diskette, floppy disk (mass storage)
Diskettenbeschleuniger floppyspeeder
Diskettenformat disk format
Diskettenlaufwerk disk drive, floppy disk drive (hardware)
diskettenorientiert disk oriented
Diskettenpuffer disk buffer
Diskettenverzeichnis disk directory (software)
Disk-orientiertes Betriebssystem disk operating system (software)
diskrete Zahl diskrete number
diskriminierungsfreier Netzzugang open network provision

Diskussionsaufforderung request for discussion
Disposition disposition
Distanzadresse displacement address
Divergenz divergence (mathematics)
divergierende Reihe divergent series (mathematics)
Dividend antecedent (mathematics)
Division division (mathematics)
Divisor divisor (mathematics)
Divisor-Register division register
Doktorgrad doctoral degree
Dokument document
Dokumentation documentation
Dokumentationsprüfung document review
Dokumentationssystem information retrieval system (software)
Dokumentenaufbau document content architecture
dokumentenecht permanent
dokumentenechter Stift indelible pencil
Dokumententyp-Definition document type definition
Dolmetscher interpreter
Domäne domain
Doppeladerleitung, ungeschirmte unshielded twisted pair
Doppelaxialkabel twinaxial cable
Doppelbit double bit, dibit
Doppelbussystem distributed queue dual bus
Doppelbyte double byte
Doppeldruck overprinting
Doppelintegral double integral (mathematics)
Doppellagen-CD dual layer CD
Doppelleiter, abgeschirmter shielded twisted pair
Doppelpunkt colon
doppelseitig double sided (DS), reversible (diskette)
Doppelstecker two adapter
doppelt double, twice
doppelte (Umdrehungs-) Geschwindigkeit doublespeed (CD-ROM)
doppelte Auslegung double eXtension (DX)
doppelte Buchführung double-entry bookkeeping
doppelte Dichte double density (DD)
doppelte Genauigkeit double precision
doppelte Prüfung double sampling
doppelte Schreibdichte double density
Doppelwegübertragung bifurcated routing
Doppelwort double word (= 4 Bytes bzw. 32 Bits)
Dorn mandrel, spine (mechanics)
Dosis dose
Draht tin, wire
drahtlos wireless
drahtloses LAN wireless local area network
Drahtstift brad (mechanics)
drängen to hustle
Draufsicht plan view
drehen to revolve, to spin, to turn, to twist, to wheel, to roll
drehen um etwas to hinge upon something
drehend revolving, rotary
Drehgeschwindigkeit spin rate
Drehkondensator variable capacitor (electronics)
Drehmelder selsyn (electronics)
Drehmoment torque
Drehpunkt hub, pivot
Drehscheibe pallet (mechanics)
Drehstrom three-phase current, triphase current (electronics)
Drehung spin, turn, twist, torsion
Drehwiderstand potentiometer, rheostat (electronics)
Drehzahlgeber tachometer generator
Drehzahlregler speed variation unit (electronics)
Dreieck triangle (geometry)
dreieckig triangular
Dreierkonferenz (ISDN) three party service
Drift drift
dringend urgent
Dringlichkeit urgency
dritte Ausfertigung triplicate
dritte Wurzel cubic root (mathematics)
Drittmittel third-party funds, outside funding
Drittmittelforschung research funded by third parties
Drossel reactor (electronics)
drosseln to throttle
Druck impress, pressure, compression (mechanics)
Druckbefehl print command (software)
drucken to print
Drucken mit Kleinbuchstaben lower case printing

D

drückend hard
Drucker printer (hardware)
Drücker trigger (mechanics)
Drucker mit mechanischem Anschlag impact printer (hardware)
Druckerei print office
Druckereinheit (eines Laserdruckers) image unit (hardware)
Druckerschwärze ink, print ink
Druckerserver print server (network)
Druckertreiber printer driver (software)
Druckfehler misprint
Druckgeschwindigkeit print speed, printing rate
Druckhammer print hammer (mechanics)
Druckknopf button, pushbutton
Druckkopf print head (hardware)
Drucklager thrust bearing (mechanics)
Druckmaske print mask
Druckmesser manometer
Druckwalze print roll (mechanics)
Druckwerk print unit, printing mechanism (hardware)
Druckzeile print line
DTP desktop publishing
Dualcode binary code
duale (binäre) Zahl binary number
duale Schreibweise binary notation
Dualsystem binary system
Dualzahl binary digit
Dübel dowel (mechanics)
dunkel dark, black
Dunkelheit dark
dünn flimsy, papery
dünnbeschichtet light weight coated
dunstig damp
Duplexbetrieb duplex operation
Duplexverkehr duplex communication
Duplikat duplicate
Duplizieren duplicating
duplizieren to duplicate
durchbrennen to fuse
Durcheinander mix-up
durchfallen to fail (an exam)
durchfluten to flush
Durchführbarkeit feasibility
Durchgang passing
Durchgangsmeldung continuity signal
Durchgangsnetz transit network
durchgehend non-stop
durchgeschleifter Bus looped bus (electronic)
Durchlauf pass, run
Durchlaufen looping
durchlaufen to traverse
durchleuchten to X-ray
durchlöchern to hole
Durchmesser diameter
durchnummerieren to number serially
Durchpausen tracing
Durchsatz performance, throughput
durchscheuern to fray
Durchschlag strainer
Durchschlagpapier flimsy
Durchschnitt section, root main square
durchschnittliche Suchzeit average seektime
Durchschnittswert average value
Durchsicht recension, revision
durchsichtig pellucit, transparent
durchsichtige Darstellung phantom view
Durchsuchen einer Datei file searching
durchtesten to test out
Durchwahl (Telefon) direct dialing in, direct inward dialing
Durchwahlnummer direct dialing number
dürftig sparing
Düse jet, nozzle
dynamisch dynamic
dynamische Speicherung dynamic storage
dynamische Verknüpfungen living-links (software)
dynamische Wegewahl dynamic routing (network)
dynamischer Datenaustausch dynamic data exchange (DDE)
dynamischer Speicher dynamic memory
dynamisches RAM dynamic random access memory (memory)
dynamisches Unterprogramm dynamic subroutine (software)

E

e.V. registered society
Ebene plane (mathematics)
ebene Koordinaten plane coordinates (mathematics)
ebene Kurve plane curve (mathematics)
Ebenengeometrie plane geometry (mathematics)
ebnen to smooth
Echo-Korrektur echo correction
Echoprüfung read back check
echt real, true
echter Bruch proper fraction (mathematics)
Echtfarbendarstellung true color
Echtzeit real time
Echtzeitausführung real time executive
Echtzeitbetrieb real time operation
Echtzeitbetriebssystem real time operating system
Echtzeit-Programmiersprache real time language
Echtzeitrechner real time computer (hardware)
Echtzeitsystem real time system
Echtzeituhr real time clock
Echtzeitverarbeitung real time processing
Echtzeit-Videodigitalisierer frame-grabber
Echtzeitvideokompression real time video compression
Ecke nook, angle
eckig angular
eckige Klammer bracket
editieren to edit
Editor editor (software)
EDV-Kenntnisse computer skills, computer literacy
Effekt effect
effektive Adresse (Speicher) effective address, actual address
Effektivität efficiency
Effektivwert effective value
Effizienz efficiency
Ehrenmitglied honorary member
eichen to calibrate, to dispart
Eichleitung step attenuator (electronics)
Eichtabelle calibration chart
Eichung calibration
Eigenart identity
Eigenbedarf one´s own need
Eigenfehlerrate residual error rate
Eigenmagnetisierung intrinsic induction (electronics)
Eigenresonanz self resonant frequency
Eigenschaft feature, attribute, characteristics, quality
Eigentest eines Computers open shop testing (software)
Eignung qualification
Eignungsprüfung aptitude test
Ein-/Ausgabe input/output
Ein-/Auslagerung swapping
Ein-/Ausschalter on-off switch
Ein-Adress-Code single address code
Einadressrechner one address computer (hardware)
einäugig monocular
Ein-Aus-Regelsystem on-off-control system (electronics)
Einbenutzerbetrieb single user operation
einbetten to embed (software, hardware)
Einblendung (audio/video) fade in
einbrennen to burn-in
eindeutig non ambiguous (mathematics)
eindeutig unmistakeable
eindeutige Funktion one valued function (mathematics)
Eindruck imprint (mechanics)
eindrücken to impress (mechanics)
Einerkomplement ones complement
einfach single
einfache Auslegung (z.B. von Datenleitungen) single eXtension (SX)
einfache Dichte single density (SD)
einfache Genauigkeit single precision
einfacher Logarithmus common logarithm (mathematics)
Einfach-Papier single ply paper
Einfallswinkel angle of incidence
einfalzen to rebate
einfarbig monochrome
Einfluss incidence, influence, factor
Einfügebyte insert byte
einfügen to rabbet
Einfügesortierung insertion sort
einführen to introduce
Einführung initiation, introduction
Eingabe input
Eingabe von Hand manual input
Eingabe-/Ausgabebereich input/output area
Eingabe-/Ausgabebus input/output bus (hardware)
Eingabe-/Ausgabeeinheit I/O unit (software, hardware)

E

Eingabe-/Ausgabekanal I/O channel
Eingabe-/Ausgabeport input/output port (hardware)
Eingabe-/Ausgabesteuerung input/output control
Eingabebefehl input instruction (software)
Eingabebereich input area
Eingabedaten input data
Eingabedatenfluss input job stream
Eingabeeinheit input unit (software, hardware)
Eingabegerät input device, input equipment (hardware)
Eingabegeschwindigkeit input speed
Eingabekanal input channel
Eingabeport input port (electronics)
Eingabeprogramm input routine (software)
Eingabe-Pufferregister input buffer register
Eingabe-Pufferspeicher input buffer storage
Eingaberegister input register
Eingabespeicher input block
Eingabetaste enter key, return key
Eingang receipt, port, input
Eingangsfehler inherited error
Eingangsöffnung inlet
Eingangsprüfung entrance test
Eingangsvariable input variable
Eingangswarteschlange input work queue
eingearbeitet inwrought
eingebaute Kontrolle built-in check
eingeben to enter, to input, to introduce
eingebettet embeded
eingebettetes System embedded system
eingebrannt burn-in
eingeklammerter Ausdruck bracketed therm (mathematics)
eingelagert embeded
eingerichtet (in eine Richtung) unidirectional
eingerostet rusty
eingetragen registered
eingetragener Verein Incorporated
eingliedern to affiliate
Eingrenzung eines Fehlers fault isolation
Einheit unit (hardware, software), entity
Einheitenzähler unit counter (hardware)
Einheitsformular standard form
Einheitsschritt unit element
einhüllen to wrap
Einkauf purchase
Einkaufspreis cost-price
einkerben to notch
einklammern to paranthesize
Einkopplungswinkel acceptance angle
Einlage inlay, inlet
Einlass inlet
einlegen to inlay, to insert (diskette)
Einleitung initiation, preamble
Einlesefehler loading error
einloggen to log on (network)
einmalig one shot
einmalige Erscheinung noncurrent phenomenon
einmischen to interfere
Einmischung interference
einordnen to file, to classify
einpassen to patch
einplanen to schedule
Einplatzsystem single user system (hardware)
einreihen to range
einrichten to install, to organize
Einrichtung installation, arrangement, facility
Einrichtungsmanagement facility management
Einsatzerprobung field test
einsatzfähig operational
Einsatzplanung applications engineering
Einsatzvorbereitung applications engineering
einschaltbereites System turnkey system (hardware)
Einschaltdiagnose power up diagnose
einschalten to activate, to energize
Einschaltstromstoß inrush current
Einschaltung line up
einschieben interpolate
Einschiebung interpolation
einschließen to encase, to include, to inclose
einschließlich inclusive
einschränken to restrict
einschränkend determinative, restrictive
Einschränkung restriction
Einschreibung enrolment
Einschub slide-in chassis, slot
Einschubkarte plug-in card
Einseitenbandübertragung single sideband transmission
einseitig single sided, unilateral
einseitige Bandführung single-edge guiding (mechanics)

einsetzen to install (software, hardware)
einsilbiges Wort monosyllable
einspeichern roll in
Einspeicherung line to store transfer
einspeisen to inject
Einsteckmodul plug-in module (hardware)
einstellbar adjustable
einstellen to set
Einstellgenauigkeit setting accuracy
Einstellpotentiometer setting potentiometer (electronics)
Einstellung adjustment, setup
Einstellungszeichenkette setup string
einstöpseln plug in
Einstufungstest placement test
eintasten to keystroke
eintragen to list, to record
Eintragung insertion, registration, entry (database)
eintreffende Nachricht inbound message
einwandfrei unobjectionable
Einweggleichrichter half wave rectifier (electronics)
einwickeln to wrap
Einwicklung involution
Einwilligung compliance
einwirken to operate
Einzahl singular
einzeichnen to inscribe
Einzelbild frame
Einzelblatteinzug (Drucker) sheet feeder (mechanics)
Einzelblattzuführung (Drucker) single sheet feeder (mechanics)
Einzelhandel retail
Einzelheit item, datum, detail
einzeln single
Einzelnachricht diskrete message (software)
Einzelplatzbetriebssystem single user operating system
Einzelplatzrechner single user computer
Einzelproblem one time job
Einzelprotokoll-Router single protocol router (hardware)
Einzelschritt-Betrieb single step mode, single step operation
Einzelschrittgeschwindigkeit list speed
Einzelstation stand-alone unit (hardware)
Einzelteil component part (hardware)
Einzelverarbeitung single-cycle processing
einzigartig singular
Einzigartigkeit singularity
Eisen iron
eisenhaltig ferruginous
Eisenkern iron core
elastisch elastic, resilient
Elastizität resilience
elektrisch electric
elektrische Leitfähigkeit electric resistivity
elektrische Schreibmaschine electric typewriter (hardware)
elektrische Verzögerungsleitung electric delay line
elektrischer Anschluss current junction
elektrischer Strom current
elektrisieren to spark
Elektrolytkondensator electrolytic capacitor (electronics)
Elektromagnet solenoid (electronics)
elektromagnetisch gesteuert solenoid controlled
elektromagnetische Beeinflussung electromagnetic interference
elektromagnetische Strahlung electromagnetic radiation
elektromagnetische Verträglichkeit electromagnetic compatibility
Elektromechanik electromechanics
Elektronenkanone (z.B. in einer Bildröhre) electron gun
Elektronenstrahl electron beam
Elektronenstrahlspeicher electronic beam accessed memory
Elektronikingenieur electronic engineer
elektronische Bankgeschäfte electronic banking (Internetbanking)
elektronische Datenverarbeitung (EDV) electronic data processing
elektronische Datenverarbeitungsanlage electronic data processing machine (hardware)
elektronische Nachricht electronic mail (software)
elektronische Post electronic mail (software)
elektronische Zeichenabtastung electronic character sensing
elektronischer Briefkasten electronic mailbox, mailbox (software)
elektronischer Datenaustausch electronic data interchange
elektronischer Handel electronic commerce (Internet)
elektronischer Schalter electronic switch

E

elektronischer Zähler electronic counter
elektronischer Zahlungsverkehr electronic funds transfer (software)
elektronisches Bauteil electronic component, electronic device
elektrostatische Entladung electrostatic discharge
elektrostatischer Drucker electrostatic printer (hardware)
elektrostatischer Speicher electrostatic memory (hardware)
Element element, cell
Elementarfunktion elementary function
Ellipse ellipse (mathematics)
elliptische Funktion elliptic function
Emaille enamel
Emeritierung retirement
Emitter emitter (electronics)
Emitterstrom (am Transistor) emitter current (electronics)
Empfang receipt, receive
empfangen to receive
Empfänger (in einem Netz) data sink, receiver (hardware software)
Empfangsbereich reception coverage
empfangsbereit ready to receive
Empfangsdatenregister receive data register
Empfangspegel received level
Empfangsqualität received quality
Empfangsschrittakt receive signal element timing
Empfangssignalpegel data carrier detect
empfehlen to commend, to recommend
empfehlenswert commendable
Empfehlung recommendation, commendation
Empfehlung für einen Normentwurf draft recommendation
Empfehlungsschreiben letter of recommendation
empfindlich sensitive
empfindlich, leicht zu beschädigen damageable
Empfindlichkeit sensitivity
empfohlene Norm recommended standard
Emulation emulation (software, hardware)
Emulationsprogramm emulation program
Emulator emulator (software, hardware)
emuliertes LAN virtual local area network
Endadresse final address
Endbegrenzer ending delimiter
Endbenutzer end user
Ende end, termination
Endeanzeige pollbit
Endeinrichtung terminal equipment
Endergebnis final result
Endgerät subset, terminal equipment
Endgeräteadresse (ISDN) terminal endpoint identifier
Endgeräteanpassung (ISDN) terminal adaption
Endgeräteanschlusspunkt terminal access point
endgültig definitive
Endknoten terminal node
Endknotenkontroller terminal node controller (Hardware)
Endkontrolle final inspection
Endkriterium at end condition (program)
endliche Reihe finite progression, finite series (mathematics)
endlos interminable, endless
Endlosbandrekorder tape loop recorder (hardware)
Endlosbetrieb continuous operation
Endlosformular continuous form, continuous paper form
Endlospapier fan-fold paper
Endmontage final assembly (hardware)
Endprüfung final inspection
Endschalter limit switch (mechanics)
Endstation terminal
Endstelle terminal station (hardware)
Endstufe final stage
Endsumme final total
Endwert accumulated value, future value
Energieüberwachungssystem power management (electronics)
energieunabhängiger Speicher non volatile storage
Enge, Engpass bottleneck
Entbündelung (Trennung von Hard- und Software beim Verkauf) unbundling
entdecken to detect, to discover
Entdeckung detection, discovery
entfalten to develop, to display
entfernt remote
Entfernung distance
Entfernung (von Software) deinstallation
entflammen to inflame, to enkindle
entgegenarbeiten to counterwork
entgegengesetzt opposite, antipodial, opposed
entgehen to escape
entgiften to decontaminate

Entgiftung decontamination
enthalten to include
Entkapselung (von Datenpaketen) decapsulation
entkoppeln to isolate (electronics)
Entkoppelungsschaltung isolating circuit (electronics)
entladen to discharge (electronics)
Entladung discharge (electronics)
Entladung, elektrostatische electrostatic discharge
entlasten to disburden, to disencumber, to unburden
entleeren to void
entlegen remote
Entmagnetisierung demagnetization (electronics)
entpacken (z.B. eine Datei) to unpack (a file)
entprellen (Tasten) debounce (electronics)
Entropiecodierung variable length code
entschädigen to redeem, to reimburse
Entschädigung reimbursement
entscheidend definitive
Entscheidung decision
Entscheidungsbefehl decision instruction, discrimination instruction (software)
Entscheidungsbox (Programm) decision box (software)
Entscheidungsfähigkeit decision making ability
Entscheidungsfeld decision box (software)
Entscheidungshilfesystem executive information system (software)
Entscheidungsspiel decision making game
Entscheidungstabelle decision table (mathematics)
entschieden determinate
Entschluss decision
entschlüsseln to encipher
entspannen to unbend
entsprechend relative
Entstehung von Information originating of information
Entstörung interference elimination (electronics)
entwerfen to plan, to sketch, to design, to delinerate
entwickeln to develop
Entwickler developer
Entwicklung development, evolution
Entwicklungsmodul evaluation module (hardware, software)
Entwicklungssystem development system (hardware, software)
Entwicklunsgzeit development time
entwirren to straighten out
Entwurf layout, plan, scheme, sketch, blueprint, delineration, design
entzerren to equalize (electronics)
Entzerrer compensator (electronics)
entziffern to decipher
entzündbar igniable
entzünden to ignite, to enkindle, to inflame
entzündlich inflammable
entzündliche Stoffe inflammables
Entzündlichkeit inflammability
Entzündung ignition
Epoxidharz epoxy resin
Erde ground (electronics)
erden to ground (electronics)
erdfrei free of ground (electronics)
Erdgeschoss ground-floor
Erdleitung ground wire
Erdung ground connexion (electronics)
Ereignis event
Ereignisbit event bit
Ereignisblock data event block
Ereignismanagement event management
Ereignissteuerblock event control block
erfahren expert
Erfahrenheit expertness
Erfahrung know how
erfahrungsgemäß empirical
Erfassen (Daten) acquisition (data)
Erfindung invention
Erfolg success
Erfolg haben to succeed
erfolglos unsuccessful
Erfolgsrezept best practice
erforderlich required
Erfordernis requirement
erforschen to investigate, to explore
Erforschung exploration
Ergänzung integration, supplement
ergeben to yield
Ergebnis result, outcome
ergebnislos inconclusive
Ergonomie human engineering
ergreifen to grasp
erhalten to save
erhitzen to ignite, to heat
Erhitzung ignition

E

erhöhen to enhance, to heighten, to increment
erholen to recreate
Erholung recreation
Erholungspause recreation
Erinnerung recollection
erkennbar cognizable
Erkennbarkeit perceptibility
erkennen to recognize
Erkenntnis cognition
erklärbar definable, explainable
erklären to explain, to expound, to illuminate
erklärend explicative, explicatory
Erklärung declaration, explanation
erlauben to licence, to allow
Erlaubnis licence, permission
erläutern to illuminate, to illustrate, to comment
Erläuterung illustration, comment
erledigen to dispatch
erleuchten to lighten, to illuminate
Ermittlung ascertainment
ermöglichen to enable
erneuern to regenerate
Eröffnungsseite home page (Internet)
erproben to evaluate
Erprobung try-out
erreichbar available
errichten to construct
Ersatz substitution**,** compensation, displacement, replacement
Ersatz leisten to make restitution
Ersatzfüllung refill
Ersatzteil spare, maintenance part, replacement part (hardware)
Ersatzweg alternate route
Ersatzzeichen substitute character
erschaffen to create
ersetzen to replace, to redeem
Ersetzungsregel production rule
Erstattung reimbursement
Ertrag yield
erwachsen adult
erwarten to expect
erwartete Lebensdauer life expectancy
erweiterbare Programmiersprache extentsible programming language
erweiterte Dienste extended services
erweiterte Evaluation extended evaluation
erweiterter Speicherbereich extended memory
Erweiterung development
erweiterungsfähig open ended
Erweiterungsfähigkeit expandability
Erweiterungsmodul plug in (software)
Erweiterungsspeicher extended memory (hardware)
Erweiterungssteckplatz card slot (hardware)
erwidern to reply, to respond
erzeugen to produce, to create, to generate
erzeugende Funktion generate function (mathematics)
Erzeugnis product
Escape-Sequenz escape sequence (software)
Escape-Zeichen escape symbol
Etagenverteiler (Gebäudeverkabelung) floor distributor
Etikett label
Evaluierungskommission evaluation committee
Exemplar exemplar, specimen
exklusives ODER exclusive or, non equivalence
Expansionsspeicher expanded memory (hardware)
Experiment experiment
Experte expert
Expertenkommission expert committee
Expertensystem expert system (software)
explizite Adresse explicit address (software)
explizite Funktion explicit function (mathematics)
explizite Variable explicit variable
explizites Umlegen (ISDN) explicit call transfer
explodieren to explode
Explosion explosion
Explosionszeichnung exploded view
Exponent exponent (mathematics)
exponentielle Funktion exponential function (mathematics)
exponentielle Verteilung exponential distribution (mathematics)
externe Geräte peripheral equipment (hardware)
externer Befehl external command (operating system)
externer Speicher external storage, peripheral memory
Exzentrizität (z.B. einer Scheibe) eccentricity (mechanics)

F

Fabrik manufactory
Fabrikat manufacture
Fabrikation manufacture, fabrication
Fabrikationsfehler flaw
fabrikneu green
fabrizieren to fabricate
Facette facet
Fach panel, pocket, subject, discipline
Fachbeirat Scientific Advisory Board
Fachbeiratsmitglied Scientific Advisory Board Member
Fachbereich department, faculty
Fachbezeichnung nomenclature
Fachbibliothek special library
Fächer (zur Kühlung) fan (mechanics)
fächerförmig fan shaped
fachkundig competent
Fachkurs special course
Fachleute skilled professionals
Fachliteratur non-fiction
Fachmann expert
Fachvertreter expert, specialist
Fachwerk framework (mechanics)
Fadenkreuz cross hairs, reticule
fähig sein to be able to
Fähigkeit ability, capability, faculty
fahren to drive, to wheel
Fahrlässigkeit negligence
Faksimile (Fax) facsimile
Faktor factor
Faktura invoice
fakturieren to invoice
Fakturierung billig
Fakultätsdarstellung factorial notation (mathematics)
Fälligkeitsdatum due date
falsch false
falsch berechnen to miscalculate
falsch buchstabieren to misspell
falsch datieren to misdate
falsch nummeriert misnumbered
falsch rechnen to miscount
falsch schreiben to misspell
falsch übersetzen to mistranslate
falsche Rechnung miscount
falsche Übersetzung mistranslation (software)
falsches Datum misdate
Fälschung falsification
Falte fold
falten to fold
Falz fold, joggle, rabbet, rebate
falzen to fold, to groove
fangen to hook
Farbband ribbon, type ribbon
Farbbandtransport ribbon feed (mechanics)
Farbbildschirm color monitor (hardware)
Farbdrucker color printer (hardware)
Farbe paint, colour, color (american engl.)
färben to colour, to color (american engl.)
Farbgrafik color graphics
Farbmischungstafel color formular guide
Farbpalette color palette
Farbsättigung saturation
Farbsystem, metrisches natural color system
Farbtemperatur color temperature
Farbtiefe color bits
Färbung hue
Faser fiber
faserig stringy
Fassung redaction, socket (electr.), version
Faustregel rule-of-thumb
Faxkarte fax board (electronics)
Fax-Verbindungsrechner faxgateway
federkräftig springy
Federleistenstecker clip contact connector (mechanics)
federnd springy
Fehlanpassung mismatch (software, hardware)
Fehlantwort false drop
Fehlbetrag deficit, shortage
Fehleinstellung false position
Fehlen failure
fehlen to fail
fehlend missing
Fehler error, mistake, trouble, bug, defect, failing, fault
Fehlerabschätzung error estimation
Fehleranalysebericht failure analysis report
Fehleranzeige error indicator
Fehlerart type of error
Fehlerbearbeitung error handling
fehlerbedingte Beendigung abnormal termination
Fehlerbehandlungsprogramm fault interrupt routine (software)
Fehlerbehebung correction
Fehlerbeseitigung trouble shooting, debugging
Fehlerbeseitigung durch wiederholte Übertragung error deletion by iterative transmission

Fehlerbeseitigung in einem Programm program debugging (software)
Fehlercode error code
Fehlerdatei error file
Fehlererkennung error detecting
fehlerfrei errorfree, clean, faultless
fehlerfreier Betrieb error-free operation
fehlerhaft faulty, defective, incorrect
fehlerhaften Daten erroneous data (software)
Fehlerhaftigkeit faultiness
Fehlerhäufung error burst
F
Fehlerkennzeichen error flag
Fehlerklassifizierung classification of nonconformities
Fehlerkontrolle error control
Fehlerkontrollzeichen error checking character
Fehlerkorrektur error correction, error recovery
Fehlerkorrekturcode error correcting code (software)
Fehlerkorrektureinrichtung error correcting feature
Fehlerkorrekturmodus error correction mode
Fehlerkorrekturprogramm error correcting program (software)
Fehlerkorrekturzeichen error correcting character
Fehlerliste error list
Fehlermanagement fault management
Fehlermeldung error message (software), alert (hardware)
Fehlerort location of failure
Fehlerprotokoll error protocol
Fehlerstatus errorlevel
Fehlersuche error detecting, trouble location, trouble shooting
Fehlersuchhilfen debugging aids (software)
Fehlersuchprogramm debug program, debugger (software)
fehlertolerantes System fault tolerant system
Fehlertoleranz fault-tolerance
Fehlerursache cause of failure
Fehlerverhältnis error rate
Fehlerwahrscheinlichkeit error probability
fehlgeleitet misrouted
fehlschlagen to fail
Fehlstellen auf einer Festplatte hard errors, bad sectors
Feinheit niceness
Feld field, array (mathematics, electronics)
Feldauswahl field selection
Feldbegrenzung field definition
Feldrechner array processor (hardware)
Feldspezifikation field specification
Feldspule inductor (electronics)
Feldstärke (Magnetfeld) field strength, magnetic field strength (electronics)
Feldtest field test
Feldvariable array variable (software)
Fenster window (software)
Fenstertechnik windowing (software)
fern von afar
ferngesteuert distance controlled
Fernkauf homeshopping, teleshopping
Fernleitung trunk line
Fernmeldeeinrichtung telecommunications system
Fernmessung telemetering
Fernmultiplexer remote multiplexer unit (hardware)
Fernnebensprechen far end crosstalk (electronics)
Fernnetz long distance network
Fernoperationen-Dienst remote operation service element (ROSE)
Fernschreibcode telegraph code
Fernschreiber teleprinter, teletype, teletypewriter, ticker (hardware)
Fernschreibnetz telex network, wire telegraph network
Fernsehgerät television set (hardware)
Fernsprechbandbreite telephone bandwith
Fernsprechfernverkehr wide area telephone service
Fernsprechkanal voice channel
Fernsteuerung remote control
Fernstudium distant learning
Fernübertragung long distance transmission
Fernunterricht teleteaching
Fernvermittlung trunk switch office
Fernwahl dial long lines
Fernwartung remote maintenance, tele repair
Fernzugriff remote access
Fernzugriff auf eine Datenbank remote database access
Fernzugriff, gemeinsamer remote file sharing
Ferritkern ferrit core (electronics)
Ferritstab ferrit rod (electronics)

fertig ready
fertiges Produkt finished product
Fertigungskontrolle manufactoring control
Fertigungsplanung production planning
Fertigungsprüfung manufacturing inspection
Fertigungssteuerung product control
Fertigungstechnik product engineering
fest fix, solid, steady, compact
feste Satzlänge fixed record length
Festformat fixed format
Festfrequenzmodem fixed frequency modem
festgeschaltete Verbindung nailed connection, dedicated line
festgesetzt determinate
Festigkeit compactness, consistency, fastness, firmness, steadiness
Festkomma fixed point
Festkomma-Addition fixed point addition
Festkommadarstellung fixed point representation
Festkomma-Division fixed point division
Festkomma-Multiplikation fixed point multiplication
Festkomma-Operation fixed point operation
Festkommarechnung fixed point calculation
Festkomma-Subtraktion fixed point subtraction
Festkommasystem fixed point system
Festkörperbauteil solid state device (electronics)
Festkörperphysik solid state physics
Festkörperschaltkreis solid state circuit (electronics)
Festlegung von Dokumentenformaten document type definition
festmachen to clinch (mechanics)
Festplatte fixed disk, hard disk (mass storage)
Festplatten-Cache disk cache
Festplattenlaufwerk harddisk drive (hardware)
Festplattenspiegelung (zwei Festplatten mit identischem Inhalt) disk mirroring, disk shadowing
Festplattenverzeichnis disk directory (software)
Festpunktzahl fixed point number (mathematics)
festsetzen to appoint
feststehend static
feststellen to identify
Feststellung ascertainment, statement
Festverbindung dedicated line
festverdrahtet hardwired
Festwertspeicher read only memory (ROM), shadow store
Fett grease
fette Schriftauszeichnung bold (character, font)
fettig greasy
Fetzen shred
feucht wet, dank
Feuchtigkeit damp, humidity, moistness, moisture
feuchtigkeitsbeständig damp-proof
Feuchtigkeitsmesser hygrometer
feuerfest fireproof, refractory
feuergefährlich inflammable
Figur pattern
Filiale subsidiary
Film motion pictures
Filter filter
filtern to filter
Filterprogramm filter program (software)
Finalbit pollbit
Finanzierung financing
Finanzplanung (mittelfristiger) medium-term budgetary accounting
finden to found, to detect
Fingerabdruck finger print, dactylogram
Fingerbreite digit
Fingernagel thumbnail
fingernagelgroßes Bild thumbnail (picture)
Finite Elemente Methode finite element modelling
Firma mit Niederlassungen multiple firm
Firmengründung start-up company
Fixierung (CD-R) close disc, finalize
Fixpunkt fixpoint, checkpoint, benchmark
Fixpunktdaten ledger data
Flachbandkabel ribbon cable (electronics)
Flachbettplotter flat bed plotter (hardware)
Flachbildschirm flat square tube
Fläche slant, surface, area
Flächendeckung coverage (network)
Flächeneinheit unit area (mathematics)
Flächenintegral surface integral (mathematics)
Flächenmodell surface model
Flackern flicker
flackern to flicker, to wobble

Flag flag (software)
Flansch flange
Flattersatz unjustified text
fleckenfrei stainless
flexibles Kabel flexible cable
flicken to botch
Flickwerk botch, patchwork
fliehen to escape
Fließkommaeinheit floating point unit (hardware)
Fließkommazahl floating point
Flimmern flickering
flimmern to flicker
Flipflop-Schaltung trigger pair circuit (electronics)
Flipflopspeicher flipflop (electronics)
Flottenverbindung fleet connection
Flucht escape
flüchtig (z.B. Ladung) volatile (electronics)
flüchtiger Speicher volatile storage (electronics)
Fluchtsymbol escape symbol, escape character
Flugbahn trajectory
Flügelschraube thumb-screw (mechanics)
Flugsimulator flight simulator (software, hardware)
Flusscontrolle flow control
Flussdiagramm programming flowchart
Flussdichte flux density (electronics)
flüssig fluid, liquid
Flüssigkeit fluid, fluidity, liquid
Flüssigkeitskristallanzeige liquid crystal display
Flüssigkristallbelichter liquid crystal shutter
Flusslinie flux line
Folge effect, result, cycle
Folgeadresse continuation address
Folgefrequenz repetition rate (electronics)
Folgemaßnahme follow-up action
folgen to result, to succeed
folgerichtig systematically
Folgerung inference, consequent
Folgestation tributary station
Folgesteuerung sequential control
Folgezeile continuation line
Folientastatur touch sensitive keyboard (hardware)
Förderband conveyor belt (mechanics)
Förderer patron
Fördermittel (private) private funding
Fördermittel (staatliche) government funding, state funding
fördern to promote, nurture, foster
fordern to require
Förderung promotion
Forderung requirement, demand
Förderungsprogramm scholarship program, grant program
Form form
formaler Fehler formal error
Format format
Formatidentifikationsfeld format identifier field
Formatieren formatting
formatieren to format (a diskette)
Formatierung auf hoher Ebene high level formatting
Formatierungsprogramm formatter (software)
Formatsteuerungszeichen layout character
Formatsteuerzeichen format effector
Formel formula (mathematics)
Formelberechnung formula evaluation (mathematics)
formen to pattern
Formfaktor form factor
formlos formless, informal, unceremonious
Formular form, paper form
Formularabfrage query by form
Formularende end of form
Formularleser document reader (hardware)
formulieren to formulate
forschen to quest
Forscher explorer, researcher
Forschung research
Forschung (bahnbrechende) groundbreaking research
Forschungsbericht research paper
Forschungseinrichtung research facility
Forschungsfeld research field
Forschungsmodell research model
Forschungsorganisation research organization
Forschungspolitik research policy
Forschungsprojekt research project
Forschungsschwerpunkt research concentration, research focus
Forschungsstelle research unit
Forschungsvorhaben research project, research program
Fortbildung advanced training

fortgeschritten advanced
fortlaufende Nummerierung consecutive numbering
Fortpflanzung propagation
fortschrittlich forward
Forum forum
Foto photography
Fotoapparat camera
Fotodiode photodiode (electronics)
Fotografie photography
fotografieren to photograph
fotografisch photographic
Fotokopie photostatic copy
Fotolack photoresist
Fotosatz photo typing setting
Fotothek photo library
Fotozelle photocell (electronics)
Fracht freight
Frachtstück package
Frage question
Fragebogen questionaire
fragen to query
Fragestellungen topics, postulations
Fragezeichen query
Fragment fragment
Fragmentierung fragmentation
Fraktal fractal (mathematics)
Frakturschrift german text
frei free, vacant, disenganged
frei lassen to free
freie Software freeware, (Public Domain)
freier Parameter arbitrary parameter
freier Speicherplatz allocatable space (memory)
Freigabe release (software, hardware)
Freigabeimpuls enable pulse
freigeben to enable, to deallocate, to detach
freigegeben enabled
freigegebener Bereich purge area
freigestellt optional
Freileitung open wire line
freimachen to free
Freiraum (beim Barcode) quiet zone
Freisprechen hand free talking
Freitext-Datenbank free format database (software)
Freizeichen (Telefon) dial tone
fremd foreign
Fremddateizugriff foreign file access
Fremdsprache foreign language
Frequenz frequency (electronics)
Frequenzabstand frequency spacing (electronics)
Frequenzabtastung frequency scanning (electronics)
Frequenzabweichung frequency departure (electronics)
Frequenzband frequency band (electronics)
Frequenzbedarf (einer Nachricht) telephone bandwith
Frequenzbereich frequency coverage (electronics)
Frequenzenteiler frequency divider (electronics)
Frequenzfehler frequency instability (electronics)
Frequenzfilter frequency selective filter (electronics)
Frequenzgang frequency response (electronics)
Frequenzhub frequency swing
Frequenzmesser frequency meter (hardware)
Frequenzmodulation frequency modulation (electronics)
Frequenzspektrum frequency spectrum (electronics)
Frequenzumsetzer frequency converter (hardware)
Frequenzumsetzung frequency conversion, frequency translation
Frequenzumtastung frequency shift keying (electronics)
Frequenzverlauf frequency characteristics (electronics)
Frequenzverzerrung frequency distortion (electronics)
Frequenzwahl dual tone multi frequency
Freundesliste buddy list (messenger systems)
frieren to freeze
Frist deadline
Frontplatte front panel (mechanics)
frühzeitiger Ausfall early failure
Fuge joint, rabbet, join
führen to guide
führenden Nullen leading zeros
Führung guide, lead
Führungsgröße control quantity (electronics)
Führungskante guiding edge
Führungslöcher (z.B. beim Endlospapier) feed holes
Führungsstift guide pin (mechanics)
Füllwort (Software) filler
Füllzeichen fill character

F

Fundament ground work
Fundamentalsatz fundamental theorem (mathematics)
Fünfeck pentagon (geometry)
Fünfergruppe pentade
Funkbrücke radio link (electronics)
Funke sparkle
funkeln to sparkle
funken to spark, to radiate
Funkenstörung man-made static (electronics)
Funkkanal radio channel
Funkrufempfänger pager
Funktion function
Funktion, hyperbolische hyperbolical function (mathematics)
Funktion, implizite implicit function (mathematics)
funktionelle Einheit modul (software, hardware)
Funktionsbaugruppe function module (hardware)
Funktionsdiagnosetest diagnostic function test
Funktionsmanagement function management
Funktionsstörung malfunction
Funktionstaste control key, function key
Funktionstüchtigkeit viability
Funktionszeichen control character, function character
Funktionszeit action period
Funkuhr radio controlled clock
Funkzelle (Mobilfunk) radio cell
Funkzone (GSM-Mobilfunk) radio zone
Furche groove
Fussel fuzz
fusselig fuzzy
fusseln to fuzz
Fußnote foot-note

G

Gabel fork
gabeln to bifurcate, to divaricate
Gabelschaltung hybrid circuit (electronics)
Gabelung bifurcation, fork, furcation
galvanisch galvanic
galvanisch getrennt galvanically isolated (electronics)
gangbar passable
Gangverzögerung cycle delay (mechanics)
ganz total
Ganze integer (mathematics)
ganze Zahl diskrete number, integer number (mathematics)
gänzlich total, dead
ganzmetallig all-metal
Ganzseitendrucker page-at-a-time printer (hardware)
ganzzahliges Vielfaches integral multiples (mathematics)
Ganzzahlvariable integer variable
Garantie guaranty, warranty
garantieren to guarantee
garantiert warranted
Gas gas
gasförmig gaseous
gasgefüllte Röhre gas tube
Gast guest
Gateway gateway (hardware)
Gatter gate (electronics)
Gattungsschlüssel generic key
Gauß'sche Fehlerverteilung Gaussian failure distribution (mathematics)
Gauß'sche Verteilung Gaussian distribution (mathematics)
Gebiet domain, zone
Gebilde structure
Gebläse (zur Kühlung) blast
Gebrauch usage, use
gebrauchsfertig ready for use, ready made
Gebrauchsmuster registered design
Gebrauchsmustergesetz Utility Model Act
Gebrauchsmusterschutz protection for registered designs
Gebrauchsnormal working standard
Gebührenanzeige advice of charge
gebührenfreier Dienst toll free service
gebündelte Nachricht multiplexed information (software)
gebunden latent
Gedächnis memory, recollection
Gedränge jam
gedruckte Schaltung printed circuit (electronics)
geeignet fit, qualified
Gefahr danger, hazard, jeopardy
Gefahrenzone line of danger
gefährlich hazardous, dangerous
gefahrlos safe
Gefahrstoff hazardous material
Gefahrstoffbeauftragter hazardous material officer
gefrieren to freeze
Gefüge texture
gegen versus
Gegenbetrieb duplex transmission (data transmission)
Gegengewicht balance, counterbalance, counterpoise, counterweight (mechanics)
Gegenkopplung degenerative feedback, inverse feedback (electronics)
Gegenmaßnahme countermove
Gegenmutter lock-nut (mechanics)
Gegenphase (Elektronik) phase opposition (electronics)
gegenseitig mutual
gegenseitige Blockierung (von Programmen) deadlock
Gegenseitigkeit reciprocity
Gegenstand object, topic
Gegenstück counterpart
Gegenteil reverse, opposite
gegenüberliegend opposite
Gegenuhrzeigersinn counterclockwise
Gegenwirkung response, reaction
Gehaltsabrechnung pay stub
Gehäuse encasement, housing, shell, case
gekoppelter Schaltkreis coupled circuit
geladen live
gelb (das Gelb) yellow
Gelbbuch (mit Spezifikationen zur CD-ROM) yellow book
gelbe Seiten (Telefonbuch) yellow pages
Gelegenheit occasion
gelingen to succeed
gelöst disenganged
Gemälde picture
gemeinnützige Organisation non-profit organization
Gemeinnützigkeit non-profit status
gemeinsam common, mutual

gemeinsamer Benutzerzugriff common user access
gemeinsamer Bereich common area (memory)
gemeinsamer Fernzugriff remote file sharing
gemeinsamer Speicher shared memory
gemietete Leitung leased line
gemischt miscallaneous
gemischte Digital-Analog-Schaltung hybrid digital-analog circuit (electronics)
genau exactly, strict
genau dann wenn if and only if
G
genaue Nachbildung facsimile
Genauigkeit accuracy, exactitude, exactness, preciseness, precision
Genauigkeit, doppelte double precisions (software)
Genauigkeit, einfache single precisions (software)
Genauigkeitsprüfung accuracy control
Genauigkeitsverlust loss of accuracy
Genehmigung assent, permission
geneigte Ebene oblique plane (mathematics)
Generation generation
Generator generator (electronics, software)
generieren to generate (electronics, software)
generisches Anschlussprofil generic access profile
Geodäsie geodesy
Geometrie geometry (mathematics)
Geometrie der festen Körper solid geometry
geometrisch geometric (mathematics)
geometrische Mittel geometric mean (mathematics)
geometrische Reihe geometric series (mathematics)
geometrischer Ort locus (mathematics)
gepaart double
gepackte Datei compressed file
gerade lineal (geometry), even (mathematics), direct
Gerade straight line (mathematics)
gerade Funktion even function (mathematics)
gerade Parität even parity (software)
gerade Paritätskontrolle even parity check (software)
gerade Zahl even number
Geradenabschnitt line segment (mathematics)
geradlinig linear
Gerät device, apparatus, tool, gear, implement, utensil (hardware)
Geräteadresse, logische logical device address
Gerätebaugruppe package (hardware, electronics)
Geräteeinschub slide-in chassis (hardware)
Gerätegruppe cluster (hardware)
Gerätehandbuch technical manual
geräteinterner Betrieb local mode
Gerätenummer, logische logical unit number (SCSI-bus)
Geräteprüfung hardware check
Geräteschnittstelle device Interface
Geräteschrank equipment cabinet (mechanics)
Gerätesicherheitsgesetz Equipment Safety Act
Gerätesteuerung device control (electronics)
Gerätesteuerzeichen device control characters
Gerätestörung equipment trouble
Gerätetreiber device driver (software)
Geräte-Treiberdatei device driver file
geräteunabhängiges Format device independent format
Geräteunabhängigkeit device independence
Gerätschaften hardware
Geräumigkeit ampleness
Geräusch noise
geräuschlos noiseless
geräuschvoll noisy
geringe Menge modicum
geringer less
geringer Stromverbrauch low power drain (electronics)
Gerippe framework, skeleton (mechanics, software)
gerundet rounded
Gerüst stage
Gesamtbetriebsrat central works council
Gesamtfehler gross error
Gesamtheit complex
Gesamtleistung overall performance
Gesamtsumme sum total, tot, total
Gesamttest checkout test
Geschäft employ, job, deal, trade

geschäftsführender Ausschuss managing committee
geschäftsführender Direktor managing director
Geschäftsgrafik business graphics
Geschäftsordnung standards of operating procedure
Geschäftsvorgang transaction
Geschäftszweig line of business
geschickt expert, handy
geschlitzt slotted
geschlossen closed
geschlossene Benutzergruppe closed user group
geschlossene Schaltung packaged circuit (electronics)
geschlossene Schleife closed loop (software)
geschlossene Unterprogramm closed subroutine (software)
geschlossene Zählkette closed counting chain (software)
geschlossenes Unterprogramm linked subroutine (software)
Geschmacksmustergesetz Design Act
geschmeidig limber
geschmolzen molten
geschrieben written
geschrumpft shrunken
geschützt protected
geschützter Speicherbereich protected storage area
geschweifte Klammer brace
Geschwindigkeit speed, celerity, velocity
Geschwindigkeit, linearkonstante constant linear velocity (CLV)
Gesellschaft society
Gesetz law
Gesetzgeber law-giver
gesetzlich legal, at-law
gesetzlich geschützt registered
gesondert separate
gespanntes Seil tight-rope
gesperrt disabled
Gespräch dialogue
gesprochene Nachricht voice mail, voice message
Gestalt form
Gestaltung configuration
Gestell skeleton, cabinet, creel, rack (mechanics)
Gestellrahmen cabinet rack (mechanics)
gestört out of order
gestörte Leitung faulted line
geteilt shared
geteilter Bildschirm split screen
geteilter Speicher shared memory
getrennt separate, discrete
Getriebe drive, gear, gear train (mechanics)
gewagt hazardous
gewählter Zugriff switched access
gewähren to allow
gewährleisten to guarantee
Gewährleistung guaranty, warranty
Gewalt force
Gewebe texture
gewerblich commercial
Gewicht weight
Gewichtung weighting
gewickelte Verbindung wrapped connection (electronics)
Gewinde-Kupplung threaded nut coupling
Gewinn- und Verlustrechnung financial statement
gewöhnlich usual
gewöhnliche Differentialgleichung ordinary differential equation (mathematics)
gewöhnliches Papier plain paper
gewölbt concave
giftig toxic
Giftstoff toxin
Gips gypsum
Gitter grid
glanzlos dead
Glasfaser fiber optics
Glasfaseranschlussendgerät optical line terminal
Glasfaserkabel fiber optics cable
Glasfaserkabel (aus Kunststoff) low cost fiber
Glasfaserkabelnetzwerk optical distribution network
Glasfaser-Sender/Empfänger fiber optic transceiver (hardware)
Glasur glaze
glatt smooth, sleek
Glätte sleekness
glätten to planish, to smooth, to burnish
Glaubwürdigkeit plausibility
gleich identical, similar
gleich machen to level, to assimilate
gleich Null setzen equate to zero (mathematics)
gleichartig homogeneous, kindred, uniform

G

Gleichartigkeit homogeneity
gleichbedeutend identical
gleiche Vorzeichen like sign (mathematics)
gleichgerichtete Spannung rectified voltage (electronics)
Gleichgewicht balance
Gleichgewicht halten to counterpoise
gleichgewichtiger Code fixed count code (software)
Gleichheit parity
Gleichheitszeichen equality sign (mathematics)
Gleichlauf synchronism
gleichlaufend parallel
gleichlaufend synchronous
Gleichlauffehler clock error, timing error
gleichmäßig uniform, steady
gleichmäßige Konvergenz uniform convergence (mathematics)
Gleichmäßigkeit uniformity
Gleichrichter rectifier (electronics)
Gleichrichterschaltung rectifier circuit (electronics)
Gleichrichtung detection, rectification (electronics)
gleichseitige Hyperbel rectangular hyperbola, equilateral hyperbola (mathematics)
Gleichstrom direct current (DC)
Gleichstrombelastbarkeit steady-state rating (electronics)
Gleichstromimpuls unidirectional pulse (electronics)
Gleichung equation (mathematics)
Gleichung dritten Grades cubic equation (mathematics)
Gleichung höherer Ordnung higher-order equation (mathematics)
Gleichung mit Unbekannten equation with unknowns (mathematics)
Gleichung nach x auflösen solve an equation for x (mathematics)
Gleichung vierten Grades biquadratic equation (mathematics)
Gleichung vierten Grades quartic equation (mathematics)
Gleichungssystem system of equations (mathematics)
gleichzeitig synchronous, concurrent, simultaneous
gleichzeitig sein synchronize
gleichzeitige Übertragung simultaneous transmission
gleichzeitiger Betrieb simultaneous operation
gleichzeitiger Zugriff concurrent access
Gleichzeitigkeit simultaneity, synchronism
Gleiten glide
gleiten to slide, to slip, to glide
Gleitkomma floating point
Gleitkomma-Addition floating point addition
Gleitkommadarstellung floating point representation
Gleitkomma-Division floating point division
Gleitkomma-Multiplikation floating point multiplication
Gleitkomma-Operation floating point operation
Gleitkommarechnung floating point calculation
Gleitkomma-Subtraktion floating point subtraction
Gleitkommasystem floating point system
Gleitpunktzahl floating point number (mathematics)
Gleitzeit flextime, flexitime
global global
globale Variable global variable (software)
Glossar glossary
Glühlampe incandescent lamp
goldhaltig auriferous
Grad groin, pitch, degree
Gradeinteilung graduation, scale
Gradientenindex (Lichtwellenleiter) graded index
Graf graph
Grafik graphics
Grafikanzeige graphic display
Grafikauflösung graphic resolution
Grafikbefehl graphics instruction (software)
Grafik-Beschleuniger (Grafikkarte) graphics accelerator (hardware)
Grafikbildschirm graphic display, graphics screen (hardware)
Grafikdrucker graphics printer (hardware)
Grafikeinheit graphics display unit (graphics board and monitor)
Grafikfähigkeit ability to graphic representation (software, hardware)
Grafikkarte graphics board, graphics adapter (hardware)
Grafikmodus graphic mode

Grafikpaket graphics package (software)
Grafikprozessor pixel processor, graphic subprocessor (hardware)
Grafiktablett graphics table (hardware)
grafisch graphic, graphical
grafische Benutzeroberfläche graphical user interface (software)
grafische Darstellung graph, graphical representation
grafisches Symbol graphics symbol
grammatikalisch grammatical
grammatisch zerlegen to parse
Granulat granulation
Graphit graphite, plumbago
Graphitstift electrographic pen
grau (das Grau) grey
Greifarm picker arm (mechanics)
greifen to hold, to catch, to grab
Greifer grab, grapple (mechanics)
Greifvorrichtung gripping device (mechanics)
Gremien governing bodies
Grenze limit, border, bound, boundary
grenzenlos boundless, limitless, unlimited
Grenzfrequenz cut-off frequence (electronics)
Grenzwert boundary value, rating (electronics, mathematics)
Grenzwertprüfung limit check (mathematics)
Griff grasp, handle, hold, catch
Grobrecherche browsing
Großbuchstabe upper case, capital letter
Größe size, extent, quantity
große Informationsmenge bulk information
Größenanpassung rightsizing
Größenordnung order (mathematics)
Großforschungseinrichtung major research institution
Großhandel whole-sale
Großraumspeicher bulk memory, large capacity store (hardware)
Großrechner mainframe (hardware)
Großstadtnetz metropolitan area network (MAN)
Großzelle (Mobilfunk) hypercell
grün (das Grün) green
Grund ground, principle, bottom
Grunddienste (GSM) essential services
Grundfläche base, bottom, floor space
Grundformat basic format
Grundfrequenz carrier wave
Grundfunktionen core primitives
grundieren to ground
Grundierung priming
Grundlage foundation, ground work, basis
Grundlagen fundamentals
Grundlagenforschung basic research
grundlos unprovoked
Grundplatine motherboard (hardware)
Grundplatte baseplate
Grundrechenart basic calculation operation (mathematics)
Grundriss plan view, floor plan, ground-plan
Grundsatz axiom (mathematics)
grundsätzliche Arbeitsweise principle of operation
Grundtakt master clock (electronics)
Grundteuerung basic controller
Gründung foundation
Gründung (eines Institutes) establishment (of an institute)
Grundwelle fundamental (electronics)
Gruppe series
Gruppe von Bauteilen pod (hardware)
Gruppenanordnung control hierarchy (electronics)
Gruppenanzeige group indication (electronics)
Gruppencodierung group code recording
Gruppentrennzeichen group separator
Gruppenwechsel group control change (electronics)
gültig valid, passable
Gültigkeit validity
Gültigkeitsbereich scope
Gültigkeitsprüfung validity check
Gummi gum, rubber
gummieren to gum
Gurt web
Gussstahl cast-steel
Gutachten survey, expert opinions
Gutachter reviewer, referee, reference, expert, evaluator
Güte quality

H

Haarnadel hairpin
hacken to hack
Haftpflicht liability
Haken hook, catch
haken to hook
Halbaddierer half adder
halbautomatisch semi-automatic
Halbbyte nibble
halbduplex half duplex
Halbduplex-Verkehr half duplex communication (data transmission)
halbe Höhe (Bauhöhe) half height
Halbebene half plane (mathematics)
halbfertig semifinished
halbhohes Laufwerk slimline drive (hardware)
halbieren bisect (mathematics)
Halbierung bisection
Halbkugel hemisphere
Halbleiter semiconductor (electronics)
Halbleiterdiode semiconductor diode (electronics)
Halbleiterspeicher semiconductor memory (electronics)
Halbmesser radius
Halbperiode half cycle (mathematics)
Halbwort half word (software)
Halt hold
halten to hold
Haltepunkt break point (mechanics, software)
Halter catch
Haltezeit stop time
Hammer hammer (mechanics)
hämmern to hammer
Hamming Code (zur Fehlerkorrektur) hamming-code (software)
Hand hand
Handarbeit (keine Maschinenarbeit) handwork
Handbetrieb manual operation
Handbreite (= 4 Zoll) hand, palm
Handbuch manual, manual of instruction
Hände weg! hands off
Handel trade, commerce, traffic
handeln to deal
Handelsdatenaustausch trade data interchange
Handelsmarke trademark
handelsüblich usual
handelsübliches Gerät conventional equipment
Handfertigkeit handicraft
Handfläche palm
handförmig palmated
handgefertigt manually prepared, handmade
handgemacht manual
handgeschriebene Information handwritten information
Handhabe handle
handhaben to handle, to manage, to manipulate
Handhabung manipulation, administration, handling, management
Handkoffer suitcase
Händler vendor
Händlerpreis tradeprice
handlich manageable
Handlichkeit handiness
Handscanner handheld scanner (hardware)
Handschrift hand, writing, handwriting, plain text
handschriftlich manuscript
Handshake-Betrieb handshaking
Handsteuerung manual control
Handwerk handicraft
Handwerkszeug kit (mechanics, software)
Hantierer handle
Hardwareadresse hardware address
Hardwarefehler hardware error
Hardwarekompatibilität equipment compatibility, hardware compatibilty
hart hard
Härte hardness
hartes Leerzeichen no break space
Hartgummi ebonite
hartlöten braze
hartnäckig refractory
hartsektoriert hard-sectored (diskette)
Hash-Verfahren hashing
Haube hood
hauchdünn filmy
Haufenstruktur heap (data)
Häufigkeit frequency
häufigster Wert mode (mathematics)
hauptamtlich full-time
Hauptaufgabe main task
Hauptbelegungszeit prime time
Hauptdatei master file (software)
Hauptfehler major defect
Hauptgruppenseparator file separator
Hauptimpuls master pulse (electronics)
Hauptmenü main menu (software)

Hauptplatine motherboard (hardware), main board
Hauptprogramm main program, master routine (software)
Hauptprozessor main processor
Hauptsache substance
Hauptschalter on off switch
Hauptschlüssel masterkey
Hauptspeicher general storage, main memory, main storage (hardware)
Hauptteil body
Hauptteil (einer E-Mail) body part
Hauptverbindung highway circuit (electronics)
Hauptwert principal value (mathematics)
Hauptwort substantiv, noun
Hauptzyklus major cycle
Haushalt budget
hausinternes Modem inhouse modem
Haussprechanlage interphone
Haustelefon interphone
Haut skin
Heben lift
heben to lift
heften to rivet
Heimatdatei (GSM-System) home location register
Heimcomputer homecomputer
heiß hot
Heizfaden filament (electronics)
Heizspannung filament voltage (electronics)
Heizung heating
helfen to help
hell light
Helligkeit luminance
hemmen to cramp
Hemmung jam, restriction
herabdrücken to depress
herabsetzen to degrade
Herausgabe publishing
herausgeben to redact
Herausgeber publisher
herauskommen to issue (new product)
herkömmlich run of the mill
Herkunft derivation, origin
Herkunftsadresse source address
herleitbar derivable
herleiten to derive
Herstellen einer Verbindung von Hand manual patching
Hersteller producer
Herunterladen (von Daten eines anderen Rechners) downloading
herunterstufen to downgrade
hervorheben to highlight
Hervorhebung highlighting
heterogen heterogeneous
heuristische Methode heuristic method
hexadezimal hexadecimal
hexadezimale Liste hex dump
hexadezimale Zahl sedecimal number, hexadecimal number
Hexadezimalsystem hexadecimal system
Hierarchie hierarchy
hierarchisch aufgebaute Datenbank hierarchical database (software)
hierarchische Verzeichnisstruktur hierarchical file system
Hilfe help
Hilfefunktion help function
hilfreich helpful
Hilfseinrichtung auxiliary device
Hilfskanal (Modem) backward channel
Hilfsmittel help, ressource
Hilfsprogramm auxiliary routine (software)
Hilfsprogramm utility (software)
Hilfsrelais slave relay (electronics)
Hilfsspeicher auxiliary storage, secondary storage (hardware)
Hilfszeichen im Barcode guard bars
hinneigen to gravitate
hinreichend competent
Hintereinanderschaltung tandem connection (electronics)
Hintergrund background
Hintergrundprogramm background program (software)
Hintergrundprogramm, speicher-residentes terminate and stay resident (TSR)
Hintergrundspeicher background memory, virtual memory (hardware)
Hintergrundverarbeitung background processing
Hintertür backdoor
Hinweis cue
hinweisen to advert
hinzufügen to add
Histogramm (die Darstellung einer Häufigkeitsverteilung) histogram
Hitze heat, hotness, thermic
hitzig red-hot
hoch high
Hochbetrieb hustle
Hochfahren (eines Systems) bootstrapping

Hochformat portrait representation
Hochfrequenz high frequence (electronics), radio frequency
Hochfrequenzmodem radio frequency modem
Hochfrequenzstörung radio frequency interference
Hochgeschwindigkeitsmodem high speed modem (hardware)
Hochgeschwindigkeitsübertragung burst transmission, burst mode
Hochschule college, university
Hochschulgrad academic qualifications
Hochsprache (Programmiersprache) high level language (software)
Hochsprachencompiler high level compiler
höchst extreme
höchster Grad height
höchster Punkt climax
Höchstwert absolute maximum rating
höchstwertiges bit most significant bit
höchtswertige Ziffer leftmost position
hochwertiges Bauteil high grade component
Höhe height, pitch
hohe Impulsdichte pulse crowding (electronics)
hohe Integrationsdichte (eines Schaltkreises) large scale integration (electronics)
Höhepunkt height, zenith
höhere Programmiersprache high level language (software)
höherwertig high-order
höherwertiges Byte high byte
hohl concave
höhrbar audible
Holografie holography
homogen homogeneous
homogene Differentialgleichung homogeneous differential equation (electronics)
hörbare Niederfrequenz audio frequency
Horizont skyline
Horizontalablenkung (Monitor) horizontal deflection (electronics)
horizontales Rollen des Bildschirminhaltes horizontal scroll (screen roll)
Hub lift (mechanics)
Hülle wrapper, skin, wrap
Hüllkurve envelope (mathematics)
hundertfach centuple
Hupe hooter
Hybridnetz hybridnet
Hybridrechner (analog und digital) hybrid computer (hardware)
Hyperbel hyperbola (mathematics)
hyperbolisch hyperbolic, hyperbolical (mathematics)
hyperbolische Funktion hyperbolical function (mathematics)
hyperbolische Interpolation hyperbolical interpolation (mathematics)
hyperkritisch hypercritical
Hypotenuse hypotenuse (mathematics)

H

I

Identifikation identifier
identifizieren to identify
identifizierung identification
Identifizierungsende end of identify
identisch identical
Identität identity
ignorieren to ignore
imaginäre Wurzel imaginary root (mathematics)
Imaginärteil imaginary part (mathematics)
Imaginärzahl imaginary number (mathematics)
imitieren to imitate
Impedanz impedance (electronics)
Implementation implementation
Implikation (wenn ..., dann) implication, inclusion
implizite Funktion implicit function (mathematics)
importieren (Daten) to import
imprägnieren to impregnate
improvisieren to improvise
Impuls impulse, clock (electronics)
Impulsamplitude pulse amplitude (electronics)
Impulsanstiegszeit pulse rise time (electronics)
Impulsbreitenmodulation pulse width modulation
Impulscode pulse code (electronics)
Impulsdauer pulse duration (electronics)
Impulsfolge pule train (electronics)
Impulsform pulse shape (electronics)
Impulsgeber emitter, digit emitter (electronics)
Impulsgenerator pulse generator (electronics)
Impulslängenmodulation phase length modulation
Impulsmodulation pulse modulation (electronics)
Impulsspitze pulse pike, spike (electronics)
Impulswiederholungsfrequenz pulse repetition frequency
Impulszähler pulse counter (electronics)
inaktiv inactive
Inbetriebnahme line up
Index index
Indexloch (auf Diskette) index hole (diskette)
Indexmarkenzähler extraction counter
Indexmarker marker (software)
Indexregister index accumulator, index register
indexsequentieller Zugriff (auf Daten) index sequential access
Indexwert index value
indirekte Adresse (die Adresse einer Adresse) indirect address, multilevel address
Individualsoftware proprietary software
indizierte Adresse indexed address
indizierte Datei indexed file (software)
indizierter Zugriff selective access
Indizierung indexing
induktive Kopplung mutual inductance coupling (electronics)
Induktivität inductance (electronics)
Industrienorm industrial standard
Industriestandard industry standard
induzieren (eine Spannung) to induce (electronics)
ineinandergeschachtelt nested (software)
Informatik computer science
Information information
Informationen übertragen convey information
Informationsanbieter content provider
Informationsaustausch information interchange
Informationsbeschaffung information retrieval
Informationsblock information frame
Informationseinheit unit of information
Informationsfluss flow of information
Informationsinhalt information content
Informationsmenge, große bulk information
Informationsmittel information resources
Informationsquelle (Sender) source of information (hardware)
Informationssignal information signal (electronics)
Informationsspeicherung information storage
Informationstechnologie (IT) information technology
Informationstheorie information theory
Informationstrennzeichen information separator
Informationsübertragungsrate rate of information transfer

Informationsverarbeitung information processing
Informationswiedergewinnung information retrieval
infrarot infra-red
Infrastruktur infrastructure
Ingenieur engineer
Ingenieurstunde engineering manhour
Inhaber keeper
Inhalt contents, substance
Inhalt in Stichworten contents in brief
Inhaltsangabe summary
Inhaltsende end of contents
Inhaltsstoff ingredient
Inhaltsvermerk docket
Inhaltsverzeichnis directory, table of contents (TOC)
initialisieren to initialize
Initialisierung initializing
Initialisierungsdatei system login script, initialition file, user login script
Initialisierungsdatei (im Netzwerk) login script (software)
inkompatibel incompatible (software, hardware)
Inkompatibilität incompatibilty (software, hardware)
inkompetent incompetent
Inkrement increment
Inkrementgröße increment size
inkrustieren to encrust
innen inwards
Innendurchmesser inside diameter
innenliegend inwards
innerbetrieblich in plant, in-house
Innovation innovation
Insellösung stand alone solution (software, hardware)
insgesamt total
Inspektion inspection
Inspektor supervisor
instabil unstable
Installation installation (software, hardware)
Installation vor Ort field installation (software, hardware)
installieren to install (software, hardware)
Instandhaltung maintenance
Instandhaltungskosten upkeep
Instandsetzung repair
institutionelle Förderung institutional funding
Institutsgebäude institute building
Institutsgründung founding/establishing of an institute
Institutsleiter head of an institute
Institutsleitung institute management
Institutssatzung by-laws of an institute
Instruktion instruction
Instrument instrument
Integerarithmetik integer arithmetik (mathematics)
Integral integral (mathematics)
Integralgleichung integral equation (mathematics)
Integralrechnung integral calculus (mathematics)
Integralzeichen integral sign (mathematics)
Integration integration (mathematics)
Integrationskonstante integration constant (mathematics)
Integrationsweg path of integration (mathematics)
integrieren to integrate
integrierte Datenverarbeitung integrated data processing
integrierte Schaltung integrating circuit (electronics)
integrierter Schaltkreis integrated circuit (electronics)
intelligent intelligent
intelligente Zeichenerkennung intelligent character recognition (ICR)
intelligentes Terminal intelligent terminal, smart terminal (hardware)
Intelligenz intelligence, intellect
intensiv intense
interaktiv interactive
Interesse interest
intermittierender (unregelmäßig auftretender) Fehler intermittent failure
Internationale Geschäftsbedingungen incoterms (International Commercial Terms)
internationaler Normierungsvorschlag draft international standard
interner Befehl internal command
interner Speicher internal memory, internal storage (hardware)
internes Sortieren internal sort
Internet Protokoll internet protocol (TCP/IP)
Internetlösung websolution
Internetversteigerung auctioning
Interpolation interpolation (mathematics)

Interpretation interpretation (software)
Interpreter Sprache interpreter language
Interpreterprogramm interpreter (software)
interpretieren to interpret (software)
Interpunktion punctuation
Interpunktionssymbol punctuation symbol
Interpunktionszeichen punctuation mark
Interruptregister interrupt flag register
Intervall interval
Intervall, bitfehlerfreies error free interval
Inventar fixed assets, inventory
inverse Zeichen reverse character
Inverter inverter
invertierte Datei inverted file (software)
irrationale Zahl irrational number (mathematics)
irrationaler Bruch irrational fraction (mathematics)
irreparabel irreparabel
irreversibel irreversible
Irrtum error
isolieren to isolate, to insulate
Isolierschlauch insulating sleeving, spaghetti
Isolierung insulation
Istwert actual value
Ist-Zustand actual status
Iteration iteration (mathematics)
Iterations(programm)schleife iteration loop (software)
Iterationsmethode iteration method (mathematics)

J

Ja/Nein-Code on-off-code (software)
Ja/Nein-Test go-no-go test
Jahr year
Jahrbuch annual, yearbook
Jahresbericht annual report
jährlich yearly
Jahrzehnt decade
Jokerzeichen wildcard (? and *)
Journal journal
Joystick joystick (hardware)
juristisch legal
juristische Person (Privatrecht) juristic person governed by private law
justieren to justify (mechanics)
Justierung adjustment

IJ
K

K

Kabel cable
Kabelanschluss cable connect
Kabelanschlusspunkt cable access point
Kabelbaum, Kabelbündel cable harness
Kabelkanal cable runway
Kabelkonzentrator multistation access unit (network-hardware)
Kabelmantel armoring
Kabelschutzelement armoring
Kabelverlust cable loss
Kalender calendar
kalibrieren to calibrate, to dispart (software, electronics)
Kalibrierung calibration (software, electronics)
Kalkulation calculation
kalkulieren to calculate
Kaltstart cold boot (system)
Kamera camera
Kamerascanner camera scanner
Kanal channel (data transmission)
Kanalaufteiler line splitter
Kanalbelegung channel loading
Kanalbündelung (Datenübertragung) channel bundling
Kanaldurchschaltung channel switching
Kanalkapazität channel capacity
Kanalraster channel raster
Kanalstatus channel status
Kanalstatuswort channel status word
Kanalvermittlung channel switching
Kanalwähler channel selector
Kapazität capacity (mass storage)
Kapazitätsgrenze overflow
Kappe hood
Kardangelenk cardanjoint (mechanics)
Kardanwelle cardanshaft (mechanics)
Karosserie body
Karte card
Kartei file, filing cabinet (software)
Karteikarte record card
Kartenabtaster card reader (hardware)
Kartenleser card reader (hardware)
Kartenstapel stacker
karthesische Koordinaten cartesian coordinates (mathematics)
Kassette cassette, cartridge (mass storage)
Kassettenlaufwerk cartridge tape device (hardware)
Kassettenrecorder cassette recorder (hardware)
Kasten bin, box

Katalog catalogue
Katastrophe landslide
Kathodenstrahlröhre cathode ray tube (electronics)
Kauf purchase
kaufen to purchase
Käufer purchaser
kaufmännisch commercial, mercantile
Kegel cone (mathematics)
kegelförmig conical
Kegelrad mitre-wheel (mechanics)
Kegelstumpf frustum of a cone (mathematics)
Keil chock, key
keilförmig cuneiform, wedge-shaped
Keilriemen v-belt (mechanics)
Kellerspeicher stack, cellar, last in first out (LIFO)
Kenndaten characteristics
Kennlinie characteristic curve (electronics)
Kennsatz indentifying label, identifier
Kenntnis knowledge, science
Kennung indentifying information, identifier
Kennwerte performance characteristics
Kennwort password, call word, access key
Kennzeichen badge, characteristic, flag
Kennzeichenbit flagbit
kennzeichnen to ticket
Kennzeichnung qualifier
Kennziffer index
Kerbe hack, notch, nock
Kern core, kernel
Kernspeicher core memory
Kette range, chain
Kettenlinie catenary (mathematics)
Kiloherz (kHz) kilocycle
kinderleicht fool-proof
Kinetik kinetics
kinetisch kinetic
Kippschalter toggle switch
kippsicher machen to stabilize
Kippsicherheit stability
Kissen cushion
Kitt lute
Klammer brace, clamp, clip, cramp
Klammeraffe (umgangssprachlich) commercial at (@)
Klang sound
Klangerzeugung sound synthesis
klar clear
klären to clear
Klarschriftleser character reader (hardware)
Klartext (ohne Formatierungen) clear text, plain text
klassifizieren to classify
Klausur written test
Klaviatur keyboard (hardware)
kleben to paste
Kleber paste, gluten
klein short, small
Kleinbildkamera substandard camera
Kleincomputer micro computer (hardware)
kleiner less
Kleingeräteschnittstelle, erweiterte enhanced small device interface (ESDI)
Kleinintegration small scale integration
Kleinmotor fractional horsepower motor (electronics)
Kleinstbaugruppe micro-miniature circuit, micromodule (electronics)
kleinster gemeinsamer Nenner lowest common denominator (mathematics)
Kleinstrelais midget relay (electronics)
Kleinwechsler (CD) minichanger
Klemme terminal, fix (electronics, mathematics)
Klemmleiste terminal block (electronics, mathematics)
Klicken click
Klima clima
klimatisch climatic
klingen to sound
Knacken click
knapp sparing
Kniff trick
Knopf button, nob
Knoten knot, node (network)
Knotenadresse node-address (network)
Knotenliste nodelist (network)
Knotenpunkt junction (network)
Knotenpunktgleichung nodal equation (mathematics)
Knotenvermittlungsstelle regional exchange
Knotenwebseite hub
Koaxialkabel coax cable
Koaxialstecker coaxial connector (mechanics)
kochen to boil
kodieren to encode
Kodiergerät encoder
Koerzitivität coercivity
Kohärenzlänge (Optik) coherence length

Kohle coal
Kohlenstaub coaldust
Kohlenstoff carbon
Kohlenwasserstoff hydrocarbon
Kohlestift carbon
Kolben forcer, piston, sty (mechanics)
Kolbenhub piston-stroke (mechanics)
Kolbenstange piston-rod (mechanics)
Kollegium Board of Directors
Kollektor collector (electronics)
Kollision collision
Kollisionserkennung collision detection
Kolloquium colloquium, discussion
Kombination combination
Komma comma, point
Komma (in einer Binärzahl) binary point
Kommaeinstellung point setting
Komma-getrennte Werte comma separated values
Kommando command (software)
Kommandosprache command language
Kommandozeile command line
Kommastelle radix point
Kommastellung point position
Kommaverschiebung point shifting
Kommentar comment, remark
kommentieren to annotate
kommerzialisieren to commercialize
kommerzielle Daten business data (software)
Kommission commission
Kommunikationsrechner communication processor
Kommunikationsschnittstelle communication interface
Kommunikationsserver communications server
Kommunikationssoftware communication software
Kommunikationssteuerschicht (OSI-Schichtenmodell) session layer
Kommunikationsunterstützung communication support
kommunizieren to communicate
kompatibel compatible
Kompatibilität compatibility (hardware, software)
Kompendium (Abriss) compendium
kompensieren to compensate
Kompetenz competence
Kompiler compiler (software)
Kompilersprache compiler language (software)
kompilieren to compile (software)
Kompilierung compilation (software)
Kompilierungszeit compile time
Komplement complement (mathematics)
Komplementdarstellung complement representation (mathematics)
kompletter Übertrag complete carry
komplex complex
komplexe Zahl complex number (mathematics)
Komplikation complication
kompliziert complex
Komponente component
Kompression, verlustlose not lossy compression
komprimieren to compress
komprimiert compact
komprimierte Datei compressed volume file (CVF software)
Komprimierung compaction (software)
kondensieren to boil, to condense
Konferenzschaltung conference call
Konferenzsteuerung generic conference control
Konfiguration configuration (hardware, software)
Konfiguration, programmierbare programmable option select
Konfigurationsmanagement configuration management
konforme Abbildung conformal mapping (mathematics)
Konformität conformity
Konformitätserklärung conformity declaration
konisch conical
konjugiert komplexe Zahl complex conjugate number (mathematics)
Konjunktion conjunction
konkav concave
Konkurrent competitor, competition
Konsequenz consequence
Konsistenz consistency
Konsole console
Konsolenbediener console operator
Konstante constant (mathematics)
konstante Winkelgeschwindigkeit constant angular velocity (CAV)
konstanter Koeffizient constant coefficient (mathematics)
konstruieren to construct, to design
Konstrukteur designer
Konstruktion construction, design, engineering
Kontakt contact (electronics)

Kontaktbildschirm touch sensitive screen (hardware)
kontaktlos non contact making (electronics)
Kontaktverunreinigung contact contamination
kontinuierliche Eingabe continuous input
kontinuierliches Lesen continuous read
Kontinuität continuity
Kontrastverstärkung image enhancement
Kontrastwert density
Kontrollbit check bit, parity check bit
Kontrollbitmuster control bit pattern
Kontrollbus control bus (hardware)
Kontrolldrucker monitor printer (hardware)
Kontrolle check, checking, control
Kontrolleinheit controller (hardware)
Kontrollfeld control field
kontrollieren to control
Kontrollpunkt control point
Kontrollsignalcode control signal code
Kontrollsprache operation control language
Kontrollterminal control unit terminal
Kontrollwert control value
Kontrollziffernprüfung (z.B. Paritätsprüfung) control digit test (software)
Konturabtastung (Zeichenerkennung) contour following (software)
Konturauswertung (Zeichenerkennung) contour analysis (software)
Konturverfolgung (Zeichenerkennung) contour following (software)
Konvergenz convergence (mathematics, electronics)
konvergieren to converge
konvergierende Reihe convergent series (mathematics)
konvertieren to convert (data)
Konvertierung conversion (data)
konvex convex
Konzentration concentration
konzentrieren to concentrate
Konzept concept
Koordinate coordinate
Koordinatentransformation translation of axis (mathematics)
koordinieren to coordinate
Kopf head
Kopfanhebung (Schreib-/Lesekopf) headlift
Kopfarbeit brainwork
Kopfdaten (einer Datei) header (software)
Kopfende-Signal end of heading signal (software)
Kopfhörer earphones, headphones
Kopfhörer-Stecker headphone connector, headphone jack
Kopfrechnen mental computation
Kopfspalt (Schreib-/Lesekopf) headgap
Kopfzeile heading line
Kopie copy
Kopie (auf Papier) hardcopy
kopieren to copy
Kopierprogramm copy program
Kopierschutz copy protect (hardware, software)
Kopierschutzstecker dongle (hardware)
koppeln to intercouple
Kopplernetz switching network
Kopplung, induktive mutual inductance coupling (electronics)
Kopplungseinheit internetworking unit
Kopplungswiderstand transfer impedance
Koprozessor coprocessor, floating point unit, numerical processor unit (hardware)
körnig granular, granulous
Körnung granulation
Körper body, solid
körperlich physical, solid
korrekt correct
Korrektur correction
Korrekturfahne gally-proof
Korrekturmaßnahme corrective action (software)
Korrektursignal correcting signal
Korrelationsfunktion correlation function (mathematics)
korrigierbare Code correctable code
korrigieren to correct
Korrosion corrode
Kosinus cosine (mathematics)
Kosinussatz cosine law (mathematics)
Kosinusspannung cosine wave (electronics)
Kosinuswelle cosine wave (mathematics)
Kosten cost
kosten to cost
Kosten erstatten to reimburse
Kostenberechnung costing
kostengünstig cost-effective
Kostenleistungsrechnung (KLR) cost activity accounting (CAA)

K

kostensparend cost-saving
Kostenübernahme (Telefon) reverse charging
kostspielig expensive
Kraft force, power
kraftgeladen dynamic
kräftig forceful
Kraftlinie field line
Krampe (Klammer) cramp (mechanics)
Kratzen scrape
kratzen to scrape
Kratzer scraper
Kreis wheel, circle, round
Kreisbewegung gyration
kreisen to gyrate
kreisförmig circular
Kreislauf circuit
Kreisumfang circumference (mathematics)
Kreuz cross
kreuzen to cross
Kreuzmodulation intermodulation (electronics)
Kreuzung hybrid
Kriechstrom leakage current (electronics)
Kristalldiode crystal diode (electronics)
Kriterium criterion (mathematics)
krumm wry
krümmen to incurve, to curve
Krümmung camber, curve, incurvation, sinuosity
Krümmung einer Kurve curvature (mathematics)
Kryptografie cryptography
kryptographisches Verschlüsseln von Daten scrambling of data (software)
Kryptokarte (Intelligente Chipkarten mit Crypto Controller) crypto card
Kubikwurzel cubic root (mathematics)
kubisch cubic, cubical
kubische Gleichung cubic equation (mathematics)
kubische Parabel cubic parabola (mathematics)
Kubus cube
Kügelchen (z.B. im Toner) globule, pellet
Kugelform globosity
kugelförmig globose, globular, spherical
Kugelfunktion spherical function (mathematics)
Kugelgelenk ball-and-socket joint (mechanics)
Kugelkoordinaten spherical coordinates (mathematics)
Kugelschreiber ball point pen
Kühlaggregat cooling plant
Kühlblech sink
kühlen to refrigerate
kühlend refrigerant
Kühlkörper heat sink
Kühlmittel refrigerant
Kühlrippen heat sink
Kühlung cooling, refrigeration
Kulisse dummy
Kunde patron, client, customer
Kundenforderungen customer requirements
Kundengateway customer gateway (network)
Kundenorientierung customer focus
Kundenprofil client profile
kundenspezifisch (zugeschnitten) custom tailored
Kundenzufriedenheit customer satisfaction
kündigen to unsubscribe
Kundschaft clientele
Kunstharz synthetic resin
künstlich factitious, synthetic
künstlich herstellen synthesize
künstliche Belüftung forced cooling
künstliche Intelligenz artificial intelligence (AI)
künstliches neuronales Netzwerk artificial neural network (software, hardware)
Kunststofffolie plastic foil
Kunststoff-Glasfaserkabel low cost fiber
Kunststofflichtwellenleiter all plastic fiber, plastic optical fiber
Kupfer cooper
kupfern (aus Kupfer) cooper
kuppeln to couple (mechanics)
Kupplung coupling (mechanics)
Kuratorium Board of Trustees
Kurbel crank (mechanics)
Kurbelwelle crank shaft (mechanics)
kursiv cursive, italics
Kursivschrift italics
Kurswert market-value
Kurve trace, curve, graphics
Kurvendiskussion curve tracing (mathematics)
Kurvenschar family of curves (mathematics)
Kurvenschreiber graphics display unit, curve plotter, graph plotter (hardware)
kurz short

Kurzadresse abbreviated address
Kurzdistanzmodem limited distance modem
Kürze shortness
kurze elektrische Verbindung strap (electronics)
kurze Wiederholung recapitulation
Kürzel grammalogue
Kurzfassung abridgement
Kurznachrichtendienst (Mobilfunk) short message service (SMS)
Kurzname (E-Mail) alias
Kurzrufnummer speed dialing code
Kurzschluss short circuit (electronics)
Kurzschlussspannung short circuit voltage (electronics)
Kurzschrift grammalogue, shorthand
Kurzstreckennetz very local area network, small area network
Kurzwahl abbreviated dialing
kurzzeitig short term
Kybernetik cybernetics
kyrillisches Zeichen cyrillic character

L

Labor lab, laboratory
Laborant lab technician
Laboratorium laboratory
Lack lacquer, dope
lackieren to dope, to lacquer
Lackschicht (CD) coating layer
Ladeadresse load address (software)
Ladefehler loading error
laden to load
laden (einer Batterie) to charge (electronics)
Laden und Ausführen (Programm) load and go (software)
Ladeprogramm loading routine (software)
Ladeprogramm (für das Betriebssystem) bootstrap (software)
Lader loader (software)
Ladeschwund spillover (electronics)
Ladeverhältnis charge ratio (electronics)
Ladung cargo, charge (electronics)
Lage lay, situation, layer
Lager collar, deposition, stock
Lagerhaltung inventory maintenance
lagern to store
Laie layman
Lampenfassung lamp holder
Lampenfeld lamp panel
Lampenschirm lampshade
Landeskennzahl country code
Landezone (Schreib-/Lesekopf) landing zone
Länge lenght, longitude
langfristig long-term
Langlebigkeit longevity
länglich oblong
langsam reagierend slow acting
langsame Bewegung (Zeitlupe) slow motion
langsamer Speicher slow access storage (hardware)
Längsbewegung linear movement
längsgerichtetes Magnetfeld longitudinal magnetic field (electronics)
Längsparität longitudinal parity
Längsprüfung longitudinal redundancy check
Längssummenkontrolle longitudinal parity check, summation check (software)
Langzeitverbindung nailed connection
lärmend noisy
Lärmschutz noise abatement
Laser laser (electronics)
Laserdiode laser diode
Laserdrucker laser printer (hardware)
Laserlesegerät laser scanner (hardware)
Laserlichtquelle laser light source (electronics)
laseroptischer Speicher laser optical memory (LOM)
Lasersonde laser probe (electronics)
Laserstrahl laser beam (electronics)
Last load
Lastwiderstand load impedance, load resistor (electronics)
Lauf run
laufen to run
laufend current, perpetual
laufende Summe running total
Läufer rotor (electronics), runner (mechanics, electronics)
Lauflängenbegrenzung run length limited
Lauflängencodierung run length encoding
Laufnummer sequence number
Laufrolle caster (mechanics)
Laufschiene runner (mechanics)
Laufvariable index variable
Laufwerk, virtuelles virtual drive
laufwerklose Station diskless station
Laufzeit propagation time, running time, time delay, transit time
Laufzeit (eines Programmes) run time
Laufzeitsystem runtime-system
Laufzeitverzerrung delay distortion
Lauge lye
lautlos soundless
Lautstärke loudness
Lautstärkeregelung volume control
Leben life
leben to live
lebendig live, vivid
Lebensdauer life
Lebenslauf (Bewerbung) résumé
Lebenszeit lifetime, time to live
lebhaft vivid
lebhaft bunt high coloured
leer vacant, void, blank
Leeranweisung dummy statement (software)
Leerbefehl waste instruction, do nothing instruction, null statement (software)
Leere vacancy, void, blank, blankness
Leerlauf underrun
leerlaufend idle

Leerlaufspannung open circuit voltage (electronics)
Leerlaufwiderstand open circuit impedance (electronics)
Leerlaufzeit idle time
Leerlaufzyklus idling cycle
Leeroperation non operation
Leerspalte (Tabelle) blank column
Leerstellenunterdrückung space suppression
Leerzeichen space, blank character, break character
Leerzeichenbalken (die große Leerzeichentaste) space bar
Leerzelle unassigned cell
legen to lay
Legierung alloy
Lehrangebot courses offered, range of courses
Lehrbeauftragter instructor
Lehre gauge (mechanics)
Lehrersoftware educational software
Lehrgang instruction course
Lehrplan curriculum (at a school, university)
Lehrsatz lemma, theorem (mathematics)
Lehrstuhl chair
Lehrveranstaltung course
leicht light
leichter machen to lighten
leichtsinnig careless
Leim glue
leimen to glue
leise soft
Leistung performance, power
leistungsabhängiger Speicher regenerative memory (hardware)
Leistungsabnahme detorioration of performance (electronics)
Leistungsaufnahme power consumption, power drain (electronics)
Leistungsbezüge performance bonuses
Leistungsdaten performance characteristics
Leistungsfähigkeit capacity
Leistungsfaktor power factor
Leistungskalibrierungsbereich (CD-ROM) power calibration area
Leistungsnachweis proof of academic achievement
Leistungspegel power level (electronics)
Leistungsstufe power stage (electronics)
Leistungstest performance test
Leistungstransistor power transistor (electronics)
Leistungsverlust dissipation
Leitbefehl guidance command
leiten to guide, to lead, to route
leitend anelectric, conducting (electronics)
leitender Zustand on state (electronics)
Leiter manager
Leiter (eines Institutes) head of an institute
Leiter, elektrischer conductor (electronics)
Leiterplatte printed circuit board (electronics)
Leitfaden guideline
leitfähige Tinte electrographic inc
Leitseite (Internet) homepage
Leitstation area station, control station (hardware)
Leitung line
Leitungsadapter line adapter (hardware)
Leitungsbelegung line occupancy
Leitungsdämpfung line loss (electronics)
Leitungsendeinrichtung (Widerstand) line terminating unit
Leitungsendgerät line terminating equipment, line terminating unit
Leitungspaar pair of conductors
Leitungspaar, verdrilltes twisted pair wiring
Leitungsprüfer continuity checker (hardware)
Leitungstreiber line driver (hardware, software)
Leitungsunterbrechung discontinuity
leitungsvermitteltes Datennetz circuit switched data network
Leitungsvermittlung circuit switching, connection oriented routing (telecommunication)
Leitungsverstärker line driver
Leitweg route (network)
Leitwerk peripheral control unit (CPU)
Leitwort control word
Lektion lesson
lenken to direct
Lenkung steering
Lernsoftware educational software
lesbar readable
Lesebefehl read instruction (software)
Lesefehler read error
Lesegerät scanner, reader, reading device
Lesekopf reading head (electronics)

lesen to read
Leseprogramm input program (software)
leserlich legible
Leserlichkeit legibility
Lesesignal read-back signal
Lesespannung playback voltage (electronics)
Lesestift data pen (hardware)
Lesestrom read current (electronics)
Leseverstärker read amplifier, sense amplifier (electronics)
Lesevorgang reading operation
Lesewicklung sensing coil (electronics)
Lesezeichen marker, bookmark
letzte Adresse final address
Leuchtdiode (LED) light emitting diode (electronics)
leuchtend radiant
Leuchtkörper light-fitting
Leuchtpunkt (auf dem Bildschirm) luminous spot
Licht light
Lichtbild lantern-slide
Lichtbrechungseinheit (Optik) dioptric
lichtecht fast to light
lichtempfindlich light sensitive
lichtempfindlich machen to sensitize
Lichtgriffel light pen, light gun (hardware)
Lichtpause photographic print, phototype
Lichtpausverfahren heliographic calking
Lichtpunkt flying spot
Lichtstift selector pen (hardware)
Lichtstrahl light beam
Lichtwellenleiter fiber optic light pipe, optical fiber, optical waveguide
Lichtwellenleiter LAN fiber optic LAN
Lichtwellenleiterdämpfung attenuation
Lichtwellenleiter-Kommunikation fiber optic communications
Lichtwellenleiter-Mantel cladding
Lichtwellenleiterprofil refractive index profile
Lichtwellenleiter-Übertragungssystem fiber optic transmission system
Lieferant provider (Internet), supplier
liefern to supply, to yield
liegen to slant
linear linear
lineare Code linear code
lineare Gleichung linear algebraic equation (mathematics)
lineare Interpolation straight line interpolation (mathematics)
lineare Maßstab linear scale (mathematics)
lineare Schaltung linear circuit network (electronics)
lineare Verzerrung linear disortion (electronics)
Linearität linearity
linearkonstante Geschwindigkeit Constant Linear Velocity (CLV)
Linearzugriff (Speicher) linear access
Linie line
Liniengrafik line graphics
Linienintegral line integral (mathematics)
Linke left
links left
linksbündig (Text, Tabelle) left justified
linksgängig left
Linksverschiebung left shift
Linse lens
Linsensystem lens system
Liste list, listing, roster
Listenprogrammgenerator report program generator (software)
Listenverarbeitung list processing
Listenverarbeitungssprache list processing language
Literalkonstante literal
Lizenz licence
lizenzieren to licence
Loch hole
Locher perforator
Lochkarte punched card
Lochstreifen punched tape
Lochstreifenleser punched tape recorder
locker slack
Lockerung relaxation
logarithmischer Maßstab logarithm scale (mathematics)
Logarithmus logarithm, log (mathematics)
Logarithmus, einfacher common logarithm (mathematics)
Logik logic
Logik mit Mikroschaltungen micrologic (electronics)
Logikanalysator logic analyzer
Logikanalyse logic analysis
Logikbaugruppe logical building block (electronics)
Logikkontrolle consistency check
Logikplan logical diagram
Logikschaltkreis logic circuit (electronics)
logisch logical

logische Addition logic addition (mathematics)
logische Anordnung logic array
logische Entscheidung logic decision
logische Funktion logical function (mathematics)
logische Geräteadresse logical device address
logische Gerätenummer logical unit number (SCSI-bus)
logische ODER-Schaltung logical OR circuit (electronics)
logische Operation logical operation
logische Organisation logical organization
logische Verbindungskontrolle logical link control
logische Verschiebung logical shift
logischer Aufbau logical design
logischer Befehl logic instruction
logischer Datenübermittlungspfad virtual route
logischer Elementarausdruck Boolean primary (mathematics)
logischer Fehler logical error
logischer Operand logical operand
logischer Schaltkreis logical circuit (electronics)
logischer Test logical test
logischer Vergleich logical comparison
logischer Zustand logic level
logisches Element logic element
logisches Programm logical program (software)
logisches Zeichen logical symbol
Logistik logistic
Lohn- und Gehaltsabrechnung payroll accounting
Lohnkosten labor cost
Lohnsteuerkarte tax card
lokale Variable local variable
lokales Netzwerk (LAN) local area network
lokalisieren to locate
Los lot
lösbar dissolvable, soluble
Lösbarkeit solubility
Löschanforderung clear request
Löschanzeige (Kontrollampe) clear indication
löschbarer Speicher erasable memory, erasable storage
Löschberechtigung discard eligibility
Löschbereich purge area
Löschbestätigung clear confirmation
löschen to erase, to delete (file), to discard, to clear, to discharge (memory), to rub out (characters on paper)
löschen von Informationen to cancel information
Löschkopf erase head (electronics)
Löschregister deletion record
Löschsignal erase signal (electronics)
Löschtaste manual override key
Löschung erasure (data)
Löschverfolgung delete sentry
Löschzeichen cancel character, erase character
lose slack
lose Verbindung loose coupling
lösen to solve, to unloose, to disengage, to dissolve
loskuppeln to disengage (mechanics)
löslich soluble
Löslichkeit solubility
loslösen to detach
loslöten unsolder
losmachen to disengage, to unloose, to untack
Lösung solution
Lösungsmittel dissolvent
loswickeln to unwind
Lot (Lötzinn) lead
Lötbrücke solder strap
löten to solder
Lötfahne solder lug
lötfreie Verbindung solderless connection
Lötkolben soldering-iron
Lötleiste terminal strip
Lötmasse solder
Lücke void, blank, gap, interstice
luftig aerial
Luftschnittstelle common air interface

M

Magazin magazine
Magnet magnet
Magnetband magnetic tape (mass storage)
Magnetbandeinheit magnetic tape unit (hardware)
Magnetbandgerät tape deck, tape recorder (hardware)
Magnetbandtransport magnetic tape transport (mechanics)
Magnetbandwechseleinheit alternate tape drive
Magnetblasenspeicher magnetic bubble memory (electronics)
Magnetfeld magnetic field (electronics)
Magnetfeldstärke magnetic field strength (electronics)
magnetisch magnetic, magnetically
magnetisch gesättigt magnetized to saturation (electronics)
magnetische Abtastung magnetic reading (electronics)
magnetische Anziehungskraft attractive magnetic force
magnetische Aufzeichnung magnetic recording
magnetische Beschichtung magnetic coating
magnetische Feldstärke magnetizing force (electronics)
magnetische Flussdichte magnetic flux density (electronics)
magnetischer Bereich magnetic area
magnetischer Fluss magnetic flux (electronics)
magnetischer Speicher magnetic memory (diskette, tape)
magnetischer Widerstand magnetic reluctance (electronics)
magnetisches Bauteil magnetic component (electronics)
magnetisches Streufeld stray magnetic field (electronics)
magnetisierbare Tinte magnetic ink
magnetisierbares Medium magnetizable medium (electronics)
magnetisieren to magnetize
Magnetisierung magnetization
Magnetisierungszustand magnetic state
Magnetkarte magnetic card
Magnetkartenspeicher magnetic card memory
Magnetkern dust core, magnetic core
Magnetkopf magnetic head (electronics)
Magnetkopfhalterung magnetic head mount (mechanics)
Magnetkupplung magnetic clutch (mechanics)
magneto-optisch magneto-optical
Magnetplattenspeicher magnetic disk (harddsik)
Magnetschicht magnetic coating, magnetic layer
Magnetschrift magnetic characters (machine readable)
Magnetspur magnetic track
Magnetstreifen magnetic stripe
Magnettrommel magnetic drum (electronics)
Magnettrommelspeicher magnetic drum memory (hardware)
Mahnung reminder, warning
Majuskel (Großbuchstabe) capital letter
Makeln (Telefon) brokers call
Makro macro (software)
Makroassembler macroassembler (software)
Makroaufruf macro call (software)
Makrobefehl macro instruction (software)
Makrobibliothek macro library (software)
Makrocodierung macro coding
Makroexpansion macro expansion (software)
Makrosprache macro language
Makrozelle (Mobilfunk) macro cell
malen to paint
Malprogramm paint program (software)
Malteserantrieb geneva drive (mechanics)
mandantenfähiges Programm mandantory Software
Mandantenfähigkeit ability to clientele processing
Mangel defect, deficienty, need, shortness
mangelhaft deficient, faulty
mangelhafte Anordnung maladjustment
Mangelhaftigkeit shortness
mangeln to fail
Manipulation manipulation
Manometer manometer
Mantel jacket
Mantisse mantissa (mathematics)
manuelle Steuerung manual control
manueller Zugriff manual access

manuelles Umschreiben manual transcription
Manuskript manuscript, script
Manuskript (mit Schreibmaschine geschrieben) type script
Mappe folder
Marke label, sentinel
markenfrei ration-free
Markengesetz (MarkenG) Trademark Act
Markierbit marker
markieren to tag
Markierung mark, tag
Markierungseinrichtung marking device (hardware)
Markierungsimpuls marker pulse (electronics)
Markierungszeichen mark
Markierungszone marking zone
Markt market
Marktanalyse market analysis
Marktforschung market research
Marktpreis rule price
Marktwert market-value
Maschennetz mesh network (hardware)
Maschine engine
Maschine (z.B. Computer) machine (hardware)
maschinelle Übersetzung machine translation, mechanical translation (software)
maschinelles Einlesen automatic reading
maschinenabhängig machine dependent
Maschinenadresse machine address
Maschinenausfall machine failure
Maschinenbaukunde mechanical engineering
Maschinenbefehl machine code instruction, machine instruction
Maschinenbelastung machine load
Maschinencode absolute code, machine code
Maschineneinstellzeit machine setup time
Maschinenfehler machine error, machine fault
Maschinenformat (Darstellung von Daten) machine format
maschinenlesbar machine readable, machine sensible
maschinenlesbare Daten machine readable data, machine script, mechanized data
maschinennahe Programmiersprache programming assembly language
maschinenorientierte Programmiersprache machine oriented language (software)
Maschinenprogramm machine program (software)
Maschinensprache machine language (software)
Maschinenstillstandszeit machine down time
maschinenunabhängig machine independent
maschinenunterstützt machine aided
Maschinenwort computer word, machine word (software)
Maschinenzyklus machine cycle
Maske mask
Maskeneditor mask editor
Maskenregister mask register
maskieren to mask
Maß measure, rate
Masse (Erde) ground (electronics)
Masse (Menge) volume
Massenproduktion mass production, volume production
Massenspeicher mass storage (hardware)
maßgeschneiderte Version taylored version
massiv solid
Maßstab gauge, norm, scale
Maßstabsänderung scaling
Masterpasswort master password
Material material
Materialabrechnung material accounting
Materialbestand material status
Materialcode material code
materiell material
Mathematik mathematics
mathematisch mathematical
mathematische Berechnung mathematical computation
mathematische Logik mathematical logic
mathematischer Ausdruck mathematical expression
mathematischer Begriff mathematical term
mathematisches Problem mathematical problem
Matrix matrix, grid
Matrixdruck matrix printing
Matrixdrucker matrix printer, mosaic printer (hardware)
Matrixzeichen matrix character

Matrize mat, matrix
Matrizendarstellung matrix notation (mathematics)
Matrizeninversion matrix inversion (mathematics)
Matrizenrechnung matrix calculus (mathematics)
Matrizenspalte matrix column
Matrizenzeile matrix line, matrix row
matt mat, dead
mattiert mat
Maus mouse (hardware)
Mauspfeil mouse arrow
Mausunterlage mouse-pad
maximale Flussdichte peak flux density (electronics)
Mechanik mechanics
Mechaniker mechanic
mechanisch mechanic, robot
mechanische Belastung strain
mechanische Festigkeit mechanical strength
mechanische Verbindung mechanical linkage
mechanische Werkstatt machine shop
mechanisches Zählwerk mechanical register
Mechanismus mechanism
Medienkompetenz medium authority
Medienzugangsverfahren register insertion
Medienzugriffseinheit medium access unit (network)
Medienzugriffsteuerung media access control (network)
Medium medium
mediumabhängig physical medium dependent
Mediumanschluss, physikalischer physical medium attachment
Mediumende end of medium
Mehradressbefehl multi address instruction (software)
Mehradressencode multiple address code (software)
Mehrbenutzerbetrieb time sharing
Mehrbenutzerbetriebssystem multiuser operating system
Mehrbenutzer-Schnittstelle multiple user interface
Mehrbenutzersystem multiuser system
mehrdeutige Zahl polyvalent number
Mehrdeutigkeit ambiguity
Mehrdeutigkeitsfehler ambiguity error
Mehrebenen-Platte multilayer disc (CD, DVD)
Mehrfachanweisung compound statement (software)
Mehrfachbetrieb multiplex operation
Mehrfachrufnummer (ISDN) multiple subscriber number
Mehrfachsteckverbinder multiple connector, multipoint connector, multipole connector
Mehrfachübermittlungsverfahren multilink procedure
Mehrfrequenzmonitor multiscan monitor (hardware)
Mehrfrequenz-Wählverfahren multi frequency code, touch tone dial
Mehrfunktionsmodem multifunction modem
Mehrkanaleinspeisung multi channel feed (Pay TV)
Mehrleitungs-ISDN multiline ISDN
Mehrmodenfaser (Glasfaser) multimode fiber
Mehrphasenstrom polyphase current (electronics)
Mehrplatzsystem multi user system
Mehrprogrammbetrieb multiprogramming
Mehrprotokollrouter multiprotocol router (hardware)
Mehrpunktverbindung multicast, multipoint connection
Mehrspurverfahren (CD-R-Aufzeichnung) multitrack
mehrstellige Zahl multiple digit number
Mehrwegübertragung multipath transmission
Mehrwertdienst premium service, value added service
Mehrwertsteuer value added tax (VAT)
Mehrwortbefehl multibyte instruction (software)
Mehrzweckanwendung general purpose application
Mehrzweckbus (IEEE 488) general purpose interface bus
Mehrzweckregister general register
Meile (= 1609,33 m) mile
Meldung message, notification, bulletin
Meldungsabwicklung signalling message handling
Menge heap
Mensch human
menschenähnlich anthropoid

menschlich human
menschliche Arbeitskraft manpower
menschliches Versagen human error
Mensch-Maschine-Dialog man-machine-dialog
Menü menu (software)
Menüleiste, Menübalken menu bar (software)
Menüpunkt menu item (software)
merken memorize
Merkmal feature, mark, note, attribute, characteristic
Merkmalerkennung feature recognition
Messabweichung error of measurement
Messanordnung measurement setup (hardware)
messbar measurable
Messbereich measuring range
Messbereichsumschalter scale switch
Messbrücke measuring bridge (electronics)
messen to measure
Messer meter
Messgenauigkeit accuracy of measurement
Messgerät measuring instrument (hardware)
Messgröße measurand
Messing (Metall) brass
Messinstrument indication instrument
Messlenkungssystem measurement control system
Messmittel measuring equipment
Messprozess measurement process
Messpunkt measuring point
Messsender signal oscillator (hardware, electronics)
Messüberwachungssystem measurement control system
Messung measurement
Messunsicherheit uncertainty of measurement
Messwert measuring value
Messwertgeber sensor (electronics)
Messwertverarbeitung processing of measured data
Metacompiler meta compiler
Metadatei meta file
Metalldünnfilm-Platte plated thin film media
Metalloxid Halbleiter metal oxide semiconductor (MOS), electronics
Metallspiegel speculum
Metapher metaphor
Metasprache (zur Beschreibung einer Programmiersprache) meta language (software)
Metazeichen meta character
Methode method
methodisches Probieren heuristic method
metrisches Farbsystem natural color system
Miete hire
Mieten renting
mieten to hire
Mietleitung leased line
Mietleitung, digitale digital leased circuit
Mietvertrag rental contract
Mikrobefehl micro instruction (software)
Mikrochip micro chip (electronics)
Mikrocode microcode (software)
Mikrocomputer microcomputer (hardware)
Mikrodiskette micro disk (mass storage)
Mikrofilmtechnologie micrographics
Mikrokanal (Bussystem von IBM) microchannel (electronics)
Mikroprogramm micro program (software)
Mikroprozessor microprocessor (hardware)
Mikroprozessor Befehlssatz microprocessor instruction set
Mikroschaltung microcircuit (electronics)
Mikrowelle microwave (electronics)
Millisekunde millisecond
Mindestbestand minimum inventory
Miniaturisierung miniaturization
Minicomputer minicomputer (hardware)
Minikassette minicartridge (mass storage)
minimieren to minimize
minus less
Mischen merging
mischen to merge, to mix
Mischung hybrid, mixture
missachten to disregard
Missverhältnis asymmetry, disproportion, incongruity
Mitarbeiter employee, staff member
Mitarbeiterförderung employee development
Mitbewerber (der Deutschen Telekom) alternative carrier
Mitbewerbung competition
Mitnehmer driver (mechanics)
Mitschuld complicity

Mitte medium
Mitteilungsanfang start of message
Mitteilungsspeicher message store (mailbox)
Mitteilungs-Übermittlungssystem (E-Mail) message handling system
mittel medium
mittelfristige Finanzplanung medium-term budgetary accounting
Mittelpunkt hub
Mittelwert average value (mathematics)
Mittelwert mean value
Mittelwertsatz law of the mean (mathematics)
Mittenfrequenz mid frequence (electronics), medium frequency (300 kHz–3000 kHz)
mittig intermediate
mittlere Ausfallzeit mean time between failure
mittlere Integration medium scale integration (electronics)
mittlere Lebensdauer assumed mean life
mittlere Rechengeschwindigkeit average calculation speed
mittlere Reparaturzeit mean time to repair
mittlerer Informationsgehalt entropy
mnemonisch mnemonic
mnemonische Code mnemonic code
mnemotechnisch mnemonic
mnemotechnische Abkürzung mnemonic abreviation
mobil mobile
mobiles Gerät mobile equipment
Mobilfunksystem cellular radio
Mobilfunkvermittlung (GSM-System) mobile switching center
Mobilstation mobile station
Modell model, prototype
Modellvorlage reference model
Modem (Modulator/Demodulator) modem (hardware)
Modem, hausinternes inhouse modem
Modewort buzzword
modifizieren to modify
Modifizierung modification
Modul module
modulare Programmiersprache modular programming language (MODULA)
modulares Konzept modular concept
Modulation modulation (electronics)
Modulator modulator (electronics)
Modulbauweise modular design (hardware, software)
Modulo N-Prüfung residue check (mathematics)
Modus mode
Möglichkeit eventuality
Molarelektronik molecular electronics
Momentaufnahme snapsphot
Monitor monitor, visual display terminal (hardware)
Monitorhelm eyephone (cyberspace-hardware)
monochromer Bildschirm monochrome display (mathematics)
Monomodefaser (Lichtwellenleiter) single mode fiber
monostabile Kippschaltung monostable flip flop (electronics)
monostabile Schaltung monostable circuit (electronics)
monostabiler Multivibrator one kick multivibrator (electronics)
Montage fitting, assemblage, erecting, mounting
Monteur fitter
montieren to assemble
Motor engine
Muffe muffle, socket
Müll garbage
Multimediakonferenz multimedia conference
Multimodefaser (Lichtwellenleiter) multimode fiber
Multiplexbetrieb multiplex mode
Multiplexer (Kanalaufteiler) multiplexer (hardware)
Multiplexkanal multiplex channel
Multiplikand multiplicand (mathematics)
Multiplikation multiplication (mathematics)
Multiplikationsregister multiplier register
Multiplikationstafel multiplication table (mathematics)
Multiplikator multiplier (mathematics)
Multiplizierbefehl multiply instruction
multiplizieren to multiply (mathematics)
Multivibrator multivibrator (electronics)
mündlich verbal
mündliche Prüfung oral examination
Muster exemplar, pattern, specimen, model, sample
Mustererkennung pattern detection, pattern recognition

Musterprüfung sample inspection
Mustersprache model language (database)
Mustervergleich pattern matching, matrix matching (software)
Musterzeichnung cartoon
Mutation mutation
mutierender Virus mutable virus

N

nachahmen to imitate
Nachahmung imitation, take-off
Nacharbeit rework
Nachaudit follow-up audit (quality management)
Nachbarkanal flanking channel
Nachbau clone
Nachbearbeitung post editing (software)
nachbilden to reproduce
Nachbildung imitation, reproduction
Nachfolger successor
nachforschen to investigate
Nachforschung investigation, research
Nachfrage request
Nachführsymbol tracking symbol
nachgemacht factitious
nachgeordnetes Laufwerk slave drive
nachgeregeltes System slave system
nachgiebig pliable
nachhaltig sustainable, enduring
Nachlassen relaxation
nachlässig careless
Nachlässigkeit neglect, carelessness
Nachlaufregelsystem servo controlled system
Nachlaufregler servo controller
Nachlaufsteuerungssystem servo system (electronics)
Nachleuchten persistance (electronics), afterglow
Nachname surname
nachprüfen to verify
Nachprüfung review, revision, verification
Nachricht information, message, notice
Nachrichten intelligence, news
Nachrichtenaustausch messaging (E-mail/voice mail)
Nachrichtenbasis (Mailbox) messagebase
Nachrichtenbäume threads
Nachrichtenende end of message
Nachrichtenende-Signal end of message signal
Nachrichteninhalt intelligence
Nachrichtenkopf message heading
Nachrichtensteuerblock message command block
Nachrichtenübertragung message transfer
Nachrichtenvermittlung (Telekommunikation) message switching
Nachrichtenvorsatz message preamble
Nachrüstsatz add-on kit
Nachsatz lead-out
Nachsatz (CD-ROM) lead out
Nachschlagetabelle look up table
Nachschlagewerk reference book
Nachsehen in einer Tabelle table look-up
nachsenden to redirect
Nachsilbe suffix
nächstfolgend next
nächstniedrigere Ziffer lower order digit
Nachteil disservice
Nachtrag supplement
Nachtschaltung night service
Nachweis objective evidence
Nachweis, objektiver objective evidence
nachweisbar verifiable
Nachweisdaten proofable data
Nachweisdokumente objective evidence document
Nachweisnorm reference standard
Nadel pin, needle
Nadeldrucker dot matrix printer, wire printer (hardware)
Nagel pin
nähern to approach
Näherung approximation (mathematics)
Näherung erster Ordnung first order approximation (mathematics)
Näherungsfehler error of approximation (mathematics)
Näherungsrechnung approximate computation (mathematics)
Näherungswert approximated value (mathematics)
Nahnebensprechen near end crosstalk
Naht join
nahtlos seamless
Name, tatsächlicher real name
Namensgebung, abweichende distinguished name
Namenszusatz extension
namhaft substantial
NAND-Funktion non-and conjunction
Nanosekunde nanosecond
narrensicher fool-proof
nationale Datenrufnummer national number
Nationales Normal national standard
natürliche Basis (e = 2,71828) natural base (mathematics)
natürlicher Logarithmus naperian logarithm, hyperbolic logarithm (mathematics)

natürlichsprachliche Schnittstelle natural language interface (software)
Naturwissenschaften sciences
nebenamtlich part-time, adjunct
Nebenrecherche surrogate search
Nebenresonanz spurious resonace
Nebenschluss shunt (electronics)
Nebenstellenanlage private branch exchange
Nebenstellenanlage, automatische private automatic branch exchange
Nebenstellenanlage, programmgesteuerte electronic private branch exchange
Negation negation
negativ negative
negative Logik negativ logic
negative Quittung negative acknowledgement
negativer Koeffizient minus coefficient (mathematics)
Neigung pitch, slope, gradient, inclination
Neigungswinkel slope angle
Nennbelastung rated load (electronics)
Nennfrequenz nominal frequence (electronics)
Nennspannung nominal voltage (electronics)
Nennstrom rated current (electronics)
netto net
Nettobetrag net amount
Nettogewicht net gain
Nettokapazität net capacity
Netz net, grid
Netzanbieter provider
Netzanschlusskabel line connector cord
Netzausfall power outage
Netzbetreiber provider, carrier
Netzdatenbanksprache network database language (software)
Netzgerät power pack, power supply unit (electronics)
Netzkabel line cord
Netzknoten access node
Netzkomponente network element
Netzkopplungselement intermediate system
Netzschalter power switch, on-off switch
Netzspannung line voltage (electronics)
Netzspannungsregler line voltage regulator (electronics)
Netzspannungsschwankungen line voltage fluctuations (electronics)
Netzsteckdose convenience outlet
Netzstromversorgung mains supply (electronics)
Netzstruktur topology (network)
Netztransformator power transformator
Netzübertragungsrate net data throughput
Netzverbindungselement internetworking element
Netzwerk network
Netzwerk mit gleichberechtigten Stationen peer-to-peer network
Netzwerk, öffentliches public data network
Netzwerk, regionales regional area network
Netzwerkabschluss network termination
Netzwerkabschluss, optischer optical line termination
Netzwerkabschlusseinheit network terminating unit
Netzwerkabschnitt segment
Netzwerkadresse network address
Netzwerkbetriebssystem network operating system
Netzwerkdateisystem network file system
Netzwerkdienste (Angebote) network services
Netzwerk-Endstelle network termination point
Netzwerkinformationszentrum network information center
Netzwerk-Knoten network termination point
Netzwerkleistungsfähigkeit network performance
Netzwerkmanagement network management
Netzwerkmanagementarchitektur network management architecture
Netzwerkmanagementprogramm network command facility (software)
Netzwerkmanager network manager
Netzwerkplanung network planning
Netzwerkprotokoll network services protocol
Netzwerkschicht network layer
Netzwerkschnittstelleneinheit network interface unit
Netzwerk-Schnittstellenkarte network interface card (hardware)
Netzwerksegment subnet
Netzwerk-Steckkarte network adapter (hardware)

Netzwerksteuerungssprache network control language
Netzwerksystemarchitektur systems network architecture
Netzwerktopologie network topology
Netzwerküberwachungssoftware network monitor
Netzwerkverbund internetworking
Netzwerkzugang network job entry
Netzwerkzugangspunkt network control center
Netzzugangsgerät network access device (hardware)
neu new, novel
neu drucken to reprint
neu herausgeben to re-edit
neu schreiben to rewrite
Neuauflage reprint
Neuausgabe redaction
Neubildung regeneration
Neudruck reprint
Neueinstufung regrade
Neuerscheinung current publication
Neufüllung refill (ink tank)
neugestalten to reorganize
Neuheit lateness, novelty, recency, recentness
Neuigkeiten news
Neuling rookie
Neunerkomplement nines complement (mathematics)
Neuordnung readjustment
neuronales Netzwerk neural network (software, hardware)
Neustart new start, restart (system)
neutral neutral
Neuzuordnung new assignment
n-fach n-tuple
n-Fakultät factorial n (mathematics)
nicht elektrisch dielectric (electronics)
nicht flüchtiger Speicher non volatile storage (electronics)
nicht leitender Zustand off state (electronics)
nicht übereinstimmen disaccord, disagree
NICHT-Gatter inverting gate (electronics)
Nichtgebrauch disuse
nichtig void
Nichtleiter non conductor (electronics)
nichtlöschbarer Speicher non erasable memory (hardware)
NICHT-ODER-Funktion NOR-function
nichtpermanenter Speicher volatile storage (hardware)
nichtpolarisierte Aufzeichnung dipole modulation
Nichts nullity
Nicht-Windows-Anwendung non Windows application
niederdrücken to depress
Niederfrequenz low frequency
Niederlassung location
niederohmig low impedance (electronics)
niederwertig low order, low value
niederwertiges Byte low byte
niedrig low
niedrigstwertige Stelle least significant character
niedrigstwertiges Bit (in einem Byte) least significant bit
Niet rivet (mechanics)
nieten to rivet (mechanics)
Niveau level
Nomenklatur nomenclature
Nominierungsverfahren nomination procedure, nomination process
NOR-Funktion non disjunction
Norm norm, standard
Norm, empfohlene recommended standard
Norm, firmenspezifische company standard
normal normal
normalisieren normalize
Normierung standardization
Normungsorganisation Organization for Standardization
Normvorschlag draft proposal
Normzeichnung standard chart
Notauswurf (CD-ROM) emergency eject
Notbehelf makeshift
Note note
Notenpapier music-paper
notieren to note, to item
Notiz memorandum, notice, jotting
Notizblock scratchpad
Notizblockcomputer (mit handschriftlicher Eingabe) notepad computer (hardware)
Notizbuch notebook
Notizbuchcomputer (Größe etwa einer DIN-A4 Seite) notebook computer (hardware)
Notsignal danger-signal
Notstromversorgung emergency power supply (hardware)

notwendig neccessary
Null zero, nought, nullity
Nullenunterdrückung zero suppression
Null-Fehler-Programm zero defects concept
Nulloperation no operation, non operation, null operation (software)
Nullpunkt neutral
Nullpunktabweichung null drift
Nullrunde no increase at all (financially speaking)
Nullsetzen zero
nullstellen to zeroise
Nullstellenfehler zero error
Nullstellenkontrolle zero blancing
Nullstellenprüfung zero check
Nullstellenverschiebung zero shift
Nullstellungszustand reset condition
Nullzustand down-state, zero state
numerisch numerical, numeric
numerisch codierter Befehl numerical coded instruction
numerische Apertur numerical aperture
numerische Codierung numerical coding
numerische Größe numerical quantity (mathematics)
numerische Integration numerical integration (mathematics)
numerische Steuerung (von Werkzeugmaschinen) numerical control, NC
numerischer Prozessor numeric processor (hardware)
numerischer Ziffernblock ten digit keyboard
Nummer number
nummerieren to number
Nummerierung numeration
Nur-Lesespeicher read only memory (hardware)
Nut groove, slot, joggle, notch
nuten to groove
nutzbar effective
nutzbare Fläche useful surface
Nutzdaten payload
Nutzdatentyp payload type
Nutzen utility
Nutzerkennung (Netzwerk) network user identification, NUI
Nutzer-Netz-Schnittstelle user network interface
Nutzfläche useful surface
Nutzleistung effective capacity
nützlich helpful, useful
Nützlichkeit utility
nutzlos unavailing, useless
Nutzlosigkeit inutility
Nutzsignal useful signal (electronics)
Nutzungsanbieter (Mobilfunknetz) airtime reseller
Nutzungsentgelt (Mobilfunktelefonie) airtime charges
Nutzungsmanagement accounting management

O

Oberfläche surface, superficiality
Oberflächenbestückungstechnik surface mount technology (electronics)
Oberflächenmodell surface model
Oberflächentest surface scan
Oberflächen-Web (allgemein zugänglicher Teil) surface web
oberflächlich skin-deep
Obergrenze upper bound
Obermonteur senior fitter
Oberwelle overtone (electronics)
Objekt object
Objektcode object code (software)
Objektiv lens, object-glass, object-lense
objektorientiert object orientated (software)
Objektprogramm object program (software)
Objektverwaltungssystem object management system
obligatorisch mandatory
OCR-Schrift OCR-code (machine-readable)
ODER Funktion disjunction, OR-function
ODER-Schaltung OR-circuit (electronics)
offenbar klar evident
offene Schleife open loop
offenes Unterprogramm open subroutine (software)
O
öffentlich public
öffentliche Dienste public services
öffentlicher Bereich public domain
öffentlicher Fernsprecher pay-station
öffentliches Netzwerk public data network
Öffentlichkeit public, publicity
Öffentlichkeitsarbeit public relations
offizieller Beleg official document
Off-Line Betrieb off-line operation
öffnen to unclose
Öffnung aperture
Öffnungswinkel acceptance angle
ohmsche Belastung resistive load (electronics)
ohmsche Komponente resistive component (electronics)
ökonomisch economic
Oktalschreibweise octal notation
Oktalsystem octal number system
Oktalzahl octal number
Oktalziffer octal digit
Öl oil
ölen to oil
Online-Anbieter provider
Online-Betrieb on line
Online-Konferenz online conference
Operand operand
Operandenadresse data address, operand address
Operandenkanal operand channel
Operandenregister operand register
Operation operation
Operation mit nur einem Operanden monadic operation (software)
Operation mit zwei Operanden dyadic operation (software)
Operationscode operation code, opcode (software)
Operationsfolge sequence of operations (software)
Operationsgeschwindigkeit operation rate, operation speed
Operationsregister operation register
Operationsverstärker operational amplifier
Operationszeit instruction cycle
Operator operator
optimal optimally
Optimierung optimization
optisch optical
optisch abtastbare Marke photo sensing mark
optische Abtasteinrichtung optical sensing device (hardware)
optische Abtastung optical scanning
optische Anzeige visual display
optische Codierung optical coding
optische Dämpfung optical attenuation
optische Diskette optical disk (mass storage)
optische Floppy floptical disk (mass storage)
optische Prüfung visual check
optische Zeichenerkennung optical character recognition (OCR), optical pattern recognition
optischer Abtaster photoelectric reader (hardware)
optischer Belegleser optical document reader (hardware)
optischer Codeumsetzer optical encoder
optisches Lesegerät optical reader (hardware)
optisches Signal visual signal
optoelektrische Schaltung optoelectric device (electronics)

Optokoppler optical coupler (electronics)
optomagnetische Medien optomagnetical media
optomechanische Maus optomechanical mouse (hardware)
ordentlich regular
Ordinate ordinate (mathematics)
ordnen to regulate, to dispose, to tabulate
Ordner digester
Ordnung order, regularity
Ordnungszahl ordinal (mathematics)
Organ body
Organigramm flow chart, organizational chart
Organisation organization
Organisationskanal (Mobilkommunikation) control channel
Organisationsprogrammierer applications programmer
Organisationsschaubild organizational flow chart
Organisationsstruktur organizational structure
Organisationszielsetzung company strategy
organisatorische Operation overhead operation
organisatorischer Befehl housekeeping instruction, red tape instruction
organisieren organize
Original original
Originaldokument source document
Originalzubehörhersteller original equipment manufacturer (OEM)
Ort location
orthogonale Koordinaten orthogonal coordinates (mathematics)
örtlich local
ortsgebunden stationary
Ortsgespräch local call
Ortsgleichung equation of the locus (mathematics)
Ortsvermittlung local exchange, toll center (telecommunication)
Ortsvermittlungsanbieter local exchange carrier
Ortsvermittlungsstelle (Telefonnetz) toll point
Ortszuschlag residential allowance
Oszillatorschaltung oscillator circuit (electronics)
Oszilloskop oscilloscope (electronics)
oval, das Oval oval (geometry)
Oxyd oxid
oxydieren to oxidize
Oxydschicht oxide coating
Ozon ozone
ozonhaltig ozonic

P

Paar pair
paariges Kabel pair cable
Packung pack
Packungsdichte packing density, component density (electronics)
Paging paging
paginieren to page
Paginierung (Seitenzählung) pagination
Paket package, packet, parcel
Paketnetz packet switched data network
Pakettypenidentifikation packet type identifier
Paketvermittlung (Datenübertragung) packet switching
Paketvermittlungseinrichtung packet handler
Paketvermittlungsprotokoll packet exchange protocol
Palette palette
Panel panel
Pantone Mischsystem (für Farben) pantone matching system
Papier paper
papierartig papery
Papierkorb wastepaper basket
Papierlängenanzeiger footage indicator (mechanics)
Papierlochstreifen paper tape
papierloses Büro paperless office
Papierrolle web
Papierstau jamming
PQ
Papiertraktor (Drucker) tractor (mechanics)
Papiervorschub paper feed, paper transport (mechanics)
Papiervorschubeinrichtung skipping device (mechanics)
Papierwaren stationery
Pappe pasteboard
Parabel parabola (mathematics)
Parabel dritten Grades cubic parabola (mathematics)
parabolische Funktion parabolic function (mathematics)
parabolischer Bogen parabolic arc (mathematics)
parallel parallel
parallel verarbeiten to process in parallel
parallel verbinden to connect in parallel (electronics)
Parallelbetrieb concurrent operation, parallel operation
Paralleldarstellung parallel representation
Parallele parallel (mathematics)
parallele Abtastung parallel readout
parallele Organisation parallel organization
parallele Schnittstelle parallel interface (electronics)
Parallellauf concurrency
Parallelogramm parallelogram (mathematics)
Parallelport-Laufwerk parallelport drive
Parallel-Rechenwerk parallel arithmetic unit (hardware)
Parallelregister parallel register
parallelschalten connect in parallel (electronics)
Parallelschaltung parallel connection (electronics)
Parallelschnittstelle parallel port (electronics)
Parallelschnittstelle, erweiterte enhanced parallel port
Parallelschwingkreis tank circuit (electronics)
Parallel-Seriell Umsetzer parallel serial converter (electronics)
Parallelspeicherung parallel storage
Parallelverarbeitung parallel processing
Parallelwiderstand parallel resistor, shunt resistor (electronics)
Parameter parameter
Parameter Substitutionsbefehl parameter substitution instruction
Parametergleichung parametric equation (mathematics)
Parameterwert parameter value
parametrischer Verstärker parametric amplifier
Parität parity
Paritätsbit parity bit
Paritätsfehler bad parity, parity error
Paritätskontrolle odd-even check, parity check
Paritätszeichen parity character
Partialbruch partial fraction (mathematics)
partielle Ableitung partial derivative (mathematics)
partieller Differentialquotient partial derivative (mathematics)
Partikel particle
Partitionstabelle partition table
Partnerorganisation partner institution, partner organization

Partnerschaft partnership
passend fit
passend machen to match
Passende match
passive Wegefindung passives routing (network)
Passwort password, access key
Passworteingabeaufforderung password prompt
Passwortkombination passphrase
Patentschrift specification
Patentwesen patents
Patrone cartridge (ink)
Pauschalpreis flatrate
Pause interval, intermission, recess, break
Pausenzeichen break character
Pauspapier tracing paper
Pauszeichnung tracing
pechschwarz jet-black
Pegel level
Pegelregulierung level regulation
Pegelumsetzung level conversion
Pendel pendulum (mechanics)
Pendelschwingungen hunting oscillations (electronics)
Periode period, cycle
periodisch abfragen to poll
periodische Funktion periodic function (mathematics)
periodischer Dezimalbruch repeater (mathematics)
periodischer Impuls recurrent pulse (electronics)
peripher peripheral
periphere Einheit peripheral unit (hardware)
periphere Geräte peripheral equipment, peripherals (hardware)
peripheres Gerät ancillary equipment, peripheral device (hardware)
Peripherie peripherals (hardware)
Peripheriegerät sink (hardware)
Peripheriegerätecontroller peripheral device controller
Peripherie-Schnittstellenadapter peripheral interface adapter (electronics)
permanent permanent
Permanentspeicher permanent memory (electronics)
Personal staff, personnel
personalisieren (Software) to personalize
Personalverwaltung personnel administration
Personalwesen personnel management
persönlich personal
persönlicher Datenschutz protection of personal data
Persönlichkeit identity
Perspektive perspective
perspektivisch perspective
Pfad path
Pfadname (Verzeichnis) path name
Pfadsteuerung path control
Pfanne (Lager) collar
Pfeil arrow
Pfeilspitze arrow head
Pflichtfach compulsory subject
Phase phase
Phasenabweichung phase deviation, phase excursion (electronics)
Phasendetector phase detector (electronics)
Phasendifferenzmodulation phase difference modulation
Phasengeschwindigkeit phase velocity (electronics)
Phasenlage phasing (electronics)
Phasenmodulation phase modulation, phase shift keying (electronics)
Phasenumkehr phase reversal (electronics)
Phasenumkehrschaltung phase inverter circuit (electronics)
Phasenumtastung, differentielle differential phase shift keying
Phasenverhalten phase characteristics (electronics)
Phasenverschiebung phase shift (electronics)
Phasenverzerrung phase distortion (electronics)
Phasenwechsel phase change
Phasenwechsel je Zeile phase alternation line (PAL)
Phasenwinkel phase angle (electronics)
Phosphat phosphate
Phosphor phosphorus
phosphoreszierend phosphoresce, phosphorescent
physikalisch physical
physikalische Einheit physical unit
physikalische Größe physical quantity
physikalische Mediumanschluss physical medium attachment
physikalisches Format physical format
physisch physical
Piepen peep
piepen to peep

Piktogramm icon
Plan plan, scheme, contrivence, design
planen to schedule, to scheme, to plan
Planer analyst
planmäßig systematically
Planstelle established post/position
Planung scheduling
Planungsabteilung planning departement
Plasmabildschirm plasma screen (hardware)
plastisch plastic
Platine printed circuit board, board, card (electronics)
Platte sheet
Platten-Cache disk cache
Plattenspeicher disk storage (hardware)
Plattenstapel disk pack, disk patch (hardware)
Plattenstückelung (RAID) disk-striping
Plattenverdoppelung disk duplexing
Platzbedarf space requirement
platzen to explode
Plausibilitätskontrolle plausibility check
plesiochron plesiochronous
Pluszeichen ampersand (mathematics)
pneumatisch pneumatic
Polarkoordinaten polar coordinates (mathematics)
polieren to planish, to polish, to burnish
Polinom polynomial (mathematics)
Polschuh polepiece (electronics)
Polster pad
PQ
polstern to pad
Portabilität portability (software)
Pos. 1 Taste home key
Position position
positionieren to position, to station
Positionierung positioning
Positionierungssteuerung positioning control
Positionierzeit (Schreib-/Lesekopf) track to track seek time
Positionsgeber position encoder (mechanics, electronics)
positive ganze Zahl positive integer
positive Logik positive logic
positive Rückkopplung regenerative feedback (electronics), positive feedback
positiver Übertrag carry forward (mathematics)
Post (Brief) mail
Postamtsprotokoll post office control
Posten post
Postleitzahl (amerikanische) zone improvement plan (ZIP)
Postleitzahlsystem ZIP (Zone Improvement Plan, USA)
Potential potential
Potenz power (mathematics)
Potenzformel power formula (mathematics)
Potenzfunktion power function (mathematics)
Potenzierung involution (mathematics)
Potenzreihe power series (mathematics)
Präfix prefix
prägen to impress
Prägung coinage
Praktikant trainee
Praktikum practicum, practical training
Praktikum (studienbezogen) internship
praktische Anwendung implementation
praktische Lebensdauer useful life
praktischer Einsatz field use
Präsenzbibliothek reference library
präventiv preventive
Präzision precision
Preis cost
Preisausgleich inflationary compensation
preiswert inexpensive
Preprozessor preprocessor (hardware, software)
Pressemitteilung press release
Pressesprecher public relations officer
Pressstoff laminate
Primärmultiplexanschluss primary rate B-channel Access (PMxAS, ISDN)
Primärratenschnittstelle (ISDN) primary rate interface
Primärratenzugriff (ISDN) primary rate access
Primärstation (Netzwerk) area station
Prinzip principle
Priorität precedence, priority
Prioritätsschema priority scheme
Prioritätsstufe precedence level, precedence rating, priority grading
Privatdozent reader
privater Versorgungsbereich private management domain
Probe probation, sample, specimen
Probelauf trial run
Probezeit probation, probationary period
Problem problem
Problemanalyse problem analysis
Problemlösung problem solving

problemorientierte Programmiersprache problem oriented language (software)
Produkt product
Produkthaftung product liability
Produktion output
Produktionsnormen production standards
Produktrealisierung product realization
produzieren to produce
professionelles Entwickeln von Software software engineering
Professur professorship
Profil profile
Prognose forecast
Programm program, routine (software)
Programmabbruch program abort
programmabhängiger Fehler program-sensitive error (software)
Programmablaufplan flow chart
Programmautor program-author
Programmbefehl program instruction (software)
Programmbereich program area
Programmbereich (CD-R) program memory area
Programmbeschreibung program description
Programmbibliothek program library (software)
Programmeditor program editor (software)
Programmentwicklungszeit program development time
Programmfehler program fault, software error
Programmfolge program sequence (software)
Programmfreigabe release
Programmgenerator program generator (software)
programmgesteuert sequence-controlled
programmgesteuerte Nebenstellenanlage electronic private branch exchange
programmgesteuerte Rechneranlage automatic sequence-controlled computer (hardware)
programmgesteuertes Quittungsverfahren software handshake
programmierbare Konfiguration programmable option select
programmierbarer Schaltkreis field programmable logic array
programmieren to program
Programmierer programmer
Programmierfehler programming error
Programmiergerät programmer (hardware)
Programmierhilfe software tool
Programmiermethode programming method
Programmiersprache program language, programming language (software)
Programmiersprache, beschreibende declarative language
Programmiertechnik programming technique
programmierter Stop programmed stop (software)
Programmierumgebung programming environmet, software development kit (software)
Programmierung programming
Programmkollision program collision
Programmlauf program run
Programmliste program listing
Programmodul program modul (software)
Programmpaket software package, program bundle (software)
Programmpflege program maintenance
Programmprüfung program checking, program testing
Programmschleife loop (software)
Programmschleife program loop (software)
Programmschritt program step (software)
Programmsprung program skip (software)
Programm-Steckmodul program cartridge (firmware)
Programmstufe program level (software)
Programmübersetzung program translation
Programmumschalter task switcher (software)
Programmunterbrechung program interrupt (software)
Programmunterbrechung, bedingte conditional breakpoint (software)
Programmverfasser program-author
Programmverzahnung multiprogramming (software)
Programmverzweigung branch (software)
Programmzähler program counter, sequence counter
Projekt project

Projektförderung project grants, project funds
Projektgruppe project group
Projektleiter project leader
Promotion doctoral studies
proportional proportional
Proportionalitätssatz theory of proportion (mathematics)
Proportionalschrift proportional spacing
Prospekt prospectus
Protokoll journal, protocol, record, listing
protokollieren to protocol
Protokollkonverter protocol converter
Prototyp prototype
Provision percentage
provisorisch provisional
Prozedur procedure
prozedurale Betriebssicherheit percentage reliability
Prozedur-Fernaufruf remote procedure call
Prozentsatz percentage
Prozess process
Prozess-Automatisierung process automation
Prozessbeschreibungssprache job description language
Prozessende end of job
Prozess-FORTRAN Real-Time-FORTRAN
Prozesskontrollprogramm job control program
Prozesslenkungsmanagement process control management
Prozessmanagement process management
Prozessor processor, central processing unit (CPU)
Prozessorientierung process approach
Prozessprüfung process inspection
Prozessrechner process computer (hardware)
Prozessregelung process control
Prozesssteuerung process control
Prozessvalidierung validation of processes (quality management)
Prüfablaufplan inspection schedule
Prüfanweisung inspection instruction
Prüfbit check bit, parity bit
Prüfdatengenerator test data generator
prüfen to audit, to check, to review, to test
Prüfgerät checking device (hardware)
Prüfkennzeichen software signatur
Prüfmerkmal inspection characteristic
Prüfplan inspection plan
Prüfplanung inspection planning
Prüfprogramm audit program, check program, check routine, service checking routine, test routine (software)
Prüfpunkt checkpoint
Prüfsignal test signal (electronics)
Prüfsonde testing probe (electronics)
Prüfspezifikation inspection specification
Prüfstatus inspection status
Prüfsumme check sum, check total
Prüfung test, certification, checking, recension
Prüfung (mündliche) oral examination
Prüfung (schriftliche) written examination
Prüfung auf unzulässige Code-Kombinationen forbidden combination check
Prüfung unter Umgebungsbedingungen environmental testing
Prüfung vor Ort test in site
Prüfungsanforderung examination requirement
Prüfungsaufgabe check problem
Prüfungstermin examination date
Prüf-vor-Kauf-Software shareware
Prüfzeichen check character
Prüfziffer check digit, proof figure
Pseudobefehl pseudo instruction (software)
Pseudooperation symbolic operation (software)
Pseudoternärverfahren half bauded code
Publikationsliste publication list
Puffer buffer
Puffern (Zwischenspeichern) buffering
Pufferspeicher buffer (memory)
Pulsamplitudenmodulation pulse amplitude modulation
Pulsdauermodulation pulse time modulation
Pulsintervallmodulation pulse interval modulation
Pulsphasenmodulation puls phase modulation
Pulszeitmodulation pulse time modulation (electronics)
Pult console
Pulver powder
pulverbeschichtete Material powdered material
pulverisieren to powder
Punkt point, item, dot, spot
Punktabstand dot pitch

Punktadresse dot address
Punktbefehl dot command (software)
Punkte pro Zoll dots per inch (dpi)
Punktmatrixdrucker dot matrix printer (hardware)
Punktsteuerung coordinate setting
punktweise Kopieren (eines Bildschirmausschnittes) bit-blitting (software)
punktweises Aufzeichnen point plotting

Q

Quader ashlar (geometry)
Quadrant quadrant (mathematics)
Quadrat square (geometry)
quadratisch quadratic
quadratische Gleichung quadratic equation (mathematics)
quadratische Kennlinie square law characteristic (electronics)
Quadratur-Amplitudenmodulation quadrature amplitude shift keying
Quadratwurzel square root (mathematics)
Qualifikation qualification
Qualifikationsanforderung qualification requirement
Qualifikationsstand qualification status
Qualifikationsverbesserung qualification improvement
Qualifizierungsprozess qualification process
Qualität quality
Qualitätsanforderung quality requirement
Qualitätsauszeichnungen quality awards
Qualitätsbewertung quality assessment
Qualitätsförderung quality promotion
Qualitätsgrundsätze quality priciples
Qualitätskontrolle quality control, quality inspection
Qualitätsmanagement quality management
Qualitätsmanagementbeauftragter quality management representative
Qualitätsmerkmal quality characteristic
Qualitätsnachweis quality objective evidence
Qualitätsprüfung quality inspection, quality review
Qualitätsprüfung, statistische statistical quality inspection
Qualitätssicherung quality assurance
Qualitätsverbesserung quality improvement
Qualitätswesen quality department
Qualm smother
Quantisierung quantization
Quantisierungsverzerrung quantization distortion
Quantität quantity
Quarzkristall quartz cristal
Quasi-Vollduplexübertragung adaptive duplex
Quecksilber mercury
Quelladresse source address
Quellcode source code (software)
Quelle source (hardware, software)
Quellenangabe reference
Quellprogramm source program, primary program (software)
Quellsprache (Programmiersprache) source language (software)
Querdämpfung near end crosstalk
Querformat landscape representation
Querkeil cotter
Querprüfung vertical redundancy check
Querrechnen crossfooting
Querschnitt cross-section
Quersendung (Versenden eines Newsartikels in mehrere Newsgruppen) crossposting
Quersumme sideways sum
querverbundene Datei crosslinked file (software)
Querverweis cross reference
Querverweisliste cross reference table
quittieren to receipt
Quittierung acknowledge
Quittung quitance, voucher
Quittungsbetrieb handshaking
Quittungsnachricht reply message
Quittungssignal verification signal (electronics)
Quittungsverfahren, programmgesteuertes software handshake
Quotient quotient (mathematics)

R

Rabatt discount
Rad wheel (mechanics)
radial radial
Radiergummi india rubber, rubber
Radioröhre valve (electronics)
Radiostörung jam (electronics)
Radius radius
Radixschreibweise mit fester Basis fixed radix notation (mathematics)
Rahmen frame (software, mechanics)
Rahmenbedingung framework conditions
Rahmen-System framework (software, mechanics)
Ramanstreuung raman scattering
Rand edge, list, margin, border, boundary
Randbedingung boundary condition
Randbemerkung marginal note
Randeinstellung margin stop (printer, plotter)
Randfreigabe margin release (typewriter)
Randlochung marginal perforation (paper)
Randwertbedingung marginal condition
Randwertprüfung marginal check
Rang status
Rangfolge priority
Rangordnung hierarchy
Rapporteur rapporteur
rasch rapid
Raster graticule
Rasterbild digitized image
Rasterbild-Prozessor raster image processor (hardware)
Rasterbildschirm raster screen (hardware)
Rasterdaten digital image data
Rastergrafik raster graphics
Rasterplotter raster plotter
Rasterung dithering
Rasterverfahren half-tone process
Rate rate
Ratenkauf hire-purchase
Ratgeber tipster
rationale ganzzahlige Funktion rational integral function (mathematics)
rationaler Bruch (Mathematik) rational fraction
ratsam advisable
Ratschlag advice, counsel
Rauch reek, smoke
rauchen to reek, to smoke
Raum space
Raumgeometrie solid geometry
Rauminhalt cubage
Raumintegral volume integral (mathematics)
Raumkurve space curve (mathematics)
räumlich spatial
Raummultiplex-Verfahren space division multiplex (electronics)
Raumwinkel solid angle (mathematics)
rauscharmer Verstärker low noise amplifier (electronics)
Rauschen noise
Raute lozenge, rombus (mathematics)
Rayleighstreuung rayleigh scattering (fibre optics)
reagieren to react
Reaktion reaction, response
Reaktionszeit (im Netzwerk) network response time
Reaktor reactor
Rechenart calculus (mathematics)
Rechenblatt spreadsheet
Rechenfehler miscalculation
Rechengeschwindigkeit calculating speed, computing speed
Rechengröße operand
Rechenkunst arithmetic
Rechenmaschine calculation machine (hardware)
Rechenschieber slide rule (mathematics)
Rechenwerk (eines Prozessors) arithmetic element, arithmetic unit (hardware)
Rechenzeit machine time
Rechenzentrum computing center, data center
recherchieren to search
rechnen to reckon, to sum
rechnerabhängiger Betrieb on-line operation
Rechnerfamilie computer family
rechnerische Kontrolle mathematical check
Rechnernetz computer network (hardware)
Rechnersystem computer system (hardware)
rechnerunabhängige Betrieb off-line operation
Rechnung account, count
Rechteck oblong, rectangle
rechteckig rectangular
Rechteckigkeit squareness

Rechteckimpuls rectangular pulse (electronics)
Rechteckimpuls square pulse (electronics)
Rechtecksignal rectangular signal (electronics)
Rechteckwelle rectangular wave, square wave (electronics)
Rechteckwellengenerator square wave generator (electronics)
rechter Winkel (90°) right angle
rechtsbündig (z.B. Text) right adjusted
Rechtschreibprüfung spelling checker
Rechtschreibung orthography, spelling
rechtsläufig right handed
rechtswidrig unlawful
rechtwinkelige Koordinaten cartesian coordinates (mathematics)
rechtwinklig right angled
rechtwinklige kartesische Koordinaten rectangular cartesian coordinates (mathematics)
rechtzeitig just in time, welltimed
Redaktion redaction
Reduktion reduction
Reduktionsfaktor reduction factor
Reduktionszeit reduction time
redundante Ziffern redundant digits
Redundanz redundancy
Redundanzkontrolle redundancy check (software)
Redundanzverhältnis redundancy ratio (software)
reelle Zahl real number (mathematics)
Referenzmodell reference model
Reflektor reflector
Reflektormarke reflective spot
Reflex reflection
Reflexionsschicht (CD-R) reflective layer
Reform reform
Regel norm, rule, standard
Regelbereich fade margin
Regeleinrichtung automatic controller (hardware)
Regelgröße controlled variable, regulated quantity
Regelkreis regulating circuit (electronics)
regelmäßig regular
Regelmäßigkeit regularity, orderliness
regeln to regulate, to rule
Regelstrecke controlled system, process
Regelsystem automatic control system, automatic feedback control system
Regelungstechnik control engineering
Regelungsvorgang regulation process
Regelverhalten control action
Regelvorgang regulating action
Regelwiderstand regulating resistor (electronics)
Regenerationszyklus regeneration cycle (electronics)
regionales Netzwerk regional area network
Register register
Registerlänge register length
registrieren to log
Registrierung registration
Regler modulator (electronics)
regulieren to regulate
Regulierung regulation
Reibungsantrieb friction drive (mechanics)
Reibungsschutz antifriction (mechanics)
Reibungsvorschub (beim Drucker) friction feed (mechanics)
Reibungswiderstand frictional resistance (mechanics)
reichlich affluent
Reihe progression (mathematics), range, row, series
Reihenentwicklung series expansion (mathematics)
Reihenfolge sequence, suit
Reihenfolge, aufsteigende ascending sequence
Reihenschaltung join in series, connected in series, series connexion (electronics)
Reihenwiderstand series register (electronics)
rein clean, clear
rein binäre Darstellung pure binary notation
reinigen to purify
reinigend detergent
Reinigung purification
Reinigungsmittel detergent
reißen to rip
Reißnagel thumbtack
Reißschiene T-square
Reißwolf willow
Rekalibrierung recalibration
Reklamation reclamation
Rekursion recursion (mathematics)
Relais relay (electronics)
Relaisschaltung relay network (electronics)
relationale Datenbank relational data base (software)

relationale Datenbanksprache (z.B. SQL) relational data language (software)
relationales Modell relational model (database)
relative Adresse relative address
relative Adressierung relative addressing
relative Kodierung relative coding
Relativlader relative loader (software)
Reparatur repair
Reparaturwerkstatt repair shop
reparieren to repair
Report report
Reproduktion reproduction
Reproduzierbarkeit repetitive accuracy
Reprovorlage camera-read copy
Reserve reserve
Reservekanal spare channel
Reservespeicher standby storage
reservierte (belegte) Worte reserved words
Reset reset
Resettaste reset button
resident resident
Resonanz resonance
Resonanzkreis tuned circuit (electronics)
Rest remainder (mathematics), rest
Restfehlerrate residual error rate
Restmagnetismus residual induction, residual magnetism (electronics)
Restsumme arrearage
Resultat result, come-off
Retrieval retrieval
retten to save
Rettung saving
Return-Anweisung return instruction
retuschieren to retouch
reziprok reciprocal
Reziprokwert reciprocal (mathematics)
richten to direct
Richtfunkverbindung radio link
richtig correct, valid
Richtigkeit correctness
Richtlinie directive, guidance
Richtung lay, direction
Richtungsinformation routing information (network)
Richtungswahl route selection (network)
richtungsweisend directive
Riegel bolt (mechanics)
Ringtopologie ring topology (network)
Rinne groove
Rippe groin
Riss fissure, flaw, rip, scratch
Ritzel pinion (mechanics)
Roboter robot
Rohdaten raw data (software)
rohe Gewalt bruce force
Rohmaterial raw material
Rohsektoren (CD) raw sectors
Rohstahl german steel
Rollbalken (Windows) scroll bar (software)
Rolle roll (mechanics)
rollen to roll, to wheel
Rollen des Bildschirminhaltes scroll (screen roll)
Rollenpapier continuous rollpaper
Rollkugel trackball
Rollwagen rollabout
röntgen to X-ray
Röntgenstrahlen X-ray
rostbeständig rust-proof
rostfrei rustless, stainless
rostig rusty
Rotanteil der vier Grundfarben magenta
Rotation rotation
rotglühend red-hot
rotieren to rotate
rotierend to rotary
Rotor rotor (mechanics)
Routenbestimmung route destination
Routine routine
Routinearbeit routine work
Rückantwort followup
Rückfall regression
Rückfall (zu einer geringeren Übertragungsgeschwindigkeit) fallback (modem)
Rückfragesignal request signal (electronics)
Rückführungsschaltung closed loop circuit (electronics)
Rückführungsschleife feedback loop (electronics)
rückgängig machen to unmake
Rückholfeder return spring (mechanics)
Rückkauf redemption
Rückkehr regression, return
Rückkehr zum Hauptprogramm return control transfer (from subroutine)
Rückkopplung back coupling, feedback (electronics)
rückläufig regressive, retrograde
Rückmeldung decision feedback
Rückprall bounce
Rückruf recall
Rückruffunktion (automatische) automatic callback

Rückschaltung shift in
Rückschritt backspace
Rücksprungadresse return address
Rücksprungbefehl return instruction
Rücksprungspeicher return stack
Rückspulgeschwindigkeit rewind speed (tape)
Rückstellknopf reset button
Rückstellung counter reset
Rückstrich (\) backslash
Rückübersetzung retranslation
Rückübertrag elusive one, end around carry (mathematics)
Rückverfolgbarkeit traceability
Rückwärtslesen reverse reading
Rückwärtszählung reverse count
Rückweg return path (network)
rückwirken to react
rückwirkend regressive
Rufnummer dial number
Rufnummer (Datex-P) network user address
Rufsperre call barring
Rufton (Faxgerät) calling tone
Rufumleitung call forwarding
Rufverfolgung (Telekommunikation) follow me
Rufverteilung (ISDN) line hunting, trunk hunting
Ruhe rest
Ruhefunktion sleep function
Ruhekontakt normally closed contact (electronics)
ruhen to rest
Ruhestellung rest position
Ruhezeit dwell time
Ruhezustand quiescent state
ruhig steady
Rumpf body
rund round
Rundbrief (Serienbrief) multi address message
runde Klammern paranthesis
Rundlauftoleranz concentricity tolerance
Rundschreiben circular
Rundstab astragal
Rundungsfehler rounding error
rutschen to slide, to slip
rütteln to joggle

S

Sachbearbeiter clerk
sachgerecht appropriate
Sachkundiger technical expert
sachlich material
Sachrecherche subject searching
Sackgasse dead end
Saldierzähler accumulating counter
Salzsäure hydrochloric
Sammelleitung (Datenbus, Adressbus ...) bus (electronics)
Sammeln sampling, pooling
Sammelrufnummer (Telefon) collective number
Sanduhr sandglas
sanieren to reorganize
Satellit satellite
Sattelpunkt saddle point (mathematics)
sättigen to impregnate, to satiate, to saturate
Sättigung satiation, saturation, saturation, concentration
Sättigungsfluss saturation flux (electronics)
Sättigungsmagnetisierung saturation magnetization (electronics)
Satz rate, set
Satzgruppe grouped records, record set (software)
Satzlänge record length (software)
Satzlehre syntax
Satzlücke record gap (software)
Satzzählung record counting
Satzzeichen punctuation mark
sauber clean
Sauerstoff oxygen
Schablone pattern, template
Schaden damage, hurt
schadhaft defective
schädigen to damage
schädlich hurtful
Schädlichkeit maleficence
Schaft shaft
Schale shell
Schall sound
Schalldämpfer silencer
schalldicht sound-proof, sound-tight
schallgedämmt, schallschluckend sound-absorbing
Schallschutz sound insulation, sound protection
Schaltalgebra Boolean algebra, switching algebra
Schaltbild circuit diagram
Schaltdiode switching diode (electronics)
schalten to switch, to connect (electronics)
Schalter switch, counter
Schalter für kleine Spannungen low level switch (electronics)
Schaltfläche, Schaltknopf button (software, hardware)
Schaltfunktion switching function
Schaltgeschwindigkeit speed of operation
Schaltkreis switching circuit (electronics)
Schaltkreislogik circuit logic (electronics)
Schaltkreisprüfung circuit testing (electronics)
Schaltkreistechnik circuit technique (electronics)
Schaltplan electric schematic diagram (electronics)
Schaltplan wiring diagram (electronics)
Schalttafel control panel, pin board (electronics)
Schalttransistor switching transistor (electronics)
Schaltuhr automatic timer
Schaltung connexion (electronics)
Schaltungsanordnung circuit arrangement, circuitry (electronics)
Schaltungsmodul circuit module (electronics)
Schaltungsparameter circuit parameter (electronics)
Schaltungsplatine circuit card, circuit plate (electronics)
Schaltzeit switching time
Schärfe edge
scharfe Kante featheredge
Scharnier hinge, joint (mechanics)
Schatten shade
Schattenspeicher shadow store (hardware), shadow RAM
Schattierung shade
schätzen to size up, to reckon, to value
Schätzung appreciation
Schaum foam, spume
schäumend foam
Schauspiel spectacle
Schaustellung show
Scheibe wheel, disc (mechanics)
Schein (im Studium) credit (for a university course)
Scheinrealität virtual reality (software)
Scheinspeicher apparent storage

Scheitel vertex (mathematics)
Scheitelpunkt apex (mathematics)
Scheitelstrom peak current (electronics)
Schema scheme
schematisch diagrammatic
schematische Darstellung schematic diagram
Schere pair of scissors
Scheuerleiste skirting board (mechanics)
Schicht layer
schicken to send
Schieber register
Schieberegister last in last out (LILO)
schief slanting, wry, askance, aslant, skew
Schiene splint (mechanics)
Schildchen tab
Schilderung delineration, representation
Schirmbild screen pattern
Schlag hit, dash, runout
Schlagbolzen striker (mechanics)
schlagen to hit, to dash
Schlagwort catchword
Schlange queue
schlank slim
schlechte Anpassung maladjustment (hardware, software)
schlechte Verbindung bad joint (mechanics, electronics)
Schleife loop (program)
Schleifenzähler (Programm) cycle counter**,** cycle index counter (software)
Schleifer slider (electronics)
Schleifkontakt wiping contact (electronics)
Schleiflack high gloss painting
Schlichtungskommission mediation committee
Schlichtungswesen mediation
schließen to close
Schließung closure
schlimmer Fehler fatal error
Schlinge loop
Schlitten sledge, sleigh (mechanics)
Schlitz slot
Schlitzlochkarte slotted card
Schlupf slippage
Schluss close, end, conclusion, inference
Schluss-Bit finalbit
Schlüssel key
Schlüsseldatei key file
schlüsselfertig turnkey
Schlüsselwort keyword
Schlusskennsatz link trailer
Schlusskennung trailer (block, packet, cell)
Schlusszeichen (Endesignal auf einem PC-Bussystem) clearback signal
Schmalband narrowband (electronics)
Schmalbanddienst (Telekommunikation) narrowband service
Schmalbandfrequenzmodulation narrowband frequency modulation
schmaler Impuls narrow pulse (electronics)
schmelzbar fusible
Schmelzen fusion
schmelzen to dissolve, to fuse, to found, to smelt
Schmelzpunkt melting point
Schmiere grease, dope
schmieren to lubricate, to grease
schmierig greasy
Schmiermittel lubricant
Schmierung lubrication
Schnecke helix (mechanics)
Schneckenantrieb worm-drive (mechanics)
schneckenförmig voluted (mechanics)
Schneckengetriebe worm-gear (mechanics)
Schneckenlinie helix
Schneckenrad worm-wheel (mechanics)
Schneckenzahnrad helical gear (mechanics)
Schneide edge
schneidend secant
Schneidewerkzeug edgetool
schnell rapid
Schnellauf fast mode (tape recorder)
Schnelldrucker high speed printer (hardware)
Schnellhefter folder
Schnelligkeit rapidity
Schnellrücklauf (Bandlaufwerk) high speed rewind
Schnellschrift draft
Schnellspeicher high speed memory, rapid memory, zero access store (hardware)
Schnellzugriffsspeicher fast access memory, low access memory, quick access memory
Schnitt section
Schnittebene cutting plane (mathematics)
Schnittpunkt point of intersection (mathematics)

Schnittstelle interface (electronics, software)
Schnittstelle, benutzerfreundliche user friendly interface
Schnittstellendefinitionssprache interface definition language
Schnittstellentypen interface types (electronics, software)
Schnittstellenvervielfacher interface multiplier (hardware)
Schnittstellenwandler interface adapter (electronics)
Schnur string, cord
schnurlos cordless
schräg skew, slant, aslant, bevel, bias,
Schräge bevel
Schräglage cant
Schrägspurband, digitales rotating head digital audio tape
Schrägstellung skew
Schrägstift cursive, italics
Schrägstrich slash, solidus
Schrägstrichmarkierung slanted mark
Schrägung cant
Schramme scratch
Schranke bound
Schraube screw (mechanics)
schrauben to screw
Schraubenmutter female screw, nut (mechanics)
Schraubenschlüssel spanner (mechanics)
Schraubenschlüssel (der Engländer) monkey-wrench (mechanics)
Schraubenspindel male screw (mechanics)
Schraubenzieher screwdriver, turnscrew
Schreib-/Lesekopf read/write head, record playback head, write-read head (electronics)
Schreibbefehl write instruction (software)
Schreibbüro typing pool
Schreibdichte density
schreiben to write
Schreiben writing
Schreiber writer
Schreibfehler typed mistake, typing error
schreibgeschützt write protected
Schreibkopf recording head (electronics)
Schreibmarke cursor
Schreibmaschine typewriter, typewriting machine (hardware)
Schreibpergament vellum paper
Schreibprüfung check read
Schreibring (Magnetbandspule) write lock
Schreibschrift script, longhand
Schreibschutz write protection
Schreibschutz, individueller individual write protection
Schreibschutzring write enable ring (magnetic tape), file protect ring, wirte permit ring
Schreibschutzring (Magnetbandspule) protection ring
Schreibsperre write lock, write protection
Schreibstelle printing position
Schreibstrom record current, write current (electronics)
Schreibtisch desk
Schreibtisch-Terminal desktop terminal (hardware)
Schreibvorgang writing action
Schreibwalze platen (mechanics)
Schreibwaren stationery
Schreibweise notation
Schreibweise mit gemischten Basen mixed base notation (mathematics)
Schrift script, font
Schriftart script
schriftlich written
Schriftrolle scroll
Schriftsatz memorandum
Schriftstellername pen-name
Schriftstück document, writing
Schritt iteration, pace
Schrittakt transmission clock, transmitter clock
Schrittgeschwindigkeit stepping rate, modulation rate (data transmission)
Schrittschalter stepping switch, selector switch (electronics)
Schrittschaltmechanismus stepping mechanism
schrittweise one shot
schrittweise abschalten cycle off
schrittweise Addition iterative addition (mathematics)
schrittweiser Antrieb intermittent drive
schrittweiser Betrieb step-by-step operation
Schrittzähler stepping counter
schrumpfen to shrink
Schrumpfung shrinkage
Schule school
schulen to indoctrinate, to school
Schulungsplan training plan

Schulungssoftware schoolware (software)
Schulvortrag school talk
schütteln to joggle
Schutz protection, security
Schutz gegen Übertragungsfehler error protection
Schutzblech fender
Schutzbrille pair of goggles
Schutzebene protection level
Schutzkennung validation identifier
Schutzmarke trademark
Schutzschicht (CD) protective layer
Schutzumschlag jacket
Schutzverletzung protection fault
Schutzvorrichtung fender
Schwäche depression
schwächen to impair
schwanken to fluctuate
Schwankung variation, fluctuation
schwarz black
schwärzen to black, to ink
schwarzes Brett bulletin board, notice board
schwefeln to sulphurize
schweißen to weld
Schweißen welding
Schweißnaht weld
Schwellenwert threshold circuit
schwer hard
Schwere gravity
Schwerkraft gravitation
Schwerpunktverlagerung adjusting the focus
schwerwiegender Fehler fatal error
schwierig difficult
schwieriges Problem intricate problem
Schwierigkeit difficulty, bottleneck, hardness
S
schwinden to dwindle, to fade
Schwingen hunting
schwingen to vibrate, to oscillate
Schwingkreis resonant circuit (electronics)
Schwingung mode, oscillation (electronics)
Schwingungsdämpfer shock absorber, vibration absorber (mechanics)
Schwingungserzeuger oscillator (electronics)
Schwingungsschreiber oscillograph (electronics)
Schwund dwindling
Schwungfeder pinion-feather, pen-feather (mechanics)
Schwungmasse drive capstan flywheel (mechanics)
Schwungrad flywheel (mechanics)
Sechseck hexagon (geometry)
Segment segment (hardware, software)
Segmentgröße segment size
Sehweite eyeshot
Seilzug tight-rope
Seite page
Seitenansicht side-face
Seitenbeschreibungssprache (z.B. PostScript) page description language (software)
Seitenpfad bypath
Seitenrand margin
Seitensteckverbindung edge connector (electronics)
Seitenteil cheek
Seitenverhältnis (von Höhe zu Breite) aspect ratio
Seitenvorschub formfeed (mechanics)
Seitenwechsel paging
Seitenwechselspeicher virtual memory
Seitenzählung (Paginierung) pagination
seitlich sidelong, lateral
seitwärts sidelong
Sekante secant (mathematics)
Sektion section
Sektion Section
Sektor sector (harddisk)
Sekundärspeicher secondary storage
Sekundärstation tributary station
selbständig single handed, substantiv
selbständig arbeitender Drucker off-line printer (hardware)
selbstanpassend self adapting
Selbstbedienungsladen groceteria
Selbstbewertung self-assessment
selbstgebaut home-grown
selbstgemacht selfmade
selbstkorrigierender Code self correcting code (software)
Selbstkostenpreis cost-price
selbstprüfender Code self checking code (software)
Selbstwähler (Telefon) autodialer
Selektion selection
Selektorkanal selector channel
seltsam unaccountable
Semantik semantics
semantische Codierung semantic coding (software)
Seminar seminar
Sendeanfrage request to send

sendebereit ready for sending
Sendebereitschaft clear to send
Sendedatenregister transmit data register
Sendeeinheit transmission unit
Sendekanal send channel
Sendemodus originate mode (modem)
senden to send
Sendepuffer transmission buffer
Sender talker, transmitter
Sendeschrittakt transmit signal element timing
Sendestatus, verbindungsloser disconnect send state
Sendesteuerung transmission control
Sendetakt transmitter clock
Sendeverzögerung post sending delay
Senke (Empfänger) sink
senkrecht perpendicular, apeak, normal, square
Senkrechte perpendicular
Senkrechttabulator vertical tabulation
Sensor sensor (electronics)
Sensorbildschirm sensor screen (hardware)
sequentielle Datei sequential file (software)
sequentielle Zugriffsmethode sequential access method
sequentieller Zugriff sequential access
Serie line
seriell serial
serielle Schnittstelle serial port, serial interface (electronics)
serielle Speicherung serial storage
serielle Übertragung serial transfer, serial transmission
serieller Zugriff serial access
Seriell-Parallel-Umsetzer serial-parallel converter (electronics)
Serienadierer serial adder
Serienbetrieb serial operation
Serienbrief multi address message
Seriennummer serial number
Serienschaltung connected in series, tandem connection (electronics)
serifenlose Schrift (z.B. Arial) sanserif
Service Provider (Mobilfunknetz) airtime reseller
Servomotor servo motor (electronics)
Servosystem servo system (electronics)
Servoverstärker servo amplifier (electronics)
Set-Bezeichner volume descriptor
setzen to set
sicher safe, secure, stable, steady
Sicherheit security, safety
Sicherheitsbeauftragter safety officer
Sicherheitskategorie security category
Sicherheitsmanagement security management
Sicherheitsschloss security key lock, safety-lock
Sicherheitstechnik safety engineering
Sicherheitsvorschriften safety instruction
sichern to ensure, to safe, to secure
Sicherung (elektrische) fuse (electronics)
Sicherungsdatei backup file (software)
Sicherungskopie backup copy (software)
Sicherungsprogramm safeguarding program (software)
sichtbar visible
Sichtkontrolle visual check
sichtlich visible
Sieb strainer
Signal signal
Signalabschwächung (Kabel) cable loss
Signalamplitude signal strength (electronics)
Signalausfall drop out (electronics)
Signalgeber signal generator (electronics)
Signallampe indicator lamp
Signallicht signal light
Signalquelle signal source
Signalspeicher latch
Signalstärke signal strength (electronics)
Signalübergabeort service transfer point
Signalübertragungsort service transfer point
Signalumformer transducer (electronics)
Signalverfolger signal tracer (electronics)
Signalverlust loss of signal
Signalverstärker signal amplifier (electronics)
Signalverstärker (in einem Netzwerk) repeater (hardware)
Signalverstärker, optischer optical repeater (network)
Signalwandler video digitizer
Signatur signature
Silbentrennung hyphenation
silberfarbig argent
Silhouette skyline
Siliziumplatte die
Simplexverkehr simplex communication
Simulation simulation (software)
simulieren to simulate
simulierte Aufzeichnung simulated recording (CD-writer)

simultan simultaneous
Simultanbetrieb simultaneous operation
simultane lineare Gleichung simultaneous linear equation (mathematics)
Simultanübertragung simultaneous transmission
Simultanverarbeitung multiprocessing
Singular singular
Sinnbild symbol
sinnbildlich symbolic
sinnbildlich darstellen to symbolize, allegoric
sinnverwandtes Wort synonym
Sinus sine (mathematics)
Sinusfunktion sine function (mathematics)
Sinussatz law of sines (mathematics)
Sinuswelle sine wave (electronics)
Sirene hooter
Situation situation
Sitzung session, sitting
Skala scale
Skalar scalar (mathematics)
Skalarprodukt scalar product (mathematics)
Skaleneinstellung scale setting
Skalieren scaling
Skalierfaktor scale factor
Skelett skeleton
Skizze outline, sketch
skizzenhaft sketchy
skizzieren to adumbrate, to outline, to skeleton, to sketch
Sockel socket
softsektoriert soft sectored (diskette)
Softwaredecoder software decoder
Softwarehaus software house
S
Softwarekompatibilität software compatibility
softwaremäßig unterteilt softsectored
Sohle bottom
Sollwert desired value, set point
Soll-Zustand desired value
Sommerzeit daylight saving time
Sonde probe (electronics)
Sonderanfertigung custom made, custom tailored, taylored version
Sonderbarkeit singularity
Sonderfreigabe concession
Sonderzeichen special character
sondieren to probe
Sorgfalt carefullness
sorgfältig carefull
Sorglosigkeit carelessness
Sorte sort
sortieren to sort
Sortieren nach Nummern numerical sorting
Sortieren von Daten collating of data
Sortieren, blockweise block sort
Sortierfolge collating order, collating sequence
Sortiermethode sorting method
Sortierprogramm sort program (software)
Sortierprüfung screening inspection
Soundkarte soundcard (hardware)
Spalt fissure, gap
Spaltbreite gap width
Spalte column
spalten to fissure
Spaltenabstand column spacing
spaltenweise column by column
Spange clip (mechanics)
spannen (eine Feder) to tighten, to stress (mechanics)
Spannkraft resilience (mechanics)
Spannung strain, stress, tension (mechanics)
Spannung voltage, potential (electronics)
Spannungsimpuls voltage pulse (electronics)
Spannungspegel voltage level, drop (electronics)
Spannungsregler voltage regulator (electronics)
Spannungsschwankung voltage fluctuation (electronics)
Spannungstabilisator voltage stabilizator (electronics)
Spannungsteiler voltage divider (electronics)
Spannungsverlauf voltage waveform (electronics)
Spannungsverstärkung voltage gain (electronics)
Spannungsverteilung potentional distribution (electronics)
Spannweite range
spärlich spare
sparsam saving, sparing, economic
Spediteur forwarder
Spedition forwarding
Speiche radius
Speicher memory, storage
Speicher mit nur einer Zugriffsebene (z.B. Festwertspeicher) one level store (electronics)

Speicher, geteilter (gemeinsamer) shared memory
Speicherabbildung RAM-Shadowing
Speicheradresse memory address, storage location
Speicheradressenregister memory address register
Speicheraufteilung in Seiten paging
Speicherauszug memory dump, snapsphot, storage print
Speicherauszug (nach einem Programmabbruch) post mortem dump
Speicherbank bank, memory bank
Speicherbedarf memory requirements
Speicherbefehl write instruction
Speicherbelegung storage allocation, storage occupancy
Speicherbereich storage area
Speicherbereinigung garbage collection (software)
Speicherblock memory block, memory stack
Speicherbus memory bus (electronics)
Speicherbyte storage byte
Speicherchip memory chip (electronics)
Speicher-Chipkarte logical card
Speicherdichte storage density
Speichererweiterungskarte memory board
Speichergröße memory size
Speicherkapazität memory capacity, storage capacity
Speicherkarte memory card
Speicherleerlauf buffer underrun
Speichermedium storage medium
speichern to store, to write
Speicheroperation storage operation
Speicherplatz storage location, memory location, storage position
Speicherregister memory data register, memory location register, storage register
speicherresident memory resident
Speicherschutz memory protection
Speichersteuerung memory control
Speicherstufe storage level
Speichertabelle look up table
Speicherüberlauf storage overflow
Speicherung storage
Speicherungszeitraum storage period
Speichervermittlung store and forward switching
Speicherverwaltung memory management
Speicherverwaltungseinheit memory management unit (MMU)
Speicherverzögerung latency
Speicherwort memory word
Speicherzähler counter storage
Speicherzelle location, cell, storage cell
Speicherzone storage zone
Speicherzyklus memory cycle
Sperrdiode isolation diode (electronics)
Sperre lockout
sperren to lock, to disable
Sperrfrist embargo time
Sperrhaken click (mechanics)
Sperrhebel latch (mechanics)
Sperrimpuls inhibit pulse (electronics)
Sperrkontakt latch contact
Sperrstrom reverse current, reverse leakage (electronics)
Sperrung stoppage
Sperrvorrichtung lock
Sperrzustand off state
Spezialrechner special purpose computer (hardware)
Spezifikation specification
spezifisches Gewicht specific gravity
Spiegel looking-glass
Spiegelbild reflection
Spiel lost motion, play, game
Spielecomputer home computer (hardware)
Spielprogramm game software
Spielraum end play, latitude, lost motion, margin
Spindel arbor, shaft (mechanics)
Spirale spiral
spitz aussehen to peak
Spitze cusp (mathematics)
Spitze peak (electronics), point, spike
Spitzenamplitude crest amplitude (electronics)
Spitzenbelastung peak load (electronics)
Spitzentechnologie hightech
Spitzenwert peak
Spitzenzeit prime time
Spitzenzellrate (Mobilkommunikation) peak cell rate
spitzer Winkel acute angle (mathematics)
Spleiß splice (mechanics)
Splint cotter (mechanics)
Splitter smithereens
spontane Magnetisierung spontaneous magnetization (electronics)
Sporn spur (mechanics)

Sprachausgabe voice (speech, acoustic) output, phonetic output
Sprachausgabeeinheit audio response device
Sprachbandbreite inband range
Sprachbereich voice frequency
Sprachdialogsystem (Telefon) voice portal
Sprache language
Sprachebene level of language
Spracheneditor language editor (software)
Spracherkennung speech recognition
Sprachgenerationen (Programmiersprachen) generation of languages
Sprachserver voice server (hardware)
Sprachverarbeitung speech processing
Sprachwissenschaft linguistics
Sprecher talker
Sprechverbindung voice communication
Sprechzeit (Mobilkommunikation) airtime
springen to skip, to jump
spröde brittle
Sprühbeschichtung spray coating
sprühen to spark, to sparkle
Sprung jump (program)
Sprung (Riss) flaw (material)
Sprung, bedingter conditional jump, conditional transfer
Sprungadresse transfer address
Sprungbefehl jump, jump instruction, transfer instruction
Sprungvektor jump vector
Spule spool
spulen to spool
Spunganweisung go-to statement
Spur trace, track (diskette)
Spurabweichungssignal (CD-Laufwerk) radial noise signal
Spurauswahl tracking selection
Spurbreite track width
Spurdichte track density
Spurführung tracking
Spurweite gauge
Spurwiederherstellung (CD-R) track recovery algorithm
stabil stable
stabiler Zustand stable state
stabilisieren to stabilize
Stabilisierung stabilization
Stachelwalzenführung pin feed platen device
Stadium stage
Stahl steel
Stahlkassette strong-box
Stammdatei master file
Stammdaten master information
Stammdatensatz home record
Stammkatalog master catalog
Stammkommission core committee
Stammverzeichnis root directory
Standard standard
Standardabweichung standard deviation (mathematics)
Standardausgabegerät standard output device
Standardformular standard form
standardisieren to standardize
Standardisierung standardization
Standardverfahren best practice
Standbild image, still picture
Standfestigkeit stability
ständige Auslagerungsdatei permanent swap file (PSF)
Ständigkeit permanence
Standort station, location
Stapel batch
Stapeldatei batch file (software)
Stapelspeicher stack
Stapelüberlauf stack overflow
Stapelübertragung batch transmission
Stapelverarbeitung batch mode, batch processing
Stapelzeiger stack pointer
stark forceful
Stärke force
Starkstrom heavy current, power current (electronics)
Starkstromtechnik power engineering (electronics)
starr inflexible
Startadresse start address
Startbildschirm (Software) bootscreen, splash screen
Startbit start bit
Startdatei start file
Startimpuls start pulse (electronics)
Statement statement
Station station
stationär stationary
statische Speicherung static storage
statischer Direktzugriffsspeicher static random-access memory
statischer Scheinwiderstand steady-state impedance (electronics)
statischer Speicher static storage

statisches Programm static program (electronics)
statisches RAM static RAM (electronics)
statisches Register static register
Statistik statistics
statistisch statistical
statistische Daten statistical data
statistische Qualitätskontrolle statistical quality control
statistische Sicherheit confidence level
Status status
Statusbyte status byte
Statusregister status register
Statussignal strobe signal
Statuswort status word
Staub powder
staubdicht dust tight
stauben to powder
staubig dusty
steckbare Baugruppe plug-in subassembly (electronics)
steckbare Einheit plug-in unit (electronics, hardware)
Steckbrücke jumper (electronics)
Steckbuchse jack (electronics)
Steckdose socket, wall socket
Stecker connector (mechanics)
steckerkompatibel plug-compatible (electronic, mechanics)
Steckerleiste frame connector
Steckkarte plug-in board, printed circuit board (hardware)
Steckmodul cartridge (hardware)
Stecktafel patchboard, pegboard (hardware)
Steckverbinder connector
stehendes Bild still picture
Steigerung climax, gradient
Steigung pitch
Stelle position
stellen to station
Stellen hinter dem Komma fractional part (mathematics)
Stellenplan plan of established posts
Stellenschreibweise positional notation
Stellenverschiebung im Addierer accumulator shift
Stellenwert place value
Stellglied control organ, controlling element
Stellung status
Stellungsgeber position encoder
stellvertretender Vorsitzender Deputy Chairperson, Vice Chairperson
Stellvertreter substitute, surrogate
Stellvertretung substitution
Stempel impress, imprint, stamp
Stempelkissen ink-pad
Stenografie shorthand
Sternchen asterisk
sternförmig radial
Sternnetz radial network, star network (hardware)
Sternschaltung star connection, wye connection (electronics)
Sternviererleitung twisted quad
stetig steady
stetige Funktion continuous function (mathematics)
Stetigkeit continuity (mathematics)
Stetigkeitskontrolle smoothness check (mathematics)
Steuer tax
Steueranweisung control instruction (software)
Steuerblock control block, control frame (network), supervisory frame
Steuerbus control bus (electronics)
Steuereinheit control unit (electronics)
Steuerknüppel joystick (hardware)
Steuern taxes
steuern to control, to direct, to guide
Steuerprogramm control program (software)
Steuerpult control position (hardware)
Steuerspeicher control memory
Steuersprache script language
Steuerung steering, control
Steuerungskonsole control console
Steuerungskontrolle control check
Steuerungsschaltung control circuit (electronics)
Steuerungstechnik control engineering
Steuerungszeichen control code
Steuervariable control variable
Steuerwerk control unit
Steuerzeichen control character, effector
Steuerzyklus control cycle
Stichprobe spot check
Stichprobenprüfung sampling test, sampling inspection
Stichwort key word
Stickstoff nitrogen
Stift pin
Stiftcomputer (mit handschriftlicher Eingabe) pen-PC (hardware)
Stiftwagen (am Plotter) pin carriage (mechanics)

Stil diction
stillegen (ein Gerät) to cripple
Stillstand deadlock, standstill
Stillstandszeit lag time
Stimme voice
Stirnrad spur gear (mechanics)
Stockung stagnancy
Stoff material
Stopfbit padding-Bit
Stoppanzeige no go flag
Stoppbefehl halt instruction
stoppen to halt
Stoppflag no go flag
Stopptaste stop button
störanfällig interference prone
Störanfälligkeit fault liability, susceptibility of failure
Störgröße disturbance
Störpegel interference level (electronics)
Störpegelabstand noise ratio (electronics)
Störschwingung parasitic oscillation (electronics)
störsicher interference proof
Störsignal disturb signal, drop-in signal, error signal, interference signal
Störspannungsabstand signal to noise ratio
Störstrahlung interference (electronics)
Störung fault, interference, trouble, bug, disturbance, man-made noise
Störung innerhalb eines Systems intrasystem interference
Störungsanzeige malfunction indicator
störungsfreier Betrieb failure free operation
störungssicheres System fail safe system
Stoß hit
Stoßbetrieb (Hochgeschwindigkeitsübertragung) burst mode
Stoßdämpfer shock absorber
stoßen to hit
Stoßfestigkeit shock-tolerance
Stoßprüfung shock test
stoßweise surge
Strahl jet
Strahlen irradiancy, radiancy, refract
strahlen to radiate
Strahlenbrechung (Optik) diffraction
strahlend radiant, irradiant
Strahlenverfolgung raytracing
Strahlung radiation, irradiancy, irradiation, radiancy
Streamerlaufwerk streamer (hardware)
Strebe brace
Strecke lenght
strecken to strech
streichen to delete, to cancel, to expunge
Streichung cancel
Streifen tab
streuen to scatter
Streukapazität stray capacitance (electronics)
Streuung scattering, scatter (mathematics), dispersion
Streuung, dynamische dynamic scattering mode
Streuungsgrenzen limits of variation (mathematics)
Strg (Abk. f. Steuerung) control taste
Strichcode barcode
Strom flux
Stromausfall power failure
Stromausfallsteuerung power fail logic
Stromdichte current density (electronics)
strömen to flush
stromführend conducting (electronics)
Stromimpuls current pulse (electronics)
Stromkreis circuit (electronics)
Stromlaufplan circuit diagram
stromlos drop out (electronics)
Stromnetz mains (electronics)
Stromquelle current generator (electronics)
Stromsparfunktion sleep function (electronics)
Stromstoß current impulse (electronics)
Stromverbrauch current drain (electronics)
Stromversorgung power supply (electronics)
Stromversorgung, unterbrechungsfreie uninterruptable power supply (hardware)
Stromversorgungspaket power pack (hardware)
Struktur structure
strukturierte Programmierung structured programming (software)
Stück part
Stückchen shred
Stückliste tally
stückweise by the job
Studienabschluss degree
Studienreform academic reform
Studienrichtung discipline
Stufe stage

Stufenindexfaser (Glasfaserkabel) step index fiber
stufenloses Verändern der Größe zooming
Stufentransformator stepped transformator (electronics)
stufenweise gradual
stumpf edgeless
stumpfer Winkel obtuse angle (mathematics)
Stunde hour
stündlich hourly
stutzen to truncate
stützen to uphold
Subjekt subject
Substantiv substantiv
Substanz substance
Substitutionsbefehl extract instruction (software)
subtrahieren subtract (mathematics)
Subtraktion subtraction (mathematics)
Subtraktionsübertrag subtract carry (mathematics)
Subvention subvention
Suchbefehl blank instruction
Suchbegriffsdichte keyword density
Suchdatei search file (software)
Suche quest
Suche nach einer Zeichenkette string search
Suche, alphanumerische keyword search
Suchen search
suchen to quest, to search
suchen und ersetzen to search and replace
Suchmaschine search engine (software)
Suchprozess search process
Suchrahmen discovery frame
Suchschlüssel sequencing key
Suchzeit (von Informationen auf einem Massenspeicher) seektime, search time
Suffix suffix
Summandenregister addended register
Summe sum, tot
Summenbildung totaling (mathematics)
Summenhäufigkeit cumulative frequency (statistics)
Summenkontrolle parallel balance
Summenkurve cumulative frequency curve (statistics)
Summer hummer, buzzer (electronics)
summieren to tot up
Summierung summation
Supercomputer number cruncher (hardware)
supraleitende Speicher cryogenic store (electronics)
supraleitendes Material super-conductive material
Symbol symbol, icon
symbolisch symbolic
symbolische Adresse floating address, symbolic address
symbolische Operation symbolic operation
symbolische Programmierung (adressenfrei) symbolic programming
symbolische Sprache symbolic language (software)
symbolischer Befehl symbolic instruction (software)
symbolischer Code pseudo code (software)
symbolisches Programm (ohne Adressen) symbolic program
symmetrische Leitung balanced line
symmetrischer Ausgang balanced output (electronics)
synchron in step, synchronous
Synchronbetrieb synchronous operation
synchrone Datenübertragung synchronous data transmission
synchrone Übertragung synchronous transmission
Synchronisationsimpuls sync pulse (electronics)
Synchronisationskanal synchronization channel
Synchronisationsleerlauf synchronous idle
Synchronisationszeichen sync character
synchronisieren to synchronize
Synchronisierung syncing
Synchronmodus (SCSI-Geräte) synchronous mode
Synchronübertragung synchronous transmission
Synonym synonym
syntaktisch syntactic
Syntax syntax
Syntaxfehler syntax error
synthetisch synthetic
System system
Systemabfrage system request
Systemabsturz system crash
Systemadministrator network manager
Systemalterungstest system aging test

S

Systemanalyse system analysis
Systemanalytiker system analyst
Systemanwendungsarchitektur system application architecture
systematisch systematically
systematischer Fehler systematic error
systembedingter Fehler systematic error
Systembetreuer system operator (sysop)
Systemdiskette system disk
Systemdokumentation system documentation
Systemdurchlauf computer run
Systemplatte system disk (diskette, harddisk)
Systemprogramm system program
Systemprüfung systems testing
Systemredundanz system redundancy
Szene scene

T

tabellarisch tabulate
Tabelle list, table, chart, schedule
Tabellenkalkulationsblatt spreadsheet
Tabellenkalkulationsprogramm spreadsheet program
tabellieren to tab, to tabulate, to list
Tabulator tabular insert
Tabulatorspeicher tab memory
Tafel panel, table, board
Tag day
Tag der offenen Tür open house
Tagebuch journal
Tagesbericht bulletin
Tageslicht daylight
Tagesordnung agenda
Tageszeit daytime
tagsüber daytimes
Takt measure, time, clock (electronics)
Taktfolge clock rate
Taktfrequenz clock frequency (electronics)
Taktgeber clock generator, system clock (electronics)
Taktgenerator clock generator (electronics)
Taktimpuls clock pulse, gating pulse, strobe impuls, timing pulse, timing signal
Taktimpulsgeber gating pulse generator (electronics)
Taktrate timing pulse rate (electronics)
Taktzyklus clock cycle (electronics)
Tandemvermittlungsstelle electronic tandem switch
Tangente tangent (mathematics)
Tarnung (Virus) camouflage
Tasche jacket, pocket
Tastatur keyboard (hardware)
Tastaturcodes scan code
Tastaturcodierer keyboard encoder (electronics)
Tastatureingabe key entry
Tastaturschalter keylock, keyboard lock (hardware)
Tastaturumschaltung (groß-klein) case shift
Taste key
Tastenanschlag keystroke (mechanics)
Tastencode (beim Loslassen) break-code
Tastenfeld keypad
Tastenkombination hotkey
Tastenrückmeldung keyfeedback
Tastkopf sensing head (electronics)
Tastung modulation (electronics)
Tatbestand fact
Tätigkeit (z.B. im Büro) agency
Tätigkeitsbericht activity report
Tatsache fact
tatsächlicher Name real name
Tausch change
tauschen to change
Technik technique
Techniker technician
technische Abteilung engineering department
technische Bezugsgrößen technical references
technische Eigenschaften technical characteristics
technische Entwicklung engineering development
technische Grenzen engineering constaints
technische Lösung engineering solution
technische Unterlagen technical brochures
technische Zeichnung engineering drawing
technischer Kundendienst technical service
technischer Mangel engineering deficiency
Technologie technology
Technologietransfer technology transfer
Teil part, share, deal
Teilaufgabe item of work
Teilchen particle
teilen to part, to divide, to share
Teiler divisor
Teilerzahl quotient (mathematics)
Teilmenge subset
Teilnahme interest
Teilnehmer participant, patron
Teilnehmerbetrieb time sharing
Teilnehmerkennung network user identification (NUI), data network address
Teilnehmer-Vermittlungsstelle service switching point
Teilnehmer-zu-Teilnehmer-Zeichengabe (ISDN) user-to-user signalling
Teilnetz subnet (hardware), undernet
Teilnetz, abgeschirmtes screened subnet (firewall-architecture)
Teilstreckenvermittlung store and forward switching

Teilsumme partial sum (mathematics)
Teilübertrag partial carry (mathematics)
Teilung partition, division
teilweise partial
Teilzahlungskauf hire-purchase
Teilzeit part-time
Teilzeitstudium part-time studies
Telefax facsimile, fax
Telefax-Abruf fax on demand
Telefaxgerät facsimile equipment, telecopying equipment (hardware)
Telefon phone
Telefonanruf call
Telefonhörer handset, phone
telefonischer Mehrwertdienst (0800-Service) freephone
Telefonleitung communication line
Telekommunikationsanschlussdose telecommunication outlet
Telekommunikationsgesetz Telecommunications Act
Telekommunikationslösung telekom designed network
Telekommunikationssystem data switching system
Telelearning distant learning
Telematikdienst teleservice
Tele-Unterricht telelearning
Telewartung tele repair
Telex teleprinter exchange
Temperaturschwankung swinging temperature
Tempo pace, time
temporäre Datei scratch file
Term term (mathematics)
Termin deadline
Terminal data terminal (hardware)
Terminalkontrolleinheit terminal control unit
Terminalnachbildung terminalemulation
Ternärsignal ternary signal
Test test, check
Testdaten test data (software)
testen to test
Testschreiben testwriting (CD-writer)
Tetrade tetrad (mathematics)
teuer expensive
Textbaustein text segment (software)
Textbeginn start of text
textbezogen textual
Textende end of text (EOT)
Textgestaltung text formatting
Textprogramm word processor (software)
Textverarbeitung text processing, word processing (software)
Textverarbeitungssystem word processing system (software and hardware)
Thema subject, topic
Theorem theorem
Theorie ism
thermisch thermic
thermisches Rauschen thermal noise
Thermodrucker thermal printer (hardware)
Thermoelement thermocouple (electronics)
Thermo-Magneto-Optisch thermo magnetical optical
Thermostat oven (electronics)
Thermotransferdrucker thermal transfer printer
tief low
tiefergestelltes Zeichen subscript
tilgen to expunge, to delete
Tilgung amortization
Tilgungszeichen dele
Tinte ink
Tintenstrahl inkjet
Tintenstrahldrucker ink jet printer, bubble-jet printer (hardware)
Tintenstrahlplotter ink jet plotter (hardware)
Tisch table
Tischrechner desktop calculator
Tischvorlage meeting handout
Titel heading
Tochtergesellschaft subsidiary company
Toleranz tolerance
Toleranz (gegen Erschütterungen) shock-tolerance
Toleranzgrenze tolerance limit
Ton sound
Tonband audio tape, tape
tönen to sound
Tonervorratsbehälter (Laserdrucker, Fotokopierer) toner-cartridge
Topologie topology (network)
Tortendiagramm pie chart
tot dead
total total, dead
Totzeit lag time
Totzone neutral zone
Towergehäuse towercase
Trabantenstation tributary station
tragbar portable

tragbarer Computer handheld computer (hardware)
träge inert, slow acting
Träger carrier
Trägerfrequenz carrier frequency (electronics)
Trägerschicht base, substrate
Trägerstromübertragung discrete multitone, multicarrier (modem)
Trägerton (Signal eines Modems) carrier tone
Trägheit inertia
Trägheitsmoment moment of inertia (mechanics)
Trailer-Label (einer CD) lead-out
Trainingsphase retrain procedure
tränken impregnate
Transaktion transaction
Transaktionsdienst transaction service
Transaktionsnummer transaction number (TAN)
Transaktionsverarbeitung transaction processing
Transfergeschwindigkeit data transfer rate
Transferimpedanz transfer impedance
Transformationsgleichung transform equation (mathematics)
Transformator transformer (electronics)
Transistor transistor (electronics)
Transitknoten intermediate node
Transitverzögerung transit delay
transparent transparent
Transport-Anbieter transport provider (network)
Transportnetzwerk transport network
Transportrad escapement wheel (mechanics)
Transportschicht (OSI-Schichtenmodell) transport layer
Transportwalze transporting drum (mechanics)
Transpositionsfehler transposition error
transzendente Funktion transcendal function (mathematics)
transzendente Gleichung transcendal equation (mathematics)
treffend apposite
Trefferquote hitrate
treiben to hustle
Treiber driver (software, hardware)
Treiberdatei driver file
Treibrad driver (mechanics)
Treibriemen band (mechanics)
Trelliskodierung trellis coding
Trennbarkeit separability
trennen to detach, to disconnect, to divide, to part
Trennschärfe selectivity
Trennschritt space pulse, stop polarity pulse
Trennstufe buffer stage, decoupling circuit, isolating stage (electronics)
Trennsymbol delimiter, sentinel
Trenntransformator isolating transformator (electronics)
Trennung disconnection, disservement, separation
Trennung einer Verbindung logoff
Trennzeichen separator
Treppeneffekt aliasing
Treppenspannung staircase voltage (electronics)
Triade triade
Trick trick
Triebkraft dynamic
Triebwerk gear
trigonometrische Funktion trigonomic function (mathematics)
trigonometrische Gleichung trigonomic equation (mathematics)
trigonometrische Reihe trigonomic series (mathematics)
trigonometrische Umkehrfunktion inverse trigonometric function (mathematics)
trocken dehydrated, dry
Trockenkopie dry copy
Trockenkopierer dry copier, xerographic printer (hardware)
trockenlegen to drain
trocknen to dry, to desicate
Trommel barrel, drum (mechanics)
Trommelspeicher drum memory (hardware)
trüb filmy, fuzzy
Tülle nozzle
Tunneldiode tune diode (electronics)
turnusmäßig in rotation, sequential
Tutorium tutorial
Type letter
Typenrad print wheel, type wheel, daisy wheel
Typenraddrucker daisy wheel printer (hardware)
Typensatz type font
Typenwalzendrucker drum-type printer (hardware)

U

überarbeiten to retouch
Überarbeitung reconditioning, revision
Überblendung (audio/video) crossfade
Überblick survey
Übereinstimmung coincidence
Überfluss redundancy
überflüssig redundant, spare, waste
überflüssige Daten garbage (software)
Überfüllung glut
Übergabe (Mobilfunk) handover
Übergabepunkt (zwischen öffentlichem Netz und dem Hausanschluss) cable access point
Übergabeverfahren (Mobilfunk) roaming
Übergangslösung makeshift
übergeben commit (data)
übergehen to skip
Übergewicht overbalance
überhitzen to overheat, to superheat
überholt exploded
überladen to overweight, to surcharge
Überladung overcharge, surcharge (electronics)
überlagern to overlay
Überlagerung overlay, heterodyne
Überlagerungsdatei overlay file (software)
Überlagerungsnetz overlay net
Überlappung overlap
Überlappung (Programm) overlay (software)
überlasten to overweight
Überlastkontrolle congestion control
Überlastung (Hardware) overloading
Überlastung (Netzwerk) congestion
Überlastung eines Systems trashing
Überlastungsanzeige overload indicator
Überlauf overflow
Überlaufanzeige overflow indicator
Überlaufschalter overflow switch
Überlegenheit superiority
Überlegung reflection
überlesen to ignore
übermäßig redundant
Übernahme aceptance
Übernehmen accepting
Übersättigung glut
überschlägliche Summe hash total
überschreiben to superscribe, to overwrite
überschreiten to exceed
Überschreitung overflow
Überschrift heading, heading line, superscription
Überschuss surplus
überschüssig spare, surplus
übersetzen to translate, to compile
Übersetzer translator, compiler (software)
übersetztes Programm object program (software)
Übersetzung rendering, translation, compilation (software)
Übersetzungsprogramm translating routine (software)
Übersetzungsverhältnis transformation ratio
Übersicht digest
Übersichtsplan general chart
Überspanntheit eccentricity
Übersprechen cross talk (electronics)
übersteuert overdriven
Überstromrelais overload relay (electronics)
Übertrag borrow, carry (mathematics)
Übertrag (auf die andere Seite) carry over
Übertragen manual transcription
übertragen to relay, to transfer, to transmit
Übertragen, blockweise block transfer
Übertragung relay, transfer, transmission, transition, communications
Übertragung großer Datenmengen bulk transmission of data
Übertragung, zeichenorientierte character oriented transmission
Übertragungsart mode of transmission
Übertragungsdämpfung transmission loss (electronics)
Übertragungsdauer transmission time
Übertragungsdienst transport service (network)
Übertragungseinheit transmission unit (network)
Übertragungsende end of transmission
Übertragungsfehler conveying error, transmission error, line transmission error
Übertragungsfunktion transfer function (mathematics), signaling function
Übertragungsgeschwindigkeit data transfer rate, signaling speed
Übertragungskanal channel, transmission channel

Übertragungskanal (Modem) backward channel
Übertragungskennlinie gain characteristic (electronics)
Übertragungskennung transmission identification, transmission header
Übertragungsleitung communication line, transmission line
Übertragungsprozedur transmission procedure
Übertragungssicherheit transmission reliability
Übertragungssteuerung transmit
Übertragungssteuerungscode transmission control code
Übertragungssystem transmission system
Übertragungsweg transmission path
Übertragungszeit transfer time
übertreffen to excel
übertreiben to enhance
übertreibend hyperbolical
Übertreibung hyperbole
überwachen to supervise, to monitor
Überwachung supervision, control, monitoring
Überwachungsaudit routine surveillance visit
Überwachungsfunktionen (Netzwerk) network control
Überwachungsprogramm monitor, monitor checking routine, tracing program (software)
Überwachungsteil control section
Überwachunsgwerkzeug monitoring tool
Überweisung commitment
überzählig supernumerary
Überzug coating, suffusion
üblich normal
übrig bleiben remain
Übung exercise
Uhr clock
Uhrzeigersinn clock wise
umbilden to remodel
Umbruch (Text) pasteup
Umdrehung rev, rotation, turn
Umdrehungen pro Minute rotations per minute (RPM)
Umdrehungsgeschwindigkeit rotational speed
Umdrehungszähler revolution counter (electronics)
Umfang periphery, perimeter, latitude, size (mathematics)
umformatieren to reformat (data)
umformen to transform, to convert
Umformer converter
Umgang intercourse
umgeben to encase
Umgebung environment
Umgebungsanforderungen environmental requirements
Umgebungsbedingungen environmental conditions
Umgebungstemperatur ambient temperature
Umgebungsvariable environment variable
umgehen to bypass
umgehen mit etwas to handle with something
Umgehung bypass
umgekehrt inverse, reverse, vice versa
umhüllen to muffle
Umhüllung wrapping
umkehrbar reversible
umkehren to invert
Umkehrfunktion inverse function (mathematics)
Umkehrnotation polish notation (mathematics)
Umkehrung reversal
umkippen to overbalance
umkreisen to circle
umlagern to shift
umlaufen to revolve
umlaufend current
Umlaufintegral circulatory integral (mathematics)
Umlaufzahl speed
Umlaut mutation
umleiten to redirect
Umleiten (von Daten) alternate routing (network)
umlenken to switch
Umorganisation reorganization
umorganisieren to reorganize
Umriss skyline
Umrisslinie outline
Umsatzstatistik sales analysis
Umschalter alternation switch
Umschaltkontakt make brake contact (electronics)
Umschalttaste shift key
Umschaltung figures shift
Umschaltung (groß-klein) case shift
Umschlag cover, wrapper
umschreiben to rewrite, to retype

Umschreiben transcription
Umschulung re-education
Umschwung reversal
Umsetzer, Übersetzungsprogramm translator (software)
Umsetzungseinheit conversion unit
Umsetzungsprogramm conversion program (software)
umspeichern to restore, to copy
umstellen to invert
Umstrukturierungen restructuring
umwandeln to convert, to transform
Umwandlung conversion
Umwandlungszeit conversion time
Umweg alternate route, detour
unabhängig von free
unabhängige Arbeitsstation stand-alone workstation
unabhängige Variable independent variable (mathematics)
unabhängiger Betrieb autonomous operation
unabhängiger Softwareanbieter independent software vendor
unabhängiges Gerät self contained equipment (hardware)
Unabhängigkeit independence
unachtsam inadvertent, heedless
Unachtsamkeit inadvertency, carelessness
unangemessen inadequate, unsuitable
Unangemessenheit inadequacy, incongruity
unanwendbar inapplicable
Unanwendbarkeit inapplicability
unaufgefordert uncalled, unsolicited
unauslöschlich inextinguishable
unaussprechlich unpronounceable
unbeabsichtigt inadvertent
unbeachtet uncared, unheeded, unregarded
unbeachtet lassen to disregard
unbearbeitet unwrough
unbedeutend insignificant
unbedingt unconditional
unbedingte Anweisung imperative statement
unbedingter Sprung unconditional jump (software)
unbeeinflusst uninfluenced
unbefestigt unfixed
unbefristeter Vertrag permanent contract
unbefugt incompetent, unauthorized
unbegrenzt unlimited, illimitable, undefined
unbegründet ungrounded
unbekannt unbeknown, unfamiliar, unknown, unnoted
Unbekannte unknown (mathematics)
unbelichtet (z.B. Foto) unexposed
unbemannter Betrieb unmanned operation
unbemerkt unnoted, unnoticed, unmarked, unperceived
unbenutzt idle
unbequem incommodious
unberechenbar incalculable
unberechtigt unauthorized, unlicensed
unberücksichtigt unconsidered
unberührt intact
unbeschädigt uninjured, unscathed, undamaged
unbeschränkt unlimited, unreserved, indefinite, unstinted
unbeschrieben unwritten
unbesetzt unoccupied, vacant
unbeständig unstable
unbestätigt unsanctioned
unbesteuert untaxed
unbestimmbar indefinable, indeterminable
unbestimmt indefinite, undefined, vague, gray, unsettled
unbestimmte Gleichung indeterminate equation (mathematics)
unbestimmtes Ergebnis void result
unbestimmtes Integral indefinite integral, improper integral (mathematics)
unbeweglich immobile, immovable
unbewegt unmoved
unbewertet unweighted
unbezahlt unpaid
unbezeichnet unmarked
unbiegsam inflexible
unbrauchbar useless, waste, defective, unavailable, unserviceable
unbrauchbar machen to disable, to dismantle
Unbrauchbarkeit inutility
undatiert undated
UND-Funktion AND-function, conjunction (mathematics)
undokumentierter Befehl undocumented command
UND-Schaltung AND-circuit, coincidence circuit (electronics)
undurchdringlich impermeable
undurchführbar intractable

Unebenheit asperity
unechter Bruch improper fraction (mathematics)
uneingeschränkt unimpaired, unrestricted
unelektrisch anelectric (electronics)
unempfindlich impassible, impassive
Unempfindlichkeit impassiveness, insensitivity
unendlich infinite, interminable
unendliche Größe infinity
unendliche Reihe infinite series (mathematics)
unentzifferbar undecipherable
unerfahren inexpert
unergiebig unproductive
unerkannt unrecognized
unerklärbar inexplicable
unerklärlich unaccountable, inexplicable
unerlässlich unremitting
unerlaubt unsanctioned
unermüdlich unremitting
unfähig incompetent, unable, incapable
Unfähigkeit incapability, disability
unfertig unfinished
unformatiert unformatted (diskette)
unfrankiert unpaid
ungebraucht (neu) unused
ungebrochen unbroken
ungeeignet inapt, unfit, unapt, unmeet, unpropitious, unqualified
ungefähr approximate
ungefragt unasked
ungehindert unopposed, unchecked, unimpeded
ungekürzt unabridged
ungeleimt (Papier) unsized
ungelöst unsolved
ungenau inaccurate, inexact
Ungenauigkeit inaccuracy, inexactitude, inexactness, looseness
ungenutzte Kapazität idle capacity
ungenutzter Raum dead space
ungenutzte Zeit dead time
ungerade Funktion odd function (mathematics)
ungerade Parität odd parity (software)
ungerade Zahl odd number
Ungerade-Gerade Kontrolle odd-even check (software)
ungerades Kontrollbit non parity bit (software)
ungeradzahlige Paritätskontrolle odd parity check (software)
ungerichtete Kommunikation broadcasting
ungeschirmte Doppeladerleitung unshielded twisted pair
ungeschrieben unwritten
ungeschützt unguarded, unprotected
ungesetzlich unlawful, lawless
ungestört protected
ungeübt inexpert
ungewöhnlich singular, abnormal, novel, unaccustomed
ungewohnt unaccustomed
ungezählt unnumbered
ungleich unlike, unequal
ungleichartig heterogeneous
Ungleichheit inequality
ungleichmäßig patchy
ungleichmäßige Konvergenz nonuniform convergence (mathematics)
Ungleichmäßigkeit inequality
ungültig void, invalid
ungültig machen to void
ungültiger Code invalid code
Ungültigkeit nullity
ungünstig unpropitious
Universalrechner all-purpose computer
Universalschnittstelle universal peripheral interface
unklar vague
unklare Bezugnahme ambiguous reference
unkomprimiert unsqueezed
unkontrollierbar uncontrollable
unkontrolliertes Schwingen ringing
unkorrekt incorrect
unkundig unacquainted
unlesbar unreadable
unleserlich unreadable
unliniert unruled
unlogisch illogical
unlösbar insoluble, unsolvable
Unlösbarkeit insolubility
unmissverständlich unmistakeable
unmittelbar direct
unmittelbare Adresse zero level address
unmöglich impossible
unnötig unnecessary
unnütz useless
unordentlich irregular
Unordnung derangement, disarrangement
unpassend unfit, unmeet, unsuitable, inapposite, inapt, incongruous
unproduktiv unproductive
unratsam inadvisible

unregelmäßig irregular
unregelmäßige Figur irregular figure (mathematics)
Unregelmäßigkeiten irregularities
unrichtig false, inaccurate
unsicher insecure, unsafe, unsure
Unsicherheit insecurity
unsichtbar invisible
unsinniges Ergebnis garbage
unsortiert unsized, unpicked
unspezialisierter Server (im Netzwerk) non dedicated server (hardware)
unstetige Funktion discontinuous function (mathematics)
Unstetigkeitsstelle discontinuity (mathematics)
unstrukturierter Programmcode spaghetti code (software)
untätig idle, inactive
untauglich inapt, incapable, incompetent, unapt, unfit
Untauglichkeit incapability
unter Strom setzen to energize
Unterausschuss subcommittee
Unterbau substructure
unterbrechen to halt, to intermit, to interrupt
Unterbrechung discontinuance, intermission
Unterbrechung (der Datenübertragung) communication interrupt
Unterbrechungsanforderung interrupt request
Unterbrechungsbehandlung interrupt servicing, interrupt-service-routine
unterbrechungsfreie Stromversorgung uninterruptable power supply (hardware)
unterdrücken override
untere Grenze low bottom limit
untergeordnetes Netzwerk subnet (hardware)
Untergrenze lower bound
Untergrund underground
Untergruppentrennung record separator
Unterhaltungskosten maintenance charges
Unterkanal subchannel (electronics)
Unterlage foundation, underlay
Unterlauf underflow
unterlegen underlay
Unterlegscheibe washer (mechanics)
Untermenge subset
Unternehmensforschung operations research
Unternehmenspersönlichkeit corporate identity
unternehmensweites Netzwerk corporate network
Unternehmer contractor, manager
Unternetz subnetwork
Unterprogramm subroutine, subprogram (software)
Unterprogrammbibliothek library of subroutines (software)
unterrichten to instruct, to apprise
unterschätzen underestimate
unterscheidbar discernible
unterscheiden to differ, to distinguish
unterscheidend differential
Unterscheidung distinction
Unterscheidungsbit qualifier bit
Unterschied difference, distinction
unterschreiben to subscribe
Unterschrift hand, sign, signature
Untersetzungsgetriebe reduction gearing
unterstreichen underline
Unterstreichungszeichen underscore character
unterstützen to support
Unterstützung support, subvention
Unterstützung der Landessprache native language support
untersuchen to investigate
Untersuchung investigation, probe, question
unterteilen to subdivide
Unterteilung partition, subdivision
Unterverzeichnis subdirectory
unterweisen to indoctrinate
unterzeichnen to sign
unterzeichnend signatory
Unterzeichner signatory
untrennbar indisoluble
unüberwachter Betrieb unattended operation
ununterbrochen unrelieved, sustained, unbroken
unveränderlich changeless, immutable, inalterable, incommutable, invariable, unalterable, unchangeable, unvarying
unveränderliche Daten permanent data
Unveränderlichkeit immutability
unverändert unvaried
unverbessert unimproved
unverbraucht unspend
unverbunden unconnected

unvereinbar incompatible
Unvereinbarkeit incompatibilty
unvergleichbar incommensurable
unverhältnismäßig disproportionate
unverkürzt unstinted, unsolicited
unverlangt uncalled
unverletzt unhurt, uninjured
unvermeidlich neccessary, unavoidable
unvermindert unimpaired
unveröffentlicht inedited, unpublished
unverriegelt unbolted
unverschlossen unlocked
unverschlüsselte Information non coded information
unversehrt intact, safe, unscathed
unvertauschbar incommutable
unverträglich incompatible
Unverträglichkeit incompatibilty
unvollkommen imperfect, incomplete
unvollständig incomplete, imperfect, semifinished
unvorbereitet unprepared
unvorhersehbares Programmende dead end
unvorsichtig incautious, unguarded
Unvorsichtigkeit incautiousness
unwahr false
unwahrscheinlich unlikely
Unwahrscheinlichkeit unlikelihood
unwichtig unimportant
unwiderruflich irreversible
unwirksam inactive, inefficient, ineffective, inoperative
unzählbar innumerable, uncountable
unzählig innumerable
unzerbrechlich unbreakable
unzugänglich inaccessible, inapproachable, unamenable, unapproachable
Unzugänglichkeit inaccessibility, deficienty, inadequacy
unzulänglich inadequate
unzulässig inadmissible, non permissible
unzulässige Code-Kombination forbidden-code combination
unzulässiger Befehl illegal instruction (software)
unzulässiges Zeichen illegal character
Unzulässigkeit inadmissibility
unzureichend deficient
unzuverlässig unreliable
Uraufführung release
Urheber artificer, author, originator
Urheberrecht copyright
Urheberrechtsgesetz Copyright Act
Urkunde document
urladen (das Betriebssystem) to boot (software)
Urlader (für das Betriebssystem) bootstrap, initial program loader (software)
ursächlich causal
Ursächlichkeit causality
Ursprung origin, principle, source
ursprünglich original
ursprüngliche Adresse original address
Ursprungsadressenfeld source address
Ursprungscode originating point code
Utensil utensil

V

Vakuumröhre vacuum tube (electronics)
Validierung validation
Variable variable (mathematics)
variable Satzlänge variable record length
variable Wortlänge variable word length
Variablendeklaration variable declaration
variables Format variable format (software)
Variante variant
Vektor vector
Vektorbildschirm vector screen (hardware)
Vektoren (in einer Ebene) coplanar vectors (mathematics)
Vektorgrafik vector graphics
vektororientiert vector oriented
Vektorrechnung vector analysis (mathematics)
Vektorschrift outline font, vector font
Velinpapier vellum paper
Ventil valve (mechanics)
Ventilator fan, fanner
verallgemeinern to generalize
Verallgemeinerung generalization
veraltet exploded, stale, antiquarian
veraltete Datei historical file
Veränderbarkeit changeability
veränderlich inconstant, variable
veränderlicher Widerstand variable resistor (electronics)
Veränderlichkeit mutability, variability
verändern to change
Veränderung mutation, shift, change
verankern to anchor
veranlassen induce
Veranlassung occasion
verantwortlich liable, responsible
Verantwortlichkeit liability, responsibility
verarbeitet inwrought
Verarbeitung großer Datenmengen bulk information processing
Verarbeitungsart computer operation
Verarbeitungseinheit processor
Verarbeitungspause hesitation
Verbeitung circulation
Verbergen hiding
verbergen to hide, to secrete
verbessern to rectify, to reform
Verbesserung rectification, reform, emendation
verbesserungsfähig reclaimable
Verbesserungsprozess, kontinuierlicher continuous improvement process (quality management)
verbindbar combinable
Verbinden routing
verbinden to intercouple, to join, to link, to connect, to interlink, to interconnect, to associate
Verbindung joint, junction, link, on line, union, combination, conjunction, connection
Verbindung, virtuelle virtual circuit
Verbindungsabbruchanforderung disconnect request
Verbindungsabbruchbestätigung disconnect confirm
Verbindungsanforderung connection request, request for connection
Verbindungsart connection type
Verbindungsauslösungsanforderung request disconnect
Verbindungsbestätigung connection confirm
Verbindungsdauer call time
Verbindungserkennung (Telefonnetz) call reference, connection identification
Verbindungskontrolle, logische logical link control
Verbindungsleitung link circuit
verbindungslos connectionless
verbindungsloser Sendestatus disconnect send state
verbindungsorientiert connection oriented
Verbindungsrechner gateway, routing server (hardware)
Verbindungsschicht (OSI-Schichtenmodell) link layer
Verbindungsstück link
Verbindungstreiber (LAN) link driver
Verbindungsumleitung (in paketvermittelten Netzen) call redirection
Verbindungszeit connect time
Verbindungszugriffprozedur link access procedure
verblassen to fade
verbleiben to remain
verbogen crank
verborgen latent
Verborgenheit latency
Verbot interdiction
Verbrauch consumption
verbraucht stale

verbreiten to broadcast, to difuse
Verbreitung (von Nachrichten) broadcasting
Verbund network
verbunden online
Verbundforschung research between science and industry
Verbundterminal composite terminal (hardware)
verdampfen to vapourize, to evaporate
Verdampfung evaporation
Verdeck hood
Verdichten packing
verdichten to pack, to condense
Verdichter compressor
Verdoppeln duplicating
verdoppeln to double
Verdoppelung doubling, reduplication
verdrahten to wire
Verdrahtung wiring
verdrehen to distort, to twist
verdreht wrongheaded, crank, dotty
verdrillen (z.B. Drähte) to twist together
verdrillte Leitungspaare twisted pair wiring
Verdünnung dilution
verdunsten to evaporate, to vapourize
Verdunstung evaporation
Verein society
Vereinbarung declaration
vereinfachen to simplify
Vereinfachung simplification
vereinheitlichen to unify
Vereinheitlichung unification
Vereinigung union
Vereinsregister register of societies
Vereisung icing
Verfahren process, procedure, technique, method
Verfahrensanweisung process instruction
Verfahrenssteuerung process control
Verfahrenstechnik operational method
Verfallsdatum expiration date, purge date
Verfälschung falsification
verfärben discolor
Verfärbung discoloration
Verfasser author, writer
verfolgen to trace
verfügbar disposable
Verfügdauer, mittlere mean up time
vergeblich unavailing
verglasen to glaze
Vergleich comparison
vergleichbar comparable
Vergleichsprüfung verification
Vergleichspunkt benchmark
Vergleichswert comparative value
vergolden to gild
Vergoldung gilt
vergrößern to heighten
vergütete Kontakte upgraded contacts (electronics)
Verhältnis rate, ratio
verhängnisvoll fatal
verhundertfachen centuple
Verifizierung verification
Verkabelung cabling, wiring
Verkabelungssystem cable system
verkapseltes Bauteil encapsulated module (electronics)
Verkapselung encapsulation
Verkauf sale
verkaufen to vend
Verkäufer vendor, salesman
verkäuflich salable
Verkäuflichkeit negotiability
Verkaufsabrechnung sales accounting
Verkaufsunterstützung computer aided selling
Verkehr intercourse, traffic
Verkehr in einer Richtung simplex communication (data transmission)
Verkehrsgüte grade of service (network)
Verkehrskanal (Mobilfunk) traffic channel
verketten to link, to concatenate
verkettete Netzwerke interlaced networks (hardware)
verketteter Schlüssel concatenated key
Verkettung chainig, concetenation, daisy chain
verkitten to lute
verklammern to clamp, to cramp (mechanics)
Verkleidung facing, lining
verkleinern to minimize
verklemmen to jam (mechanics)
verklingen to fade
Verknüpfung linkage
Verknüpfungsbefehl join operation (software)
Verknüpfungselement logic element
Verknüpfungsschaltung gate (electronics)
verkrusten to encrust
verkürzen to shorten
Verlag publishing
verlagern to dislocate, to require

Verlagerung dislocation
Verlangen demand
verlangen to demand, to yearn
verlängern to extend, to lenghten
Verlängerung elongation
Verlängerungskabel extension-cable
verlangsamen to slow-down
Verleger publisher
Verletzung hurt
Verletzung der Codierungsregeln coding rule violation
Verlust loss
Verlustleistung power dissipation
verlustlose Kompression not lossy compression
verlustreiche Kompression lossy compression
Verlustwärme heat loss
Vermächtnis legacy
Vermarktung marketing
vermaschtes Netzwerk meshed net
Vermehrung multiplication
vermessen to survey
Vermessung survey
Vermessungsdaten surveying data
vermindern to impair, to diminish
Verminderung decrement, diminution, reduction, shrinkage
vermischt miscallaneous
vermitteln to job
Vermittlung agency
Vermittlungsabschluss (ISDN) exchange termination
Vermittlungsdienstzugangspunkt network services access point
Vermittlungseinrichtung relay facility (hardware), exchange equipment, switching exchange
Vermittlungsknoten hub (hardware)
Vermittlungsnetz (Telekommunikation) crossconnect network
Vermittlungsrechner area communications controller (hardware)
Vermittlungsschicht (OSI-Schichtenmodell) network layer
Vermittlungsstelle switching center
vermögend substantial
vernachlässigen to neglect
Vernachlässigung neglect
verneinen negate
verneinend negative
Verneinung negation, negative
Vernetzung entlegener Gegenden rural area network
Vernetzungsgrad connectivity
vernichten to unmake
vernieten to clinch (mechanics)
Vernietung clinch (mechanics)
Veröffentlichung publication
Verordnung regulation
Verpackung wrapping
verpflichtet liable
verrechnen to miscalculate
Verrechnungsscheck not negotiable cheque
verriegeln to lock, to bolt (mechanics)
Verriegelung latching, locking (mathematics)
verringern to degrade, to reduce
verrücken to displace
Versagen failure, malfunction, outage
Versandhaus mail order house
verschachteln interleave
verschachtelte Aufzeichnung interlaced recording
Verschachtelung interlacing
Verschachtelungsfaktor (von Sektoren) interleave factor (harddisk)
verschicken to mail
verschiebbar relocatable
verschiebbares Programm relocatable program (software)
Verschiebebefehl shift operation, shifting instruction
verschieben to shift, to displace
Verschieberegister shift register
verschieden varied
verschieden machen to diversify
verschiedenartig various
Verschiedenheit disagreement
Verschleiß attrition
Verschleißausfall late failures
Verschluss closure
verschlüsseln to code, to encode
verschlüsselt coded
Verschlüsselung coding, encryption
Verschlüsselungsgerät cryptographic device (hardware)
Verschlüsselungskontrollsignal encryption control signal (ECS)
Verschlüsselungssystem cryptosystem
verschmelzen to merge
Verschmelzung fusion
verschmiert smudged
verschoben wrongheaded
Verschrottung scrap
Verschwendung waste
verschwommen fuzzy

Versehen inadvertency
versehentlich inadvertent
Versendung forwarding
versenken (z.B. den Schraubenkopf) countersink (mechanics)
versetzt offset
versetzte Ablage offset stacker
versichert insured
Versicherung assurance, insurance
Version version
Version, berichtigte amended version (program)
Versionsnummer version number
versorgen to cater, to supply
Versorgung supply
Versorgungsbereich, privater private management domain
Versorgungswesen logistic
Verspätung lateness
Verstand intellect
Verständigung intercommunication
verständlich intelligible, understandable
verständlich machen to explain
Verständlichkeit intelligibility
verstärken to reinforce
Verstärker amplifier (electronics)
Verstärkerabstand repeater spacing (electronics)
Verstärkerstufe amplifier stage
Verstärkung gain
Verstärkung (mechanisch) reinforce
Verstärkungsfaktor unity gain
Verstärkungsregelung gain control
verstecken to hide
verstellbarer Bereich adjustable extent
Verstellung misplacement
verstümmeln to garble, to truncate
verstümmelte Information garbled information
verstümmeltes Zeichen mutilated character
Verstümmelung garbling, mutilation
Versuch experiment, try, tentative
versuchen to try
versuchend to tentative
Versuchsplanung design of experiments
versuchsweise tentative
vertauschen to swap
Vertauschung swapping
Verteildienst (Telekommunikation) distribution service
verteilen to broadcast, to dispose, to distribute, to divide
Verteilerprogramm task dispatcher (software)
verteilte Büroanwendungen distributed office applications
Verteilung disposal, division
Verteilung (von Nachrichten) broadcasting
Verteilungscode distribution code
Verteilungsdiensteinheit distribution services unit
Verteilungsplan dispersion plan
Vertiefungen (CD-ROM) lands
vertikale Ablenkung vertical deflection (electronics)
vertikale Fehlausrichtung vertical misalignment
vertikale Paritätskontrolle lateral parity check, vertical parity check
vertikales Rollen des Bildschirminhaltes vertical scroll (screen roll)
Vertikalsynchronisation vertical synchronisation
Vertrag contract, pact
Vertrag (befristeter) temporary contract, fixed-term contract
Vertrag (unbefristeter) permanent contract
verträglich compatible
Verträglichkeit compatibility
Vertragsprüfung review of customer requirement
Vertrieb marketing, sale
Vertriebskosten marketing cost
verunreinigen to contaminate
Verunreinigung contamination
verursachend causative
vervielfältigen to manifold
Vervielfältigung multiplication
Vervielfältigungsrecht copyright
vervollständigen to complete
verwalten to manage
Verwalter manager, keeper
Verwaltung management, administration
Verwaltungsarbeit administrative work
Verwaltungsbereich management domain
Verwaltungsdaten overhead cost
Verwaltungseinheit administrative unit
Verwaltungsfunktion housekeeping function
Verwaltungsinformationsdatenbank management information base
Verwaltungsleiter head of administration
Verwaltungsrat executive committee

verwandt kindred, akin
Verwandtschaft affinity, alliance, kin
verwechseln to mistake
Verweildauer residence time
verwendbar usable
verwenden to employ
verwirklichen to realize, to implement
Verwirklichung implementation
verzahnen to joggle
verzeichnen to list, to register
Verzeichnis index, register, schedule
Verzeichnisdienst (X.500) directory service
Verzeichnispfad directory path (software)
Verzeichnisserver white pages server (Internet), meta server
Verzeichnisstruktur, hierarchische hierarchical file system
Verzeichnissystemmanagement (MHS) directory service agent
verzerren to distort
verzerrt wry
verziehen to distort
verzögern to delay, to slow-down
verzögerter Wiederanlauf deferred restart
Verzögerung lag, deceleration, delay, time-lag
Verzögerungsschaltung delay circuit (electronics)
Verzögerungszeit deceleration time
verzweigen bifurcate
Verzweigung bifurcation, branching
Verzweigungsadresse branch address
Verzweigungsbefehl branching instruction, transfer instruction (software)
Vibration vibration
vibrieren to vibrate
vibrierend vibrant
Videoausgang (Schnittstelle) video connector (electronics)
Videobandbreite video-bandwith (electronics)
Videocontroller video controller (hardware)
Videodaten video data
Videokarte overlay card (hardware)
Videokonferenz teleconferencing, telemeeting, video conference
Videoprozessor video processor (hardware)
Videorekorder video cassette recorder
Videosichtgerät video display (hardware)
Videosignal (enthält alle Bildinformationen) video signal (electronics)
Videospeicher video memory
Videospeicherplatte video disk
Videospiel arcade game
Videoüberlagerung video overlay
vielfach multiple, multiplex
Vielfache multiple (mathematics)
Vielfachwechsler (CD) multichanger (jukebox)
vielseitig miscallaneous
Vielseitigkeit flexibility, versatility
vielversprechend up-and-coming
Vieradressbefehl four address instruction
Viereck quadrangle, square (geometry)
viereckig quadrilateral
vierfach fourfold, quadruple
vierfache (Umdrehungs-) Geschwindigkeit quadraspeed (CD-ROM)
Vierphasenmodulation quadratur phase shift keying
Viertel quarter
vierteljährlich quarter
Viertelskreis quadrant
vierzehntägig fortnightly
Virenschutzprogramm anti virus toolkit
Virensucher scanner (software)
virtual virtual
virtuelle Adresse virtual address
virtuelle Realität virtual reality
virtuelle Speicherseiten virtual pages
virtuelle Verbindung virtual circuit, virtual route
virtueller Speicher virtual memory, virtual storage
virtueller Speicherzugriff device virtual memory access
virtuelles Geld cybercash (Internet)
virtuelles Laufwerk virtual drive
Virus virus
Vizepräsident Vice President
voll full
Volladdierer full adder
Vollausschlag (eines Anzeigeinstrumentes) end scale
vollautomatisch fully automatic
vollduplex full duplex (data transmission)
Vollduplex-Datenübertragung, asymmetrische split-speed
vollenden to finish
Vollendung completion
völlig total, dead, full

vollkommene Verschlüsselung absolute coding
Vollprüfung 100%-inspection
vollständig full, complete
Vollständigkeit integrity, totality
Vollstrom full current
volltransistorisiert solid-logic (electronics)
Volumen volume
vor Ort on site
Vorabbild before image
Vorabdruck preprint
Voraudit preliminary audit (quality management)
voraus ahead
Voraussage forecast
vorausschauend look ahead
Voraussetzung supposition, prerequisite, precondition, requirement
Vorauswahl preselection
vorbeigehen to pass
Vorbelegung preallocation
Vorbereitung preparation
vorbeugend preventive, precautionary
Vorbeugungsmaßnahme preventive action
vordatieren predate
Vorderflanke leading edge (electronics)
Vorderfront frontage
Vorderseite forefront, frontpage
Vordringlichkeit precedence
Voreinstellung default
Vorfahr forbear
Vorfall incident, event
Vorformatierung low-level formatting, preformatting (harddisk)
Vorgabedokumente standard documents
vorgedrucktes Formular preprinted form
vorgenannt aforesaid
vorgerückt advanced
Vorgesetzter superior
Vorhalt lead
Vorhaltezeit lead time
vorhanden partial, present
vorhanden sein to exist
vorheriger Auftrag historical order
Vorhersage prediction
vorkommen occur
vorkommend incident
Vorlage reference document
Vorlagenband (für die CD) premaster-tape
Vorlagendokument reference document
Vorlagenerstellung (CD) premastering
Vorläufer forerunner
vorläufig provisional, interim, preliminary
vorlegen to table
Vorlesung lecture
Vorlesungen halten lecture
Vorlesungsverzeichnis university catalogue
Vormagnetisierung premagnetization
Vorprogramm interlude
Vorrang priority
Vorrat reserve, store, repertory
vorrätig reserve
Vorratsbehälter magazine
Vorrecherche screening
Vorrechner cluster controller (hardware), front end processor
Vorrichtung apparatus, appliance, contrivence, device
vorrücken to advance
Vorsatz (CD-ROM) lead in
Vorschaltwiderstand dropping resistor
Vorschau preview
Vorschaufunktion preview function
Vorschlag recommendation, suggestion
Vorschlagswesen improvement system
vorschreiben to dictate, to prescribe
Vorschrift regulation, rule, dictate, law, prescript
Vorschub feed (mechanics)
Vorschubsperre transporting lock (mechanics)
Vorsicht caution, attention
vorsichtig cautious
Vorsilbe prefix
vorsintflutlich antediluvian
Vorsitzender chairperson
vorsortierte Daten presequenced data
Vorspann header
Vorspann-Fehlerüberprüfung header error check
Vorspann-Korrekturbyte header error correction
Vorspulen advance winding (cartridge, tape)
Vorstand management board
vorstellen to realize
Vorstellung presentation
Vortäuschung simulation
Vorteil advantage
Vortragsreihe lecture series
vorübergehen to pass
vorübergehend passing, temporary
vorübergehende Änderungen transients
vorübergehender Fehler transient error

V

Vorverdichtung pre-compensation
vorwärmen preheat
vorwärts ahead, foreward
vorwärtsblättern page up
Vorwärts-Fehlerkorrektur forward error correction
vorwärtsgerichtet forward direction
Vorwärtsindikator forward indicator
Vorwort foreword, preface
Vorzeichen sign
Vorzeichenregister sign register
Vorzeichenstelle sign position
Vorzeichensteuerung sign control
vorzeitige Ausfälle initial failures
vorzeitige Beendigung abnormal termination
Vorzugspreis premium rate
vulkanisieren to sulphurize

W

Waage balance
waagerecht level
wachsen to increase
Wachstum increase
wackeln to wobble
Wagen (einer Schreibmaschine) carriage (mechanics)
Wagenrücklauf (Return) carriage return (software)
Wahl option, election
Wahlabbruch abort of dialing (Modem)
wählen (Telefon) to dial
wahlfreier Abruf on demand
wahlfreier Zugriff random access
Wahlfreiheit option
Wählimpuls (Telefon) dial pulse
Wählleitung switched line
Wählnetz switching network
Wahlsperre blacklist
Wählverbindung switched connection (network)
Wählverfahren dial mode
Wähl-Verzögerung (Telefonie) post dialling delay
wahlweise optional
wahlweise Zusatzeinrichtung optional feature
wahr true
wahre Ortszeit local apparent time
Wahrheitstabelle truth table (mathematics), Boolean operation table
wahrscheinlich likely
Wahrscheinlichkeit likelihood, presumption, probability
Wahrscheinlichkeitskurve probability curve (mathematics)
Währungszeichen currency sign
Walze roll, barrel, drum
walzen to roll
Wanderung migration (electronics)
Wandler transmitter, converter, transformer
Wandsteckdose wall socket
Wandtafel blackboard
Ware merchandise
Warenbezeichnung tradename
Warenrechnung invoice
Warenwirtschaftssystem merchandise processing system
Warenzeichen trademark
warm hot
Wärme warmth
Wärmeableitung heat sink
Wärmeübertragung heat transfer
Wärmeverlust heat dissipation, power dissipation
Warmstart warm boot (system)
Warnung warning
warten to wait
Warten wait
Warteschlange queue
Warteschlangenproblem queuing problem
Wartezeit latency
Wartezyklus waitstate
Wartung maintenance, service
wartungsfreie Zeit mean time between maintenance
Wartungsintervall maintenance rate
Wartungskosten maintenance charges
Wartungsmöglichkeit maintainability
Wartungsvertrag service contract
wasserdicht waterproof
Wasserstoff hydrogen
Watt watt (electronics)
Webgestaltung web design
Wechsel change
Wechselbereich alternate area
Wechselfestplatte storage module drive
wechseln to change
Wechselplatte exchangeable disk
Wechselplattenspeicher disk change memory, exchangeable disk store
Wechselrichter inverter (electronics)
wechselseitig mutual, reciprocal, interactive
Wechselstrom alternating current (AC)
wechselvoll various
Wechselwirkung interaction, interplay
Wecker alarum, prompter
Weg path
Wegefindung (in paketorientierten Kommunikationssystemen) automatic route selection
Wegefindung, passive passives routing (Netzwerk)
Wegewahl routing (network), route destination
Wegewahl, dynamische dynamic routing (network)
weich soft
Weichlot solder
Weise sort
Weißzeilenunterdrückung white line skipping (Telefax)
weit weg afar

Weitbereichsnetz wide area network (WAN)
Weite extent, width, ampleness
Weitergabe (Mobilfunknetz) changeover
Weiterleitung (E-Mail) forwarder
Weiterverbindung onward routing
weitschweifend redundant
weitverbreitet broadcast, widespread
Welle shaft, wave, arbor
Wellenform waveform (electronics)
Wellenlänge wave lenght
Wellenlängensynthese wavetable
Weltnetz global area network
Weltsprache universal language
weltumspannend global
Weltverbindungsdienst third country calling
weltweite Verteilung global distribution
wenden to shift
Wendepunkt point of inflection (mathematics)
Wenige modicum
weniger less
Werbeschrift prospectus
Werk work
Werkzeug implement, tool, instrument
Werkzeugmaschine machine tool (hardware)
Werkzeugtasche kitbag
Wert value
Wertanalyse value engineering
wesentlich substantial
Western-Stecker western plug (RJ-45), registered jack
Wettbewerb competition
Wichtigkeit significance, gravity
wickeln to wrap, to wind
Wickelrolle reel
Wicklung winding (electronics)
Widerhall resonance
Widerruf recall
widerspiegeln to reflect
Widerspiegelung reflection
Widerstand resistor, resistance (electronics)
Widerstandsbrücke resistance bridge (electronics)
widerstandsfähig resistant
Widerstandskopplung resistance coupling (electronics)
widerstandslos unopposed
wie vor aforesaid
wieder auffindbar relocatable
wieder auffindbare Adresse relocatable address
wieder aufnehmen to retry
wieder beginnen to recommence
wieder eintreten to reenter
wieder hinstellen to replace
Wiederaufbau reconstruction
Wiederauffinden retrieval
Wiederauffrischungsschaltkreis refresh circuit (electronics)
Wiederaufsetzprozedur error recovery procedure
Wiedererkennung recognition
wiedererzeugen to regenerate, to reproduce
Wiedergabe record, rendering, playback
Wiedergabeliste (Audio, Video) play list
wiedergeben to reproduce, to interpret
wiedergewinnen to regain
Wiedergewinnen von Informationen information retrieval
wiederherstellen to reconstitute, to readjust, to restore
Wiederherstellung readjustment, regeneration, reconstitution, recovery, restitution
Wiederholbarkeit repetitive accuracy
wiederholen to repeat, to return, to roll back, to iterate, to reiterate
wiederholte Anwendung reapplication
wiederholte Übertragung retransmission
Wiederholung iteration, reiteration, repeat, repetition
Wiederholungsstelle rerun point
Wiederholungszähler repetition counter
Wiederinbetriebnahme restoral
wiederkehrende Berechnung repetitive computation
Wiederverkäufer reseller
winden to wind
Windung sinuosity, twist, winding
Windung einer Spule turn (electronics)
Windungsverhältnis turn ratio (electronics)
Winkel angle, nook
Winkelfrequenz radian frequency (mathematics)
Winkelgeschwindigkeit, konstante constant angular velocity (CAV)
winkelig rectangular
Winkelstellungsgeber shaft position encoder (electronics)
winzig tiny
Wirbel spin, spiral, whirl

wirbeln to gyrate, to spin
wirken to affect
wirkend effective
Wirkleistung real power
wirklich real, substantial
wirksam efficient
Wirksamkeit effectiveness
Wirkung effect, consequence, incidence
Wirkungsgrad efficiency
wirkungslos inefficient
Wirkungslosigkeit inefficiency
wirtschaftlich economic
Wirtschaftsunternehmen commercial enterprise
Wirtsrechner host
Wirtsrechnerbetrieb hostmodus
wischfest nonsmudge
Wischkontakt wiping contact (electronics)
Wissen knowledge
Wissensbasis (Expertensystem) knowledge base (software)
Wissenschaft science
Wissenschaft der betrieblichen Verwaltung management science
Wissenschaftler scientific man, scientist
wissenschaftlich scientific
wissenschaftliche Ausbildung academic training
wissenschaftliche Berechnung scientific analysis
wissenschaftliche Bibliothek scientific library
wissenschaftlicher Rat scientific council
Wissensschatz thesaurus
Wochentag day of week
wöchentlich hebdomadal
Wölbung camber
Wort word
Wortaufbau word structure
Wortbedeutungslehre semantics
Wortdichte keyword density
Wörterbuch glossary, dictionary, word-book
Wörterbuchangriff dictionary attack (passwords)
Wörterverzeichnis vocabulary
wortgetreu verbatim
Worthäufigkeit (pro Webseite) keyword frequency
Wortlänge word size
Wortlänge (in Bits) word length
wörtlich verbal, verbatim
Wortschatz vocabulary
Wortstruktur word format
Würfel cube (geometry)
würfelförmig cubic, cubical
Wurzel radix (mathematics), root
Wurzelverzeichnis root directory (software)
Wurzelzeichen radical sign (mathematics)

X

XOR-Gatter XOR-gate (electronics)

Z

z.B. (zum Beispiel) e.g. (exempli gratia)
zäh stringy
Zahl number, count, figure
Zahl mit doppelter Genauigkeit (doppelter Wortlänge) double precision number
zählen to number, to reckon, to count, to sum
Zahlendarstellung number representation
Zahleneingabe numerical entry
zahlenmäßig numerical
Zahlenschreibweise number notation
Zahlensymbol numeral
Zahlensystem number system
Zahlenverschlüsselung numerical coding
Zähler counter, meter
Zähler eines Bruches numerator (mathematics)
Zählernullstellung counter reset
Zählerstand count
Zählertabelle counter chart
Zählervoreinstellung counter preset
Zählimpuls counting pulse
Zählkette counting chain
zahllos infinite
zahlreich numerous
Zählrichtung count direction
Zähltakt counting pulse
Zählung numeration, count
Zahlungsverkehr money transfer
Zählvorgang counting operation
Zahnrad gear (mechanics)
Zehnerblock, Zehnertastatur numeric keypad, ten-digit keyboard
Zeichen note, sign, character, token
Zeichen pro Sekunde characters per second (cps)
Zeichen pro Zeile characters per line
Zeichen pro Zoll characters per inch (cpi)
Zeichen vergrößern to enlarge characters
Zeichenabstand character spacing
Zeichenabtastung mark scanning
Zeichenausrichtung character alignment
Zeichenbildschirm character screen (hardware)
Zeichencode character code
Zeichendichte character density
Zeichendrucker character printer (hardware)
Zeichenerkennung pattern detection, pattern recognition, character recognition
Zeichenersatz wildcard
Zeichenfehlerrate character error rate
Zeichenfolge character string
Zeichengenerator character generator (software, hardware)
Zeichengerät plotter (hardware)
Zeichengeschwindigkeit character rate
Zeichenkette string, character string
Zeichenneigung character skew
zeichenorientierte Übertragung character oriented transmission
Zeichenparität character parity (software)
Zeichenpuffer character buffer
Zeichensatz character font
Zeichensatzdatei font file
Zeichensatzkassette (z.B. für Drucker) font-cartridge (hardware)
Zeichenstift cray on
Zeichensystem notation
Zeichentablett graphics table (hardware)
Zeichentinte marking ink
Zeichentreiber (zur Generierung von Zeichen) character driver (software)
Zeichenübergabe token passing
Zeichenverarbeitung pattern processing
Zeichenvorrat character set
Zeichenzuordnung character assignment
Zeichenzwischenspeicher character buffer
zeichnen to design, to cray on, to delinerate, to pencil
Zeichner designer, drawer
Zeichnung drawing
Zeigefinger forefinger
zeigen to present, to show, to point
Zeiger index, pointer
Zeile line, row
Zeilen pro Minute lines per minute
Zeilen pro Zoll lines per inch (lpi)
Zeilenabstand line to line spacing, row pitch
Zeilenausrichtung line alignement
Zeilendichte line density
Zeilendrucker line at a time printer, lineprinter (hardware)
Zeileneditor (z.B. EDLIN) row oriented editor (software), line editor
Zeilenende end of line
Zeilennummer sequence number, line number
Zeilennummernkontrolle sequence number check
zeilenorientiert line oriented, row oriented

Zeilenregister line register
Zeilenschräglauf line skew
Zeilensprungverfahren (Monitor) interlaced mode (electronics)
Zeilentransport-Unterdrückung space suppression
Zeilenvorschub line feed
zeilenweise line by line
Zeilenzahl lineage
Zeit time
zeitabhängig time dependent
Zeitaufteilung time sharing
Zeitbegrenzung timeout
Zeitbereichsreflektometrie time domain reflectometry
Zeitcode timecode
Zeitdauer lenght, period, timer
Zeit-Getrenntlageverfahren time compressing multiplexing
zeitlich überholt out-dated
zeitlich zusammenfallen synchronize
zeitliche Befristung time-limit
zeitliche Steuerung timing
Zeitlupe slow motion
Zeitmarke timing mark
Zeitmaß time
Zeitmultiplexverfahren time division multiplex
Zeitplan schedule, time shedule, timing diagram
Zeitrastermultiplexing fixed time division multiplexing
Zeitraum period
Zeitscheibe time slice
Zeitscheibenverfahren time division multiplex
Zeitschrift journal, magazine
Zeitung paper
zeitungleich asynchronous
Zeitunterschied zone description
Zeitverschiebung time displacement
zeitweilig temporary
Zeitzähler elapsed time meter
Zeitzuteilung budget
Zellvermittlung (Paketvermittlung) cell relay
Zellverzögerungsschwankungen cell delay variation
Zenit (**Höhepunkt)** zenith
zentrale Einrichtung central unit
Zentraleinheit central processing unit (CPU)
Zentralrechner host, mainframe (hardware)
Zentralrechneranschluss host interface
Zentralwert median (mathematics)
zerbrechlich brittle, fragile, frangible
zerfetzen to shred, to frazzle
zergliedern to dismember
zerhacken to hack
zerlegen to dissect
Zerlegung dissection
zerreißen to disrupt
zersetzen disintegrate
Zerstäuber sprayer
zerstören to destroy
zerstörend destructive
zerstörendes Auslesen (Speicher) destructive readout
Zerstörung demolition
zerstörungsfreies Lesen nondestructive readout
zerstreuen to difuse
Zerstückelung (von Dateien) fragmentation
Zertifikat certificate
Zertifikation certification
Zertifikatserteilung issue of certificate
Zertifizierer certification body
Zertifizierung certification
Zertifizierungsaudit certification audit
Zertifizierungsstelle certification body
Zettel ticket, label
Zeugnis certificate
Zeugnis (vom Arbeitgeber) employee reference letter
Zeugnisse (akademisch) transcripts, academic records
Zickzack zigzag
Ziehen traction
Ziel object, aim, destination, target
Zieladresse (Netzwerk) destination address
Zieladressenfeld destination address field
Zieladressen-Unterfeld destination subarea address field
Ziel-Anschluss destination port (network)
Zielcode destination point code
Zieldaten target data (software)
Zielprogramm target program (software)
Zielsprache object language, target language (software)
Ziffer cipher, digit, figure
Ziffernstelle digit position
Zifferntaste digit key
Zifferntastenfeld digital keyboard
Zink spelter
Zinn tin

Zitat (E-Mail) quote
zittern to vibrate
zitternd vibrant
zögern to lag
Zoll (= 2,54 cm) inch
Zoll, Gebühr toll
zollpflichtig liable to duty
Zollstock rule, foot-rule
Zone zone
Zubehör accessory, furniture
Zufall hazard, incident, fortuitousness, fortuity
zufällig fortuitous, haphazard, random, stochastic
zufälliger Fehler accidential error
Zufälligkeit fortuitousness, fortuity
Zufallsfehler random error
Zufallszahl random number
Zufallszahlengenerator random number generator
Zufluss afflux
Zufuhr supply
zuführen to feed
Zuführung feed (printer)
Zuführungsvorrichtung feeder (mechanics)
Zuführungszyklus feeding cycle
Zugang inlet
zugänglich come-at-able
Zugangsberechtigung password (network), account (Internet), shell account (operating system)
Zugangseinheit access unit
Zugangsgeschwindigkeit access rate
Zugangsinformationen accounting informations (Internet)
Zugangskontrollliste access control list
Zugangspunkt point of presence (Internet)
Zugangsverfahren register insertion
zugehören to appertain
zugeordnet dedicated
Zugfestigkeit tensile strength
zugreifen to access
Zugriff verweigert access denied (mass storage)
Zugriff, indizierter selective access (memory, mass storage)
Zugriff, manueller manual access (memory, mass storage)
Zugriff, sequentieller sequential access (memory, mass storage)
Zugriff, serieller serial access (memory, mass storage)
Zugriff, wahlfreier random access (memory, mass storage)
Zugriffsarm (eines Laufwerkes) access arm (mechanics)
Zugriffsberechtigung access authorization, access privileges
Zugriffsebene access level (network)
Zugriffsgeschwindigkeit access speed (mass storage)
Zugriffshäufigkeit hitrate (web-pages)
Zugriffsschlüssel access key
Zugriffsverfahren access method (random, selective, sequential, manual)
Zugriffsverhältnis activity ratio
Zugriffszeit access time
zukleben to gum
zukunftsorientiert future oriented, innovative
zulassen to admit
zulässig legal, permissible
zulässiges Zeichen admissable character
Zulassung admission
Zunahme increase
Zuname surname
Zündung ignition (electronics)
zunehmen to increase
Zunge reed (electronics)
zuordnen to translate
Zuordnung allocation
zurechtstutzen to garble
zurückbiegen to recurve
zurückbringen to reclaim
zurückdatieren antedate
Zurückforderung reclamation
zurückführen to reduce, to refer
Zurückführung reduction
zurückgehen to retrograde
zurückhalten to withhold
zurückkehren to return
zurücknehmen to withdraw
zurücksetzen to reset (system)
zurückspulen to rewind (tape)
zurückstellen to restore
Zurückstellung counter resetting
zurückstrahlen to reflect
Zurückstrahlung reflection
zurückübersetzen to retranslate
Zurückweisung rejection
zurückwerfen to reflect
zurückziehen to withdraw
Zusammenarbeit teamwork
Zusammenbruch crash
zusammendrängen to cluster
zusammendrehen to twist (mechanics)

zusammendrücken compress
zusammenfassen to summarize
Zusammenfassung summary
zusammenfügen to frame, to compose, to joint
zusammengefügt, zusammengesetzt composite
Zusammenhang coherency, context
zusammenhängen to cohere
zusammenhängend coherent
zusammenlaufen converge
zusammenschalten to interconnect, to intercouple
zusammensetzen to compose, to frame
Zusammensetzung (eines Fachbeirats) composition of a Scientific Advisory Board
Zusammenstellung compilation (hardware, software)
Zusammenstoß collision, smash-up
zusammentreffend concurrent
zusammenwirkend cooperative
zusammenzählen to totalize
zusammenziehen to contract
Zusatz adjunct, extension
Zusatzdienste supplementary services
Zusatzgerät adjunct unit (hardware)
zusätzlich aditional
zusätzliche Leistungen extended services
zusätzlicher Datensatz addition record (software)
Zusatzregister extension register
Zusatzspeicher backing storage (hardware)
Zuschauer lookeron, spectator
zuschnappen to click (mechanics)
zuschreiben to refer
Zustand status
zuständig competent
Zuständigkeit competence
Zustandsbyte status byte (software)
Zustandscode condition code (software)
Zustandswort status word (software)
Zustellbestätigungsbit delivery conformation bit
zuteilen to schedule, to allocate
Zuteilung scheduling, apportion
Zuteilungsvorrang dispatching priority
zuverlässig safe, certain, dependable, reliable
Zuverlässigkeit certainty, dependability, reliability
Zuverlässigkeitsmerkmal reliability characteristic
Zuwachsaufzeichnung (CD-R) incremental writing
Zuwachsrate increment (mathematics)
zuweisen to allocate, to assign, to refer
Zuweisung assignment
Zuwendungsmittel funding, grants
Zweck aim, intention
Zweiadressencode two-address code (software)
Zweig branch
zweimal twice
Zweipunktregelsystem open-shut control system
Zweiseitenbandmodulation double side band transmission
zweiseitig double sided (DS), bilateral
zweisprachig bilingual
Zweitbelegungstaste shift key
zweite Ableitung second derivative (mathematics)
zweite Potenz square (mathematics)
Zweitebenen-Cache second level cache (hardware)
Zweitonwahl-Mehrfrequenz dual tone multi frequency
zweiwertig bivalent (mathematics)
Zwillingskontrolle twin check
Zwinge ferrule (mechanics)
zwischen den Zeilen schreiben interline
Zwischenablage Clipboard (operating system)
Zwischenraum interstice, interval, space, interspace
Zwischenspeicher buffer (memory), intermediate store, spooler, temporary storage
Zwischenspeichern buffering, spooling
Zwischenspeicherregister memory buffer register
Zwischensumme intermediate total (mathematics), batch total
Zwischenverstärker repeater, booster amplifier (electronics)
Zwischenwert (Mathematik) intermediate quantity
Zwischenzeit interim
Zwischenzyklus intercycle
Zyklenzahl cycle index
zyklisch cyclical
zyklische Blockprüfung (Fehlererkennungsverfahren) cyclic redundancy check (CRC)
zyklischer Vorgang cyclic process
Zykloide cycloide (mathematics)

Zyklus cycle
Zykluszeit cycle time
Zylinder cylinder (harddisk)
zylindrisch cylindric
zylindrische Funktion cylindrical function (mathematics)
zylindrische Koordinaten cylindrical coordinates (mathematics)

Englisch – Deutsch

A

A

a.m. (ante meridiem) vormittags (bei Zeitangaben)
abbreviate abkürzen (eine Prozedur)
abbreviated address die Kurzadresse
abbreviated dialing die Kurzwahl
abbreviation die Abkürzung
abcissa die Abszisse (Mathematik)
abecedarian alphabetisch geordnet
abend der anormale Programmabbruch (abnormal end of task)
aberration die Abweichung
abiding dauernd, andauernd
Abilene Name eines Hochgeschwindigkeitsnetzwerks im Internet 2
ability die Fähigkeit (eines Systems)
ability to clientele processing die Mandantenfähigkeit (eines Programmes)
ability to graphic representation die Grafikfähigkeit (Hardware, Software)
able fähig, fähig sein
abnormal ungewöhnlich, nicht normal
abnormal termination die fehlerbedingte Beendigung, die vorzeitige Beendigung
abort der Abbruch (eines Programmes)
abort of dialing der Wahlabbruch (Modem)
abrasion die Abnutzung (Mechanik)
abridgement die Kurzfassung
absolute address die absolute (Speicher-) Adresse (im Gegensatz zur relativen)
absolute branch der unbedingte Sprung (Programm)
absolute code der Maschinencode
absolute coding die vollkommene Verschlüsselung (von Daten)
absolute convergence die vollkommene Konvergenz (Elektronik)
absolute instruction der unabhängige Befehl (Software)
absolute maximum rating der Höchstwert
absolute value der Absolutbetrag (Mathematik)
abstract syntax die Beschreibung einer Datenstruktur
abutment der Anschlag (Taste)
AC dump der Ausfall der Netzspannung (Wechselspannung)
academic degree der akademische Abschluss
academic qualification der Hochschulgrad
accelerate beschleunigen (Verarbeitung)
accelerated aging das beschleunigte Altern (eines Bauteils z.B. durch Hitze)
acceleration time die Beschleunigungszeit
accelerator der Beschleuniger
accelerator-card die Beschleunigerkarte (z.B. Grafikkarte)
acceptance die Akzeptanz, die Abnahme, die Übernahme
acceptance angle der Öffnungswinkel, der Einkopplungswinkel
acceptance inspection die Annahmeprüfung
acceptance test die Abnahmeprüfung
accepting das Akzeptieren, das Übernehmen
access der Zugriff, der Zugang
access arm der Zugriffsarm (eines Laufwerkes)
access authorization die Zugriffsberechtigung (z.B. auf bestimmte Daten)
access barred die Zugriffssperre, die Verhinderung des Zuganges zu einem Netz, Dienst oder Leistungsmerkmal
access control list Zugangskontrollliste
access denied Zugriff verweigert (auf einen Datenträger)
access key der Zugriffsschlüssel, das Passwort, das Kennwort
access level die Zugriffsebene (Netzwerk)
access method das Zugriffsverfahren (auf gespeicherte Daten)
access node der Netzknoten, der Anschlusspunkt, der den Zugang der Netzbenutzer zu den Diensten des Netzes unterstützt
access privileges die Zugriffsberechtigung, die Befugnis
access rate die Zugangsgeschwindigkeit in Frame-Relay-Netzen
access speed die Zugriffsgeschwindigkeit (auf einen Speicher)
access time die Zugriffszeit (eines Massenspeichers)
access unit die Zugangseinheit (zu einem System)
accessibility die Zugänglichkeit, die Barrierefreiheit (einer Website)
accessory das Zubehörteil, das Zubehör
accidential error der unbeabsichtigte, zufällige Fehler
accomodation die Anpassung
account berechnen, rechnen, die

A

Berechnung, die Rechnung, die Zugangsberechtigung
accounting informations die Zugangsinformationen (Verbindungsdauer, Entfernung usw.)
accounting management das Nutzungsmanagement, das Abrechnungsmanagement
accreditation die Akkreditierung
accreditation body die Akkreditierungsstelle
accumulate aufsummieren, ansammeln
accumulated value der Endwert
accumulating counter der Addierzähler, der Saldierzähler
accumulator der Akkumulator, der Addierer (in einem Prozessor)
accumulator shift die Stellenverschiebung im Addierer
accuracy die Genauigkeit (einer Berechnung)
accuracy control die Genauigkeitsprüfung
accuracy of measurement die Messgenauigkeit
accuracy of recording die Aufzeichnungsgenauigkeit (Elektronik)
Acer Name eines Hardwareherstellers
acknowledge die Quittierung, die Anerkennung, die Bestätigung (Software, Elektronik)
acknowledge character das Bestätigungszeichen
Acorn Name eines Hardwareherstellers
acoustic coupler der Akustikkoppler (Hardware)
acoustic output die Sprachausgabe
acoustic signal das akustische Signal, das akustische Zeichen
acronym das Akronym (aus Anfangsbuchstaben gebildetes Wort), die Abkürzung
action period die Funktionszeit, die Operationszeit, die Abtastzeit
activate einschalten, aktivieren
activation die Aktivierung, die Ansteuerung (Elektronik)
Active Desktop Funktion von Windows zur Darstellung von Internetinhalten auf dem Desktop (ohne Browser)
active routing die aktive Wegfindung, das Transportieren von Daten innerhalb eines Netzes durch Bestimmen des kürzesten, schnellsten billigsten oder nächstbesten Routweges
activity ratio das Zugriffsverhältnis
activity report der Tätigkeitsbericht
actual address die effektive Adresse (Ergebnis der Berechnung aus der relativen Adresse)
actual status der Ist-Zustand
actual value der aktuelle Wert, der Istwert
actuate betätigen
acute angle der spitze Winkel (Mathematik)
ad joint die schlechte Verbindung (verursacht z.B. durch einen defekten Stecker)
Ada Name einer Programmiersprache (Software)
adapt anpassen (Hardware, Software)
Adaptec Name eines Hardwareherstellers
adapter der Adapter, das Anpassungsstück (Hardware, Elektronik), das Zwischenstück (Mechanik)
adaption die Anpassung (Hardware, Software)
adaptive duplex Quasi-vollduplexübertragung (Entwicklung der Fa. Telebit für Telefonnetz-Modems)
adaptor das Anschlussgerät, das Anpassungsgerät
add hinzufügen, addieren
add carry der Additionsübertrag
add instruction der Addierbefehl (Programmierung)
addended register das Summandenregister (eines Prozessors)
adder der Addierer
adding machine die Addiermaschine
adding mechanism das Addierwerk (im Mikroprozessor)
addition die Addition, die Aufsummierung, der Zusatz
addition formula das Additionstheorem (Mathematik)
addition record der zusätzlich (eingebrachte) Datensatz
add-on kit der Nachrüstsatz (Hardware)
address die Adresse
address appendix der Adressenanhang (erweiterte Adresse)
address array das Adressenfeld (Software)
address assignment die Adressenzuweisung (Software)
address blank die Adressenleerstelle
address bus der Adressbus (Hardware)
address code der Adressencode (in einem Befehl)

A

address computation die Berechnung der Adresse (im Speicher)
address constant die Adressenkonstante (Software)
address cycle der Adressenzugriffszyklus, die Zeitspanne innerhalb der auf einen Speicherplatz (RAM) zugegriffen werden kann
address field das Adressfeld, das Steuerfeld eines Übertragungsrahmens (Block, Paket, Datagramm usw.)
address mask die Adressmaske (Unternetzwerk-Maske)
address mode das Adressierungsverfahren (Software)
address modification die Adressenänderung (Software)
address part der Adressteil (eines Befehls)
address register das Adressenregister
address resolution die Adressenauflösung, die Konvertierung einer IP-Adresse in eine Hardwareadresse
address selection die Adressenwahl
address space der Adressraum (Software)
address translation die Adressenübersetzung (Umwandlung beispielsweise von einer relativen in eine absolute Adresse)
addressable memory der adressierbare Speicher (Hardware)
addressable point der ansteuerbare Punkt (z.B. einer Bildschirmmatrix)
addressed memory der adressierte Speicher
addressing das Adressieren
addressing mode die Adressierungsart (z.B. absolut oder relativ)
addressless instruction der Befehl ohne Adresse (Software)
adhesive anklebend, haftend
aditional zusätzlich
adjacency das Angrenzen (von Daten)
adjoining angrenzend, anstoßend
adjunct der Zusatz
adjunct unit das Zusatzgerät (Hardware)
adjust in Ordnung bringen, berichtigen
adjustable einstellbar
adjustable extent der verstellbare Bereich
adjustment die Einstellung, die Anpassung, die Adaption, die Justierung
adlib improvisieren
admeasurement die Ausmessung (Mechanik, Elektronik)
administration die Handhabung, die Verwaltung
administrative unit die Verwaltungseinheit (im Gegensatz zu einer Speicher- oder Übertragungseinheit)
administrative work die Verwaltungsarbeit
admissable character das zulässige Zeichen
admission die Zulassung
admit zulassen
admixture die Beimischung
Adobe Name eines Softwareherstellers (z.B. PostScript)
adopt annehmen
adress spoofing der Adressenschwindel (Vortäuschung einer falschen Absenderadresse)
adressable point der adressierbare Punkt (z.B. einer Bildschirmmatrix)
adult erwachsen, ausgewachsen
adumbrate skizzieren
advance vorrücken
advance winding das Vorspulen (einer Cartridge)
advanced vorgerückt, fortgeschritten, fortschrittlich
advanced code reconstruction Coderekonstruktion (ACR) Technik bei Laserscannern, mit der omnidirektionales Lesen von kleinen Barcode-Etiketten möglich ist
advanced error correction die beschleunigte Fehlerkorrektur (Technik der Fa. Philips für ihre CD-ROM Laufwerke)
advanced technology die „fortschrittliche" Technologie (AT)
advanced training die Fortbildung
advantage der Vorteil
adventure game das Abenteuerspiel (Software)
advert hinweisen
advertise ankündigen
advice der Ratschlag, der Rat
advice of charge die Gebührenanzeige (Leistungsmerkmal zur Anzeige der Nutzungsentgelte an Telefonanschlüssen, beispielsweise beim ISDN)
advisable ratsam
afar fern von, weit weg
affect wirken
affiliate anschließen, eingliedern

A

affinity die Verwandtschaft (z.B. von Prozessorsystemen)
affirm bestätigen (z.B. eine Eingabe)
affix der Anhang (z.B. Namenszusatz)
affluent reichlich
afflux der Zufluss
aforesaid vorgenannt, wie vor
afresh von neuem
afterglow das Nachleuchten (Phosphorschicht des Bildschirms)
agency die Tätigkeit, die Vermittlung
agenda die Tagesordnung
ahead voraus, vorwärts
aim der Zweck, das Ziel, bezwecken
airtime die Sprechzeit, die Nutzungsdauer bei der mobilen Funktelefonie
airtime charges das Nutzungsentgelt (Mobilfunktelefonie)
airtime reseller der Nutzungsanbieter (Mobilfunknetz), der Service Provider
akin verwandt
alarum der Wecker
Aldus Name eines Softwarehauses (z.B. PageMaker)
alert der Alarm, die Fehlermeldung
alert service der Warndienst (Windows NT-Element)
algebraic adder der algebraische Addierer
algebraic fraction der Bruch (Mathematik)
algebraic function die algebraische Funktion (Mathematik)
Algol Name einer Programmiersprache (Software)
algorithm der Algorithmus (Mathematik)
algorithmic addressing die algorithmische Adressierung
algorithmic language die Programmiersprache Algol (Software)
alias der Kurzname (E-Mail)
aliasing der Treppeneffekt (schräge Linien erscheinen auf rasterartig arbeitenden Ausgabegeräten treppenförmig)
align ausrichten (z.B. am Seitenrand)
alignement die Ausrichtung, die Zeilenausrichtung (z.B. Druckzeilen)
aliquot ohne Rest aufgehend (Mathematik)
AJaX (Asynchronous JavaScript and XML) Konzept der asynchronen Datenübertragung zwischen einem Server und dem Browser
All Media Floppy Name eines Laufwerkes für verschiedene Formate (AMF)
all plastic fiber der Kunststofflichtwellenleiter
allegoric sinnbildlich dargestellt
alliance die Verwandtschaft
allignment der Abgleich (Elektronik)
all-metal ganzmetallig
allocatable space der freie Speicherplatz
allocate zuweisen, zuteilen
allocation die Zuordnung (von Speicherplatz)
allow gewähren, erlauben
alloy die Legierung
all-purpose computer der Universalrechner, der Allzweckrechner
alphabet das Alphabet
alphabetic character das alphabetische Zeichen
alphabetic code der alphabetische Code (Software)
alphabetic file die alphabetisch geordnete Kartei
alphabetic information die alphabetisch geordneten Daten
alphabetic letter der Buchstabe
alphabetic register das alphabetische Register
alphameric alphamerisch, aus Alphazeichen (Buchstaben) bestehend
alphanumeric character das alphanumerische Zeichen (Buchstabe oder Zahl)
alphanumeric expression der alphanumerische Ausdruck (Buchstaben und Zahlen gemischt)
alphanumeric representation die alphanumerische Darstellung (Buchstaben und Zahlen)
alt key ALT-Taste zum Erreichen weiterer Tastenbelegungen, (alt ist die Abk. für alternate = abwechseln)
alter abändern, verändern
alternate area der Wechselbereich
alternate instruction der Verzweigungsbefehl (in einem Programm)
alternate route der Ersatzweg, der Umweg (z.B. in einem vermaschten Netzwerk)
alternate routing das Umleiten (von Daten im Netzwerk)
alternate tape drive die Magnetbandwechseleinheit
alternate track die Alternativspur (Festplatte)

alternating current der Wechselstrom (AC)
alternation switch der Umschalter
alternative carrier der alterantive Träger (alternative Anbieter) Bezeichnung für die Mitbewerber der Deutschen Telekom
alternative modules mögliche Module
amber der Bernstein, bernsteinfarben (z.B. monochromer Bildschirm)
ambient temperature die Umgebungstemperatur
ambiguity die Mehrdeutigkeit
ambiguity error der Mehrdeutigkeitsfehler
ambiguous reference die unklare Bezugnahme
amended version die berichtigte Version (z.B. eines Programmes)
amendment die Änderung, die Berichtigung
Ami Name eines Textverarbeitungsprogrammes (Software)
Amiga Name eines Homecomputers der Fa. Commodore (Hardware)
ammeter das Amperemeter (Elektronik)
amortization die Amortisation, die Tilgung
amount der Betrag, sich belaufen auf
ampersand das Pluszeichen (Mathematik)
ampleness die Weite, die Geräumigkeit
amplifier der Verstärker (Elektronik)
amplifier stage die Verstärkerstufe (Elektronik)
amplitude scale factor der Amplitudenmaßstab (Elektronik)
Amstrad Name eines englischen Hardwareherstellers
analog analog (im Gegensatz zu digital)
analog computer der analog arbeitende Computer (Hardware)
analog data die analogen Daten (im Gegensatz zu digitalen)
analog digital converter der Analog-Digital-Umsetzer (Hardwarekomponente)
analog process computer der analoge Prozessrechner (Hardware)
analog quantity der Analogwert (Elektronik)
analog representation die analoge Darstellung (Elektronik)
analog-digital conversion die Analog-Digital-Umsetzung (Elektronik)
analog-digital converter der Analog-Digital-Umsetzer (Elektronik)
analogic, analogical, analogous analog, ähnlich
analogy die Ähnlichkeit
analyses die Analysen
analysis die Berechnung, die Analyse (Mathematik)
analyst der Analytiker, der Planer
anchor der Anker, verankern (z.B. eine Grafik in einem Text)
ancillary equipment das periphere Gerät (Hardware)
AND-circuit die logische UND-Schaltung (Elektronik)
AND-function die logische UND-Funktion (Mathematik)
anelectric unelektrisch, leitend (Elektronik)
angle der Winkel, die Ecke
angle of incidence der Einfallswinkel (Optik)
angular eckig
animate beleben (eine Grafik)
animation die Belebung (Software)
anisochronous transmission die anisochrone Übertragung (ein Datenübertragungsverfahren)
annotate mit Anmerkungen versehen, kommentieren
announce ankündigen (z.B. eine neue Programmversion)
annual report der Jahresbericht
annul für ungültig erklären, aufheben, anullieren
anode die Anode (Elektronik)
anonymous remailer der anonyme Versender (ein Dienst, der E-Mails anonymisiert)
ANSI (American National Standards Institute) amerikanischer Normenausschuss (die ANSI-Zeichen wurden beispielsweise hier normiert)
answer mode der Antwortmodus, einer von zwei Modembetriebsarten
answer sheet das Auswertungsformular
answer tone der Antwortton (Telefon)
antecedent der Dividend (Mathematik)
antedate zurückdatieren, voraussehen
antediluvian vorsintflutlich, völlig veraltet
anthropoid menschenähnlich, dem Menschen nachempfunden
anti virus toolkit das Virenschutzprogramm

antifriction der Reibungsschutz (Mechanik)
antipodial genau entgegengesetzt
antiquarian altertümlich, veraltet
anvil der Amboss (Mechanik)
apeak senkrecht
aperture die Öffnung
apex der Scheitelpunkt (Mathematik)
APL Name einer Programmiersprache (A Programming Language)
apogee die Erdferne, Name eines Softwarehauses
apparatus der Apparat, das Gerät, die Vorrichtung
apparent storage der Scheinspeicher
appendix der Anhang
appertain zugehören, gehören, angehören
Apple Name eines Hardwareherstellers
AppleLink Name eines Netzwerkes der Fa. Apple
applet das Prográmmchen (Java-Programm, das in eine HTML-Seite eingebunden wird und mit einem Browser ausgeführt werden kann)
appliance die Vorrichtung, das Gerät, das Mittel
applicability die Anwendbarkeit
applicant der Bewerber
application die Anwendung, das Anwendungsprogramm (Software)
application deadline die Bewerbungsfrist
application form das Antragsformular
application layer die Anwendungsschicht (OSI-Schichtenmodell)
application package das Anwendungspaket (Software)
application program das Anwenderprogramm (Software)
application service element das Anwendungsdienstelement (OSI-Schichtenmodell)
application software die Anwendersoftware
application system das Anwendungssystem (Hardware, Software)
applications engineering die Einsatzvorbereitung, die Einsatzplanung
applications programmer der Organisationsprogrammierer
applied research die angewandte Forschung
apply anwenden
appoint bestimmen, festsetzen
apportion die gleichmäßige Zuteilung
apposite angemessen, treffend
appreciable abschätzbar
appreciation die Schätzung, die Aufwertung
apprise in Kenntnis setzen, unterrichten
approach sich nähern (einem Berechnungswert)
appropriate angemessen, passend, sachgerecht
approximate ungefähr, sich annähernd
approximate computation die Näherungsrechnung (Mathematik)
approximated value der Näherungswert (Mathematik)
approximation die Näherung (Mathematik)
aptitude test die Eignungsprüfung
arbitrary parameter der freie Parameter (Software)
arbor die Welle, die Spindel (Mechanik)
arc der Bogen (Mathematik)
arcade game das Videospiel (Software)
Archimedes Name eines Homecomputers in RISC-Technologie (Hardware)
architect der Architekt (z.B. eines Computersystems)
architectonic architektonisch
architecture die Architektur (z.B. eines Netzwerkes)
archiv site der Archiv-Rechner (ermöglicht den Zugang zu einer Sammlung von Dateien, die über das ganze Internet verstreut vorliegen)
Arcnet Name einer Netzwerktopologie (Hardware)
area die Fläche (Geometrie)
area communications controller der Vermittlungsrechner (im Netzwerk)
area station die Leitstation, die Primärstation (Netzwerk)
argent silberfarbig
argument das Argument (Mathematik), der Beweis
Arial Name einer Schriftart
arithmetic die Rechenkunst, die Arithmetik (Mathematik)
arithmetic element das Rechenwerk (eines Prozessors)
arithmetic logic unit die arithmetische und logische Einheit (eines Prozessors), ALU
arithmetic mean das arithmetische Mittel (Mathematik)

arithmetic operation die arithmetische Rechenoperation (Mathematik)
arithmetic progression die arithmetische Reihe (Mathematik)
arithmetic series die arithmetische Reihe (Mathematik)
arithmetic technique die Berechnungsmethode (Mathematik)
arithmetic unit das Rechenwerk (eines Prozessors)
armoring die Bewehrung; Schutzelement, das den Kabelmantel umgibt
Arpanet Name eines Netzwerkverbundes des ARPA
arrangement die Einrichtung, die Anordnung (Hardware)
array das Feld, der Bereich
array processor der Feldrechner (Hardware)
array variable die Feldvariable (z.B. in einer Matrix)
arrearage die Restsumme
arrow der Pfeil
arrow head die Pfeilspitze
arrow key die Cursorsteuertaste
articulated deutlich
artificer der Urheber
artificial intelligence die künstliche Intelligenz
artificial neural network das künstliche neuronale Netzwerk (Software)
asbestos der Asbest
ascending sequence die aufsteigende Reihenfolge
ascertainment die Ermittlung, die Feststellung
ASCII (American Standard Code for Information Interchange) Name des Standardzeichencodes
ashlar der Quaderstein
Ashton Tate Name eines Softwareherstellers (dBASE)
askance schief, von der Seite
aslant schief, schräg
aspect ratio das Seitenverhältnis (von Höhe zu Breite)
asperity die Unebenheit (z.B. einer Oberfläche)
assemblage die Montage (Mechanik)
assemble assemblieren, montieren (z.B. Programmteile oder elektronische Baugruppen)
assembler der Assembler, die Assemblersprache (Software)
assembler instruction der Assemblerbefehl (Software)
assembler statement die Assembleranweisung (Software)
assembly die Baugruppe (Hardware), die Übersetzung
assembly language die Assemblersprache (Software)
assembly routine das Assemblerprogramm (Software)
assembly system das Assemblersystem, das Baugruppensystem (Hardware)
assent die Genehmigung
assessment die Bewertung
assign zuweisen (z.B. einen Wert einer Variablen zuweisen)
assigned cell die benutzte Zelle (Zelltyp beim Asynchronous Transfer Mode zur Übertragung von Benutzerdaten)
assignment die Zuweisung (z.B. eines Wertes)
assimilate angleichen, gleich machen
associate in Verbindung bringen, verbinden
associative memory der Assoziativspeicher
associative storage der Assoziativspeicher
assumed mean life die mittlere Lebensdauer
assumption die Annahme
assurance die Versicherung
asterisk das Sternchen (Sonderzeichen)
astragal der Rundstab
Asus Name eines Hardwareherstellers (Taiwan)
asymmetry die Asymmetrie, das Missverhältnis
asynchronous asynchron, nicht zeitgleich
asynchronous operation der Asynchronbetrieb
asynchronous transmission die asynchrone Übertragung, das zeitlich versetzte Senden von Daten
AT Name für einen PC mit 80286 Prozessor (Advanced Technology)
Atari Name eines Hardwareherstellers (Homecomputer)
at-law gesetzlich
at-sign das Zeichen „@“ (auch commercial at)
attach anbauen
attachment der Anhang (an eine E-Mail)

attachment identification die Anschlusskennung (zur Identifikation)
attenuation die Dämpfung (logarithmisches Maß für die Abnahme einer physikalischen Größe)
attenuation coefficient der Dämpfungskoeffizient (Lichtwellenleiterdämpfung)
attract anziehen (z.B. magnetisch)
attractive magnetic force die magnetische Anziehungskraft
attribute das Attribut, die Eigenschaft, das Merkmal
attrition die Abnutzung, der Verschleiss (Mechanik)
auctioning die Versteigerung im Internet
audible hörbar, akustisch
audible output die akustische Ausgabe
audible signal das akustische Signal
audio frequency die hörbare Niederfrequenz (Elektronik)
audio output der Audio-Ausgang (Elektronik)
audio response device die Sprachausgabeeinheit
audio tape das Tonband
Audio Video Interleaf Name einer Technik zum gemeinsamen Abspeichern von Video- und Audiodaten
audioblog digitales Journal im Internet (weblog), mit Audiobeiträgen
audit prüfen
audit character die Auditart (QM)
audit client der Auditauftraggeber (QM)
audit criteria die Auditkriterien (QM)
audit evidence der Auditnachweis (QM)
audit findings die Auditfeststellung (QM)
audit procedure die Auditierung (QM)
audit program das Prüfprogramm (Software)
audit scope der Auditumfang (QM)
audit standard die Auditbezugsbasis (QM)
auditee die auditierte Organisation
auditing die Überwachung, die Kontrolle (eines Netzwerks)
auriferous goldhaltig (z.B. Material von Steckverbindungen)
authentication center die Beglaubigungszentrale (in GSM-Mobilfunkvermittlungen)
authenticity die Authentifikation (Verfahren zur Sicherstellung der Authentizität einer Nachricht oder eines Kommunikationspartners)
author der Autor, der Urheber, der Verfasser
author language die Autorensprache (Software)
authorization die Berechtigung
auto answer Auto-Anwort (ein Modem, das selbständig eine Verbindung zwischen zwei Computern aufbauen kann)
auto call back die automatische Rückruffunktion (Betriebsart eines Modems)
auto dial die automatische Wahl (Modem)
auto parking das automatische Parken (Sichern der Schreib-/Leseköpfe eines Festplattenlaufwerkes)
auto reliable automatisch zuverlässig (Betriebsart multifunktionaler MNP-Modems)
Autocad Name eines CAD-Programmes (Software)
Autocode Name einer Programmiersprache (Software)
Autodesk Name eines Softwarehauses (Autocad)
autodialer der Selbstwähler (Telefon)
autoinsert notification automatische Medienkontrolle (Funktion eines Laufwerks, das eine eingelegte CD erkennt)
automated automatisiert
automatic automatisch
automatic call distribution die automatische Anrufverteilung (Computer Integrated Telephony)
automatic callback die automatische Rückruffunktion
automatic calling equipment die automatische Rufeinrichtung, die automatische Wähleinrichtung
automatic carriage die automatische Vorschubeinrichtung (z.B. beim Drucker)
automatic character generation die automatische Zeichengenerierung
automatic check die automatische Kontrolle
automatic controller die Regeleinrichtung (z.B. für die Umdrehungsgeschwindigkeit)

automatic data processing die elektronische Datenverarbeitung (EDV)
automatic feedback control system das Regelsystem (System, das auf Eingangssignale reagieren kann und sich selbst daraufhin modifiziert)
automatic handover automatische Weiterschaltung (Mobilfunk)
automatic reading das maschinelle Einlesen (von Daten)
automatic reset die automatische Zurückstellung (in den Ausgangszustand)
automatic route selection die automatische Wegewahl, die Wegefindung (in paketorientierten Kommunikationssystemen)
automatic sequence-controlled computer die programmgesteuerte Rechneranlage
automatic synchronize die automatische Synchronisation (CD-R-Laufwerk)
automatic test equipment das automatische Prüfgerät (Hardware)
automatic timer die Schaltuhr (Hardware)
automation die Automatisierung
autonomous operation der autonome (unabhängige) Betrieb
auto-parking das automatische Parken (der Schreib-/Leseköpfe)
autotracing das Umwandeln eines Rasterbildes in ein Vektorbild (Software)
auxiliary device die Hilfseinrichtung (Hardware)
auxiliary routine das Hilfsprogramm (Software)
auxiliary storage der Hilfsspeicher (Zwischenspeicher)
Avenir Name einer Schriftart
average calculation speed die mittlere Rechengeschwindigkeit
average data transfer rate die mittlere Datenübertragungsrate (Übertragungsgeschwindigkeit)
average seektime die durchschnittliche Suchzeit (z.B. auf einem Massenspeicher)
average value der Durchschnittswert, der Mittelwert (Mathematik)
award die Auszeichnung, der Preis
axiom das Axiom, der Grundsatz (Mathematik)
axis die Achse (Geometrie)
Aztech Name eines Hardwareherstellers

B

B

Babel Fish Name eines Online-Textübersetzungsprogrammes der Fa. AltaVista
baby bells regionale amerikanische Telefongesellschaften
back coupling die Rückkopplung (Elektronik)
back propagation die Fehlerrückvermittlung (neuronales Netz)
backbone die Wirbelsäule, Element zur Koppelung mehrerer Teilnetze (Hardware)
backdoor die Hintertür (die nicht offizielle Zugangsmöglichkeit über ein Computernetz)
back-end Bezeichnung für den Server in einer Netzwerkdatenbank (Hardware), die Rückseite (nicht sichtbarer, administrativer Teil einer Webseite)
background der Hintergrund
background memory der Hintergrundspeicher (Hardware)
background processing die Hintergrundverarbeitung
background program das Hintergrundprogramm (Software)
backing storage der Zusatzspeicher (Hardware)
backslash der Rückstrich, das Zeichen „\"
backspace der Rückschritt, schrittweise zurückgehen
backup die Datensicherung
backup copy die Sicherungskopie (Software)
backup file die Sicherungsdatei (Software)
backward channel der Hilfskanal, der Übertragungskanal (Modem)
bad clusters „schlechte" Bereiche einer Festplatte (Fehler in der Oberflächenbeschichtung)
bad file request die ungültige Dateianfrage
bad joint die schlechte Verbindung (z.B. defekter Stecker)
bad parity der Paritätsfehler (weist auf fehlerhafte Daten hin)
badge das Kennzeichen
badge reader der Ausweisleser
balance die Waage, das Gleichgewicht, das Gegengewicht
balanced line die symmetrische Leitung (Elektronik)
balanced output der symmetrische Ausgang (Elektronik)
balance-sheet die Bilanz
ball point pen der Kugelschreiber
ball-and-socket joint das Kugelgelenk (z.B. am Joystick)
ballpoint das Zeigegerät für Notebooks (Mausersatz)
band das Band, der Treibriemen (Mechanik)
bandwith die Bandbreite (z.B. einer Trägerfrequenz)
bang path Zusammenstellung von Maschinennamen, um E-Mails von einem Teilnehmer zum anderen zu leiten
bank die Bank, die Speicherbank (Anordnung von Speicherchips)
bank switching die Bankumschaltung (Speicherbank)
bar diagram das Balkendiagramm (zur Veranschaulichung statistischer Werte)
barchart das Balkendiagramm
barcode der Strichcode, der Balkencode (maschinenlesbarer Code)
bare die der nackte Chip (ohne Gehäuse)
barrel die Trommel, die Walze (Mechanik)
base die Basis (Mathematik), die Trägerschicht, die Grundfläche
base address die Basisadresse
base current der Basisstrom (Elektronik)
base memory der Basisspeicher, (unter MS-DOS: 0 bis 640 KB)
base register das Basisregister
base resolution Basisauflösung (Photo-CD)
baseband das Basisband (Frequenz)
baseplate die Grundplatte (Mechanik)
BASIC Name einer Programmiersprache (Software)
basic accounting die einfache Abrechung, Berechnung
basic calculation operation die Grundrechenart (Mathematik)
basic controller die Grundteuerung
basic format das Grundformat, das Ausgangsformat
Basic Input Output System die unterste Schicht des Betriebssystems (BIOS)
basic research die Grundlagenforschung
basis die Basis, die Grundlage
bastion host Computer, der den

Datenaustausch zwischen einem privaten LAN und dem Internet kontrolliert
batch der Stapel
batch file die Stapeldatei (Software)
batch mode die Stapelverarbeitung (Betriebsart)
batch processing die Stapelverarbeitung (Bearbeitung beispielsweise einer Batch-Datei)
batch total die Zwischensumme
batch transmission die Stapelübertragung (Übertragungsverfahren)
baud Maß der Übertragungsgeschwindigkeit (1 Symbol pro Sekunde)
beam der Strahl
beamer der Bildwerfer (Hardware)
before image das Vorabbild
beginning mark die Anfangskennung (z.B. beim Magnetband)
benchmark der Vergleichspunkt, der Fixpunkt, der Bezugspunkt
benchmark problem das Bewertungsproblem
benchmark test die Leistungsbewertung, der Test (Software)
Bernoulli box Name eines Wechselplattensystems (Hardware)
best practice die bewährte Praxis, das Standardverfahren, das Erfolgsrezept
bevel schräg, schief, abschrägen, die Schräge
bias schräg, schief
bidirectional in zwei Richtungen (z.B. Datenübertragung)
bifurcate sich gabeln, sich verzweigen
bifurcated routing die Doppelwegübertragung (Datenübertragung über zwei parallele Leitwege in einem vermaschten Netz)
bifurcation die Gabelung, die Verzweigung (z.B. des Programmablaufs)
big blit der große Blitz (schneller Transfer einer großen Datenmenge in einem Netzwerk)
bilateral zweiseitig
bilingual zweisprachig (z.B. Software)
billboard die Anschlagtafel (z.B. in einer Mailbox)
billing die Fakturierung
bin der Kasten, der Behälter
binary binär, aus zwei Einheiten bestehend
binary adder der Binäraddierer
binary arithmetic die Binärarithmetik (Mathematik)
binary cell die Binärzelle, das binäre Speicherelement
binary code der Binärcode, der Dualcode (Software)
binary coded decimal digit die binär dargestellte Dezimalzahl (Software)
binary coded decimal notation die binär dargestellte Dezimalschreibweise (Software)
binary counter der Binärzähler
binary data die Binärdaten (Software)
binary digit die Binärziffer, die Dualzahl (Software)
binary digit system das Dualsystem
binary information die binäre Information (Software)
binary notation die Binärschreibweise, die duale Schreibweise
binary number die binäre (duale) Zahl
binary point das Komma in einer Binärzahl
binary position die binäre Stelle
binary scale der binäre Zahlenbereich
binary search die Binärsuche (ohne Rücksicht auf Zeichencodes)
binary shift register das binäre Schieberegister (im Gegensatz zum Zeichenregister)
binary system das Binärsystem, das Dualsystem
binary to decimal conversion die Binär-zu-dezimal-Umwandlung
binary to decimal converter der Binär-Dezimal-Umsetzer (Software)
binary tree der Binärbaum (Entscheidungsbaum)
binomial theorem das Binominaltheorem (Mathematik)
BIOS (Basic Input Output System) die unterste Schicht des Betriebssystems
biquadratic equation die Gleichung vierten Grades (Mathematik)
bisect halbieren (Mathematik)
bisection die Halbierung
bistable circuit die bistabile Schaltung (Elektronik)
bit (binary digit) die Binärziffer, das Stückchen, das „Bisschen"
bit blitting das punktweise Kopieren (eines Bildausschnittes)
bit bucket der Bit-Schlucker (wenn Bits beispielsweise bei einer Datenübertragung verloren gehen)

B

bit configuration das Bitmuster, die Bitkonfiguration
bit density die Bitdichte (z.B. Schreibdichte)
bit frequency die Bitfrequenz (Geschwindigkeit der Bit-Übertragung)
bit mask die Bitmaske (Software)
bit organized memory der bit-orientierte Speicher
bit oriented protocol das bitorientierte Protokoll (im Gegensatz zum zeichenorientierten)
bit parallel bitparallel (z.B. die Übertragung mit mehreren Leitungen)
bit pattern das Bitmuster
bit rate die binäre Ziffernfolge, die Bitrate
bit serial bitseriell (z.B. Übertragung mit nur einem Kanal)
bit string die Bitkette (Software)
bit stuffing die Bitfüllung (Einfügung informationsloser Binärelemente)
bit vector der Bitvektor (z.B. Zeiger auf eine Speicherstelle)
bit-blitting das punktweise Kopieren (eines Bildschirmausschnittes)
bitmap das Bitmuster, Name eines Grafikformates
bitmap font Bitmusterschriften (im Gegensatz zu den skalierbaren Vektorschriften)
bits per inch die Bits pro Zoll (Aufzeichnungsdichte)
bits per second die Bits pro Sekunde (bps), Übertragungsgeschwindigkeit
Bitstream Name eines Softwarehauses (Schriften-Software)
bittorrent der „Bit"-Strom, Name eines Filesharingprogrammes
bivalent zweiwertig (Mathematik)
black schwarz, schwärzen, dunkel, das Schwarze
blackboard die Wandtafel, das schwarze Brett (z.B. in einer Mailbox)
blacklist die Wahlsperre
blank leer, die Leere, die Lücke (zwischen zwei Zeichen)
blank character das Leerzeichen
blank column die Leerspalte (in einer Tabelle)
blank instruction der Leerbefehel
blankness die Leere (z.B. unbedruckte Bereiche)
blast das Gebläse (Hardware)
blended learning das gemischte Lernen, die Kombination von Online- und Präsenzelementen
blind blind, nicht erkennbar
blind carbon copy die „Blindkopie", die verdeckte Adressatenliste einer E-Mail
block der Block, der Datenblock (Software)
block address die Blockadresse (Software)
block check die Blockprüfung (auf Fehler)
block check character das Blockprüfzeichen
block device das blockorientierte Gerät (Hardware)
block diagram das Blockschaltbild (Elektronik)
block error der Blockfehler
block error rate die Blockfehlerrate, die Blockfehlerhäufigkeit
block length die Blocklänge (Software)
block movement die Blockverschiebung
block of informations der Datenblock (Software)
block register das Blockregister
block selection die Blockauswahl
block size die Blocklänge (Software)
block sort das blockweise Sortieren (Software)
block statement die Anweisung für einen Block (Software)
block transfer das blockweise Übertragen (von Daten im Netz oder zum Massenspeicher)
blog das digitale Journal im Internet (Kurzform von webblog)
bloggen das Schreiben in einem digitalen Journal (weblog) im Internet
blogosphere die Blogosphäre; umfasst das gesamte Netzwerk der Blogs im Internet
blogroll Liste von Links auf einem blog zu anderen blogs
blue book das Blaubuch (Standard für die CD-Plus)
blue ribbon das blaue Band (Symbol der „Free Speech Campaign" im Internet)
blue screen der blaue Bildschirm (weist auf schwere Fehler hin)
blueprint die Blaupause, der Entwurf
board die Platine, die Tafel (Elektronik)
board of directors das Kollegium
board of trustees das Kuratorium
body der Körper, die Karosserie, der Rumpf, der Hauptteil

body part der Hauptteil einer E-Mail
boil kochen, sich kondensieren
bold character Zeichen mit „fetter“ Schriftauszeichnung
bolt der Bolzen, der Riegel, verriegeln (Mechanik)
bomb-proof bombenfest, bombensicher (z.B. eine Verschlüsselung)
book das Buch, buchen
booklet die Broschüre
bookmark das Lesezeichen
Boolean algebra die Schaltalgebra (Elektronik) , die Boole'sche Algebra (Mathematik)
Boolean operation table die Wahrheitstabelle (Mathematik)
Boolean primary der logische Elementarausdruck (Mathematik)
booster amplifier der Zwischenverstärker (Elektronik)
boot booten, urladen, hochfahren (eines Betriebssystems)
bootscreen der Startbildschirm (software)
bootstrap das Ladeprogramm, der Urlader (Software)
bootstrapping der Bootvorgang, das Hochfahren des Systems
border der Rand, die Grenze
bore das Bohrloch, die Bohrung, bohren (Mechanik)
borer der Bohrer (Mechanik)
Borland Name eines Softwarehauses
borrow der Übertrag (Mathematik)
bot (back on topic) zurück zum Thema
botch der Flicken, das Flickwerk, flicken
bottleneck der Engpass, die Enge, die Schwierigkeit
bottom der Grund, die Sohle, die Grundfläche
bottom up Bezeichnung für die Programmierung vom Detail zur Gesamtlösung
bounce der Sprung, der Rückprall
bouncing die Rücksendung einer E-Mail wegen eines Fehlers
bound die Grenze, die Schranke, der Sprung, springen
boundary die Grenze, der Rand
boundary condition die Randbedingung (Software)
boundary value der Grenzwert (Mathematik)
boundless grenzenlos
bps (bits per second) die Bits pro Sekunde, Übertragungsgeschwindigkeit
brace die geschweifte Klammer, die Strebe, die Klammer, die Abstützung
bracket die eckige Klammer
bracketed therm der eingeklammerte Ausdruck (Mathematik)
brad der Drahtstift (Mechanik)
braille die Blindenschrift
Brain Name eines Computervirus (Software)
brainwork die Kopfarbeit
brake die Bremse (z.B. Bandlaufwerk)
branch der Zweig, die Programmverzweigung (Software)
branch address die Verzweigungsadresse
branch on condition der bedingte Sprungbefehl (Software)
branching die Verzweigung (Software)
branching instruction der Verzweigungsbefehl (Software)
brass das Messing
braze hartlöten
break unterbrechen (z.B. ein Programm), die Pause
break character das Leerzeichen, das Pausenzeichen
break down ausfallen, die Betriebsstörung
break point der Haltepunkt (z.B. in einem Programm)
brick and mortar „Mauersteine und Mörtel“ (konventionelles Unternehmen ohne Internet-gestützte Vertriebskanäle)
bridge die Brücke, Gerät für die Verbindung von Teilnetzen (Hardware)
Briggsian logarithm der dekadische Logarithmus (Mathematik)
brittle die Anfälligkeit, zerbrechlich, spröde
broadband das Breitband (Übertragungstechnik)
broadband service der Breitbanddienst (Netzwerk)
broadcast verteilen, verbreiten, weitverbreitet (Nachrichten, Daten)
broadcast storm Bezeichnung für eine inkorrekte Nachricht innerhalb eines Netzwerkes, die mehrere Hosts gleichzeitig antworten lässt
broadcasting die Verbreitung, die Verteilung (von Nachrichten)
brochure die Broschüre

B

brokers call das Makeln (Leistungsmerkmal in telefonischen Kommunikationsdiensten)
brouter Name eines Gerätes (bridge + router) zur Netzwerkorganisation (Hardware)
browse überfliegen (einen Text)
browse command der Suchbefehl
browser Hilfsmittel eines Hypertext-Dokumentes (to browse = schmökern), wie sie im Internet vorkommen
browsing die Grobrecherche
bruce force method die „Rohe Gewalt Methode" (Vorgehensweise z.B. bei der Programmierung)
bubble jet printer der Tintenstrahldrucker
bubble memory der Magnetblasenspeicher (besondere Bauart von Speicherchips)
bubble sort das Bubblesort-Sortierverfahren (Software)
bubble-jet printer der Tintenstrahldrucker (Hardware)
buddy list Freundesliste (Messengersystem)
budget die Zeitzuteilung, das Budget, der Haushalt
buffer der Zwischenspeicher, der Pufferspeicher
buffer stage die Trennstufe (Elektronik)
buffer underrun der Speicherleerlauf (leerer Datenpuffer durch einen längeren Abbruch der Datenzufuhr)
buffering das Puffern, das Zwischenspeichern
bug die Störung, der Fehler
built-in check die eingebaute Kontrolle (Hardware, Software)
bulk information die große Informationsmenge
bulk information processing die Verarbeitung großer Datenmengen
bulk memory der Großraumspeicher (Hardware)
bulk of data die große Datenmenge, die Datenmassen
bulk transmission of data die Übertragung großer Datenmengen
bulk-mail Bezeichnung für unerwünschte Massen-E-Mails
bulletin der Tagesbericht, die Meldung
bulletin board das schwarze Brett (auch Software)
bulletin board system Name eines Computersystems, das Dienste wie E-Mail und Dateiarchive zu einem bestimmten Thema bereitstellt
bundle das Bündel, der Bund, bündeln (z.B. Hardware und Software beim Kauf)
burn-in eingebrannt, einbrennen (z.B. Zeichen auf dem Bildschirm)
burnish polieren, glätten
burst das Datenbüschel, die Anhäufung von Daten
burst mode der Stoßbetrieb (Hochgeschwindigkeitsübertragung)
burst transmission die Hochgeschwindigkeitsübertragung
bus die Sammelleitung, der Bus (Datenbus, Adressbus)
bus driver der Bustreiber (Software)
bush die Buchse (Hardware)
business data die kommerziellen Daten (Software)
business graphics die Geschäftsgrafik
busy condition der Besetztzustand (Zustand, wenn ein angewählter Netzwerkteilnehmer bereits mit einem anderen Teilnehmer kommuniziert)
busy hour call attemps Bezeichnung für Versuche des Verbindungsaufbaues in einem Netz während der Hauptbelegungszeiten
busy lamp die Aktivlampe (CD-ROM Laufwerk)
busy signal die Besetztanzeige (Vermittlungsplatz in Nebenstellenanlage)
button der Druckknopf, der Knopf, der Schaltknopf (Mechanik)
buzzer der Summer (Hardware)
buzzword das Modewort
by the job stückweise
bypass das Umgehen, die Umgehung
bypath der Seitenpfad
byte das Byte, die Achtergruppe von bits
byte boundary die Bytegrenze
Byte Magazin Name einer Computerzeitschrift

C

C Name einer Programmiersprache (Software)
C64 Name eines Homecomputers der Fa. Commodore (Hardware)
cabinet das Gestell (Mechanik)
cabinet rack der Gestellrahmen
cable das Kabel
cable access point der Kabelanschlusspunkt, der Übergabepunkt (zwischen öffentlichem Netz und dem Hausanschluss)
cable connect der Kabelanschluss, anschließen
cable harness der Kabelbaum, das Kabelbündel
cable loss der Kabelverlust, die Signalabschwächung
cable runway der Kabelkanal
cable system das Verkabelungssystem
cabling die Verkabelung
cache der schnelle Zwischenspeicher (Hardware)
cache memory der Cache-Speicherbereich
cache-miss der Cachespeicher-Fehlgriff
CAD (computer aided design) das computerunterstützte Konstruieren
caddy Bestandteil eines CD-ROM-Laufwerktyps zur Aufnahme der CD-ROM
CAE (computer aided engineering) das computerunterstützte Ingenieurwesen
CAI (computer aided instruction) der computerunterstützte Unterricht
CAL (computer aided learning) das computerunterstützte Lernen
calculate berechnen, kalkulieren
calculating speed die Rechengeschwindigkeit
calculation die Berechnung, die Kalkulation
calculation machine die Rechenmaschine
calculus die Rechenart (Mathematik)
Caldera Name einer Linux-Distribution (Software)
calendar der Kalender
calibrate eichen, kalibrieren (Elektronik, Mechanik)
calibration die Eichung, die Kalibrierung (Elektronik, Mechanik)
calibration chart die Eichtabelle
call der Aufruf (z.B. ein Unterprogramm), der Anruf, der Telefonanruf, anrufen, aufrufen
call barring die Rufsperre (Sperrfunktion an Wählanschlüssen
call collision der Rufzusammenstoss (Eintreffen eines anderen Gespräches während dem Aufbau eines abgehenden Gespräches)
call connected Anrufverbindung geschaltet (Steuermeldung in Netzwerken)
call distribution die Anrufverteilung (TK-Anlagen)
call failure signal Anruffehlersignal (Telefonnetz)
call for votes der Aufruf zur Stimmenabgabe (im Internet)
call forwarding die Rufumleitung, die Anrufweiterschaltung
call redirection die Verbindungsumleitung (in paketvermittelten Netzen)
call reference die Verbindungserkennung (Telefonnetz)
call request die Anrufanforderung (Telekommunikation)
call time die Anrufzeit, die Verbindungsdauer
call waiting das „Anklopfen“ (Kommunikationsdienst)
call word das Kennwort
callback der Rückruf
caller der Anrufer
calling instruction der Aufrufbefehl (für ein Unterprogramm)
calling line identity die Anschlusskennung (Telekommunikation)
calling tone der Rufton (Faxgerät)
CAM (computer aided manufacturing) die computerunterstützte Fertigung
camber die Wölbung, die Krümmung
camera die Kamera, der Fotoapparat
camera scanner der Kamerascanner
camera-read copy die Reprovorlage
camouflage die Tarnung, tarnen (z.B. bei Viren)
cancel aufheben, streichen, die Streichung (z.B. einer Datenübertragung)
cancel character das Löschzeichen
cancel information löschen von Informationen
Canon Name eines Hardwareherstellers

C

cant die Schrägung, die schräge Lage
CAP (computer aided planing) die computerunterstützte Arbeitsplanung (Software)
cap off time die „Frischezeit", Zeit, die ein Zeichenstift ohne Abdeckung nicht eintrocknet (Stiftplotter)
capability die Fähigkeit
capacity die Kapazität, die Leistungsfähigkeit
capital letter der Großbuchstabe, die Majuskel
cap-off time die Zeit, die ein Zeichenstift ohne Abdeckung nicht eintrocknet (Stiftplotter)
caps lock (capital letters lock) Bezeichnung einer Taste, die nur noch Großbuchstaben zulässt (Feststelltaste)
capturing das „Einfangen", Verfahren zur Kompression und Digitalisierung von Videosequenzen
carbon der Kohlenstoff, der Kohlestift
carbon copy der Durchschlag, Auflistung der Adressaten einer Kopie von einer E-Mail
card die Karte, die Platine (Hardware)
card coupling device Gerät zum Datenaustausch mit Magnetkarten (Hardware)
card reader der Kartenleser, der Kartenabtaster (Hardware)
card slot Erweiterungssteckplatz (Hardware)
cardanjoint das Kardangelenk (Mechanik)
cardanshaft die Kardanwelle (Mechanik)
carefull sorgfältig
carefullness die Sorgfalt
careless nachlässig, leichtsinnig
carelessness die Sorglosigkeit, die Unachtsamkeit, die Nachlässigkeit
cargo die Ladung
carriage der Wagen (einer Schreibmaschine)
carriage return der Wagenrücklauf, der Übergang zur nächsten Zeile, die Returntaste
carrier der Betreiber, der Netzbetreiber
carrier der Träger (z.B. das Kunststoffmaterial der Diskette)
carrier frequency die Trägerfrequenz (Elektronik)
carrier tone der Trägerton (Signal eines Modems)
carrier wave die Trägerfrequenz, die Grundfrequenz
carry der Übertrag (Mathematik)
carry forward der positive Übertrag (Mathematik)
carry over der Übertrag (auf die andere Seite)
cartesian coordinates die rechtwinkeligen Koordinaten, die karthesischen Koordinaten (Mathematik)
cartoon der Karton, die Karikatur, die Musterzeichnung
cartridge das Steckmodul, die Kassette, die Patrone (Hardware)
cartridge tape device das Kassettenlaufwerk (Hardware)
case das Gehäuse
case shift die (groß-klein) Umschaltung
cassette die Kassette (Massenspeicher)
cassette recorder der Kassettenrecorder (Hardware)
caster die Laufrolle (Mechanik)
cast-steel aus Gussstahl
CAT (computer aided translation) das computerunterstützte Übersetzen (Software)
catalogue der Katalog
catalogued file die katalogisierte Datei (Software)
catch der Haken, der Halter, der Griff (Mechanik), greifen, halten
catchword das Schlagwort
catenary die Kettenlinie (Mathematik)
cater versorgen
cathode ray tube die Kathodenstrahlröhre, die Bildröhre (Elektronik)
causal ursächlich
causality die Ursächlichkeit
causative verursachend
cause of failure Fehlerursache
caution die Vorsicht
cautious vorsichtig, behutsam
CD-ROM (Compact Disk Read Only Memory) die Compaktdisk, ein nicht beschreibbarer Massenspeicher
celerity die Geschwindigkeit
Celeron Name einer Mikroprozessorserie der Fa. Intel
cell die Speicherzelle, das Element
cell delay variation Zellverzögerungsschwankungen (in Kommunikationssystemen)

cell relay die Zellvermittlung (Paketvermittlungstechnologie)
cellar der Kellerspeicher, der Stapelspeicher
cellular radio das Mobilfunksystem
cent call seconds die mittlere Belegungsanzahl (Telekommunikation)
central processing unit die Zentraleinheit (CPU), der Prozessor
Centrino Name einer Notebookplattform (Fa. Intel); Prozessor, Mainboard und WLAN für Laptop-PCs
Centronics Name eines Hardwareherstellers (Drucker)
Centronics port die Centronics Schnittstelle (Parallelschnittstelle)
centuple hundertfach, verhundertfachen
certain zuverlässig, sicher
certainty die Zuverlässigkeit
certificate das Zertifikat, das Zeugnis, die Bescheinigung, bescheinigen
certificate of authenticity das Authentifikationszertifikat
certificate renewal die Re-Zertifizierung, das Wiederholungsaudit
certification die Prüfung, die Zertifikation
certification body der Zertifizierer, die Zertifizierungsstelle
chain die Kette (z.B. von Befehlen)
chainig die Verkettung (z.B. von Befehlen)
chairperson der Vorsitzende
change der Wechsel, die Veränderung, der Tausch, wechseln, verändern, tauschen
changeability die Veränderbarkeit
changeless unveränderlich
changeover die Weitergabe (Leistungsmerkmal zellularer Mobilfunknetze)
channel der Kanal, der Übertragungskanal, der Datenkanal
channel bundling die Kanalbündelung (Datenübertragung)
channel capacity die Kanalkapazität, (Übertragungskanal)
channel loading die Kanalbelegung, (Übertragungskanal)
channel raster das Kanalraster (Aufteilung eines Frequenzbandes)
channel selector der Kanalwähler, (Übertragungskanal)
channel status der Kanalstatus (belegt oder frei)
channel status word das Kanalstatuswort (Steuerzeichen)
channel switching die Kanaldurchschaltung, die Kanalvermittlung
character das Zeichen
character alignment die Zeichenausrichtung (z.B. linksbündig, zentriert usw.)
character assignment die Zeichenzuordnung
character buffer der Zeichenpuffer, der Zeichenzwischenspeicher
character code der Zeichencode (Software)
character density die Zeichendichte (Abstand)
character driver der Zeichentreiber (zur Generierung von Zeichen)
character error rate die Zeichenfehlerrate (Verhältnis von fehlerhaften Zeichen zur Gesamtanzahl der empfangenen Zeichen)
character font der Zeichensatz
character generator der Zeichengenerator
character oriented transmission die zeichenorientierte Übertragung (Datenübertragungsprozedur)
character parity die Zeichenparität
character printer der Zeichendrucker (Hardware), im Gegensatz zum Ganzseitendrucker
character rate die Zeichengeschwindigkeit (Maß für die Anzahl übertragener Zeichen je Zeiteinheit)
character reader der Klarschriftleser (Hardware)
character recognition die Zeichenerkennung (Hardware und Software)
character screen der Zeichenbildschirm (Hardware)
character set der Zeichenvorrat
character skew die Zeichenneigung (z.B. „kursiv")
character spacing der Zeichenabstand
character string die Zeichenfolge, die Zeichenkette
character subset die Untermenge eines Zeichenvorrates
characteristic das Kennzeichen, das Merkmal, bezeichnend
characteristic curve die Kennlinie
characteristics die Kenndaten, die Eigenschaft

C

characters per inch die Anzahl der Zeichen pro Zoll (cpi)
characters per line die Anzahl der Zeichen pro Zeile (Anschläge pro Zeile)
characters per second die Anzahl der Zeichen pro Sekunde (cps)
charge das Laden (einer Batterie), die Ladung, die Belastung
charge ratio das Ladeverhältnis (Elektronik)
Charisma Name eines Grafik-Präsentationsprogrammes (Software)
chart die Tabelle, das Diagramm
chat die Unterhaltung (über Tastatur und Bildschirm)
chat room das Sprechzimmer, Bezeichnung für den virtuellen Ort, in dem der chat stattfindet
chat session die Sprechzeit, die Zeit, in der man an einem chat teilnimmt
chatten das Schwatzen (Bezeichnung für die online-Unterhaltung)
cheapernet das „Billignetz“ (Verkablung mit einem dünnen und damit billigen Kabel)
Cheapernet cable Name für ein preiswertes (dünneres) Ethernet-Netzwerkkabel
check prüfen, die Kontrolle, der Test
check bit das Prüfbit, das Kontrollbit
check character das Prüfzeichen
check digit die Prüfziffer
check problem die Prüfungsaufgabe
check program das Prüfprogramm (Software)
check read die Schreibprüfung (bei der Aufzeichnung auf einen Massenspeicher)
check routine das Prüfprogramm (Software)
check sum, check total die Prüfsumme
checkbox das Ankreuzkästchen (Formular)
checking die Prüfung, die Kontrolle
checking device das Prüfgerät (Hardware)
checking routine das Prüfprogramm (Software)
checkout das Austesten
checkout test der Gesamttest
checkpoint der Prüfpunkt, der Fixpunkt
checksum die Prüfsumme
cheek das Seitenteil
Cherry Name eines Hardwareherstellers (Tastaturen)
chip der Chip, der integrierte Schaltkreis (Elektronik)
chip enable die Chip-Freigabe (Steuersignal)
chip select die Chip-Auswahl (z.B. einer Speicherbank)
chipset der Chipsatz (mehrere zusammengehörige Schaltkreise)
chock der Keil (Mechanik)
choice die Auswahl, auswählen
choose auswählen
chrome das Chrom
cinepack Name eines Kompressionsverfahrens (für digitale Videosequenzen)
cipher die Ziffer, die Null, die Chiffre, chiffrieren, ausrechnen
circle der Kreis, umkreisen, der Kreislauf
circuit der Kreis (Mathematik), der Schaltkreis, der Stromkreis (Elektronik)
circuit arrangement die Schaltungsanordnung (Elektronik)
circuit card die Schaltungsplatine (Elektronik)
circuit diagram das Schaltbild, der Stromlaufplan
circuit logic die Schaltkreislogik (Elektronik)
circuit module das Schaltungsmodul (Elektronik)
circuit parameter der Schaltungsparameter
circuit plate die Schaltungsplatine (Elektronik)
circuit switched data network das leitungsvermittelte Datennetz
circuit switching die Leitungsvermittlung (Telekommunikation)
circuit technique die Schaltkreistechnik (Elektronik)
circuit testing die Schaltkreisprüfung (Elektronik)
circuitry die Schaltungsanordnung (Elektronik)
circular kreisförmig, das Rundschreiben
circulation die Verbeitung
circulatory integral das Umlaufintegral (Mathematik)
circumference der Kreisumfang (Mathematik)
Citizen Name eines Hardwareherstellers (Drucker)
cladding der Lichtwellenleiter-Mantel

clamp die Klammer (Mechanik), verklammern
classification of nonconformities die Fehlerklassifizierung
classify klassifizieren, einordnen
clean rein, sauber, fehlerfrei
clear klar, rein, klären, löschen
clear confirmation die Löschbestätigung (Kontrollzeichen eines Massenspeicherlaufwerkes)
clear indication die Löschanzeige (Kontrollampe für einen gerade durchgeführten Löschvorgang)
clear request die Löschanforderung (Steuerzeichen bei der Datenübertragung)
clear text der Klartext (ohne Formatierungen)
clear to send die Sendebereitschaft
clearback signal das Schlusszeichen (Endesignal auf einem PC-Bussystem)
clearing of fraction die Brüche auflösen (Mathematik)
clerk der Sachbearbeiter
click das Klicken, das Knacken, der Sperrhaken (Mechanik), zuschnappen
click rate die Klickrate (Anzahl der Seitenaufrufe im Internet)
client der Kunde (Rechner oder Programm, dem von anderen Rechnern oder Programmen bestimmte Dienste zur Verfügung gestellt werden)
client profile das Kundenprofil
clientele die Kundschaft
clima das Klima
climatic klimatisch
climax die Steigerung, der höchste Punkt
clinch die Vernietung, vernieten, festmachen (Mechanik)
clip die Klammer, die Spange (Mechanik)
clip contact connector der Federleistenstecker (Mechanik)
clipboard Name der Zwischenablage von Windows (Software)
Clipper Name einer Datenbankprogrammiersprache (Software)
cloaking das Verbergen (z.B. von Websites)
clock der Takt, der Impuls, die Uhr
clock cycle der Taktzyklus (Elektronik)
clock error der Gleichlauffehler (z.B. einer Diskette)
clock frequency die Taktfrequenz (Elektronik)
clock generator der Taktgenerator, der Taktgeber (Elektronik)
clock pulse der Taktimpuls (Elektronik)
clock rate die Taktfolge (Elektronik)
clock wise im Uhrzeigersinn
clone der Nachbau
close der Schluss, schließen, geschlossen
close disc die Fixierung (CD-R)
closed counting chain die geschlossene Zählkette (Software)
closed loop die geschlossene Schleife (Software)
closed loop circuit die Rückführungsschaltung (Elektronik)
closed subroutine das geschlossene Unterprogramm (Software)
closed user group die geschlossene Benutzergruppe
closure der Verschluss (Mechanik)
cluster die Gerätegruppe (Hardware), die Sektorengruppe (Software) , der Haufen, sich zusammendrängen
cluster controller der Vorrechner (Hardware)
CMOS (Complementary Metal Oxide Semiconductor) Name einer Halbleitertechnologie (zur Herstellung integrierter Schaltkreise)
CMYK Name eines Farbmodells (Cyan, Magenta, Yellow, Black)
coal die Kohle
coaldust der Kohlenstaub
coaster der „Bierdeckel" (unbrauchbare CD)
coated paper das beschichtete Papier
coating die Beschichtung (Lichtwellenleiter)
coating die Beschichtung, der Überzug
coating layer die Lackschicht (zum Schutz der CD)
coax cable das Koaxialkabel (Verbindungsleitung für Netzwerke)
coaxial connector der Koaxialstecker (Mechanik)
Cobol Name einer Programmiersprache (Software)
code der Code, codieren, verschlüsseln
code conversion die Codeumsetzung
code converter der Codeumwandler
code generation die Codegenerierung
code pattern das Codemuster (Software)
code structure die Befehlsstruktur (Software)
code translator der Codeumsetzer

C

C

code word das Code-Wort, das codierte Wort (Software)
coded verschlüsselt, codiert
coded decimal digit die codierte Dezimalzahl
coded decimal notation die codierte Dezimalschreibweise
coded instruction der codierte Befehl (Software)
coded output die codierte Signalausgabe
codepage die Codeseite (vorbereiteter Zeichensatz)
coding die Codierung, die Verschlüsselung
coding rule violation die Verletzung der Codierungsregeln (Bitfolge, die keinem Zeichen oder Steuerbefehl entspricht)
coercivity die Koerzitivität (Größe für die Qualität magnetischer Oberflächen)
cognition die Erkenntnis
cognizable erkennbar
cohere zusammenhängen
coherence length die Kohärenzlänge (Optik)
coherency der Zusammenhang
coherent zusammenhängend
Coherent Unix Name einer Version des Betriebssystems Unix (Software)
coinage die Prägung
coincidence die Übereinstimmung
coincidence circuit die UND-Schaltung (Elektronik)
cold boot der Kaltstart (Hochfahren des Systems)
collar das Lager, die Pfanne (Mechanik)
collating of data das Sortieren von Daten
collating order die Sortierfolge
collating sequence die Sortierfolge
collective number die Sammelrufnummer (Telekommunikation)
collector der Kollektor (Elektronik)
college die Hochschule
collision die Kollision, der Zusammenstoß (z.B. eines übertragenen Datenblocks im Netzwerk)
collision detection die Kollisionserkennung
collocation die Anordnung
colon der Doppelpunkt
color die Farbe (amerikanisch), färben
color bits die „Farbtiefe“
color formular guide die Farbmischungstafel
color graphics die Farbgrafik
Color Graphics Adapter Name eines Grafikstandards (CGA)
color monitor der Farbbildschirm (Hardware)
color palette die Farbpalette
color printer der Farbdrucker (Hardware)
color temperature die Farbtemperatur (Messwert für Farbnuancen)
colour die Farbe (engl.), färben
column die Spalte (in einer Tabelle)
column by column spaltenweise
column spacing der Spaltenabstand (in einer Tabelle)
Comal Name einer Programmiersprache (Software)
combinable verbindbar
combination die Verbindung, die Kombination
come-at-able erreichbar, zugänglich
come-off das Resultat (z.B. einer Berechnung)
COM-file virus Name eines Virus (befällt ausführbare Dateien)
comma das Komma
comma separated values Komma-getrennte Werte
command der Befehl, das Kommando (Software)
command chainig die Befehlsverkettung (Software)
command language die Kommandosprache (Kommandos zur Steuerung des Computers)
command line die Kommandozeile (Kommando, gefolgt von anderen notwendigen Informationen)
command menu das Befehlsmenü (Software)
command reject die Befehlsverweigerung (die Angabe falscher Parameter zu einem Befehl können hierzu führen)
command structure die Befehlsstruktur (Software)
commencement location address die Anfangsadresse
commend empfehlen
commendable empfehlenswert
commendation die Empfehlung
comment der Kommentar, die Erläuterung, erläutern
commerce der Handel, der Verkehr
commercial kaufmännisch, gewerblich

commercial at Name für das Zeichen „@“
commercial enterprise das Wirtschaftsunternehmen
commercialize in den Handel bringen
commission der Auftrag, beauftragen
commit anvertrauen, übergeben
commitment die Überweisung
Commodore Name eines Hardwareherstellers
common gemeinsam, allgemein
common air interface die Luftschnittstelle (Gesamtheit der Festlegungen für den Datenaustausch funktechnischer Einrichtungen)
common area der gemeinsame Bereich (z.B. von Programmen genutzter Speicher)
common carrier Firmen, die in den USA öffentliche Kommunikationsdienste anbieten
Common Lisp Name einer Programmiersprache (Software)
common logarithm der einfache, dekadische Logarithmus (Mathematik)
common user access der gemeinsame Benutzerzugriff (Teil des SAA-Konzeptes)
communicate übertragen, kommunizieren
communication die Übertragung (z.B. von Daten)
communication control die Datenübertragungssteuerung
communication highway die Datenautobahn (nicht näher spezifizierte Bezeichnung für Kommunikationskonzepte)
communication interface die Kommunikationsschnittstelle
communication interrupt die Unterbrechung der Datenübertragung
communication line die Übertragungsleitung, die Telefonleitung
communication processor der Kommunikationsrechner
communication software die Kommunikationssoftware (z.B. Übertragungsprotokolle)
communication support die Kommunikationsunterstützung (Steuerung der Datenübertragung)
communications server der Kommunikationsserver (Netzeinrichtung)
community die Netzgemeinschaft (Interessengemeinschaft im Internet)
compact dicht, fest, komprimiert
compact disk die CD, die CD-ROM (Datenträger)
compaction die Komprimierung
compactness die Dichtigkeit, die Festigkeit
company standard die firmenspezifische Norm
Compaq Name eines Hardwareherstellers
comparable vergleichbar
comparative value der Vergleichswert
comparison der Vergleich
compatibility die Kompatibilität, die Verträglichkeit, die Vereinbarkeit, die Anpassungsfähigkeit
compatible kompatibel, verträglich
compendium das Kompendium, der Abriss
compensate kompensieren, ausgleichen
compensation der Ersatz, der Ausgleich
compensator der Entzerrer (Elektronik)
competence die Kompetenz, die Zuständigkeit
competent fachkundig, hinreichend, zuständig
competition die Mitbewerbung, die Konkurrenz, der Wettbewerb
competitor der Konkurrent
compilation die Kompilierung, die Übersetzung, die Zusammenstellung
compile kompilieren, übersetzen
compile time die Kompilierungszeit
compiler der Kompiler, der Übersetzer (Software)
compiler language die Kompilersprache
complement das Komplement (Mathematik)
complement representation die Komplementdarstellung (Mathematik)
complete vollständig, vervollständigen, abschließen
complete carry der komplette Übertrag
completion die Vollendung
complex kompliziert, komplex, die Gesamtheit
complex conjugate number die konjugiert komplexe Zahl (Mathematik)
complex instruction set computer Rechner mit komplexem Befehlsvorrat (CISC)
complex number die komplexe Zahl (Mathematik)

C

compliance die Einwilligung
complication die Komplikation
complicity die Mitschuld
component die Komponente, das Bauelement (Hardware)
component density die Packungsdichte (z.B. von Transistoren auf einem Chip)
component part das Einzelteil (Hardware)
compose zusammensetzen, zusammenfügen
composite zusammengesetzt, zusammengefügt
composite signal das Bildinhalt-Austast-Synchron Signal (BAS)
composite terminal das Verbundterminal (Hardware)
compound statement die Mehrfachanweisung (Software)
compress komprimieren, zusammendrücken
compressed file die „gepackte" Datei, die komprimierte Datei
Compressed Volume File die komprimierte Datei (CVF)
compression die Datenkompression (Software), der Druck (Mechanik)
compressor der Verdichter
compulsory attendance die Anwesenheitspflicht
compunication Kunstwort aus Computer und Communication
CompuServe Name eines Netzwerkanbieters
computable berechenbar
computation die Berechnung
computer der elektronische Rechner (Hardware)
computer aided design das computerunterstützte Konstruieren (CAD)
computer aided engineering das computerunterstützte Ingenieurwesen (CAE)
computer aided instruction der computerunterstützte Unterricht (CAI)
computer aided learning das computerunterstützte Lernen (CAL)
computer aided manufacturing die computerunterstützte Fertigung (CAM)
computer aided planning die computerunterstützte Arbeitsplanung (CAL)
computer aided publishing das computerunterstützte Verlegen (Setzen und Layouten von Texten)
computer aided selling die Verkaufsunterstützung
computer aided testing das computerunterstützte Testen (von Schaltungen) (CAT)
computer aided translation das computerunterstützte Übersetzen (CAT)
computer based training das computerunterstützte Lernen (CBT)
computer code der Computercode
computer controlled computergesteuert
computer family die Rechnerfamilie (Hardware)
computer generation die Computergeneration (Hardware)
computer graphics die Computergrafik
computer independent language die computerunabhängige Programmiersprache (Software)
computer input microfilm die Eingabe von Daten auf einem Mikrofilm (CIM)
computer network das Rechnernetz, das Netzwerk (Hardware)
computer operation die Verarbeitungsart
computer oriented language die maschinenorientierte Programmiersprache (Software)
computer professional der Computerfachmann
computer response time die Antwortzeit des Computers
computer run der Computerlauf, der Systemdurchlauf
computer science die Informatik
computer security die Computersicherheit
computer simulation die Computersimulation (z.B. Flugsimulator)
computer skills die EDV-Kenntnisse
computer system das Computersystem, das Rechnersystem (Hardware)
computer virus der Computervirus (Software, die Schaden anrichten soll)
computer vision syndrome das Computersehkraft-Syndrom (Krankheitsbild)
computer word das Maschinenwort (Software)
computerized auf einen Computer übertragen, von einem Computer gesteuert, computergestützt

computing center das Rechenzentrum
computing speed die Rechengeschwindigkeit
concatenate verketten (z.B. Befehle)
concatenated key der verkettete Schlüssel
concave konkav, hohl gewölbt
concentrate konzentrieren
concentration die Konzentration, die Sättigung
concentricity tolerance die Rundlauftoleranz
concept das Konzept, der Begriff
concession die Sonderfreigabe
concetenation die Verkettung
conclusion der Schluss
concurrency der Parallellauf (z.B. mehrerer Computer)
concurrent zusammentreffend, gleichzeitig
concurrent access der gleichzeitige Zugriff (z.B. auf ein Gerät)
concurrent operation der Parallelbetrieb
condense verdichten, kondensieren
condition code der Zustandscode
conditional breakpoint die bedingte Programmunterbrechung
conditional instruction der bedingte Befehl (Software)
conditional jump der bedingte Sprung (z.B. Programmverzweigung nach Erfüllen einer Bedingung)
conducting stromführend, leitend (Elektronik)
conductor der (elektrische) Leiter
cone der Kegel (Mathematik)
conference call die Konferenzschaltung
conference circuit die Konferenzschaltung
confidence level die statistische Sicherheit
configuration die Konfiguration, die Ausstattung, die Gestaltung
configuration management das Konfigurationsmanagement (Funktionsbereich des Netzwerkmanagements)
confine begrenzen (z.B. zeitlich)
confirm bestätigen (z.B. eine Eingabe)
confirmation die Bestätigung (Steuermeldung)
confirmation of employment die Arbeitsbescheinigung
conformal mapping die konforme Abbildung (Mathematik)
conformity die Konformität
conformity declaration die Konformitätserklärung
congestion die Überlastung (Netzwerk)
congestion control die Überlastkontrolle
conic, conical konisch, kegelförmig
conjunction die Konjunktion, die UND-Funktion, die Verbindung
connect verbinden, schalten
connect in parallel parallelschalten, parallel verbinden
connect in series in Reihe schalten (Elektronik)
connect time die Verbindungszeit
connecting cable das Anschlusskabel
connecting terminal die Anschlussklemme (Mechanik)
connection der Anschluss, die Verbindung (Mechanik, Elektronik)
connection confirm die Verbindungsbestätigung (Telekommunikation)
connection identification die Verbindungserkennung (Telekommunikation)
connection oriented verbindungsorientiert (Datenübertragung)
connection oriented routing die Leitungsvermittlung (Vermittlungsverfahren)
connection request die Verbindungsanforderung (Steuerzeichen bei der Datenübertragung)
connection switching die Leitungsvermittlung (Vermittlungsverfahren)
connection type die Verbindungsart
connectionless verbindungslos
connectivity der Vernetzungsgrad
connector der Steckverbinder, der Stecker (Mechanik, Elektronik)
Conner Name eines Hardwareherstellers (Festplatten)
connexion die Verbindung, die Schaltung (Mechanik, Elektronik)
consecutive numbering die fortlaufende Nummerierung
consequence die Wirkung, die Konsequenz
consequent der Divisor (Mathematik), die Folgerung
conservatively rated ausreichend bemessen (Mechanik, Elektronik)
consistency die Festigkeit, die Konsistenz

C

consistency check die Logikkontrolle
console die Konsole, das Pult, das Terminal
console request die Anfrage über ein Terminal
constancy die Beständigkeit, der Bestand, die Dauer
constant die Konstante (Mathematik)
constant angular velocity die konstante Winkelgeschwindigkeit (CAV)
constant coefficient der konstante Koeffizient (Mathematik)
constant linear velocity die linearkonstante Geschwindigkeit (CLV)
construct konstruieren, errichten
construction die Konstruktion
consultant contract der Beratervertrag
consumption der Verbrauch
contact der Kontakt (Elektronik)
contact contamination die Kontaktverunreinigung
container der Behälter
contaminate verunreinigen
contamination die Verunreinigung
content adressable memory der Assoziativspeicher
content provider der Informationsanbieter
contents der Inhalt
contents in brief der Inhalt in Stichworten
context der Zusammenhang
continuation address die Folgeadresse
continuation line die Folgezeile
continuity die Kontinuität, die Stetigkeit (Mathematik)
continuity checker der Leitungsprüfer (Hardware)
continuity signal die Durchgangsmeldung (Steuermeldung im Netzwerkmanagement)
continuous edge graphics Name eines Verfahrens zur Verbesserung der Bildschirmdarstellung
continuous form das Endlosformular
continuous function die stetige Funktion (Mathematik)
continuous input die kontinuierliche Eingabe
continuous operation der Endlosbetrieb
continuous paper form das Endlosformular
continuous read das kontinuierliche Lesen (Fähigkeit eines CD-ROM-Laufwerkes)
continuous rollpaper das Rollenpapier (z.B. im Telefaxgerät)
continuous-duty operation der Dauerbetrieb
contour analysis die Konturauswertung (Zeichenerkennung)
contour following die Konturverfolgung, die Konturabtastung (Zeichenerkennung)
contract der Vertrag, zusammenziehen
contractor der Unternehmer
contrivence die Erfindung, der Plan, die Vorrichtung
control die Kontrolle, die Überwachung, die Steuerung, kontrollieren, steuern,
control action das Regelverhalten
control bit pattern das Kontrollbitmuster
control block der Steuerblock (Elektronik, Software)
control bus der Steuerbus (Elektronik), der Kontrollbus
control channel der Organisationskanal (Mobilkommunikation)
control character das Steuerzeichen, das Funktionszeichen
control check die Steuerungskontrolle
control circuit die Steuerungsschaltung (Elektronik)
control code das Steuerungszeichen (Software)
control console die Steuerungskonsole, das Bedienungspult (Hardware)
control counter der Befehlszähler (Bestandteil des Mikroprozessors)
control cycle der Steuerzyklus
control digit test die Kontrollziffernprüfung (z.B. Paritätsprüfung)
control engineering die Regelungstechnik, die Steuerungstechnik
control field das Kontrollfeld (Software)
control frame der Steuerblock (Netzwerk)
control hierarchy die Gruppenanordnung
control instruction die Steueranweisung (Software)
control key die Funktionstaste
control memory der Steuerspeicher
control organ das Stellglied
control panel das Bedienungsfeld, die Schalttafel (Hardware)
control point der Kontrollpunkt
control position das Steuerpult (Hardware)

control program das Steuerprogramm (Software)
control quantity die Führungsgröße (Elektronik)
control register das Befehlsregister
control section der Überwachungsteil
control sequence der Befehlsablauf
control signal code der Kontrollsignalcode
control station die Leitstation
control system das Regelsystem
control total die Abstimmungssumme
control unit das Steuerwerk, die Steuereinheit (Hardware)
control unit terminal das Kontrollterminal
control value der Kontrollwert
control variable die Steuervariable
control word das Leitwort
controlled system die Regelstrecke
controlled variable die Regelgröße
controller der Controller (Hardware), die Kontrolleinheit, der Aufseher
controlling element das Stellglied
convenience outlet die Netzsteckdose
conventional equipment das handelsübliche Gerät (Hardware)
converge konvergieren, zusammenlaufen
convergence die Konvergenz (Mathematik, Elektronik)
convergency die Konvergenz
convergent series die konvergierende Reihe (Mathematik)
conversational dialogorientiert
conversational language die Dialogsprache
conversational mode der Dialogbetrieb
conversion die Umwandlung, die Konvertierung
conversion program das Umsetzungsprogramm (Software)
conversion time die Umwandlungszeit
conversion unit die Umsetzungseinheit
conversional mode der Dialogbetrieb
convert umwandeln, konvertieren, umformen
converter der Wandler, der Umformer (Elektronik)
convex konvex
convey information Informationen übertragen
conveying error der Übertragungsfehler
conveyor belt das Förderband (Mechanik)
cookie der „Keks“ (kleine von einem Browser angelegte Datei)
cooling die Kühlung
cooling plant das Kühlaggregat
cooper Kupfer, kupfern
cooperative zusammenwirkend
cooperative computing Überbegriff für das gruppenbezogene Arbeiten am Computer
coordinate die Koordinate, koordinieren
coordinate setting die Punktsteuerung
coplanar vectors die Vektoren in einer Ebene (Mathematik)
coprocessor der (mathematische) Koprozessor (Hardware)
copy die Kopie, kopieren, umspeichern
copy & paste das Kopieren und Einfügen (Übertragung von Daten zwischen Software-Anwendungen)
copy program das Kopierprogramm
copy protection der Kopierschutz (gegen unerlaubtes Vervielfältigen von Software)
copyright das Urheberrecht, das Vervielfältigungsrecht
Copyright Act das Urheberrechtsgesetz
cordless schnurlos (z.B. Infrarotmaus)
core der Kern (z.B. des Betriebssystems)
core memory der Kernspeicher (veraltet)
core primitives die Grundfunktionen
CorelDraw Name eines Grafikprogrammes (Software)
corememory der Kernspeicher (Hardware), veraltete Bezeichnung für Hauptspeicher
corporate identity die Unternehmenspersönlichkeit
corporate network das unternehmensweite Netzwerk
corporate university die unternehmensinterne Bildungseinrichtungen.
correct korrekt, richtig, korrigieren
correct for deviations die Abweichungen korrigieren
correctable code der korrigierbare Code
correcting signal das Korrektursignal
correction die Fehlerbehebung, die Korrektur
correction data die Berichtigungsdaten
corrective action die Korrekturmaßnahme
correctness die Richtigkeit
correlation function die Korrelationsfunktion (Mathematik)

C

corrode die Korrosion, das Ätzen
corruption die Korruption (Spieltheorie)
cosine der Kosinus (Mathematik)
cosine law der Kosinussatz (Mathematik)
cosine wave die Kosinuswelle, die Kosinusspannung, (Elektronik)
cost der Preis, die Kosten, kosten
cost-effective kostengünstig
costing die Kostenberechnung
cost-price der Einkaufspreis, der Selbstkostenpreis
cost-saving kostensparend
cotter der Splint, der Querkeil (Mechanik)
counsel der Ratschlag
count die Rechnung, die Zahl, die Zählung, der Zählerstand, zählen
count direction die Zählrichtung
counter der Zähler, der Schalter
counter chart die Zählertabelle
counter preset die Zählervoreinstellung
counter reset die Zählernullstellung, die Rückstellung
counter resetting die Zählernullstellung, die Zurückstellung
counter storage der Speicherzähler
counterbalance das Gegengewicht, ausgleichen
counterclockwise im Gegenuhrzeigersinn
countermove die Gegenmaßnahme
counterpart das Gegenstück
counterpoise das Gegengewicht, das Gleichgewicht halten
countersink ausfräsen, versenken (z.B. den Schraubenkopf)
counterweight das Gegengewicht
counterwork entgegenarbeiten
counting chain die Zählkette
counting operation der Zählvorgang
counting pulse der Zählimpuls, der Zähltakt
country code die Landeskennzahl
couple kuppeln, ankoppeln (Mechanik)
coupled circuit der gekoppelte Schaltkreis (Elektronik)
coupling die Ankopplung, die Kupplung (Mechanik)
cover der Deckel, der Umschlag, abdecken
cover page das Deckblatt
cover plate die Abdeckplatte
coverage die Flächendeckung (Räumliche Ausdehnung eines Netzes)
CP/M (Control Program for Microcomputer) Name eines Betriebssystems für 8-bit-Prozessoren (Software)
cpi (characters per inch) die Anzahl der Zeichen pro Zoll (Schreibdichte)
cps (characters per second) die Anzahl der Zeichen pro Sekunde (Übertragungsgeschwindigkeit)
CPU (Central Processing Unit die Zentraleinheit, der Prozessor (Hardware)
CR (Carriage Return) der Wagenrücklauf, der Übergang zur nächsten Zeile, die Returntaste
cramp die Klammer, die Krampe (Mechanik), verklammern, hemmen
crank verdreht, verbogen, die Kurbel
crank shaft die Kurbelwelle (Mechanik)
crash der Absturz, der Zusammenbruch (eines Systems)
cray on der Zeichenstift, zeichnen
create erschaffen, erzeugen
credit point system das Bonus-Punktesystem
creel das Gestell (Mechanik)
crest amplitude die Spitzenamplitude (Elektronik)
cripple stillegen (ein Gerät)
crippleware Name für stark eingeschränkte Programme (Software)
criterion das Kriterium (Mathematik)
cross das Kreuz, sich kreuzen
cross compiler der Quercompiler (Compiler, der den Maschinencode eines anderen Mikroprozessors erzeugt)
cross hairs das Fadenkreuz
cross reference der Querverweis
cross reference table Querverweisliste
cross talk das Übersprechen (Elektronik)
cross-compiler ein Compiler (zur Codeerzeugung eines anderen Systems)
crossconnect network das Vermittlungsnetz (Telekommunikation)
crossfade die Überblendung (audio/video)
crossfooting das Querrechnen
crosslinked file die querverbundene Datei (nicht mehr eindeutig zuzuordnen)
crossposting die Quersendung (Versenden eines Newsartikels in mehrere Newsgruppen)
cross-section der Querschnitt
crosstalk das Übersprechen, die gegenseitige Beeinflussung elektrischer Signale
cryogenic store der supraleitende Speicher (Hardware)

crypto card die Kryptokarte (Intelligente Chipkarten mit Crypto Controller)

cryptographic device das Verschlüsselungsgerät (Hardware)

cryptography die Kryptografie, Wissenschaft zur Erforschung und Entwicklung von Verfahren zur Verschlüsselung von Daten

crystal diode die Kristalldiode (Elektronik)

cubage der Rauminhalt (Mathematik)

cube der Würfel, der Kubus, in die dritte Potenz erheben (Mathematik)

cubic equation die Gleichung dritten Grades, die kubische Gleichung (Mathematik)

cubic parabola die Parabel dritten Grades, die kubische Parabel (Mathematik)

cubic root die Kubikwurzel, die dritte Wurzel (Mathematik)

cubic, cubical würfelförmig, kubisch

cue der Hinweis, der Aufruf

cumulative sich anhäufend, sich aufhäufen

cumulative frequency die Summenhäufigkeit (Statistik)

cumulative frequency curve die Summenkurve (Statistik)

cuneiform keilförmig

currency sign das Währungszeichen

current der elektrische Strom, umlaufend, laufend

current date das aktuelle (heutige) Datum

current density die Stromdichte (Elektronik)

current drain der Stromverbrauch (Elektronik)

current generator die Stromquelle (Elektronik)

current impulse der Stromstoß (Elektronik)

current junction der elektrische Anschluss

current publication die Neuerscheinung

current pulse der Stromimpuls (Elektronik)

curriculum der Lehrplan

cursive kursiv, die Schrägstift

cursor der Cursor, die Schreibmarke

curvature die Krümmung einer Kurve (Mathematik)

curve die Kurve, die Krümmung, sich krümmen, biegen

curve plotter der Kurvenschreiber (Hardware)

curve tracing die Kurvendiskussion (Mathematik)

cushion das Kissen, abfedern

cusp die Spitze (Mathematik)

custom made die Sonderanfertigung

custom tailored auf den Kunden zugeschnitten, die Sonderanfertigung

customer der Kunde

customer focus die Kundenorientierung

customer gateway das Kundengateway (Netzkomponente)

customer requirements die Kundenforderungen

customer satisfaction die Kundenzufriedenheit

customize kundenorientiert anpassen (software)

cut sheet feeder der Einzelblatteinzug (Drucker)

cut-off abschalten

cut-off frequence die Grenzfrequenz (Elektronik)

cut-out die Sicherung, der Ausschalter (Elektronik)

Cutter Location Data Name einer Programmiersprache zur Werkzeugmaschinensteuerung (Elektronik)

cutting plane die Schnittebene (Mathematik)

cybercafe Café oder Kneipe, die ihren Gästen Internetzugänge bereitstellt

cybercash das virtuelle Geld

cybernetics die Kybernetik

cyberspace die künstliche Computerwelt

cycle der Zyklus, die Periode, die Folge, der Arbeitsgang

cycle counter der Schleifenzähler (Programmschleife)

cycle delay die Gangverzögerung (zur Drehzahlregulierung)

cycle index die Zyklenzahl

cycle index counter der Schleifenzähler

cycle off schrittweise abschalten

cycle time die Zykluszeit

cyclic process der zyklische Vorgang

cyclic redundancy check die zyklische Blockprüfung (CRC Fehlererkennungsverfahren)

cyclical zyklisch

cycloide die Zykloide (Mathematik)

cylinder der Zylinder (z.B. Festplattenzylinder)

cylindric zylindrisch

cylindrical coordinates die zylindrischen Koordinaten (Mathematik)
cylindrical function die zylindrische Funktion (Mathematik)
cyrillic character das kyrillische Zeichen

Cyrix Name eines Hardwareherstellers (Mikroprozessor)

D

dactylogram der Fingerabdruck
daisy chain die Verkettung (Verfahren bei der Datensicherung)
daisy wheel das Typenrad
daisy wheel printer der Typenraddrucker (Hardware)
damage der Schaden, schädigen
damageable leicht zu beschädigen
damp feucht, dunstig, die Feuchtigkeit
damp-proof feuchtigkeitsbeständig
danger die Gefahr
dangerous gefährlich
danger-signal das Notsignal
dank feucht
dark dunkel, verdunkeln, die Dunkelheit
dark fiber Optisches Netzwerk, bestehend aus Glasfaserverbindungen ohne aktive Komponenten
dash der Schlag, schlagen
data die Daten, die Angaben, die Tatsachen, die Unterlagen
data above voice „Daten über Sprache", die Mischung von Daten und Sprache bei der Datenübertragung
data abstraction die Datenabstraktion (wichtiges Hilfsmittel beim Programmieren)
data acquisition die Datenerfassung
data address die Operandenadresse, die Datenadresse
data administration die Datenerfassung
data area der Datenbereich
data bank die Datenbank (Software)
data base die Daten einer Datenbank (Software)
data base access der Datenbankzugriff, die Abfrage
data base key der Datenbankschlüssel (Software)
data base language die Datenbanksprache (Programmiersprache zum Erstellen einer Datenbankstruktur)
data base management die Datenbankverwaltung (Software)
data base system das Datenbanksystem (Software)
data block der Datenblock (Software)
data boundary die Datengrenze
data buffer der Datenpuffer (Zwischenspeicher)
data bus der Datenbus (Hardware)
data byte das Datenbyte
data capture die Datenerfassung
data carrier der Datenträger (z.B. Diskette)
data carrier detect der Empfangssignalpegel
data cartridge die Datenkassette (Massenspeicher)
data category die Datenkategorie
data center das Rechenzentrum
data chain die Datenkette (Software)
data chainig die Datenverkettung (Software)
data channel der Datenkanal
data circuit equipment die Datenübertragungseinrichtung (Hardware)
data collection die Datenerfassung
data communication die Datenübertragung
data communication network das Datenübertragungsnetz (Hardware)
data communications equipment das Datenfernübertragungsgerät
data compaction die Datenverdichtung
data compatibility die Datenkompatibilität
data compression die Datenkompression
data control language die Datensteuersprache (Befehlsvorrat zur Datenlenkung in einem System)
data control word das Datenkontrollwort
data country code die Landeskennzahl
data definition language die Datendefinitionssprache (Teilsprache einer Programmiersprache)
data description die Datenbeschreibung
data dictionary das Datenverzeichnis (Software)
data directory das Datenadressverzeichnis
data display unit die Datensichtstation, das Terminal (Hardware)
data element das Datenelement
data encryption die Wissenschaft der Datenveschlüsselung
data encryption standard der Datenverschlüsselungs-Standard
data event block der Ereignisblock (Datenblock zum Erkennen von unregelmäßigen Ereignissen)
data exchange der Datenaustausch
data exchange format das Datenaustauschformat (DXF)
data exchange unit die Datenvermittlung seinrichtung (Hardware)
data field das Datenfeld

D

data file die Datei (Software)
data flag das Datenflag (Markierung zur Kennzeichnung bestimmter Daten)
data flow chart der Datenflussplan
data flow control die Datenflusskontrolle (Telekommunikation)
data flow diagram das Datenflussdiagramm (Programmierung)
data format das Datenformat, die Datenstruktur
data frame der Datenrahmen, der Datenblock
data gathering die Datenerfassung
data handling die Datenverarbeitung (veraltet)
data hierarchy die Datenhierarchie
data highway die Datenleitung
data input die Dateneingabe
data integrity die Datenintegrität (ständige Aktualisierung veränderter Datenbestände)
data interchange format das Datenaustauschformat
data language die Datensprache (Oberbegriff für verschiedenen Datenbanksprachen z.B. Query Language)
data library die Datenbibliothek (Software)
data line die Datenleitung (Elektronik)
data link die Datenverbindung (Software)
data link control die Datenverbindungssteuerung (OSI-Schichtenmodell)
data link escape das Abgrenzungszeichen
data logging die Datenaufzeichnung
data loss der Datenverlust
data management die Datenverwaltung
data manipulation die Datenmanipulation
data manipulation language die Datenmanipulationssprache (Teilsprache einer Programmiersprache)
data medium der Datenträger (z.B. die Diskette)
data migration die Datenabwanderung, die Datenauslagerung
data module das Datenmodul
data module drive das Datenmodullaufwerk
data network das Datennetzwerk
data network address die Datennetzadresse, die Teilnehmerkennung
data network identification code die Datennetz-Kennzahl (internationale vierstellige Kennzahl)
data organization die Datenorganisation
data output die Datenausgabe
data packet das Datenpaket (Übertragungseinheit im Netzwerk)
data packet network das Datenpaketnetzwerk (Netzwerk mit Paketvermittlung)
data packet sequencing die Datenpaketfolgesteuerung
data packet switched network Datenpaketvermittelndes Netz
data path der Datenpfad
data pen der Lesestift (Hardware)
data port Datenanschluss (Schnittstelle)
data post processing system das Datennachverarbeitungssystem
data preparation die Datenaufbereitung
data presentation die Datendarstellung
data presentation service die Daten-Darstellungsschicht
data privacy der Datenschutz (Personendaten)
data processing die Datenverarbeitung
data processing equipment das datenverarbeitende Gerät (Hardware)
data processing expert der Datenverarbeitungsexperte
data processing machine die Datenverarbeitungsanlage (Hardware)
data processing system das Datenverarbeitungssystem (Hardware und Software)
data protection der Datenschutz
data rate der Datenfluss
data recording die Datenerfassung, die Datenaufzeichnung
data recording medium das Datenaufzeichnungsmedium (Diskette, Festplatte, CD-ROM, Streamer usw.)
data reduction die Datenreduktion (Verminderung des Volumens)
data retrieval system das Datenwiedergewinnungssystem
data security die Datensicherung, die Datensicherheit
data security officer der Datenschutzbeauftragte
data send ready die Betriebsbereitschaft (Meldeleitung der seriellen Schnittstelle)

data service adapter der Datendienstanschluss (mobile Datenkommunikation)
data service unit die Datendiensteeinheit (Gerät zur Kopplung eines Computers an digitale Diensteinheiten)
data set der Datensatz (zusammengehörende Datenmenge)
data set ready die Betriebsbereitschaft (Schnittstellenleitung der Datenschnittstelle)
data sheet das Datenblatt
data sink die Datensenke (Ziel einer Datenübertragung, Empfänger)
data source die Datenquelle (Sender)
data station die Datenstation (Hardware)
data storage position der Datenspeicherplatz
data structure die Datenstruktur
data switching exchange die Datenvermittlung (Vermittlungstechnischer Netzknoten in einem Datennetz)
data switching system das Datenvermittlungssystem, das Telekommunikationssystem
data switching unit die Datenvermittlung (Vermittlungstechnischer Netzknoten in einem Datennetz)
data terminal das Terminal, die Datenendstation (Hardware)
data terminal equipment die Datenendeinrichtung (z.B. das Terminal)
data terminal ready Empfangsbereitschaft (Signalleitung DTR der seriellen Schnittstelle)
data transducer der Datenwandler
data transfer die Datenübertragung
data transfer bus der Datenübertragungsbus (Übertragungsleitung)
data transfer rate die Transfergeschwindigkeit, die Übertragungsgeschwindigkeit
data translator der Code-Umsetzer, Bauteil z.B. für die Übersetzung von Leitungscode (Übertragungscode) in Binärcode
data transmission die Datenübertragung
data transmission interface die Datenübertragungsschnittstelle
data transmission process der Datenübertragungsprozess
data transmission protocol das Datenübertragungsprotokoll
data transmission system das Datenübertragungssystem (Einheit aus Sender, Übertragungsstrecke und Empfänger)
data transmission unit die Datenübertragungseinheit (Hardware)
data type der Datentyp
data unit die Dateneinheit
data user part der Anwenderteil (System für leitungsvermittelte Datendienste)
data valid gültige Daten (Kontrollmitteilung)
data volume die Datenmenge, das Datenaufkommen
data word das Datenwort (Gruppe von Bits, die der Computer verarbeiten kann)
data/voice multiplexer der Daten/Sprache Mischer (Gerät, das Daten und Sprache zur gleichzeitigen Übertragung kombiniert)
DataEase Name eines Datenbankprogrammes (Software)
dataglove der Datenhandschuh (Eingabegerät)
datagramm das Datentelegramm (Datenpaket, das ohne Vorankündigung in einem Netzwerk an einen Rechner geschickt wird)
datagramm service der Datagrammdienst
datagramm transport protocol das Datentransportprotokoll
DataMaker Name eines Datenbankprogrammes (Software)
date das Datum, datieren
datel services die Datel-Dienste (Sammelbegriff)
datum die Einzelheit, die Angabe
day der Tag, der Termin
day of week der Wochentag (in der Regel in Form eines Zahlenschlüssels angegeben, Montag = 1, Dienstag = 2 usw.)
daylight das Tageslicht
daylight saving time die Sommerzeit
daytime die Tageszeit
daytimes tagsüber
dBASE Name eines Datenbankprogrammes (Software)
deactivate deaktivieren
dead tot, matt, blind, glanzlos, gänzlich, völlig, total
dead beat oscillation die aperiodische Schwingung (Elektronik)
dead end die Sackgasse, unvorhersehbares Programmende

D

dead links die erloschene Verbindung (leere Hypertext-Links)
dead on arrival „Tod bei Ankunft“, Bezeichnung für einen Hardwarefehler, der bei der ersten Inbetriebnahme auftaucht
dead space der ungenutzte Raum (z.B. auf einer Diskette)
dead time die ungenutzte Zeit
dead-count Methode zum Schutz von Software vor illegalem Raubkopieren
deadline der Termin, die Frist
deadlock die gegenseitige Blockierung (von Programmen), der Stillstand
deal der Teil, die Menge, das Geschäft, handeln, austeilen
deallocate freigeben
debounce entprellen (Tasten)
debug program das Fehlersuchprogramm (Software)
debugger der „Entwanzer“, das Fehlersuchprogramm
debugging die Fehlerbeseitigung
debugging aids die Fehlersuchhilfen (Software)
decade die Dekade (Mathematik), das Jahrzehnt
decapsulation die Entkapselung (von Datenpaketen)
decay time die Abklingzeit (Elektronik)
deceleration die Verzögerung
deceleration time die Verzögerungszeit
decibel Dezibel, Maßzahl für die Angabe des Geräuschpegels (Lautstärke)
decimal dezimal, die Dezimalziffer
decimal digit die Dezimalziffer
decimal floating point der dezimale Gleitpunkt (Komma)
decimal fraction der dezimale Bruch (Mathematik)
decimal notation die dezimale Schreibweise
decimal number die dezimale Zahl
decimal point der Dezimalpunkt (Komma)
decimal system das Dezimalsystem
decimal to binary conversion die dezimal-binär Umwandlung
decipher entziffern, dechiffrieren
decision die Entscheidung, der Entschluss, der Beschluss
decision box die Entscheidungsbox (Programm), das Entscheidungsfeld
decision feedback die Rückmeldung
decision instruction der Entscheidungsbefehl (Software)
decision making ability die Entscheidungsfähigkeit
decision making game das Entscheidungsspiel
decision table die Entscheidungstabelle (Mathematik)
declaration die Erklärung, die Vereinbarung
declarative language die beschreibende Programmiersprache
declutch auskuppeln (Mechanik)
decode dekodieren
decoder der Dekodierer
decoder matrix die Dekodiermatrix
decoding die Dekodierung
decompress dekomprimieren (von Datenbeständen)
decompression die Dekomprimierung (von Datenbeständen)
decontaminate entgiften
decoupling circuit die Trennstufe (Elektronik)
decrease die Abnahme, abnehmen
decrement die Verminderung, das Dekrement (Mathematik), die Abnahme
dedicated fest zugeordnet
dedicated line die festgeschaltete Verbindung, die Festverbindung
dedicated network das dedizierte Netzwerk (Kommunikationsnetz, das für die Durchführung eines bestimmten Dienstes vorgesehen ist)
dedicated server der zugeordnete Server (z.B. Druckerserver, DFÜ-Server usw.)
dedicated system das Anwendersystem, das individuell zugeschnittene System
deep link der tiefe Link (Verlinkung direkt auf ein Verzeichnis oder eine Datei von einer Website)
deep web die Tiefe des Web (Teil des Internets, das über Suchmaschinen nicht auffindbar ist)
default die Voreinstellung
default option Standardannahme bei Unterlassung
default packet size die Ausgangspaketlänge (im Datennetz)
default value der Ausgangswert, die Voreinstellung
defect der Mangel, der Fehler

defective unbrauchbar, fehlerhaft, schadhaft
deferred restart der verzögerte Wiederanlauf
deficient mangelhaft, unzureichend
deficienty die Unzulänglichkeit, der Mangel
deficit der Fehlbetrag
definable erklärbar, bestimmbar
definite genau, bestimmt, deutlich
definite integral das bestimmte Integral (Mathematik)
definition die Definition, die Begriffsbestimmung
definitive bestimmt, entscheidend, endgültig
deflect abweichen, ablenken
deflection die Ablenkung, die Abweichung
deflection coil die Ablenkspule (an der Kathodenstrahlröhre)
deflection plate die Ablenkplatte (an der Kathodenstrahlröhre)
deflection voltage die Ablenkspannung (an der Kathodenstrahlröhre)
degaussing das Entmagnetisieren des Bildschirms (Elektronik)
degenerative feedback die Gegenkopplung (Elektronik)
degrade herabsetzen, verringern
degree der Grad, der Studienabschluss
dehydrated trocken
deinstall entfernen von zuvor installierter Software (z.B. auf der Festplatte)
deinstallation die Entfernung (von Software)
delay die Verzögerung, verzögern
delay circuit die Verzögerungsschaltung (Elektronik)
delay distortion die Laufzeitverzerrung
dele das Tilgungszeichen, tilgen
delete streichen, tilgen, löschen
delete sentry die Löschverfolgung (von Daten)
deletion record das Löschregister
delimit abgrenzen
delimitation die Abgrenzung
delimiter das Trennsymbol
delinerate entwerfen, zeichnen
delineration der Entwurf, die Schilderung
delivery conformation bit das Zustellbestätigungsbit (Rahmenelement des Vermittlungsprotokolls X.25)
Delphi Name einer Programmiersprache
delta modulation die Differenzmodulation (Modulationsverfahren für die Datenfernübertragung)
Deluxe Paint Name eines Grafikprogrammes (Software)
demagnetization die Entmagnetisierung (Elektronik)
demagnetize demagnetisieren (Elektronik)
demand das Verlangen, die Forderung, der Bedarf, verlangen
demodulator der Demodulator (Gerät zur Umsetzung von Wechselstromsignalen in Gleichstromsignale)
demolition die Zerstörung
demonstrative anschaulich
demountable auswechselbar
denotation die Bezeichnung, die Bedeutung
density die Dichte, die Schreibdichte, der Kontrastwert
depacketizing das Depaketieren (Auflösung von empfangenen Datenpaketen)
departement die Abteilung, der Fachbereich
department head der Abteilungsleiter
depend abhängen
dependability die Zuverlässigkeit
dependable zuverlässig, betriebssicher
deposit ablegen
deposition die Ablagerung, das Lager
depot das Depot
depress niederdrücken, herabdrücken
depression die Schwäche
derangement die Unordnung
derivable ableitbar, herleitbar
derivation die Ableitung, die Herkunft
derivative die Ableitung, der Differentialquotient (Mathematik)
derive herleiten (Mathematik)
derogation die Beeinträchtigung
descending sequence die absteigende Folge
descrambler Hardwarekomponente oder Programm, das verscrambelte Signale wieder in ihre ursprüngliche Form zurückversetzt
describe beschreiben
descriptive literature beschreibende Literatur
descriptor der Deskriptor (Mathematik)
desicate trocknen

D

design konstruieren, bemessen, zeichnen, entwerfen, der Plan, der Entwurf, die Konstruktion
Design Act das Geschmacksmustergesetz
design input die Designvorgaben
design of experiments die Versuchsplanung
designation die Bezeichnung, die Benennung
designer der Zeichner, der Konstrukteur
DesignJet Name eines Plottermodells der Fa. HP (Hardware)
desired value der Sollwert
desk der Schreibtisch
DeskJet Name eines Tintenstrahldruckers der Fa. HP (Hardware)
desktop der Schreibtisch
desktop calculator der Tischrechner
desktop computer der Schreibtischrechner
desktop management interface die Desktop Management-Schnittstelle (Spezifikation zur Vereinfachung der Administration lokaler Netzwerke)
desktop multimedia conferencing die Multimediakonferenz „vom Schreibtisch aus" (z.B. per Bildtelefon)
desktop publishing der „Schreibtisch-Verlag", das Layouten am Bildschirm (DTP)
desktop reproduction die Bildbearbeitung, die Retusche innerhalb des desktop publishing
desktop terminal das Schreibtisch-Terminal (Hardware)
desktop video conferencing die Videokonferenz (mit einem Desktopsystem, z.B. einem Personalcomputer)
desktop-manager der Desktop-Manager (Windows)
despatch die Abfertigung
destination der Bestimmungsort, das Ziel
destination address die Zieladresse (Netzwerk)
destination address field das Zieladressenfeld (Steuerfeld eines Datenübertragungsrahmens)
destination point code der Zielcode (Adresse der empfangenden Vermittlungsstelle in einem Netzwerk)
destination port der Ziel-Anschluss (Netzwerk)
destination subarea address field das Zieladressen-Unterfeld
destroy zerstören, löschen (Daten)
destructable readout das zerstörendes Lesen
destructive zerstörend
destructive interference zerstörende Reflektion (in Koaxialkabeln)
destructive read das zerstörende Lesen (von Daten)
destructive readout das zerstörende Auslesen (Speicher)
detach freigeben, loslösen, trennen, absondern
detachable abnehmbar, abtrennbar, ablösbar
detached keyboard die abgesetzte Tastatur
detail die Einzelheit, das Detail, genau darstellen
detect entdecken, finden
detection die Entdeckung, die Gleichrichtung (Elektronik)
detergent das Reinigungsmittel, reinigend
determinable bestimmbar
determinant bestimmend, das Bestimmende
determinate bestimmt, entschieden, festgesetzt
determination die Bestimmung
determinative bestimmend, einschränkend
detour der Umweg (z.B. im Netzwerk)
devaluation die Abwertung
devalue abwerten
develop entwickeln, entfalten
developer der Entwickler
development die Entwicklung, die Erweiterung, der Ausbau
development system das Entwicklungssystem (Hardware, Software)
development time die Entwicklunsgzeit
deviate abweichen
deviation die Abweichung, die Ablenkung
device das Gerät, die Vorrichtung, der Plan, der Einfall
device clear (DCL) Gerät im Grundzustand
device control die Gerätesteuerung (Elektronik)
device control characters das Gerätesteuerzeichen
device driver der Gerätetreiber (Software)
device driver file die Geräte-Treiberdatei

device independence die Geräteunabhängigkeit
device independent format das geräteunabhängige Format
device Interface die Geräteschnittstelle (Verbindungspunkt eines Gerätes zu einem System)
device virtual memory access der virtuelle Speicherzugriff
diagnose diagnostizieren
diagnostic function test der Funktionsdiagnosetest
diagnostic routine die Diagnose-Routine (Software)
diagonal diagonal, die Diagonale
diagram das Diagramm, die grafische Darstellung
diagrammatic schematisch
dial wählen (Eingabe der Rufnummer)
dial long lines die Fernwahl
dial mode das Wählverfahren
dial number die Rufnummer
dial pulse der Wählimpuls (Telefon)
dial tone der Amtston, das Freizeichen (Telefon)
dialect der Dialekt
dialer der Wähler, Programm, das eine Telefonverbindung herstellt
dialogue der Dialog, das Gespräch
dialogue language die Dialogsprache (Oberbegriff für Programmiersprachen)
dialogue processing die Dialogverarbeitung
dialtone der Wählton (Telefon)
dialup die Anwahl, das Aufbauen einer Verbindung
diameter der Durchmesser
dibit das Doppelbit
dictate die Vorschrift, das Diktat, vorschreiben
diction der Stil, die Ausdrucksweise
dictionary das Wörterbuch
dictionary attack der Wörterbuchangriff (Methode ein Passwort mit Hilfe einer Liste zu knacken)
die das Siliziumplättchen
dielectric nicht elektrisch
differ sich unterscheiden
difference der Unterschied
differentia das charakteristische Merkmal
differential unterscheidend, das Differential (Mathematik)
differential analyser der Differentialrechner
differential backup Methode zur Datensicherung ausgewählter Dateien
differential calculus die Differentialrechnung (Mathematik)
differential equation die Differentialgleichung (Mathematik)
differential phase shift keying die differentielle Phasenumtastung
differential pulse code modulation die Differenz-Pulscodemodulation (Verfahren für die Digitalisierung eines Analogsignals)
difficult schwierig
difficulty die Schwierigkeit
diffractrion die Strahlenbrechung (Optik)
difuse sich verbreiten, zerstreuen
digest ordnen, die Übersicht
digester der Ordner
digipeating (digital repeating) die digitale Umsetzung, die Wiederholung
digit die Ziffer, die Fingerbreite
digit emitter der Impulsgeber (Elektronik)
digit key die Zifferntaste (Mechanik)
digit position die Ziffernstelle
digital digital (im Gegensatz zu analog)
digital analogue converter der digital-analog Umsetzer (Elektronik)
digital bit pipe der binäre Datenfluss
digital cassette die Digitalkassette (zur digitalen Aufzeichnung)
digital circuit multiplexing digitale Multiplexertechnik
digital coded voice die digital codierte Sprache
digital communications system das digitale Telekommunikationsnetz (z.B. ISDN)
digital computer der Digitalcomputer (Hardware)
digital data services der Digitaldatendienst
digital data storage die digitale Datenaufzeichnung (DAT-Kassetten)
digital display die Digitalanzeige
digital image data die Rasterdaten
digital immigrants die digitalen Einwanderer (nicht in das Zeitalter des Internet hineingebore)
digital keyboard das Zifferntastenfeld
digital leased circuit digitale Mietleitung (Telekommunikation)

D

digital line unit der Digitalkonzentrator (Einrichtung, die mehrere Fernmeldeweg zu wenigen zusammenfasst)
digital natives die digitalen Eingeborenen (Generationen, die nach 1980 geboren sind und mit den neuen Medien aufgewachsen sind)
digital process computer der digital arbeitende Prozessrechner
digital recorder das Aufzeichnungsgerät für digitale Daten
digital representation die digitale Darstellung
Digital Research Name eines Soft- und Hardwareherstellers
digital signal das Binärsignal
digital signal processor der Digitalsignalprozessor (Mikroprozessorbaustein)
digital signaling level Klassifizierung für Übertragungsgeschwindigkeiten in der amerikanischen Übertragungshierarchie
digital signature die digitale Unterschrift (E-Mail)
digital storage architecture die digitale Speicherarchitektur (Schnittstellendefinition)
digital test equipment das digitale Testgerät
digital to analog converter der Digital-Analog-Umsetzer (Elektronik)
digital transducer der Digitalwertwandler (Elektronik)
digital-analog-converter der D/A-Umsetzer (Hardware)
digitalization die Digitalisierung (Umsetzung von analogen Signalen in digitale Daten)
digitalize, digitize digitalisieren, in digitale Werte umwandeln
digitization die Digitalisierung
digitized image das Rasterbild
digitizer der Analog-Digital-Wandler, das Digitalisiertablett (Hardware)
dilatation die Ausdehnung
dilution die Verdünnung
dimension das Ausmaß, die Dimension, die Abmessung
dimensionless quantity die dimensionslose Größe (Mathematik)
diminish vermindern
diminution die Verminderung
diode die Diode (Elektronik)
dioptric die Dioptrie, die Lichtbrechungseinheit (Optik)
DIP switch (dual inline package switch) DIP-Schalter, Name einer Miniaturschalterbauart (mit zwei Pin-Reihen)
diploma das Diplom
dipole modulation die nichtpolarisierte Aufzeichnung (Elektronik)
direct direkt, gerade, unmittelbar, richten, lenken, steuern
direct access der unmittelbare Zugriff (Speicher)
direct access memory der Direktzugriffsspeicher (Hardware)
direct access method die Direktzugriffsmethode
direct addressing die unmittelbare Adressierung
direct call der Direktruf
direct current der Gleichstrom (Elektronik)
direct dialing in die Durchwahl (Telefonnetz)
direct dialing number die Durchwahlnummer
direct digital control die direkte digitale Steuerung (Prozessüberwachungsrechner, Hilfsmittel der NC-Steuerung)
direct drive der Direktantrieb (Mechanik)
direct inward dialing die Durchwahl (Telefonnetz)
direct memory access der unmittelbare Speicherzugriff
direct numerical control die direkte numerische Steuerung (NC-Maschinen)
direct overwrite die Direktüberschreibung (Daten-Aufzeichnungsverfahren)
direct read after write die Direktkontrolle (unmittelbar nach dem Schreibvorgang)
direct trunk call der „direkte Fernruf", die Verbindung mit einer Vermittlungsstelle
direct view storage tube Bauart einer Kathodenstrahlröhre, die ein aufgebautes Bild halten kann, bis es in einem separaten Schritt gelöscht wird
direction die Richtung
direction code die Richtungsinformation
directive die Anweisung, die Direktive, die Richtlinie, richtungsweisend
directory das Inhaltsverzeichnis (z.B. einer Diskette)

directory information tree die Baum-Inhaltsverzeichnistopologie, Bezeichnung für die hierarchische Dateiverwaltungsstruktur
directory path der Verzeichnispfad (Software)
directory propagation die Verzeichnis-Fortschreibung (Aktualisierung)
directory service der Verzeichnisdienst, weltweiter ISO-Standard (X.500)
directory service agent das Verzeichnissystemmanagement (MHS), Software, die einen Directory Service zur Verfügung stellt
directory system service element das Dienstelement des Inhaltsverzeichnisses, Serviceelement zur Dateiverwaltung im Inhaltsverzeichnis
directory user agent die Verzeichnis-benutzereinheit; Software, die auf ein Directory zugreift, um Informationen für einen Benutzer abzuholen
disability die Unfähigkeit
disable sperren, unbrauchbar machen
disabled gesperrt
disaccord, disagree nicht übereinstimmen
disagreement die Verschiedenheit
disallow ablehnen
disarrange in Unordnung bringen
disarrangement die Unordnung
disassembler der Disassembler (Software)
disassembly das Auseinandernehmen (einer Baugruppe)
disburden entlasten
disc die Scheibe (Schreibweise mit „c" für optische Datenträger)
disc at once mode durchgängiges Schreiben (Schreibmodus für die CD)
disc image das Abbild (für das Beschreiben einer CD-R)
discard löschen
discard eligibility die Löschberechtigung
discernible unterscheidbar
discharge entladen, löschen, die Entladung, das Löschen (Elektronik)
disclaimer die Haftungsausschlussklausel von Autoren oder Betreibern einer Website
discolor sich verfärben, verfärben
discoloration die Verfärbung
disconnect trennen, abstellen, auskuppeln (Mechanik)
disconnect confirm die Verbindungsabbruchbestätigung
disconnect request die Verbindungsabbruchanforderung (Steuersignal)
disconnect send state der verbindungslose Sendestatus
disconnected mode der verbindungsloser Modus (Arbeitszustand eines Datennetzendgerätes)
disconnection die Trennung, die Auskuppelung (Mechanik)
discontinuance die Unterbrechung
discontinuity die Leitungsunterbrechung, die Unstetigkeitsstelle (Mathematik)
discontinuous function die unstetige Funktion (Mathematik)
discount der Abzug, der Rabatt
discourse die Abhandlung
discover entdecken
discovery die Entdeckung
discovery frame der Suchrahmen (Datenpaket im Netzwerk)
discrete getrennt
discrete cosinus transformation die diskrete Cosinustransformation (Bild-Kompressionsverfahren)
discrete multitone die Trägerstromübertragung (Multicarrier-Verfahren, Vielträgerübertragung)
discrimination instruction der Entscheidungsbefehl (Software)
disencumber entlasten
disengage loskuppeln, losmachen, sich lösen (Mechanik)
disenganged frei, gelöst
disintegrate sich in seine Bestandteile auflösen, zersetzen
disjunction die Disjunktion, die „Oder" Funktion
disk die Platte, die Diskette (Kurzform) (Schreibweise mit „k" für magnetische Datenträger)
disk buffer der Diskettenpuffer (Speicherblock für die Zwischenspeicherung)
disk cache der Platten-Cache, auch Festplatten-Cache (ein Bereich des Hauptspeichers)
disk change memory der Wechselplattenspeicher (Hardware)
disk directory das Diskettenverzeichnis, das Festplattenverzeichnis (Software)
disk drive das Diskettenlaufwerk, das Festplattenlaufwerk (Hardware)

D

disk duplexing die Plattenverdoppelung, doppelte Auslegung der Festplatte zur Datensicherheit
disk format das Diskettenformat (Größe und Kapazität der Diskette sowie die Art der Datenspeicherung)
disk mirroring die Festplattenspiegelung (zwei Festplatten mit identischem Inhalt)
disk operating system das disk-orientierte Betriebssystem (Software)
disk oriented diskettenorientiert
disk pack der Plattenstapel (Festplatten)
disk patch der Plattenstapel (Festplatten)
disk shadowing die Festplattenspiegelung (Datensicherungsverfahren)
disk storage der Plattenspeicher (Festplatten)
diskette die Diskette (Massenspeicher)
diskless station die laufwerklose Station (Hardware)
diskrete message die Einzelnachricht
diskrete number die diskrete Zahl, die ganze Zahl
disk-striping die Plattenstückelung (RAID-Verfahren)
dislocate verlagern
dislocation die Verlagerung
dismantle unbrauchbar machen
dismember zergliedern
dismount abmontieren, auseinandernehmen
disorder in Unordnung bringen
dispart kalibrieren, eichen
dispatch die Abfertigung, abfertigen, erledigen
dispatching priority der Zuteilungsvorrang
dispersion die Streuung (der Signallaufzeit an den Strahlanteilen eines Lichtimpulses in einem Lichtwellenleiter
dispersion plan der Verteilungsplan
displace verrücken, verschieben
displacement der Ersatz (eines Bauteils)
displacement address die Distanzadresse
display die Anzeige, anzeigen, entfalten
display control interface die Bildschirmansteuerung (Software-Interface)
display device das Anzeigegerät, die Anzeigeeinrichtung (Hardware)
display driver der Bildschirmtreiber (Software)
display liste die Anzeigeliste
display register das Anzeigeregister
display unit die Anzeigeeinheit, das Terminal (Hardware)
disposable verfügbar
disposal die Anordnung, die Verteilung
dispose verteilen, ordnen, veranlassen
disposition die Anordnung, die Disposition
disproportion das Missverhältnis
disproportionate unverhältnismäßig
disregard unbeachtet lassen, missachten
disrupt zerreißen
dissect aufgliedern, zerlegen
dissection die Aufgliederung, die Zerlegung
dissertation die Abhandlung
disservement die Trennung
disservice der schlechte Dienst, der Nachteil
dissipation der Leistungsverlust (Elektronik)
dissolvable lösbar
dissolve lösen, schmelzen
dissolvent das Lösungsmittel
distance der Abstand, die Entfernung
distance controlled ferngesteuert
distance vector algorithm Berechnungs-Algorithmus für die Wegwahl in einem vermaschten Netz
distant learning das Lernen auf Entfernung, das Fernstudium, das Telelearning
distend ausdehnen
distention die Ausdehnung
distinction die Unterscheidung, der Unterschied, die Auszeichnung
distinguish unterscheiden
distinguished name die abweichende Namensgebung
distort verdrehen, verzerren, verziehen
distribute verteilen
distributed data processing die dezentrale Datenverarbeitung
distributed database die dezentrale Datenbank
distributed file service die dezentralen Dateidienste (Bezeichnung für ein Datei-Server-Verfahren der OSF)
distributed function terminal DFT-Terminal, intelligentes Terminal
distributed network das dezentrale Netzwerk (ohne übergeordnete Zentrale)
distributed numerical control die dezentrale numerische Steuerung

distributed office applications die verteilten Büroanwendungen
distributed processing die dezentrale Datenverarbeitung
distributed queue dual bus das Doppelbussystem (System, das mit Zeitscheibenverfahren arbeitet)
distributed systems architecture der Aufbau verteilter Systeme
distributed systems environment die dezentrale System-Umgebung
distributed systems network das dezentrale Netzwerksystem
distributed transaction processing die dezentrale Transaktionsverarbeitung, die Zusammenfassung logisch zusammengehörender Einzeloperationen
distribution code der Verteilungscode
distribution group name Bezeichnung z.B. für zusammenfassbare Kabelabgänge in einem Gebäudeverteiler
distribution service der Verteildienst (Telekommunikation)
distribution services unit die Verteilungsdiensteinheit (Komponente in einem Wählnetz)
disturb signal das Störsignal (Elektronik)
disturbance die Störgröße, die Störung (Elektronik)
disuse der Nichtgebrauch, nicht mehr gebrauchen
dithering die Rasterung (z.B. eines Bildes)
divaricate sich gabeln, abzweigen
diverge abweichen
divergence die Divergenz (Mathematik), die Abweichung
divergent abweichend
divergent series die divergierende Reihe (Mathematik)
diversify verschieden machen, die Verschiedenartigkeit (Technik, ein Signal mehrfach zu empfangen)
divide teilen, trennen, verteilen
division die Teilung, die Division (Mathematik), die Verteilung
division register das Divisor-Register
divisor der Teiler, der Divisor (Mathematik)
do nothing instruction der Leerbefehl (Software)
docket der Inhaltsvermerk
docking station der stationäre Teil eines PC-Systems zur Aufnahme eines Laptops (Hardware)
doctrinal die Lehre betreffend
document das Dokument, das Schriftstück, die Urkunde
document content architecture der Dokumentenaufbau
document reader der Formularleser, der Belegleser (Hardware)
document recognition system das Archivierungssystem
document type definition die Dokumententyp-Definition, die Festlegung von Dokumentenformaten
documentation die Dokumentation
domain der Bereich, die Domäne, das Gebiet
domain name poaching die Bereichsnamen-Wilderung (die Anmeldung von Domain-Namen ohne sie eigentlich zu brauchen)
domain name system das Bereichsnamensystem (Datenbank im Internet)
dome der Deckel (Mechanik)
dominate beherrschen
dongle der Kopierschutzstecker (Hardware)
doorway modus der Türöffnermodus (Betriebsart eines Terminalprogrammes)
doorway page die Brückenseite (für Suchmaschinen optimierte Internetseite)
dope die Schmiere, der Lack, lackieren
DOS (disk operating system) das diskorientierte Betriebssystem (Software)
dose die Dosis
dossier die Akte
dot der Punkt
dot address die Punktadresse (Adresse, bei der als Trennzeichen ein Punkt verwendet wird: 123.456.789.12)
dot command der Punktbefehl (Software)
dot matrix printer der Punktmatrixdrucker, der Nadeldrucker (Hardware)
dot pitch der Punktabstand
dot-com Bezeichnung für Internetseiten kommerzieller Anbieter, deren Internetadresse mit „.com" endet (Punkt = dot, com = commercial)
dots per inch die Punkte pro Zoll (dpi), Maß der Zeichendichte

D

dotted decimal notation die Dezimalpunktschreibweise
dotty verdreht
double doppelt, gepaart, verdoppeln
double bit das Doppelbit
double byte das Doppelbyte, zwei Bytes (= 16 Bit)
double density die doppelte (Schreib-) Dichte (DD)
double eXtension die doppelte Auslegung (DX), z.B. von Datenleitungen
double integral das Doppelintegral (Mathematik)
double precision die doppelte Genauigkeit
double precision number die Zahl mit doppelter Genauigkeit, (doppelter Wortlänge)
double sampling die doppelte Prüfung
double side band transmission die Zweiseitenbandmodulation (Datenfernübertragung)
double sided zweiseitig, doppelseitig (DS)
double word das Doppelwort (= 4 Bytes bzw. 32 Bits)
double-entry bookkeeping die doppelte Buchführung
DoubleSpace Name einer Komprimierungssoftware (MS-DOS)
doublespeed die doppelte (Umdrehungs-) Geschwindigkeit
doublespin die doppelte Umdrehungsgeschwindigkeit (CD-DOM)
doubling die Verdoppelung
dowel der Dübel (Mechanik)
down time die Ausfallzeit
downgrade herunterstufen
downlink die Abwärtsstrecke (Satellitenfunk)
download das Empfangen von Daten (z.B. von einer Mailbox)
downloading das Herunterladen (von Daten eines anderen Rechners)
downsizing das Verlagern von Anwendungen eines Großrechners auf den PC
down-state der Zustand „Null"
downtime die Ausfallzeit, die Stillstandszeit
draft die Schnellschrift (eines Druckers)
draft addendum der Zusatz zu einem Normentwurf
draft international standard der internationale Normierungsvorschlag
draft proposal der Normvorschlag
draft recommendation die Empfehlung für einen Normentwurf
drag & drop ziehen und fallenlassen (von Text- oder Bildelementen unter Windows)
dragging das Verschieben (von Symbolen auf dem Bildschirm)
drain trockenlegen, der Abfluss
drawer der Zeichner
drawing die Zeichnung
drift die kontinuierliche Abweichung vom Sollwert, die Drift, abtreiben
drive das Laufwerk, der Antrieb, das Getriebe, antreiben, fahren, lenken (Mechanik)
drive capstan die Antriebsrolle (Mechanik)
drive capstan flywheel die Schwungmasse der Antriebsrolle (Mechanik)
drive current der Ansteuerungsstrom (Elektronik)
drive pulse der Ansteuerungsimpuls (Elektronik)
drivecard Name für die Bauart eines Festplattenlaufwerkes auf einer Steckkarte (Hardware)
driver der Treiber, das Treibrad, der Mitnehmer (Mechanik)
driver file die Treiberdatei
drivespace Name einer Komprimierungssoftware für Laufwerke
drop der Spannungsabfall (Elektronik)
drop out stromlos werden, der Signalausfall (Elektronik)
drop out voltage die Abfallspannung (Elektronik)
drop-down menu das herunterfallende Menü (vom Bildschirmrand)
drop-in signal das Störsignal (Elektronik)
dropout der Ausfall eines Bits (auf einem magnetischen Speicher)
dropping resistor der Vorschaltwiderstand (Elektronik)
drum die Trommel, die Walze (Mechanik)
drum memory der Trommelspeicher (Hardware)
drum-type printer der Typenwalzendrucker (Hardware)
dry trocken
dry copier der Trockenkopierer (Hardware)

dry copy die Trockenkopie
dry running die Trockenübung, (der Schreibtischtest)
DTP (desktop publishing) der „Schreibtisch-Verlag", das Layouten am Bildschirm
dual core Mehrkernprozessor mit zwei Hauptprozessoren (Hardware)
dual inline package Name einer Chipbauart (mit zwei Pin-Reihen)
dual layer CD die Doppellagen CD (CD, auf der Daten in verschiedenen Ebenen abgespeichert werden können)
dual tone multi frequency Zweitonwahl-Mehrfrequenz, die Frequenzwahl
dualportet Bauart von Speicherchips mit getrenntem Ein- und Ausgang
ductile dehnbar
ductility die Dehnbarkeit
due date das Fälligkeitsdatum
dummy die Attrappe, die Kulisse, der Schein
dummy fuse die Blindsicherung (Elektronik)
dummy instruction der Blindbefehl (Software)
dummy plug der Blindstecker (Hardware)
dummy statement die Leeranweisung (Software)
dump der Auszug, der Speicherauszug, abschalten
dump terminal das nicht intelligente Terminal (Hardware)
dungeon das „Verlies" (Kerker), Bezeichnung für eine Reihe von Abenteuer- und Rollenspielen sowie Simulationen im Internet
duplex communication der Duplexverkehr, die Datenübertragung im Gegenverkehr
duplex operation der Duplexbetrieb
duplex transmission der Gegenbetrieb
duplexing Name eines Verfahrens zur Datensicherung (mit doppelter Vorhaltung von Daten)
duplicate duplizieren, doppelt, das Duplikat
duplicating das Verdoppeln, das Duplizieren
Duron Name eines Mikroprozessortyps
dust core der Magnetkern (Hardware)
dust tight staubdicht
dusty staubig
dwell time die Ruhezeit
dwindle schwinden, abnehmen
dwindling der Schwund, die Abnahme
dyadic operation die Operation mit zwei Operanden
dynamic dynamisch, kraftgeladen, die Triebkraft
dynamic complementary MOS dynamische CMOS-Technik (DYCMOS)
dynamic data exchange der dynamische Datenaustausch (DDE), Verfahren unter Windows
dynamic link library DLL, Bibliothek von Windows, die einzelne Module für andere Anwendungsprogramme bereitstellt
dynamic memory der dynamische Speicher
dynamic random access memory dynamisches RAM (Speicherbausteine)
dynamic routing die dynamische Wegewahl (Netzwerk)
dynamic scattering mode die dynamische Streuung, Technik in Flüssigkeitskristall-Anzeigen
dynamic storage die dynamische Speicherung (im Gegensatz zur statischen)
dynamic subroutine das dynamische Unterprogramm (im Gegensatz zur statischen)
dynamically redefinable character set der dynamisch änderbare Zeichensatz

E

early failure der frühzeitige Ausfall (eines Bauteils)
earphones der Kopfhörer
easter egg das Osterei (undokumentierte Funktionalität eines Programms)
easyness die Bequemlichkeit
eBay Name eines Online-Auktionshauses
ebonite das Hartgummi
ecash das „elektronische Geld"
eccentricity die Exzentrizität (z.B. einer Scheibe), die Überspanntheit
echo correction die Echo-Korrektur (Telekommunikation)
echo suppression die Echo-Unterdrückung (bei der Datenübertragung über öffentliche Telefonienetze)
economic ökonomisch, wirtschaftlich, sparsam
edge der Rand, sie Schneide, die Schärfe
edge connector die Seitensteckverbindung (Hardware)
edge gateway der „Seiteneingang" (EGW), Netzkomponente eines MAN (Metropolitan Area Network)
edgeless stumpf
edgetool das Schneidewerkzeug (Mechanik)
edit editieren, bearbeiten
edit routine die Aufbereitungsroutine (Software)
editing das Aufbereiten (von Daten)
edition die Ausgabe, die Auflage
editor der Editor (Software)
EDLIN Name eines Zeileneditors unter MS-DOS (Software)
educational software die Bildungssoftware, die Lernsoftware
eduction das Ausströmen
edutainment das spielerische Lernen (software)
effect die Wirkung, die Folge, der Effekt, bewirken, ausführen
effective wirkend, nutzbar
effective address die effektive Adresse (Speicher)
effective capacity die Nutzleistung (Elektronik)
effective value der Effektivwert
effectiveness die Wirksamkeit
effector das Steuerzeichen (Software)
efficiency die Effektivität, der Wirkungsgrad
efficient wirksam
e.g. (exempli gratia) zum Beispiel
eight to fourteen modulation die 8-14-Modulation (Modulationsverfahren für die CD-ROM)
eject auswerfen (z.B. Diskette)
eject button die Auswurftaste (Disketten- oder CD-ROM-Laufwerk)
ejection mechanism der Auswurfmechanismus (eines Laufwerkes)
elaborate sorgfältig ausgearbeitet
ELAN Name einer prozeduralen Programmiersprache für die Ausbildung (Educational Language)
elapsed time die benötigte Zeit
elapsed time meter der Zeitzähler
elastic elastisch
electric elektrisch
electric delay line die elektrische Verzögerungsleitung (Elektronik)
electric resistivity die elektrische Leitfähigkeit
electric schematic diagram der Schaltplan (Elektronik)
electric typewriter die elektrische Schreibmaschine (Hardware)
electrographic inc die leitfähige Tinte
electrographic pen der Graphitstift
electrolytic capacitor der Elektrolytkondensator (Elektronik)
electromagnetic compatibility die elektromagnetische Verträglichkeit
Electromagnetic Compatibility Act das Gesetz über die elektromagnetische Verträglichkeit von Geräten
electromagnetic interference die elektromagnetische Beeinflussung
electromagnetic radiation die elektromagnetische Strahlung (Wechselströme hoher Frequenz)
electromechanics die Elektromechanik
electron beam der Elektronenstrahl (Elektronik)
electron gun die Elektronenkanone (z.B. in einer Bildröhre)
electronic banking die elektronischen Bankgeschäfte (Internetbanking)
electronic beam accessed memory der Elektronenstrahlspeicher
electronic cash das „elektronisches Geld"
electronic character sensing die elektronische Zeichenabtastung

electronic commerce der elektronische Handel (Internet)
electronic component das elektronische Bauteil
electronic computer oriented mail die elektronische Computerpost (veraltete Bezeichnung für E-Mail)
electronic counter der elektronische Zähler
electronic data exchange die elektronische Datenvermittlung (EDX)
electronic data interchange der elektronische Datenaustausch
electronic data processing die elektronische Datenverarbeitung (EDV)
electronic data processing machine die elektronische Datenverarbeitungsanlage
electronic data switching system das elektronische Datenvermittlungssystem (Telekommunikation)
electronic device das elektronische Bauteil
electronic document interchange der elektronische Dokumentenaustausch
electronic engineer der Elektronikingenieur
electronic funds transfer der elektronische Zahlungsverkehr
electronic highway die „Datenautobahn", Synonym für das Internet
electronic industry association die Elektroindustrie-Vereinigung (amerikanisches nationales Normungsinstitut)
electronic information security die elektronische Datensicherheit
electronic magazine das elektronische Magazin (über das Internet verbreitet)
electronic mail die elektronische Post, die elektronische Nachricht
electronic mailbox der elektronische Briefkasten
electronic message system das elektronische Mitteilungsübermittlungssystem (EMS)
electronic organizer der elektronische Organisator, (der Computer für die Jackentasche)
electronic privacy der Datenschutz, die elektronische Privatsphäre
electronic private branch exchange die programmgesteuerte Nebenstellenanlage (Telekommunikation)
electronic publishing das elektronische Veröffentlichen
electronic switch der elektronische Schalter
electronic switching system das elektronische Wählsystem (Telefonnetz)
electronic tandem switch die Tandemvermittlungsstelle (Telefonvermittlungsnetz)
electrostatic discharge die elektrostatische Entladung
electrostatic memory der elektrostatische Speicher
electrostatic printer der elektrostatische Drucker
element das Element, der Bestandteil
elementary function die Elementarfunktion
elevator seeking Verfahren zur Erhöhung der Zugriffsgeschwindigkeit auf Datenträger
elite font die „Elite"-Schrift
ellipse die Ellipse (Mathematik)
elliptic function die elliptische Funktion (Mathematik)
elongation die Verlängerung, der Abstand
elusive one der Rückübertrag (einer Nachricht im Netz)
embargo time die Sperrfrist
embed einbetten, lagern
embedded eingebettet, eingelagert
embedded servo der integrierte Servomotor
embedded system das eingebettete System
emendation die Verbesserung
emergency eject der Notauswurf (CD-ROM-Laufwerk)
emergency power supply die Notstromversorgung (Hardware)
emitter der Emitter, der Impulsgeber (Elektronik)
emitter current der Emitterstrom (am Transistor)
emoticons aus ASCII-Zeichen zusammengesetzte Smileys
empirical erfahrungsgemäß
employ das Geschäft, anwenden, verwenden
employee der Mitarbeiter
employer der Arbeitgeber
empty-slot Medienzugangsverfahren für lokale Netze (LAN)
emulation die Emulation, die Nachbildung

E

emulation program das Emulationsprogramm
emulator der Emulator
eMule das elektronische Maultier, Name eines Tauschbörsen-Clients
enable freigeben, befähigen, ermöglichen
enable pulse der Freigabeimpuls (Elektronik)
enabled freigegeben
enamel das Emaille
encapsulated module das verkapselte Bauteil (Hardware)
encapsulation die Verkapselung
encase einschließen, umgeben
encasement das Gehäuse
encipher entschlüsseln
encode kodieren, verschlüsseln
encoder das Kodiergerät (Hardware)
encoder/decoder Codierer/Decodierer, Einrichtung zur Codierung analoger Signale in digitale und zur Decodierung in umgekehrter Richtung
encrust verkrusten, inkrustieren
encryption die Verschlüsselung
encryption control signal das Verschlüsselungskontrollsignal (ECS)
encumber beschweren, belasten
end around carry der Rückübertrag (Mathematik)
end of address das Adressenende (Kontrollzeichen)
end of block das Blockende (Kontrollzeichen)
end of bytestream das Bytestromende (Steuerzeichen)
end of contents das Inhaltsende (Steuerzeichen von Kommunikations-protokollen)
end of data das Datenende (Kontrollzeichen)
end of file das Dateiende (EOF)
end of file mark die Dateiendemarke (Kontrollzeichen)
end of form das Formularende
end of heading signal das Kopfende-Signal
end of identify das Identifizierungsende (Steuerzeichen)
end of inquiry das Anforderungsende (Steuerzeichen)
end of job das Prozessende (Steuerzeichen für Multitaskingsysteme)
end of life das „Lebensende" (nicht mehr produzierte oder lieferbare Elektronikprodukte)
end of line das Zeilenende (Kontrollzeichen)
end of medium das Mediumende (Kontrollmeldung)
end of message das Nachrichtenende (Steuerzeichen)
end of message signal das Nachrichtenende-Signal
end of number das Ende der Zahl (Steuerzeichen in Kommunikations-protokollen)
end of record das Datensatzende, die Datensatzendemarke
end of record gap die Satzlücke
end of run das Ende des Programmlaufes (Steuerzeichen)
end of tape das Bandende (EOT)
end of text das Textende (EOT)
end of transmission das Übertragungsende (Steuerzeichen)
end of transmission block das Blockende (Kontrollzeichen)
end of volume das Ende des Kapitels (Steuerzeichen in Kommunikations-protokollen)
end play das Spiel, der Spielraum (Mechanik)
end scale der Vollausschlag (eines Anzeigeinstrumentes)
end system das Endsystem (Gerät, das an ein Netzwerk angeschlossen wird)
end user der Endbenutzer
ending delimiter der Endbegrenzer (Begrenzungszeichen z.B. eines Datenblockes)
endless ohne Ende, endlos
endurance die Dauer
enduring nachhaltig
endwise feed die Zuführung in Längsrichtung (Mechanik)
energize einschalten, unter Strom setzen
engaged besetzt (Telefonleitung)
engaged tone das Besetztzeichen (Telefonnetz)
engine die Maschine, der Motor
engineer der Ingenieur, der Techniker
engineering die Technik, die Konstruktion
engineering constaints die technischen Grenzen

engineering deficiency der technische Mangel
engineering department die technische Abteilung
engineering development die technische Entwicklung
engineering drawing die technische Zeichnung
engineering manhour die Ingenieurstunde
engineering solution die technische Lösung
enhanced erhöhen, übertreiben
Enhanced Graphics Adapter Name eines Grafikstandards (EGA)
enhanced group call der erweiterte Gruppenruf (Nachrichtenübermittlung mit Gruppenadresse im Satellitendienst Inmarsat-C)
enhanced parallel port die erweiterte Parallelschnittstelle (Druckerschnittstelle)
enhanced small device interface die erweiterte Kleingeräteschnittstelle (ESDI)
enkindle entzünden, entflammen
enlarge erweitern, vergrößern
ensure sichern
enter eingeben, buchen, aufnehmen
enter key die Eingabetaste, die Bestätigungstaste
enterprise network das Betriebsfernmeldenetz; Fernnetz, das alle Standorte einer Firma einschließt
entity die Einheit
entrance test die Eingangsprüfung
entropy der mittlere Informationsgehalt
entry die Eintragung (z.B. in eine Datenbank)
enumerate aufzählen
enumeration die Aufzählung
envelope die Hüllkurve (Mathematik), der Briefumschlag
environment die Umgebung
environment variable die Umgebungsvariable (definiert die aktuelle Umgebung des Betriebssystems)
environmental conditions die Umgebungsbedingungen
environmental requirements die Umgebungsanforderungen
environmental testing die Prüfung unter Umgebungsbedingungen
EPD (Electronic Data Processing) die elektronische Datenverarbeitung
epoxy resin das Epoxidharz
EPROM (Erasable Programmable Read Only Memory) der löschbare, programmierbare Speicherbaustein (Hardware)
Epson Name eines Hardwareherstellers
equality sign das Gleichheitszeichen (Mathematik)
equalize entzerren (Elektronik)
equate to zero gleich Null setzen (Mathematik)
equation die Gleichung (Mathematik)
equation of the locus die Ortsgleichung (Mathematik)
equation with unknowns die Gleichung mit Unbekannten (Mathematik)
equilateral hyperbola die gleichseitige Hyperbel (Mathematik)
equipment die Ausrüstung
equipment cabinet der Geräteschrank
equipment compatibility die Hardwarekompatibilität
equipment dependability die Betriebssicherheit von Geräten
equipment failure die Betriebsstörung, der Ausfall eines Gerätes
Equipment Safety Act das Gerätesicherheitsgesetz
equipment trouble die Gerätestörung
equivalence die Äquivalenz (Mathematik)
erasable memory der löschbare Speicher (Hardware)
erasable optical disc die wiederbeschreibbare CD
erasable storage der löschbare Speicher (Hardware)
erase löschen, auskratzen, ausradieren
erase character das Löschzeichen (Steuerzeichen)
erase head der Löschkopf (eines Bandlaufwerkes)
erase signal das Löschsignal (Elektronik)
erasure die Löschung (von Daten)
erecting die Montage (Mechanik)
erroneous data die fehlerhaften Daten
error der Fehler, der Irrtum
error burst die Fehlerhäufung
error checking character das Fehlerkontrollzeichen
error code der Fehlercode (Fehlermeldung in Codeform)

E

error control die Fehlerkontrolle, die Fehlerkorrektur
error correcting character das Fehlerkorrekturzeichen
error correcting code der (selbstüberprüfende) Fehlerkorrekturcode
error correcting feature die Fehlerkorrektureinrichtung
error correcting program das Fehlerkorrekturprogramm
error correction die Fehlerkorrektur
error correction code der Fehlerkorrekturcode (Fehlerkorrekturverfahren)
error correction mode der Fehlerkorrekturmodus
error deletion by iterative transmission die Fehlerbeseitigung durch wiederholte Übertragung
error detecting die Fehlersuche, die Fehlererkennung
error estimation die Fehlerabschätzung
error file die Fehlerdatei (enthält Fehlermeldungen)
error flag das Fehlerkennzeichen
error free interval das bitfehlerfreie Intervall, die störungsfreie Zeit bei der Datenübertragung
error free seconds die fehlerfreie Sekunde, die störungsfreie Zeit (in Sekunden)
error handling die Fehlerbearbeitung
error indicator die Fehleranzeige
error list die Fehlerliste
error message die Fehlermeldung
error of approximation der Näherungsfehler (Mathematik)
error of measurement die Messabweichung
error probability die Fehlerwahrscheinlichkeit
error protection der Schutz gegen Übertragungsfehler
error protocol das Fehlerprotokoll
error rate das Fehlerverhältnis
error recovery die Wiederholung nach einem Fehler
error recovery procedure die Wiederaufsetzprozedur, die Wiederholung im Fehlerfall (z.B. einer Datenübertragung)
error signal das Störsignal (Elektronik)
error-free operation der fehlerfreie Betrieb
errorlevel der Fehlerstatus, Name einer Variablen unter MS-DOS
escape entgehen, fliehen, das Entrinnen, die Flucht
escape character das Fluchtsymbol (Steuerzeichen)
escape sequence die Escape-Sequenz (Steuerzeichen)
escape symbol das Fluchtsymbol, das Escape-Zeichen
escapement wheel das Transportrad (Mechanik)
escapen das Codieren unerlaubter Zeichen
escrow encryption standard ein Verschlüsselungsalgorithmus
essential services die Grunddienste (GSM)
estimation die Abschätzung (Mathematik)
Ethernet Name eines LAN-Netzwerkes
european article number der Artikelnummercode, EAN-Barcode (Strichcode) für die Artikelnummerierung
european software institute das europäische Softwareinstitut
european telecommunication standard der europäische Telekommunikationsstandard
Euro-scart Name einer genormten Schnittstelle für Audio- und Videodaten (Hardware)
evaluate erproben, auswerten
evaluation die Auswertung, die Berechnung
evaluation committee die Evaluierungskommission
evaluation module das Entwicklungsmodul (Software, Hardware)
evaluation procedure das Begutachtungsverfahren
evaporate verdunsten, verdampfen
evaporation die Verdunstung, die Verdampfung
even gerade
even function die gerade Funktion (Mathematik)
even number die gerade Zahl
even parity die gerade Parität
even parity check die gerade Paritätskontrolle
event das Ereignis, der Vorfall

event bit das Ereignisbit
event control block der Ereignissteuerblock (Speicherbereich zur Aufnahme zufällig auftretender Ereignisse)
event management das Ereignismanagement
eventuality die Möglichkeit
evidence der Beweis, der Befund
evident augenscheinlich, offenbar, klar
evolution die Entwicklung
exactitude die Genauigkeit
exactly genau
exactness die Genauigkeit
example das Beispiel, das Exemplar
EXAPT Name einer Programmiersprache (Software)
exceed überschreiten
EXCEL Name eines Tabellenkalkulationsprogrammes (Software)
excel übertreffen, sich auszeichnen
exception die Ausnahme
exchange der Austausch, austauschen
exchange equipment die Vermittlungseinrichtung, die Vermittlungsstelle
exchange termination der Vermittlungsabschluss (ISDN)
exchangeable card architecture die „Austauschkartenarchitektur" (Spezifikation für PCMCIA-Cards)
exchangeable disk die Wechselplatte
exchangeable disk store der Wechselplattenspeicher
exclude ausschließen
exclusive ausschließlich
exclusive address code der ausschließlich für Adressen geltende Code (Software)
exclusive or das exklusive ODER
executable ausführbar, die Ausführbarkeit
executable program das ausführbare Programm
execute ausführen
execute in place Ausführung vor Ort, Merkmal moderner Speicherkarten (Memory-Cards)
execution die Ausführung, die Ausfertigung
execution cycle der Ausführungszyklus (CPU)
execution time die Ausführungszeit
executive information system das Entscheidungshilfesystem (Software)
executive routine das ausführende Programm (Software)
exemplar das Muster, das Exemplar
exemplify durch Beispiele belegen
exercise die Übung, die Ausübung
exfoliate abblättern (z.B. Beschichtung)
exhalation die Ausdünstung
exhale ausdünsten
exist vorhanden sein, bestehen
exit der Ausgang (aus einem Programm)
exit hub die Ausgangsbuchse (Hardware)
expand ausbreiten, ausdehnen
expandability die Erweiterungsfähigkeit (Hardware, Software)
expanded memory der Expansionsspeicher (bestimmter Bereich des PC-Speichers)
expanded memory manager Manager des EMS (Software)
expanded memory standard der EMS-Standard
expansion die Ausdehnung, die Ausweitung
expect erwarten
expensive teuer, kostspielig
experiment der Versuch, das Experiment
expert erfahren, geschickt, der Experte, der Fachmann
expert committee die Expertenkommission
expert opinions das Gutachten
expert system das Expertensystem (Software)
expertness die Erfahrenheit
expiration date das Verfallsdatum
explain erklären, verständlich machen
explainable erklärbar
explanation die Erklärung
explanatory, explicative erklärend
explicit ausdrücklich, deutlich
explicit address die ausdrückliche Adresse
explicit call transfer das explizite Umlegen (Leistungsmerkmal in ISDN)
explicit function die explizite Funktion (Mathematik)
explicit variable die explizite Variable
explode explodieren, ausbreiten, platzen
exploded veraltet, überholt
exploded view die Explosionszeichnung
exploit ausnutzen, zur Demonstration einer Sicherheitslücke benutzte Software
exploration die Erforschung
explore erforschen

explorer der Forscher
Explorer Name eines Browser-Programmes (Software)
explosion die Explosion
exponent der Exponent (Mathematik), der Erklärer
exponential distribution die exponentielle Verteilung (Mathematik)
exponential function die exponentielle Funktion (Mathematik)
expose aussetzen, belichten (Foto)
expound erklären
express ausdrücklich, deutlich
expression der Ausdruck (Mathematik)
expressly ausdrücklich
expunge tilgen, streichen
extend verlängern, ausdehnen, ausbauen
extended backus naur form die erweiterte Backus-Normal-Form; Methode, um eine formale Programmiersprache zu definieren
extended capability port der Anschluss mit erweiterten Fähigkeiten (parallele Schnittstelle)
extended core storage der erweiterbare Kernspeicher, veraltete Bezeichnung für Massenspeicher
extended memory der erweiterte Speicherbereich, der Erweiterungsspeicher (spezieller Speicherbereich des PC)
extended packet sequence numbering erweiterte Paketfolgenummer, Leistungsmerkmal paketvermittelter Datennetze
extended services die erweiterten Dienste (zusätzliche Leistungen)
extension der Namenszusatz, die Dateinamenserweiterung, der Zusatz
extension register das Zusatzregister
extension-cable das Verlängerungskabel
extent die Ausdehnung, die Weite, die Größe
extentsible programming language die erweiterbare Programmiersprache
external äußerlich, außerhalb befindlich, Außen
external command der externe Befehl (Betriebssystem)
external device das externe Gerät (in eigenständigem Gehäuse)
external file interface die externe Datenschnittstelle
external storage der externe Speicher (Hardware)
extinguish löschen
extract der Auszug
extract instruction der Substitutionsbefehl (Software)
extraction counter der Indexmarkenzähler (Software)
extraordinary außerordentlich
extreme äußerst, höchst, größt, sehr groß
extremely high frequency die Hochfrequenz
extremely low frequency die Niederfrequenz
extremity die äußerste Maßnahme
exudation die Ausschwitzung
exude ausschwitzen, von sich geben
eyephone der Augenkopfhörer, der Monitorhelm (Cyberspace-Hardware)
eyeshot die Sehweite
e-zine Abk. f. electronic magazine (Internet)

F

fabricate fabrizieren
fabrication die Fabrikation
facet die Facette
facility die Einrichtung
facility management das Einrichtungsmanagement (Netzwerkmanagement)
facing die Verkleidung (Mechanik)
facsimile das Faksimile, das Telefax, die genaue Nachbildung
facsimile equipment das Telefaxgerät
fact die Tatsache, der Tatbestand
factitious nachgemacht, künstlich
factor der Faktor, der Einfluss
factorial n die n-Fakultät (Mathematik)
factorial notation die Fakultätsdarstellung (Mathematik)
factoring das Ausmultiplizieren (Mathematik)
factory accounting die Betriebsabrechnung
factory accounting departement die Betriebsbuchhaltung
faculty die Fähigkeit
fade verblassen, verklingen, schwinden
fade down abblenden
fade in die Einblendung (z.B. Anhebung der Lautstärke)
fade margin der Regelbereich (Elektronik)
fade out die Ausblendung (z.B. Absenkung der Lautstärke)
fade up aufblenden
fail fehlen, mangeln, fehlschlagen
fail safe system das ausfallsichere (störungssichere) System
failing der Fehler (in der Hardware)
fail-soft system das System mit reduziertem Betrieb
failure der Ausfall, das Fehlen, das Versagen
failure analysis report der Fehleranalysebericht
failure curve die Ausfallkurve
failure free operation der störungsfreie Betrieb
failure histogram das Ausfallhistogramm
failure rate die Ausfallrate
fake die Fälschung (Internet-Jargon)
fallback der Rückfall (zu einer geringeren Übertragungsgeschwindigkeit)
false falsch, unwahr, unrichtig
false drop die Fehlantwort
false position die Fehleinstellung
falsification die Verfälschung, die Fälschung
family of curves die Kurvenschar (Mathematik)
fan der Ventilator, der Fächer
fan shaped fächerförmig
fan-fold paper das (zickzackgefaltete) Endlospapier
fanner der Ventilator
FAQ (frequently asked questions) die häufigsten Fragen
far end crosstalk das Fernnebensprechen (Elektronik)
fast access memory der Schnellzugriffsspeicher (Hardware)
fast frequency shift keying die schnelle Frequenzumtastung, Verfahren zur Umwandlung von digitalen in akustische Signale
fast mode der Schnellauf
fast packet adaption die schnelle Paketanpassung (Netzwerk)
fast packet multiplexing das schnelle Paket-Multiplexen
fast packet relay die schnelle Paketübertragung (Netzwerk)
fast packet switching die schnelle Paket-vermittlungstechnologie (Netzwerk)
fast select das Einzelpaket, (standardisiertes Leistungsmerkmal in paketvermittelten X.25-Datendiensten)
fast to light lichtecht
fasten befestigen, anheften
fastness die Festigkeit
fat binary die „dicke" Binärdatei (Software, die auf unterschiedl. Systemen ausgeführt werden kann)
fatal verhängnisvoll
fatal error der schlimme Fehler, der schwerwiegende Fehler
fault der Defekt, die Störung, der Fehler
fault finding das Auffinden von Fehlern
fault interrupt routine das Fehler-behandlungsprogramm (Software)
fault isolation die Eingrenzung eines Fehlers
fault liability die Störanfälligkeit
fault management das Fehlermanagement
fault tolerant system das fehlertolerante System
faulted line die gestörte Leitung
faultiness die Fehlerhaftigkeit

faultless fehlerfrei
fault-tolerance die Fehlertoleranz
faulty fehlerhaft, mangelhaft
fax das Faksimile, das Telefax, die genaue Nachbildung
fax board die Faxkarte, Hardwareerweiterung für den PC
fax on demand das Abruf-Telefax
faxgateway der Fax-Verbindungsrechner
faxmodem das Telefaxmodem
faxserver der Telefaxserver
feasibility die Durchführbarkeit
F
featheredge die scharfe Kante (Mechanik)
feature die besondere Eigenschaft, das Merkmal, die Besonderheit
feature connector Name eines Interfaces (zur Mischung zweier Videosignale)
feature extraction die „Merkmal-Herleitung" (optische Zeichenerkennung)
feature flexibility die Anwendungsflexibilität
feature recognition die Merkmalerkennung
Federal Data Protection Act das Bundesdatenschutzgesetz (BDSG)
feed die Zuführung, der Vorschub (Mechanik), zuführen
feed holes die Führungslöcher (z.B. beim Endlospapier)
feedback die Rückkopplung (Elektronik)
feedback control system das Regelsystem
feedback loop die Rückführungsschleife
feeder die Zuführungsvorrichtung (Mechanik)
feeding cycle der Zuführungszyklus
female screw die Schraubenmutter (Mechanik)
fender die Schutzvorrichtung, das Schutzblech
ferrit core der Ferritkern (Elektronik)
ferrit rod der Ferritstab (Elektronik)
ferruginous eisenhaltig
ferrule die Zwinge (Mechanik)
fetch der Abruf
fetch cycle der Abrufzyklus
fiber die Faser
fiber distribution frame die Anschlusseinrichtung für Lichtwellenleiter
fiber optic communications die Lichtwellenleiter-Kommunikation
fiber optic LAN das Lichtwellenleiter LAN
fiber optic light pipe der Glasfaser-Lichtwellenleiter
fiber optic transceiver der Glasfaser-Sender/Empfänger (Hardware)
fiber optic transmission system das Lichtwellenleiter-Übertragungssystem
fiber optics die Glasfaser, das Glasfaserkabel (zur Datenübertragung)
FidoNet Name eines Rechnernetzes
field das Feld, das Datenfeld
field definition die Feldbegrenzung (Datenfeld)
field installation die Installation vor Ort
field line die Kraftlinie (Elektronik)
field of application das Anwendungsgebiet
field programmable logic array der programmierbare Schaltkreis
field selection die Feldauswahl
field specification die Feldspezifikation
field strength die Feldstärke (Magnetfeld)
field test der Feldtest, die Einsatzerprobung
field use der praktische Einsatz
figure die Ziffer, die Abbildung, die Zahl, das Bild
figures shift die Umschaltung (Umschaltfunktion Groß-/Kleinschrift)
filament der Heizfaden (Elektronik)
filament voltage die Heizspannung (Elektronik)
file die Datei, die Kartei, einordnen, zu den Akten nehmen
file access method die Dateizugriffsmethode
file access protocol das Dateizugriffsprotokoll
file allocation table die Dateizuordnungstabelle (Software)
file backup die Dateisicherung
file cabinet der Aktenschrank
file control blocks die Dateisteuerblöcke (FCB)
file control table die Dateitabelle
file folder die Akte
file locking die Blockierung einer Datei (im Netzwerk)
file maintenance die Bestandsführung
file management die Dateiverwaltung (Software)
file management system das Dateiverwaltungssystem (Software)
file mark die Abschnittsmarke
file name der Dateiname

file organisation die Dateiorganisation (Software)
file oriented dateiorientiert
file protect ring der Schreibschutzring (Magnetbandspule)
file protection der Dateischutz
file protection ring der Schreibschutzring (an einer Magnetbandspule)
file searching das Durchsuchen einer Datei
file separator das Dateiendekennzeichen, der Hauptgruppenseparator
file server der Datei-Server (Hardware)
file sharing der gemeinsame Dateizugriff (z.B. von mehreren clients)
file streaming Vorgehen der Dateisicherung, das die Sicherung einzelner Dateien zulässt
file system das Dateisystem
file transfer die Dateiübertragung
file transfer method die Dateiübertragungsmethode
file transfer protocol das Dateiübertragungsprotokoll (FTP)
file updating das Aktualisieren einer Datei
file wrapper die Akte
filebase der Dateien-Bereich einer Mailbox
filecard Bauart einer Festplatte
filerequest die Dateinachfrage
file-server der Datei-Server (Rechner im Netzwerk)
filetransfer die Dateiübertragung
filetransfer protocol das Dateiübertragungsprotokoll
filing cabinet die Kartei
fill character das Füllzeichen
filler das Füllwort (Software)
filmy hauchdünn, trüb
filter der Filter, filtern (Software, Mechanik)
filter program das Filterprogramm (Software)
final address die Endadresse, die letzte Adresse
final assembly die Endmontage (Mechanik)
final inspection die Endkontrolle, die Endprüfung
final result das Endergebnis
final stage die Endstufe (Elektronik)
final test die Abschlusstest
final total die Endsumme
finalbit das Schluss-Bit
finalize die Fixierung, die Beendigung (Schreibvorgang auf CD-R)
financial statement die Gewinn- und Verlustrechnung
finder das Peilgerät (Elektronik)
finger print der Fingerabdruck
finish die bearbeitete Oberfläche, beenden, vollenden
finished product das fertige Produkt
finite element modelling die „Finite Elemente Methode“
finite progression die endliche Reihe (Mathematik)
finite series die endliche Reihe (Mathematik)
fire prevention der Brandschutz
fireproof feuerfest
firewall die Brandmauer (Schutzmechanismus im Netzwerk)
firewire der Feuerdraht, Name einer Schnittstelle (Fa. Apple)
firm order die feste Bestellung
firmness die Festigkeit (Mechanik)
firmware die Software in einem ROM, die Firmware
first in first out „zuerst rein / zuerst wieder raus“ (FiFo), Speicherprinzip
first order approximation die Näherung erster Ordnung (Mathematik)
first surface recording die unmittelbare Oberflächenaufzeichnung (Datenträgertechnik)
fissure der Riss, der Spalt (Mechanik), spalten
fit geeignet, passend
fitter der Monteur
fitting die Montage, passend
five impulse die Aufrundungs-Fünf (Mathematik)
fix fest, befestigen, die Klemme (Mechanik)
fixed assets das Inventar
fixed count code der gleichgewichtige Code
fixed disk die Festplatte (Hardware)
fixed format das Festformat
fixed frequency modem das Festfrequenzmodem
fixed point das Festkomma
fixed point addition die Festkomma-Addition
fixed point calculation die Festkommarechnung

fixed point division die Festkomma-Division
fixed point multiplication die Festkomma-Multiplikation
fixed point number die Festpunktzahl (Mathematik)
fixed point operation die Festkomma-Operation
fixed point representation die Festkommadarstellung
fixed point subtraction die Festkomma-Subtraktion
fixed point system das Festkommasystem
fixed radix notation die Radixschreibweise mit fester Basis (Mathematik)
fixed record length die feste Satzlänge (bei der Datenaufzeichnung)
fixed time division multiplexing das Zeitrastermultiplexing
flag das Flag, das Kennzeichen
flag sequence die Blockbegrenzung
flagbit das Kennzeichenbit
flaming das „Anpflaumen" (unfreundliche Reaktion auf eine E-Mail)
flange der Flansch (Mechanik)
flanking channel der Nachbarkanal
flash blitzen, der Blitz, das Aufblitzen
flat bed plotter der Flachbettplotter (Hardware)
flat square tube der Flachbildschirm
flatrate der Pauschalpreis
flaw der Riss, der Sprung, der Fabrikationsfehler
fleet connection die „Flottenverbindung" (Verbindungsservice im paketvermittelten Datenfunksystem)
flexibility die Vielseitigkeit, die Biegsamkeit
flexible biegsam
flexible cable das flexible Kabel
flexible disk die Diskette
flexible multiplexer der flexible Multiplexer (Hardware)
flicker das Flimmern, das Flackern, flimmern, flackern
flickering das Flimmern
flight simulator der Flugsimulator (Software, Hardware)
flimsy das Durchschlagpapier, dünn
flipflop das Flipflop, der Flipflopspeicher, die bistabile Kippschaltung (Elektronik)
floating address die symbolische Adresse
floating point das Gleitkomma, die Fließkommazahl
floating point addition die Gleitkomma-Addition
floating point calculation die Gleitkommarechnung
floating point division die Gleitkomma-Division
floating point multiplication die Gleitkomma-Multiplikation
floating point number die Gleitpunktzahl (Mathematik)
floating point operation die Gleitkomma-Operation
floating point processor der arithmetische Koprozessor (Hardware)
floating point representation die Gleitkommadarstellung
floating point subtraction die Gleitkomma-Subtraktion
floating point system das Gleitkommasystem
floating point unit die Fließkommaeinheit (Hardware)
floating point unit die Fließkommaeinheit, der Koprozessor
floor distributor der Etagenverteiler (Gebäudeverkabelung)
floor plan der Grundriss
floor space die Grundfläche
floorplanning die Bodenplanung (optimierte Verteilung von Funktionsgruppen oder Bauteilen)
floppy schlapp, die Floppy-Disk
floppy disk die Floppy-Disk, die Diskette
floppy disk drive das Diskettenlaufwerk (Hardware)
floppy tape streamer eine Magnetbandlaufwerkbauart
floppyspeeder der Diskettenbeschleuniger
floptical disk die optische Floppy
flow chart der Programmablaufplan
flow control die Flusskontrolle
flow diagram das Ablaufdiagramm
flow line die Ablauflinie
flow of information der Informationsfluss, der Datenfluss
flowchart der Ablaufplan
fluctuate schwanken
fluctuation die Schwankung
fluid flüssig, die Flüssigkeit
fluidity die Flüssigkeit

flush in gleicher Ebene, durchfluten, strömen

flux der Strom (Elektronik)

flux density die Flussdichte (Elektronik)

flux line die Flusslinie (Elektronik)

flying spot der Lichtpunkt

flywheel das Schwungrad (Mechanik)

foam der Schaum, schäumend

fold der Falz, die Falte, falzen, falten

folder der Schnellhefter, die Broschüre, die Mappe, der Ordner

foliated mit Folie beschichtet

folium die Blattkurve (Mathematik)

follow me die Rufverfolgung (Telekommunikation)

follow up file die Anschlussdatei (Software)

followup die Rückantwort

follow-up action die Folgemaßnahme

follow-up audit das Nachaudit (QM)

font die Schrift, der Zeichensatz

font file die Zeichensatzdatei

font-cartridge die Zeichensatzkassette (z.B. für Drucker)

foodblog digitales Journal im Internet (weblog) für Kochrezepte

fool-proof betriebssicher, narrensicher, kinderleicht

footage indicator der Papierlängenanzeiger (Mechanik)

foot-note die Fußnote

footprint der Ausleuchtbereich (Fernmeldesatellit)

foot-rule der Zollstock

forbear der Vorfahr (z.B. älteres Rechnermodell)

forbidden combination check die Prüfung auf unzulässige Code-Kombinationen

forbidden-code combination die unzulässige Code-Kombination (Software)

force die Kraft, die Stärke, die Gewalt

forced cooling die künstliche Belüftung (Mechanik)

forceful kräftig, stark

forcer der Kolben (Mechanik)

forecast die Voraussage, die Prognose

forefinger der Zeigefinger

forefront die Vorderseite

foreign ausländisch, fremd

foreign exchange die Auslands-vermittlung (Telekommunikation)

foreign file access der Fremddateizugriff

forerunner der Vorläufer

foreword das Vorwort

fork die Gabel, die Gabelung

form das Formular, die Gestalt, die Form

form factor der Formfaktor, die Größe eines Einbauschachtes

form feed der Blattvorschub beim Drucker (Mechanik)

form feeding die Blattzuführung (Mechanik)

form feeding device das Blattzuführungsgerät (Hardware)

formal error der formale Fehler

formalize in die richtige Form bringen

format das Format, formatieren

format effector das Formatsteuerzeichen

format identifier field das Format-identifikationsfeld

formatted screen der formatgebundene Bildschirm

formatter das Formatierungsprogramm (Software)

formatting das Formatieren

formfeed der Seitenvorschub

formless formlos

formula die Formel (Mathematik)

formula evaluation die Formelberechnung (Mathematik)

formulate formulieren

Forth Name einer Programmiersprache (Software)

fortnightly vierzehntägig

Fortran Name einer Programmiersprache (Software)

fortuitous zufällig

fortuitousness die Zufälligkeit, der Zufall

fortuity die Zufälligkeit, der Zufall

forum das Forum

forward vorwärts, nach vorn, fortschrittlich

forward direction vorwärtsgerichtet

forward error correction die Vorwärts-Fehlerkorrektur (Übertragungssicherung sverfahren)

forward explicit congestion notification die Überlastkontrolle

forward indicator der Vorwärtsindikator (Merkmal zur Laufrichtungskontrolle)

forwarder die Weiterleitung (von E-Mails von einer Adresse zu einer anderen)

forwarding die Versendung, die Spedition

found finden, begründen, schmelzen

foundation die Unterlage, die Grundlage, die Gründung (Mechanik)

four address instruction der Vieradressbefehl
fourfold vierfach
fractal das Fraktal (Mathematik)
fraction der Bruch (Mathematik), das Bruchstück
fraction line der Bruchstrich (Mathematik)
fractional horsepower motor der Kleinmotor
fractional part die Stellen hinter dem Komma (Mathematik)

fractional representation die Darstellung in Bruchform (Mathematik)
fracture der Bruch, brechen
fragile zerbrechlich
fragment das Bruchstück, das Fragment
fragmentation die Fragmentierung, die Zerstückelung (von Dateien)
frame der Rahmen, das Einzelbild, zusammenfügen, bilden, zusammensetzen
frame buffer der Bildwiederholspeicher (Hardware)
frame checking sequence das Blockprüfzeichen
frame connector die Steckerleiste (Hardware)
frame reject die Blockrückweisung
frame relay die Blockübertragung (Paketvermittlungstechnologie)
frame switching der Bildwechsel, die schnelle Aufeinanderfolge von Standbildern
frame-grabber der Echtzeit-Videodigitalisierer
framelink die „Block-Verbindung“ (verbindungsorientierter paketvermittelter Datendienst)
framerate die Bildwiederholrate
framework das Gerippe, das Fachwerk, der Rahmen, das System, Name eines Softwarepaketes
frangible zerbrechlich
fraught voll, beladen
fray sich abnutzen, sich ausfransen, sich durchscheuern
frazzle zerfetzen
free freimachen, frei, unabhängig von, frei lassen
free format database die Freitext-Datenbank (Software)
free of ground erdfrei (Elektronik)
freemail die (kosten)freie E-Mail(-Adresse)
freephone telefonischer Mehrwertdienst im öffentlichen Telefonnetz (0800-Service)
freeware die freie Software (Public Domain)
freeze gefrieren, frieren
freeze-frame image das Standbild
freight die Fracht
frequency die Frequenz, die Häufigkeit
frequency band das Frequenzband (Elektronik)
frequency characteristics der Frequenzverlauf (Elektronik)
frequency conversion die Frequenzumsetzung (Elektronik)
frequency converter der Frequenzumsetzer (Elektronik)
frequency coverage der Frequenzbereich (Elektronik)
frequency departure die Frequenzabweichung (Elektronik)
frequency distortion die Frequenzverzerrung (Elektronik)
frequency divider der Frequenzenteiler (Elektronik)
frequency instability der Frequenzfehler
frequency meter der Frequenzmesser (Elektronik)
frequency modulation die Frequenzmodulation (Elektronik)
frequency response der Frequenzgang (Elektronik)
frequency scanning die Frequenzabtastung (Elektronik)
frequency selective filter der Frequenzfilter (Elektronik)
frequency shift keying die Frequenzumtastung (Elektronik)
frequency spacing der Frequenzabstand (Elektronik)
frequency spectrum das Frequenzspektrum (Elektronik)
frequency swing der Frequenzhub (Elektronik)
frequency translation die Frequenzumsetzung (Elektronik)
freshness die Frische (Aktualität einer Webseite im Verhältnis zur Besuchsfrequenz wiederkehrender Besucher)
friction drive der Reibungsantrieb (Mechanik)

friction feed der Reibungsvorschub (beim Drucker)
frictional resistance der Reibungswiderstand (Mechanik)
Friday 13th Freitag der 13., Name eines Computervirus
front end die Vorderseite (sichtbarer Teil einer Webseite)
front end application die „Vor-Ort-Anwendung“ (Netzwerk)
front end processor der Vorrechner (Prozessor zwischen einem Computer und einem Netzwerk)
front panel die Frontplatte
frontage die Vorderfront
front-end Name für die Anwendung auf dem PC in einer Netzwerkdatenbank
frontpage die Vorderseite
FrontPage Programm zum Erstellen und Verwalten von Webseiten (Fa. Microsoft)
frustum of a cone der Kegelstumpf (Mathematik)
full voll, vollständig, völlig
full adder der Volladdierer
full current der Vollstrom (Elektronik)
full duplex vollduplex (Datenübertragung in beide Richtungen)
full motion image das Bewegtbild
full motion video das vollwertige Video
full streaming die komplette Speicherung einer Festplatte auf ein Streamerlaufwerk
full time circuit die Dauerverbindung (einer Übertragungsleitung)
full-time hauptamtlich
fully automatic vollautomatisch
fully formed characters das vorgefertigte Zeichen
function die Funktion, arbeiten, in Betrieb sein
function character das Funktionszeichen
function key die Funktionstaste
function management das Funktionsmanagement
function module die Funktionsbaugruppe (Elektronik)
fundamental die Grundwelle (Elektronik)
fundamental theorem der Fundamentalsatz (Mathematik)
fundamentals die Grundlagen
furcation die Gabelung
furniture das Zubehör (Hardware)
fuse die (elektrische) Sicherung, schmelzen, durchbrennen
fusible schmelzbar
fusion die Verschmelzung, das Schmelzen
future oriented zukunftsorientiert
future value der Endwert
Futurebus Name eines Industriebussystems (Hardware)
fuzz der Fussel, fusseln
fuzzy fusselig, verschwommen, trüb
fuzzy technology die „unscharfe“ Technik

G

gain die Verstärkung
gain characteristic die Übertragungskennlinie (Elektronik)
gain control die Verstärkungsregelung
gally-proof die Korrekturfahne
galvanic galvanisch
galvanically isolated galvanisch getrennt (Elektronik)
game das Spiel
game software das Spielprogramm (Software)
gamecard Name der Erweiterungskarte zum Anschluss eines Joystick (Hardware)
gameport der Spiele-Port (Schnittstelle eines PC)
gap der Spalt, die Lücke
gap width die Spaltbreite
garbage die überflüssigen Daten, das unsinnige Ergebnis, der Müll
garbage collection die Speicherbereinigung (von nicht mehr benötigten Daten)
garble verstümmeln, zurechtstutzen
garbled information die verstümmelte Information (Software)
garbling die Verstümmelung
gas das Gas
gas tube die gasgefüllte Röhre
gaseous gasförmig
gasket der Dichtungsring, die Dichtung (Mechanik)
gate das Gatter, die Verknüpfungsschaltung (Elektronik)
gate array Name für Steuerbausteine (Chips)
gateway das Gateway, der Verbindungsrechner (von Netzwerken)
gating pulse der Taktimpuls (Elektronik)
gating pulse generator der Taktimpulsgeber (Elektronik)
gauge der Maßstab, die Spurweite, die Lehre
Gaussian distribution die Gauß'sche Verteilung (Mathematik)
Gaussian failure distribution die Gauß'sche Fehlerverteilung (Mathematik)
gear das Zahnrad, das Gerät, das Triebwerk, das Getriebe (Mechanik)
gear train das Getriebe (Mechanik)
Gee Whiz Basic „pfiffiges" Basic (GW-BASIC), Name einer Programmiersprache (Software)
gem der Edelstein, schmücken, Name einer grafischen Bedienungsoberfläche (Software)
general chart der Übersichtsplan
general data stream der allgemeine Datenfluss (Datenformat)
general machine program das allgemeine Maschinenprogramm (Software)
general monitor checking routine das allgemeine Überwachungsprogramm (Software)
general purpose application die Mehrzweckanwendung
general purpose interface bus der Mehrzweckbus (IEEE 488-Standard)
general register das Mehrzweckregister
general solution die allgemeine Lösung
general storage der Hauptspeicher (Hardware)
generalization die Verallgemeinerung
generalize verallgemeinern
generate generieren, erzeugen
generate function die erzeugende Funktion (Mathematik)
generation die Generation (z.B. von Mikroprozessoren)
generation of languages die Sprachgenerationen (Programmiersprachen)
generator der Generator, das Code-erzeugende Programm (Software)
generic access profile das generisches Anschlussprofil (Mobiltelefone)
generic conference control die Konferenzsteuerung
generic key der Gattungsschlüssel
geneva drive der Malteserantrieb (Mechanik)
genlock Technik zur Mischung von Video- und Computerbildern
geodesy die Geodäsie
geometric geometrisch (Mathematik)
geometric mean das geometrische Mittel (Mathematik)
geometric series die geometrische Reihe (Mathematik)
geometry die Geometrie (Mathematik)
german steel der Rohstahl
german text die Frakturschrift
gestures Bezeichnung für animierte Smilies in 3D-Chats im Internet
get-up die Aufmachung

giga instructions per second Milliarden Anweisungen pro Sekunde
gigabits per second Gigabits pro Sekunde
gild vergolden
gilt die Vergoldung
girt der Umfang
glaze die Glasur, verglasen
glide das Gleiten, gleiten
global weltumspannend, global
global area network das Weltnetz
global distribution die weltweite Verteilung, die weltweite Auslieferung
global positioning system das weltumspannende Positionierungssystem (GPS)
global variable die globale Variable
global village das „globale Dorf“ (Metapher für das Internet)
globose kugelförmig
globosity die Kugelform
globular kugelförmig
globule das Kügelchen
glossary das Wörterbuch, das Glossar
glue der Leim, leimen, andrücken, anheften
glue logic die Klebstofflogik (einfache logische Schaltung zur Verbindung zweier inkompatibler Hardwarekomponenten)
glut die Überfüllung, die Übersättigung
gluten der Kleber
go-no-go test der Ja/Nein-Test (Software)
google Name eines Internet-unternehmens, bekannt durch deren gleichnamige Suchmaschine
google snippets die Schnipsel (bei Google angezeigte Suchergebnisse)
Gopher Name eines Recherche-Systems im Internet
go-to statement die Spunganweisung
governing body das Gremium
grab der Greifer, greifen (Mechanik)
gradation die Abstufung
grade of service die Verkehrsgüte (Datenübertragungsnetz)
graded index der Gradientenindex (Lichtwellenleiter)
gradient die Steigung, die Neigung
gradual stufenweise, allmählich
gradual detorioration of performance die allmähliche Leistungsabnahme
graduated level die Abstufung
graduation die Abstufung, die Gradeinteilung
grammalogue das Kürzel, die Kurzschrift
grammatical grammatikalisch
grant die Bestätigung
granular körnig
granulation die Körnung, das Granulat
granulous körnig
graph der Graf, aufzeichnen, die grafische Darstellung
graph plotter der Kurvenschreiber (Hardware)
graphic grafisch
graphic board die Grafikkarte (Hardware)
graphic display die Grafikanzeige, der Grafikbildschirm (Hardware)
graphic mode der Grafikmodus
graphic plotter der Kurvenschreiber (Hardware)
graphic printer der Grafikdrucker
graphic resolution die Grafikauflösung
graphic subprocessor der Grafikprozessor (Hardware)
graphic user interface die grafische Benutzerobefläche (Software)
graphical grafisch
graphical language die Grafik-Sprache (Sprache, mit der Zeichnungen beschrieben werden)
graphical representation die grafische Darstellung
graphical user interface die grafische Benutzeroberfläche (Software)
graphics die Grafik, die Kurve
graphics accelerator der Grafik-Beschleuniger (Grafikkarte)
graphics adapter die Grafikkarte (Hardware)
graphics board die Grafikkarte (Hardware)
graphics display unit der Kurvenschreiber, die Grafikeinheit (Hardware)
graphics instruction der Grafikbefehl (Software)
graphics interchange format Name eines Bitmapformates (GIF)
graphics package das Grafikpaket (Programm)
graphics printer der Grafikdrucker (Hardware)
graphics screen der Grafikbildschirm (Hardware)
graphics symbol das grafische Symbol
graphics table das Grafiktablett, das Zeichentablett (Hardware)

graphite der Graphit
grapple der Greifer (Mechanik)
grasp der Griff, ergreifen
graticule das Raster
gravitate sich hinneigen
gravitation die Schwerkraft
gravitational pull die Anziehungskraft
gravity die Schwere, die Wichtigkeit
gray grau, in der Mitte liegend, unbestimmt
grease das Fett, die Schmiere, schmieren
greasy fettig, schmierig
green grün, fabrikneu, das Grün
grey grau, das Grau
grid das Gitter, die Matrix, das Netz
gripping devoce die Greifvorrichtung (Mechanik)
groceteria der Selbstbedienungsladen
groin der Grad, die Rippe
groove die Rinne, die Nut, die Furche, nuten, falzen
gross error der Gesamtfehler
gross pay calculation die Bruttolohnabrechnung
ground die Masse, die Erde (Elektronik), erden, grundieren, der Grund, der Boden
ground connexion die Erdung (Elektronik)
ground wire die Erdleitung (Elektronik)
ground work die Grundlage, das Fundament
groundbreaking bahnbrechend
ground-floor das Erdgeschoss
ground-plan der Grundriss
group code recording die Gruppencodierung (Fehlerbehebungscode)
group control change der Gruppenwechsel (Elektronik)
group indication die Gruppenanzeige (Elektronik)
group separator das Gruppentrennzeichen
grouped records die Satzgruppe
groupware Software für das gruppenbezogene Arbeiten
guarantee garantieren, gewährleisten
guaranty die Garantie, die Gewährleistung
guard bars die Hilfszeichen im Barcode
gudgeon der Bolzen (Mechanik)
guest der Gast
guidance die Richtlinie
guidance command der Leitbefehl (Software)
guide die Führung (Mechanik), leiten, führen, steuern
guide pin der Führungsstift (Mechanik)
guideline der Leitfaden
guiding edge die Führungskante (Mechanik)
gum das Gummi, gummieren, zukleben
gypsum der Gips
gyrate kreisen, wirbeln
gyration die Kreisbewegung

H

hack die Kerbe, hacken, zerhacken
hacker der Hacker
hairpin die Haarnadel
half adder der Halbaddierer
half adjust aufrunden, abrunden (Mathematik)
half bauded code das Pseudoternärverfahren
half cycle die Halbperiode (Mathematik)
half duplex halbduplex (im Gegensatz zu vollduplex)
half duplex communication der Halbduplex-Verkehr (Datenübertragung)
half height die halbe Höhe (Bauhöhe)
half plane die Halbebene (Mathematik)
half wave rectifier der Einweggleichrichter (Elektronik)
half word das Halbwort
half-tone process das Rasterverfahren (Software)
halt unterbrechen, anhalten, stoppen
halt instruction der Stoppbefehl (Software)
hammer der Hammer (Mechanik), hämmern
hamming-code der Hamming Code (zur Fehlerkorrektur)
hand die Hand, die Handschrift, die Unterschrift, die Handbreite (= 4 Zoll), die Seite
hand compute mit der Hand rechnen
hand free talking das Freisprechen
handheld computer der tragbare Computer (Hardware)
handheld scanner der Handscanner (Hardware)
handicaper der Ausgleicher (Mechanik)
handicraft das Handwerk, die Handfertigkeit
handiness die Handlichkeit
handle der Griff, die Handhabe, handhaben, anfassen, behandeln
handle handhaben, umgehen mit etwas
handler der Hantierer
handling die Handhabung
handling restrictions die Benutzerrestriktionen, die Benutzer-Einschränkungen (z.B. bei Software)
handmade handgefertigt
handover die Übergabe (Mobilfunk)
hands off Hände weg!
handset der Handapparat, (der Telefonhörer)
handshaking der Handshake-Betrieb, der Quittungsbetrieb
handwork die Handarbeit (keine Maschinenarbeit)
handwriting die Handschrift
handwritten information die handgeschriebene Information
handy geschickt
hang up das Aufhängen (eines Programmes)
hap der Zufall
haphazard der Zufall, zufällig
happy faces die fröhlichen Gesichter (smileys)
hard hart, schwer, drückend
hard disk die Festplatte (Hardware)
hard disk drive das Festplattenlaufwerk (Hardware)
hard errors die Fehlstellen auf einer Festplatte
hardcopy der Ausdruck, die Kopie (auf Papier)
harddisk die Festplatte (Massenspeicher)
harddisk drive das Festplattenlaufwerk
harddisk-recording das digitale Aufzeichnen von Audio- und Videodaten auf der Festplatte
hardness die Härte, die Schwierigkeit
hard-sectored hartsektoriert
hardware die Hardware, die Gerätschaften
hardware address die Hardwareadresse (z.B. Adresse eines Gerätes)
hardware check die Geräteprüfung
hardware compatibilty die Hardwarekompatibilität
hardware error der Hardwarefehler
hardwired festverdrahtet
harness der Kabelbaum
Harper Name eines bekannten amerk. Programmierers
hash total die überschlägliche Summe
hashing das Hash-Verfahren
Haskell Name einer Programmiersprache
Hayes Name eines Hardwareherstellers (Modems)
hazard der Zufall, die Gefahr
hazardous gefährlich, gewagt
hazardous material der Gefahrstoff
head der Kopf, der Schreib-/Lesekopf (Hardware)

head crash der Aufprall des Schreib-/ Lesekopfes (auf der Festplattenoberfläche)
head gap der Schreib-/Lesespalt
head of an institute der Institutsleiter
header die Kopfdaten, der Vorspann (einer Datei)
header error check die Vorspann-Fehlerüberprüfung
header error correction das Vorspann-Korrekturbyte
header record die Aufzeichnung der Kopfdaten (z.B. eines Datenblocks)
headgap der Kopfspalt (Schreib-/ Lesekopf)
heading der Titel, die Überschrift, die Rubrik
heading line die Kopfzeile, die Überschrift
headlift die Kopfanhebung (Schreib-/ Lesekopf)
headphone connector der Kopfhörer-Stecker
headphone jack der Kopfhörer-Stecker
heap die Menge, die Haufenstruktur, die Anhäufung (von Daten)
heapsort Name eines Sortierverfahrens
heat die Hitze, erhitzen
heat dissipation der Wärmeverlust (Elektronik)
heat loss die Verlustwärme
heat sink die Wärmeableitung, der Kühlkörper, die Kühlrippen
heat transfer die Wärmeübertragung
heating die Heizung
heatpipe die Wärmeröhre, ein Wärmetauscherelement
heavy current der Starkstrom (Elektronik)
hebdomadary wöchentlich
heedful achtsam
heedless unachtsam
height die Höhe, der Höhepunkt, der höchste Grad
heighten erhöhen, vergrößern
helical gear das Schneckenzahnrad (Mechanik)
helical scan Name des Aufzeichnungs-verfahrens von Streamern
heliographic calking das Lichtpausverfahren
Helios Name eines Betriebssystems für Transputersysteme (Software)
helix die Schnecke (Mechanik), die Schneckenlinie
help die Hilfe, das Hilfsmittel, helfen
help function die Hilfefunktion (Software)
helpful nützlich, hilfreich
Helvetica Name einer Schriftart
hemisphere die Halbkugel
Hercules Name eines Hardwareherstellers (Grafikkarten)
hesitation die Verarbeitungspause
heterodyne die Überlagerung
heterogeneous heterogen, ungleichartig
heuristic method die heuristische Methode, das methodische Probieren
Hewlett Packard Name eines Hardwareherstellers
hex dump die hexadezimale Liste
hexadecimal hexadezimal (Zahl zur Basis 16)
hexadecimal system das Hexadezimalsystem (Basis 16)
hexagon das Sechseck (Geometrie)
hidden file die „versteckte“ Datei (Software)
hidden web das versteckte Web (Teil des Internets, das über Suchmaschinen nicht auffindbar ist)
hiding verbergen, verstecken, das Verbergen
hierarchical database die hierarchisch aufgebaute Datenbank
hierarchical file system die hierarchische Verzeichnisstruktur
hierarchy die Hierarchie, die Rangordnung
high hoch
high availability die Hochverfügbarkeit (eines Systems trotz Fehlern in einzelnen Komponenten)
high byte das höherwertige Byte
high coloured von lebhafter Farbe
high definition television das hochauflösende Fernsehen (HDTV)
high density die hohe Schreibdichte (Diskette)
high density compact disc die CD mit hoher Speicherkapazität
high frequence die Hochfrequenz (Elektronik)
high gloss painting der Schleiflack
high grade component das hochwertige Bauteil (Hardware)

high level compiler der Hochsprachencompiler
high level formatting die Formatierung auf hoher Ebene
high level language die Hochsprache (Programmiersprache), die höhere Programmiersprache
high sierra driver Standard für die Datenorganisation auf CD-ROM
high speed memory der Schnellspeicher (Hardware)
high speed modem das Hochgeschwindigkeitsmodem (Hardware)
high speed printer der Schnelldrucker (Hardware)
high speed rewind der Schnellrücklauf (Bandlaufwerk)
higher-order differential equation die Differentialgleichung höherer Ordnung (Mathematik)
higher-order equation die Gleichung höherer Ordnung (Mathematik)
highlight hervorheben
highlighting die Hervorhebung
high-order höherwertig
hightech die Spitzentechnologie
highway circuit die Hauptverbindung
hinge das Scharnier, der Angelpunkt (Mechanik)
hinge upon sich drehen um
hire die Miete, mieten (z.B. eine Verbindungsleitung)
hire-purchase der Ratenkauf, der Teilzahlungskauf
histogram das Histogramm (die Darstellung einer Häufigkeitsverteilung)
historical file die abgeschlossene Datei, die veraltete Datei
historical order der vorherige Auftrag
hit der Schlag, der Stoß, schlagen, stoßen
hitrate die Trefferquote, die Zugriffshäufigkeit (z.B. von Internetseiten)
hoaxes die Scherze (Falschmeldungen, die vor angeblichen Gefahren warnen)
hold der Griff, der Halt, greifen, halten
holddown die Befestigung (Mechanik)
holding time die Belegungszeit
hole das Loch, durchlöchern
holography die Holografie
home address die Ausgangsadresse
home brew software das hausgemachte Programm (Hobby-Software)
home computer der Spielecomputer (Hardware)
home key Taste für das Rücksetzen des Cursors (an die erste Position)
home location register die Heimatdatei (Netzkomponente eines GSM-Systems)
home network Heimatnetz (des Mobilfunkanbieters)
home position die Ausgangsposition
home record der Stammdatensatz (Software)
homebanking Erledigung der Bankgeschäfte von zuhause
homecomputer der Heimcomputer
home-grown selbstgebaut
homepage die Eröffnungsseite, die Leitseite (Internet)
homeshopping der Fernkauf
homogeneity die Gleichartigkeit
homogeneous gleichartig, homogen
homogeneous differential equation die homogene Differentialgleichung (Mathematik)
homogeneous network das homogene Netzwerk (Verbindung gleichartiger Rechner)
honeypot der Honigtopf (Computersystem zum Anlocken von Spammern und Hackern)
Honeywell & Bull Name eines Hardwareherstellers
hood die Haube, die Kappe, das Verdeck
hook der Haken, haken, fangen
hooter die Hupe, die Sirene
hop count Maßeinheit für die Entfernung im Internet
horizontal deflection die Horizontalablenkung (Monitor)
horizontal redundancy check die horizontale Blockparität (Fehlerprüfverfahrens)
horizontal scroll horizontales Rollen des Bildschirminhaltes
host der Host, der Zentralrechner, der Wirt, der Gastgeber
host adapter der Wirtsanschluss (Adapter)
host interface der Zentralrechneranschluss, die Schnittstelle zum Hauptrechner
hostmodus der Wirtsrechnerbetrieb
hot heiß, warm, scharf, heftig

H

hot backup die „heiße Datensicherung" (Backup bei laufendem Datenbankprogramm)
hotfix die schnelle Reparatur, die Aktualisierung (Software)
hotfolder der Archivordner, der „überwachte Ordner"
Hotjava Name einer Programmiersprache
hotkey die Tastenkombination (zur Aktivierung z.B. eines Hintergrundprogrammes)
hotline der „heiße Draht", die telefonische Herstellerunterstützung
hotness die Hitze, die Schärfe
hour die Stunde, die Zeit, die Uhr
hourly stündlich
housekeeping function die Verwaltungsfunktion
housekeeping instruction der organisatorische Befehl (Software)
housing das Gehäuse
hub die Buchse (Elektronik), der Mittelpunkt, der Drehpunkt (Mechanik), der Vermittlungsknoten (Netzwerk), auch Knotenwebseite
hue die Farbe, die Färbung
human menschlich, der Mensch
human engineering die Ergonomie
human error das menschliche Versagen,
human friendly benutzerfreundlich
human interface die Schnittstelle zum Menschen
human resources die menschliche Arbeitskraft
humanly nach menschlichem Ermessen
humidity die Feuchtigkeit
hummer der Summer (Elektronik)
hundred call seconds die Verkehrsbelastung (Verkehrstheoretische Kenngröße in Telekommunikationsnetzen)
hunting das Schwingen (Mechanik)
hunting oscillations die Pendelschwingungen (Elektronik)
hurt die Verletzung, der Schaden
hurtful schädlich
hustle drängen, treiben, der Hochbetrieb
hybrid die Mischung, der Zwitter, die Kreuzung
hybrid circuit die Gabelschaltung (Elektronik)
hybrid computer der Hybridrechner (analog und digital)
hybrid digital-analog circuit gemischte Digital-Analog- Schaltung (Elektronik)
hybridnet das Hybridnetz (Inhomogene Netztopologie)
hydrocarbon der Kohlenwasserstoff (Chemie)
hydrochloric die Salzsäure (Chemie)
hydrogen der Wasserstoff (Chemie)
hygrometer der Feuchtigkeitsmesser
hyper protocoll Name eines Protokolles für die Datenfernübertragung
hyperbola die Hyperbel (Mathematik)
hyperbole die Übertreibung, die Hyperbel
hyperbolic hyperbolisch (Mathematik)
hyperbolic logarithm der natürliche Logarithmus (Mathematik)
hyperbolical übertreibend, hyperbolisch
hyperbolical function die hyperbolische Funktion (Mathematik)
hyperbolical interpolation die hyperbolische Interpolation (Mathematik)
hypercell die Großzelle (Mobilfunk)
hypercritical hyperkritisch, allzu scharf
hyperlink die Verbindung zu einer Web-Seite (Internet)
hypermedia Erweiterung des Hypertextes beispielsweise mit Grafiken, Videos und Sound
hypertext Name einer assoziativen Speichertechnik (Software)
hypertext markup language Programmiersprache (HTML), in der World Wide Web Dokumente erstellt werden
hyphen der Bindestrich, mit Bindestrich schreiben
hyphenation die Silbentrennung
hypotenuse die Hypotenuse (Mathematik)

I

i.e. (id est) das heißt (d.h.)
I/O unit die Eingabe-/Ausgabeeinheit (Hardware)
I/O channel der Eingabe-/Ausgabekanal (Hardware)
IC (integrated circuit) der integrierte Schaltkreis (Elektronik)
icing die Vereisung
iCOMP-index Vergleichsindex für Intel-Prozessoren
icon das Icon, das Symbol
identical identisch, gleich, gleichbedeutend
identification die identifizierung, der Ausweis
identifier die Kennung, der Kennsatz, die Identifikation
identify identifizieren, feststellen, ausweisen
identity die Identität, die Eigenart, die Persönlichkeit
idle untätig, unbenutzt, leerlaufend
idle capacity die ungenutzte Kapazität (z.B. eines Speichers)
idle time die Leerlaufzeit
idling cycle der Leerlaufzyklus
IEEE (Institute of Electronic and Electrical Engineers) Normungsfachverband in den USA
if and only if genau dann, wenn
IGES Name eines Austauschformates für technische Zeichnungen (Initial Graphics Exchange Specification)
ignitable entzündbar
ignite sich entzünden, sich erhitzen
ignition die Entzündung, die Erhitzung, die Zündung
ignore ignorieren, überlesen, nicht beachten
illegal character das unzulässige Zeichen
illegal instruction der unzulässige Befehl
illimitable unbegrenzt
illogical unlogisch
illuminate erleuchten
illustrate erläutern, bebildern
illustration die Erläuterung, die Bebilderung
image das Bild, das Standbild, das Abbild, abbilden
image capture die Bilderfassung
image communication die Bildkommunikation
image decompression die Bilddekompression (Software)
image enhancement die Kontrastverstärkung (eines Bildes)
image mix die Bildmischung (Photo CD-Player)
image processing die Bildverarbeitung
image rotation die Bildrotation
image sensor der Bildsensor (Hardware)
image unit die Druckereinheit eines Laserdruckers (Hardware)
imaginary number die Imaginärzahl (Mathematik)
imaginary part der Imaginärteil (Mathematik)
imaginary root die imaginäre Wurzel (Mathematik)
imitation die Nachahmung, die Nachbildung, nachahmen, imitieren
immediate access der direkte Speicherzugriff
immediate access store der Speicher mit einer kurzen Zugriffszeit
immediate addressing die direkte Adressierung
immobile, immovable unbeweglich
immutability die Unveränderlichkeit
immutable unveränderlich
impact der Anprall, der Anschlag (Mechanik)
impact printer der Drucker mit mechanischem Anschlag, z.B. Nadel- oder Typenraddrucker (Hardware)
impair vermindern, schwächen, beeinträchtigen
impassible, impassive unempfindlich
impassiveness die Unempfindlichkeit
impedance die Impedanz (Elektronik)
imperative statement die unbedingte Anweisung
imperfect unvollkommen, unvollständig
impermeable undurchdringlich
implement das Gerät, das Werkzeug, ausführen, verwirklichen
implementation die Implementation, die praktische Anwendung, die Verwirklichung, die Ausführung
implication die Implikation (wenn ..., dann)
implicit function die implizite Funktion (Mathematik)
import importieren (z.B. von Fremdformaten in ein Programm)
impossible unmöglich

IJ

impregnate imprägnieren, sättigen, tränken
impress der Druck, der Stempel, eindrücken, prägen
imprint der Eindruck, der Stempel, aufdrücken
improper fraction der unechte Bruch (Mathematik)
improper integral das unbestimmte Integral (Mathematik)
improvement die Verbesserung
improvement system das Vorschlagswesen
impulse der Impuls, der Anstoß, der Antrieb (Elektronik, Mechanik)
in line of in Übereinstimmung mit
in plant innerbetrieblich
in step synchron
inaccessibility die Unzugänglichkeit
IJ
inaccessible unzugänglich
inaccuracy die Ungenauigkeit
inaccurate ungenau, unrichtig
inactive untätig, unwirksam, inaktiv
inadequacy die Unangemessenheit, die Unzulänglichkeit
inadequate unangemessen, unzulänglich
inadmissibility die Unzulässigkeit
inadmissible unzulässig
inadvertency die Unachtsamkeit, das Versehen
inadvertent unachtsam, unbeabsichtigt, versehentlich
inadvisible unratsam
inalterable unveränderlich
inapplicability die Unanwendbarkeit
inapplicable unanwendbar
inapposite unpassend
inapproachable unzugänglich
inapt ungeeignet, untauglich, unpassend
inband range die Sprachbandbreite (Telefonienetz)
inboard Name einer Steckkarte mit eigenem Mikroprozessor (Hardware)
inbound link der eingehende Link. Ein Link der von einer externen Website auf die eigene verweist.
inbound message eintreffende Nachricht
Inc. (Abkürzung für Incorporated) gesetzlich eingetragen (entspricht dem deutschen „e.V." = eingetragener Verein)
incalculable unberechenbar
incandescent lamp die Glühlampe
incapability die Unfähigkeit, die Untauglichkeit
incapable untauglich, unfähig
incautious unvorsichtig
incautiousness die Unvorsichtigkeit
inch der Zoll (= 2,54 cm)
incidence der Einfluss, das Auftreten, die Wirkung
incident der Zufall, der Vorfall, vorkommend
inclination die Neigung
inclose einschließen
include einschließen, enthalten
inclusion die Implikation
inclusive einschließlich, alles einbegriffen
incoming access der ankommende Zugriff (Zugriff auf ein Netz, einen Dienst oder ein Leistungsmerkmal)
incommensurable unvergleichbar
incomming message die ankommende Nachricht
incommodious unbequem
incommutable unvertauschbar, unveränderlich
incompatibilty die Unverträglichkeit, die Unvereinbarkeit, die Inkompatibilität
incompatible unvereinbar, unverträglich, inkompatibel
incompetent untauglich, unbefugt, unfähig, inkompetent
incomplete unvollständig, unvollkommen
inconclusive ergebnislos
incongruity die Unangemessenheit, das Missverhältnis
incongruous nicht übereinstimmend, unpassend
inconstant veränderlich
incorrect unkorrekt, fehlerhaft
incoterms Internationale Geschäftsbedingungen (International Commercial Terms)
increase wachsen, zunehmen, die Zunahme, das Wachstum
increment das Inkrement, die Zuwachsrate (Mathematik), erhöhen
increment size die Inkrementgröße (Mathematik, Software)
incremental writing die Zuwachsaufzeichnung (CD-R)
incrust die Bekleidung, der Belag, die Ablagerung
incurvation die Krümmung
incurve krümmen, biegen
indefinable unbestimmbar
indefinite unbestimmt, unbeschränkt

indefinite integral das unbestimmte Integral (Mathematik)
indelible pencil der dokumentenechte Stift
indentifying information die Kennung
indentifying label der Kennsatz (Software)
independence die Unabhängigkeit
independent software vendor unabhängiger Softwareanbieter
independent variable die unabhängige Variable (Mathematik)
indeterminable unbestimmbar
indeterminate equation die unbestimmte Gleichung (Mathematik)
index der Index, der Zeiger, der Anzeiger, das Verzeichnis, die Kennziffer
index accumulator das Indexregister (Hardware)
index hole das Indexloch (auf der Diskette)
index of refraction die Brechzahl (z.B. im Lichtwellenleiter)
index print die Bildübersicht (Photo CD)
index register das Indexregister (Software)
index sequential access der indexsequentielle Zugriff (auf Daten)
index value der Indexwert
index variable die Laufvariable
indexed address die indizierte Adresse
indexed file die indizierte Datei
indexing die Indizierung
india rubber der Radiergummi
indicate anzeigen
indication die Anzeige
indication instrument das Messinstrument
indicator lamp die Signallampe
indirect address die indirekte Adresse (die Adresse einer Adresse)
indisoluble untrennbar
individual write protection der individuelle Schreibschutz
indoctrinate schulen, unterweisen
indoor im Hause
induce induzieren (eine Spannung), veranlassen
inductance die Induktivität (Elektronik)
inductor die Feldspule (Elektronik)
industry standard der Industriestandard (oftmals ist der IBM-kompatible PC-Standard gemeint)
inedited unveröffentlicht
ineffective unwirksam
inefficiency die Wirkungslosigkeit
inefficient unwirksam, wirkungslos
inequality die Ungleichheit, die Ungleichmäßigkeit
inert träge
inertia die Trägheit (Physik)
Inet abkürzende Zusammenfassung von „Internet“ und „Intranet“
inexact ungenau
inexactitude die Ungenauigkeit
inexpensive nicht teuer, billig, preiswert
inexpert ungeübt, unerfahren
inexplicable unerklärbar, unerklärlich
inextinguishable unauslöschlich
inference die Folgerung, der Schluss
inference machine Teil eines Expertensystems (Software)
infinite unendlich, zahllos
infinite series die unendliche Reihe (Mathematik)
infinity die unendliche Größe (Mathematik)
inflame entflammen, entzünden
inflammability die Entzündlichkeit
inflammable feuergefährlich, entzündlich
inflammables leicht entzündliche Stoffe
inflexible unbiegsam, starr
informal formlos
information die Information, die Nachricht, die Auskunft
information base die Informations-Basis, der Datenbestand eines Expertensystems
information bit die binäre Informationseinheit (Software)
information channel der Datenkanal
information content der Informationsinhalt
information display system das Datensichtgerät (Hardware)
information flow der Datenfluss
information flow rate der Datendurchsatz
information frame der Informationsblock
information highway die „Datenautobahn“, Name eines Hochgeschwindigkeits-Netzwerkkonzeptes für multimediale Daten
information interchange der Informationsaustausch
information processing die Informationsverarbeitung

information provider der Bereitsteller von Informationen (in der Regel ein kommerzieller Dienst)
information resources die Informationsmittel
information retrieval das Wiedergewinnen von Informationen (Software)
information retrieval system das Dokumentationssystem (Software)
information separator das Informationstrennzeichen (Übertragungssteuerzeichen)
information signal das Informationssignal
information storage die Informationsspeicherung
information technology die Informationstechnologie (IT)
information theory die Informationstheorie
information transfer der Datentransfer
infra-red infrarot
infrastructure die Infrastruktur
ingredient der Bestandteil, der Inhaltsstoff
inherent anhaftend
inherited error der Anfangsfehler, der Eingangsfehler
inhibit pulse der Sperrimpuls (Elektronik)
in-house innerbetrieblich
inhouse modem das hausinterne Modem
initial anfänglich, der Anfangsbuchstabe
initial conditions die Ausgangsbedingungen
initial failures die vorzeitigen Ausfälle
initial program loader der Urlader (für das Betriebssystem)
initial state der Anfangszustand
initial value der Anfangswert (Mathematik)
initialition die Initialisierung
initialition file die Initialisierungsdatei
initialization mode der Startmodus eines Systems (Betriebssystem)
initialize initialisieren
initializing die Initialisierung, in einen definierten Ausgangszustand bringen
initiation die Einleitung, die Einführung
initiation fee die Aufnahmegebühr
inject einspeisen
ink die Tinte, die Druckerschwärze, schwärzen
inkjet der Tintenstrahl
inkjet plotter der Tintenstrahlplotter (Hardware)
inkjet printer der Tintenstrahldrucker (Hardware)
ink-pad das Stempelkissen
inlay die Einlage, einlegen
inlet die Eingangsöffnung, die Einlage, der Einlass, der Zugang
inner track die innere Spur (CD-ROM)
innovative zukunftsorientiert
innumerable unzählbar, unzählig
inoperative unwirksam
in-process inspection die Zwischenprüfung
input die Eingabe, eingeben
input area der Eingabebereich (Software)
input block der Eingabespeicher (Hardware)
input buffer register das Eingabepufferregister
input buffer storage der Eingabe-Pufferspeicher (Hardware)
input channel der Eingabekanal
input data die Eingabedaten (Software)
input device das Eingabegerät (Hardware)
input equipment die Eingabegeräte (Hardware)
input instruction der Eingabebefehl (Software)
input job stream der Eingabedatenfluss
input port der Eingabeport (Hardware)
input program das Leseprogramm (Software)
input register das Eingaberegister
input routine das Eingabeprogramm (Software)
input speed die Eingabegeschwindigkeit
input unit die Eingabeeinheit (Hardware, Software)
input variable die Eingangsvariable
input work queue die Eingangswarteschlange
input/output die Ein-/Ausgabe
input/output area der Eingabe-/Ausgabebereich
input/output bus der Eingabe-/Ausgabebus (Hardware)
input/output control die Eingabe-/Ausgabesteuerung
input/output port der Eingabe-/Ausgabeport (Hardware)
inquiry station die Abfragestation (Hardware)

inrush current der Einschaltstromstoß (Elektronik)
inscribe beschriften, aufschreiben, einzeichnen
insecure unsicher
insecurity die Unsicherheit
insensitivity die Unempfindlichkeit
insert einfügen, einlegen (z.B. Diskette), einschalten
insert byte das Einfügebyte
insertion die Eintragung, die Anzeige
insertion sort die Einfügesortierung
inside diameter der Innendurchmesser
insignificancy die Bedeutungslosigkeit
insignificant unbedeutend, bedeutungslos
insolubility die Unlöslichkeit, die Unlösbarkeit
insoluble unlöslich, unlösbar
inspection die Besichtigung, die Aufsicht, die Inspektion
inspection characteristic das Prüfmerkmal
inspection instruction die Prüfanweisung
inspection plan der Prüfplan
inspection schedule der Prüfablaufplan
inspection specification die Prüfspezifikation
inspection status der Prüfstatus
inspection test die Abnahmeprüfung
install einsetzen, einrichten, installieren, aufstellen
installable file system das installierbare Dateisystem
installation die Einrichtung, die Installation, die Aufstellung
instant messaging die sofortige Nachrichtenübermittlung
institute management die Institutsleitung
instruct unterrichten, anweisen
instruction die Instruktion, der Befehl
instruction address die Befehlsadresse
instruction address register das Befehlsadressenregister
instruction code der Befehlscode
instruction counter der Befehlszähler
instruction counting register das Befehlszählerregister
instruction course der Lehrgang
instruction cycle der Befehlszyklus, die Operationszeit
instruction decoder die Befehlsdecodierschaltung
instruction format das Befehlsformat
instruction length die Befehlslänge
instruction list die Befehlsliste
instruction location counter der Befehlszähler
instruction manual die Betriebsanleitung
instruction mix der Befehlsmix
instruction register das Befehlsregister
instruction repertory der Befehlsvorrat
instruction set der Befehlssatz, der Befehlsvorrat
instruction time die Befehlszeit
instruction word das Befehlswort
instructor der Ausbilder, der Lehrbeauftragte
instrument das Instrument, das Werkzeug (Hardware, Software)
instrumental als Werkzeug dienend
insulate isolieren
insulating sleeving der Isolierschlauch
insulation die Isolierung
insurance die Versicherung
intact unversehrt, unberührt
integer die ganze Zahl (im Gegensatz zur gebrochenen), das Ganze, ganz, vollständig
integer arithmetik die Integerarithmetik
integer number die ganze Zahl
integer unit die „Ganzzahl-Einheit“ (Komponente in einem Mikroprozessor)
integer variable die Ganzzahlvariable
integral das Integral (Mathematik)
integral calculus die Integralrechnung (Mathematik)
integral equation die Integralgleichung (Mathematik)
integral multiples das ganzzahlige Vielfache (Mathematik)
integral part der Bestandteil
integral sign das Integralzeichen (Mathematik)
integrate integrieren
integrated circuit der integrierte Schaltkreis (Elektronik)
integrated data processing die integrierte Datenverarbeitung
integrated switching exchange die integrierte Leitungsvermittlung
integrating circuit die integrierte Schaltung (Elektronik)
integration die Ergänzung, die Integration (Mathematik)
integration constant die Integrationskonstante (Mathematik)
integrity die Vollständigkeit

Intel Name eines Hardwareherstellers
Intel inside Werbeslogan: „hier ist ein Intel-Mikroprozessor drin"
intellect der Verstand, die Intelligenz
intelligence die Intelligenz, der Nachrichteninhalt, die Nachrichten, die Auskunft
intelligent intelligent
intelligent character recognition intelligente Zeichenerkennung (OCR)
intelligent terminal das intelligente Terminal (Hardware)
intelligibility die Verständlichkeit
intelligible verständlich
intense intensiv, angestrengt
intention die Absicht, der Zweck
interaction die Wechselwirkung
interactive interaktiv, wechselseitig
interactive mode der Dialogbetrieb
interblock space der Blockzwischenraum (Software)
intercept abfangen, der Schnittpunkt
interchange austauschen, auswechseln, der Austausch
interchange file format das Dateiaustauschformat (Grafikformat)
interchangeable auswechselbar, austauschbar
intercommunicate miteinander in Verbindung stehen
intercommunication die gegenseitige Verbindung, die Verständigung
interconnect zusammenschalten, untereinander verbinden
intercontinental von Kontinent zu Kontinent reichend
intercouple zusammenschalten, verbinden, koppeln
intercourse der Verkehr, der Umgang
intercycle der Zwischenzyklus
interdependent voneinander abhängig
interdiction das Verbot
interest das Interesse, die Teilnahme, die Aufmerksamkeit
interface die Schnittstelle, die Nahtstelle, das Interface (Hardware, Software)
interface adapter der Schnittstellenwandler (Hardware)
interface definition language die Schnittstellendefinitionssprache
interface equipment das Anschlussgerät (Hardware)
interface multiplier der Schnittstellen-vervielfacher (Hardware)
interface types die Schnittstellentypen
interfere sich einmischen
interference die Störung, die Einmischung, die Störstrahlung
interference elimination die Entstörung (Elektronik)
interference level der Störpegel
interference prone störanfällig
interference proof störsicher
interference signals die Störsignale (Elektronik)
interim die Zwischenzeit, vorläufig
interlaced mode das Zeilensprungverfahren (Monitor)
interlaced networks die verketteten Netzwerke
interlaced recording die verschachtelte Aufzeichnung
interlacing die Verschachtelung (z.B. eines Programmes)
interleave verschachteln
interleave factor der Verschachtelungsfaktor (von Sektoren)
interleaving die Verschachtelung (Speicherlayout)
interline zwischen die Zeilen schreiben
interlink miteinander verbinden
Interlisp Name einer Programmiersprache (Software)
interlude das Vorprogramm
intermediate in der Mitte liegend
intermediate node der Transitknoten (vermaschtes Netzwerk)
intermediate quantity der Zwischenwert (Mathematik)
intermediate store der Zwischenspeicher
intermediate system das Netzkopplungselement
intermediate total die Zwischensumme (Mathematik)
interminable endlos, unendlich
intermission die Unterbrechung, das Aussetzen, die Pause
intermit aussetzen, unterbrechen
intermitingly in Absätzen
intermittent drive der schrittweise Antrieb (Mechanik)
intermittent failure der intermittierende (unregelmäßig auftretende) Fehler
intermodulation die Kreuzmodulation (Elektronik)
internal command der interne Befehl
internal device das eingebaute Gerät

internal memory der interne Speicher
internal sort das interne Sortieren
internal storage der interne Speicher
international standard der internationale Standard; Normierung im Gegensatz zu einem nationalen Standard
Internet Name des weltweiten Netzwerkverbundes
internet protocol das Internet-Protokoll (Bestandteil des TCP/IP)
internet provider der Anbieter von Internetzugängen und evtl. weiteren Diensten
internet relay chat der Internet-„Schwatz" (IRC)
internet society die Internet-Gesellschaft (ISOC)
internet worm der Internetwurm (Virusprogramm)
internetworking der Netzwerkverbund
internetworking element das Netzverbindungselement
internetworking unit die Kopplungseinheit
interoparability Bezeichnung für die effektive Zusammenarbeit unterschiedlicher Computer und Netzwerke
interphone das Haustelefon, die Haussprechanlage
interplay die Wechselwirkung
interpolate einschieben
interpolation die Einschiebung, die Einschaltung, die Interpolation (Mathematik)
interpret auswerten, interpretieren, wiedergeben
interpretation die Interpretation, die Auswertung
interpretation of data die Datenauswertung
interpretation time die Auswertungszeit
interpreter das Interpreterprogramm, das Übersetzungprogramm, der Dolmetscher
interpreter language die Interpreter-Sprache (höhere Programmiersprache)
interpreting das Interpretieren, das Auswerten
interrecord gap die Satzlücke
interrogate abfragen, ausfragen
interrogation pulse der Abfrageimpuls (Speicher)
interrogation register das Abfrageregister
interrupt die Programmunterbrechung, unterbrechen
interrupt flag register das Interruptregister
interrupt pending die Unterbrechung
interrupt request die Unterbrechungsanforderung
interrupt servicing die Unterbrechungsbehandlung
interrupt-service-routine die Unterbrechungsbehandlung
interspace der Zwischenraum
interspeeder Name eines Pufferspeichers in einem Modem
interstice der Zwischenraum, die Lücke
interval der Zwischenraum, die Pause, das Intervall
intractable undurchführbar
intranet Bezeichnung für den Einsatz einer Internet-Umgebung innerhalb eines Unternehmens
intrasystem interference die Störung innerhalb eines Systems
intricate problem das schwierige Problem
intrinsic induction die Eigenmagnetisierung
introduce einführen, eingeben
introduction die Einführung
intuitive character recognition die intuitive Zeichenerkennung, Zeichenerkennungsverfahren
inutility die Unbrauchbarkeit, die Nutzlosigkeit
invalid ungültig
invalid code der ungültige Code
invalid facility das ungültige Leistungsmerkmal
invariable unveränderlich
invention die Erfindung
inventory das Inventar
inventory maintenance die Lagerhaltung
inverse umgekehrt
inverse feedback die Gegenkopplung (Elektronik)
inverse function die Umkehrfunktion (Mathematik)
inverse gate das NICHT-Gatter (Elektronik)
inverse trigonometric function die trigonometrische Umkehrfunktion (Mathematik)
invert umkehren, umstellen
inverted commas die Anführungszeichen

inverted file die invertierte Datei (Software)
inverter der Inverter, der Wechselrichter (Elektronik)
inverting gate das NICHT-Gatter (Elektronik)
investigate erforschen, untersuchen, nachforschen
investigation die Untersuchung, die Nachforschung
invisible unsichtbar
invisible web das unsichtbare Web (Teil des Internets, das über Suchmaschinen nicht auffindbar ist)
invoice die Faktura, die Warenrechnung, fakturieren
involution die Einwicklung, die Potenzierung (Mathematik)
inwards innenliegend, innen
inwrought verarbeitet, eingearbeitet
iron das Eisen
iron core der Eisenkern (z.B. einer Magnetspule)
irradiance die Strahlen
irradiancy die Strahlen, die Strahlung
irradiant strahlend
irradiation die Strahlung, die Bestrahlung
irrational fraction der irrationale Bruch (Mathematik)
irrational number die irrationale Zahl (Mathematik)
irreducible nicht reduzierbar
irregular unregelmäßig, unordentlich
irregular figure die unregelmäßige Figur (Mathematik)
irregularities die Unregelmäßigkeiten
irrelative ohne Beziehung
irrelevant nicht zur Sache gehörend
irrelevant data die bedeutungslosen Daten
irremovable nicht entfernbar
irreparabel nicht wieder gut zu machen, irreparabel
irresolvable unlöslich
irreversible irreversibel, nicht umkehrbar, unwiderruflich
ism die Theorie, das System
isochrone data Daten, deren Schrittfolgen aus Zeichenschritten konstanter Länge bestehen
isolate isolieren, entkoppeln, absondern
isolating circuit die Entkoppelungsschaltung (Elektronik)
isolating stage die Trennstufe (Elektronik)
isolating transformator der Trenntransformator (Elektronik)
isolation diode die Sperrdiode (Elektronik)
issue die Ausgabe, herauskommen
italics die Kursivschrift, die schräge Schrift, kursiv
item der Artikel, die Einzelheit, der Punkt, notieren
item of work die Arbeitseinheit, die Teilaufgabe
iterate wiederholen
iteration die Iteration, die Annäherung (Mathematik), der Schritt, die Wiederholung
iteration loop die Iterations(programm)schleife
iteration method die Iterationsmethode (Mathematik)
iterative addition die schrittweise Addition (Mathematik)

J

jack die Steckbuchse (Hardware)
jacket die Tasche, der Mantel, der Schutzumschlag
jam das Gedränge, die Hemmung, die Radiostörung, verklemmen
jamming der (Papier-)Stau
Java Name einer Programmiersprache
java beans Programmobjekte in der Sprache Java
Javascript Programmiersprache zur funktionellen Erweiterung von Web-Seiten
jeopardy die Gefahr
jet die Düse, der Strahl
jet-black pechschwarz
jewel box die Verpackung einer CD
jitter zufallsbestimmte Schwankungen der Flanken eines realen Datensignals um die Sollzeit des Nulldurchganges
job der Auftrag, das Geschäft, vermitteln, vermieten
job control language die Befehlssprache
job control program das Prozesskontrollprogramm
job description language die Prozessbeschreibungssprache (Programmiersprache)
job management die Jobverwaltung, die Arbeitsvorbereitung
job number die Auftragsnummer
job order der Arbeitsauftrag
job oriented auftragsbezogen
job server der Auftragsrechner
job step der Arbeitsschritt
joggle rütteln, schütteln, verzahnen, der Falz, die Nut
join verbinden, die Verbindung, die Naht, die Fuge
join in series in Reihe schalten (Elektronik)
join operation der Verknüpfungsbefehl (Software)
joint die Verbindung, die Fuge, das Scharnier, zusammenfügen
joint venture das Gemeinschaftsunternehmen (Kooperation von Gesellschaften)
joint viewing die Bildteilung (Videokonferenz)
joint working group die gemeinsame Arbeitsgruppe (Teamarbeit)
jotting die Notiz
journal das Journal, das Protokoll, das Tagebuch, die Zeitschrift
journal voucher der Buchungsbeleg
joystick der Joystick, der Steuerknüppel (Hardware)
juke box die Jukebox, der automatische Wechsler
jump der Sprung, der Sprungbefehl, springen
jump instruction der Sprungbefehl (Software)
jump vector der Sprungvektor
jumper die Steckbrücke (Elektronik)
junction die Verbindung, der Knotenpunkt
junk der Ausschuss
junk-mail Bezeichnung für unerwünschte (Werbe-)E-Mails
just in time rechtzeitig
justified text der Blocksatz (Textausrichtung)
justify justieren

K

keeper der Inhaber, der Verwalter
Kermit Name eines Dateitransfer-Protokolls
kernel der Kern (z.B. eines Betriebssystems)
kerning das Optimieren der Zeichenabstände
key der Schlüssel (Software), die Taste, der Keil (Mechanik)
key backfeed die Tastenrückmeldung
key entry die Tastatureingabe
key file die Schlüsseldatei
key ring Bezeichnung für die Datei mit allen public keys (öffentliche Schlüssel) eines Anwenders
keyboard die Tastatur, die Klaviatur (Hardware)
keyboard encoder der Tastaturcodierer
keyboard lock der Tastaturschalter
keyfeedback die Tastenrückmeldung (Reaktion einer gedrückten Taste)
keylock der Tastaturschalter
keypad das Tastenfeld
keystroke der Tastenanschlag, eintasten
keyword das Schlüsselwort
keyword advertising stichwortbezogene Werbung (im Internet)
keyword density die Wortdichte, die Suchbegriffsdichte (Maßzahl für das Verhältnis eines Keywords zu den Worten einer Seite)
keyword frequency die Worthäufigkeit (pro Webseite)
keyword search die alphanumerische Suche
keyword stuffing das Füllen (einer Webseite) mit Schlüsselwörtern (für ein gutes Ranking in Suchmschinen)
killer application Bezeichnung für ein Programm, das durch seine Qualität oder revolutionäre Neuerungen andere gleichartige oder ähnliche Anwendungsprogramme vom Markt verdrängt
kilobyte das Kilobyte (= 1024 Bytes)
kilocycle das Kiloherz (kHz), Maß der Schwingung
kin verwandt, die Verwandtschaft
kindle sich entzünden
kindred verwandt, gleichartig
kinetic bewegend, kinetisch
kinetics die Kinetik
kit das Handwerkszeug, der Bausatz (Hardware, Software)
kitbag die Werkzeugtasche
knot der Knoten (Netzwerkknoten)
know how die Erfahrung, das Handlungswissen
knowledge das Wissen, die Kenntnis
knowledge base die Wissensbasis (Expertensystem)

L

lab das Labor (Kurzform)
label das Etikett, das Label, die Marke, der Zettel
labor cost die Lohnkosten
laboratory das Laboratorium
lacquer der Lack, lackieren
lag die Verzögerung, zögern
lag time die Totzeit, die Stillstandszeit
laminate der Pressstoff
lamp holder die Lampenfassung
lamp panel das Lampenfeld
lampshade der Lampenschirm
landing das Aufsetzen (des Schreib-/Lesekopfes)
landing zone der Aufsetzbereich (z.B. für die Schreib-/Leseköpfe der Festplatte)
Landmark Name des Softwareherstellers eines Testprogrammes
lands die Vertiefungen (CD-ROM)
landscape representation das Breitformat, das Querformat (z.B. eines Blattes)
landslide die Katastrophe
lanes die Vertiefungen in der Spur einer CD
language die Sprache, die Programmiersprache
language editor der Spracheneditor (Software)
lantern-slide das Lichtbild, das Diapositiv
laptop computer der Computer auf dem Schoß (Hardware)
large capacity store der Großraumspeicher (Hardware)
large scale integration die hohe Integrationsdichte (eines Schaltkreises)
laser der Laser (Elektronik)
laser beam der Laserstrahl (Elektronik)
laser diode die Laserdiode (Halbleiterbaustein)
laser light source die Laserlichtquelle (Elektronik)
laser optical memory der laseroptische Speicher (LOM)
laser printer der Laserdrucker (Hardware)
laser probe die Lasersonde (Elektronik)
laser scanner Laserlesegerät (Hardware)
LaserJet Name eines Laserdruckers der Fa. HP (Hardware)
last in first out der Kellerspeicher (LIFO)
last in last out das Schieberegister (LILO)
latch der Sperrhebel (Mechanik), der Signalspeicher (Elektronik)
latch contact der Sperrkontakt (Mechanik)
latching die Verriegelung (Mechanik)
late failures der spätere Ausfall, der Verschleißausfall
latency die Wartezeit, die Verborgenheit
lateness die Verspätung, die Neuheit
latent verborgen, gebunden
lateral seitlich
lateral parity check die vertikale Paritätskontrolle
latitude der Umfang, der Spielraum
law das Gesetz, die Vorschrift
law of cosines der Kosinussatz (Mathematik)
law of formation das Bildungsgesetz (Mathematik)
law of sines der Sinussatz (Mathematik)
law of the mean der Mittelwertsatz (Mathematik)
law-giver der Gesetzgeber
lawless ungesetzlich
lay die Lage, die Richtung, die Beschäftigung, legen
layer die Schicht, die Lage
layman der Laie
layout der Entwurf, das Layout, der Belegungsplan
layout character das Formatsteuerungszeichen
layoutmode Anzeigemodus eines Programmes (Textverarbeitung, DTP) bei dem das fertige Layout am Bildschirm betrachtet werden kann
lazy evaluation die Bedarfsauswertung (verzögerte Auswertung)
lead der Vorhalt, die Anschlussleitung, die Führung, das Blei, das Lot, leiten, anführen
lead acid storage battery der Bleiakkumulator
lead auditor der Auditleiter (QM)
lead in der Vorsatz, die Einleitung (zu Beginn der Informationen auf einer CD-ROM)
lead out der Nachsatz (CD-ROM)
lead time die Vorhaltezeit
leader der Vorspann (z.B. eines Datensatzes)
leading edge die Vorderflanke (Elektronik)
leading zeros die führenden Nullen

lead-out der Nachsatz, das Trailer-Label einer CD
leafing das Blättern
leakage current der Kriechstrom (Elektronik)
leased line die gemietete Leitung, die Mietleitung
least cost routing der preisgünstigste Weg (Verbindungsroute bzw. Wegewahl mit den geringsten entstehenden Leitungskosten in einem Netz)
least significant bit das niedrigstwertige Bit (in einem Byte)
least significant character die niedrigstwertige Stelle
least significant digit die geringstwertige Ziffer (die am weitesten rechts stehende Ziffer in einer Zahl)
lecture die Vorlesung, Vorlesungen halten
ledger data die Fixpunktdaten
left die Linke, links, linksgängig
left justified linksbündig (Text, Tabelle)
left shift die Linksverschiebung
leftmost position die äußerste linke Ziffer, die höchstswertige Ziffer
legacy das Vermächtnis, Name eines Textverarbeitungsprogrammes
legal zulässig, gesetzlich, juristisch
legibility die Leserlichkeit
legible leserlich
Lehigh Name eines Computervirus (Software)
lemma der Lehrsatz (Mathematik)
lenght die Länge, die Strecke, die Zeitdauer
lenghten verlängern, ausdehnen
lens die Linse, das Objektiv
lens system das Linsensystem (Optik)
less weniger, minus, kleiner, geringer
lesson die Lektion, die Aufgabe
letter der Buchstabe, die Type, der Brief
letter quality die Briefqualität (eines Ausdruckes)
letter-balance die Briefwaage
letter-cover der Briefumschlag
lettering die Beschriftung
level das Level, das Niveau, der Pegel, waagerecht, gleichmachen
level conversion die Pegelumsetzung
level number die Ebenen-Nummer
level of language die Sprachebene
level of program die Programmstufe
level off das Auslaufen
level regulation die Pegelregulierung

L

Lexware Hersteller von kaufmännischer Software
liability die Verantwortlichkeit, die Haftpflicht
liable verantwortlich, verpflichtet
liable to duty zollpflichtig
library die Bibliothek, die Programmbibliothek (Software)
library file die Bibliotheksdatei
library of subroutines die Unterprogrammbibliothek (Software)
licence die Lizenz, die Erlaubnis, lizenzieren, erlauben, berechtigen
life das Leben, die Lebensdauer
life expectancy die erwartete Lebensdauer
lifetime die Lebenszeit
lift das Heben, der Hub, heben
light das Licht, hell, erleuchten, leicht
light beam der Lichtstrahl
light emitting diode (LED) die Leuchtdiode (Elektronik)
light insertion force das kraftlose Einsetzen (Bauform eines Prozessorsockels)
light pen der Lichtgriffel (Hardware)
light sensitive lichtempfindlich
light weight coated dünnbeschichtet, Bezeichnung für eine Papiersorte
lighten leichter machen, blitzen
light-fitting der Leuchtkörper
lightning-arrester die Blitzschutzsicherung (Elektronik)
lightning-conductor der Blitzableiter
like sign das gleiche Vorzeichen (Mathematik)
likelihood die Wahrscheinlichkeit
likely wahrscheinlich
limber biegsam, geschmeidig
limit die Grenze, begrenzen, beschränken
limit check die Grenzwertprüfung (Mathematik)
limit switch der Endschalter (Mechanik)
limited beschränkt
limited distance modem das Kurzdistanzmodem
limiter circuit die Begrenzerschaltung (Elektronik)
limiting die Begrenzung
limiting resistor der Begrenzungswiderstand (Elektronik)
limitless grenzenlos
limits of variation die Streuungsgrenzen (Mathematik)

line die Leitung, die Serie, die Zeile, die Linie
line adapter der Leitungsadapter (Elektronik)
line at a time printer der Zeilendrucker (Hardware)
line by line zeilenweise
line connector cord das Netzanschlusskabel
line cord das Netzkabel
line density die Zeilendichte
line driver der Leitungstreiber, der Leitungsverstärker (Hardware)
line editor der Zeileneditor (Software)
line feed der Zeilenvorschub (z.B. beim Drucker)
line graphics die Liniengrafik
line hunting die Rufverteilung (Leistungsmerkmal des ISDN)
line integral das Linienintegral (Mathematik)
line loss die Leitungsdämpfung (Elektronik)
line number die Zeilennummer
line occupancy die Leitungsbelegung (von Übertragungsleitungen)
line of business der Geschäftszweig, das Fach
line of danger die Gefahrenzone
line oriented zeilenorientiert (z.B. Zeileneditor)
line per minute die Zeilen pro Minute (Leistungsfähigkeit eines Druckers)
line printer der Zeilendrucker (Hardware)
line register das Zeilenregister
line segment der Geradenabschnitt (Mathematik)
line skew der Zeilenschräglauf (Aufzeichnungsverfahren)
line splitter der Kanalaufteiler (Hardware)
line terminating equipment das Leitungsendgerät (Telekommunikationsnetz)
line terminating unit die Leitungsendeinrichtung (Widerstand), auch Leitungsendgerät
line termination Netzkomponente, die das Ende eines Nachrichtenleiters reflexionsfrei abschließt
line to line spacing der Zeilenabstand
line to store transfer die Einspeicherung
line transmission error der Übertragungsfehler
line up die Inbetriebnahme, die Einschaltung
line voltage die Netzspannung (Elektronik)
line voltage fluctuations die Netzspannungsschwankungen (Elektronik)
line voltage regulator der Netzspannungsregler (Elektronik)
lineage die Zeilenzahl
lineal gerade, direkt
linear linear, geradlinig
linear access der Linearzugriff (Speicher)
linear algebraic equation die lineare Gleichung (Mathematik)
linear circuit network die lineare Schaltung (Elektronik)
linear code der lineare Code
linear disortion die lineare Verzerrung (Elektronik)
linear movement die Längsbewegung
linear predictive coding Modulationsart zur Digitalisierung von Analogsignalen für die Übertragung und Speicherung
linear scale der lineare Maßstab (Mathematik)
linear selection die direkte Ansteuerung
linearity die Linearität
lines per inch Zeilen pro Zoll (lpi)
lines per minute die Zeilen pro Minute
linguistics die Sprachwissenschaft, die Linguistik
lining die Auskleidung, die Verkleidung
link die Verbindung, das Verbindungsstück, verbinden, verketten
link access procedure die Verbindungszugriffprozedur
link circuit die Verbindungsleitung (Elektronik)
link control protocol Protokoll für die Verbindungssteuerung in einem Netzwerk
link driver der Verbindungstreiber (LAN-Treiber)
link layer die Verbindungsschicht (OSI-Schichtenmodell)
link loader der Bindelader (Software)
link station die Anschlussstation, die Andock-Station
link trailer der Schlusskennsatz
linkage die Verknüpfung, die Verbindung
linkblog digitales Journal im Internet (weblog), überwiegend bestehend aus links

linked multisession Konzept für Multisession-CDs
linked subroutine das geschlossene Unterprogramm (Software)
linker der Binder
link-zone der Verbindungsbereich, die Pause zwischen zwei Tracks einer CD-ROM
Linotype Name einer Zeilensatzmaschine, Fotosatzbelichter (Hardware)
Linux Name eines Betriebssystems (Software)
liquid flüssig, die Flüssigkeit
liquid crystal display die Flüssigkeitskristallanzeige
liquid crystal shutter der Flüssigkristallbelichter
Lisp Name einer Programmiersprache (Software)
list die Liste, der Rand, eintragen, verzeichnen, die Tabelle, tabellieren
list of modifications die Änderungsliste
list processing die Listenverarbeitung
list processing language die Listenverarbeitungssprache (höhere Programmiersprache)
list speed die Einzelschrittgeschwindigkeit
listing das Listing, die Liste
listing paper das Protokoll (die Auflistung)
literal die Literalkonstante, buchstäblich
live leben, lebendig, geladen
living-links die dynamischen Verknüpfungen (Software)
load laden, die Last, die Arbeitsbelastung, die Arbeitsleistung
load address die Ladeadresse
load and go das Laden und Ausführen
load balancing die Lastverteilung (Netzwerktechnik)
load carrying ability die Belastbarkeit
load factor der Belastungsfaktor
load impedance der Lastwiderstand (Elektronik)
load resistor der Lastwiderstand (Elektronik)
loader der Lader (Software)
loading error der Einlesefehler, der Ladefehler
loading routine das Ladeprogramm (Software)
local örtlich
local apparent time die wahre Ortszeit
local area network das lokale Netzwerk (LAN)
local bridge die Brücke, Gerät für die Verbindung von Teilnetzen (Hardware)
local bus Name eines Bussystems für schnelle Peripherie (Hardware)
local call das Ortsgespräch (Telefon)
local exchange die Ortsvermittlung (Telekommunikation)
local exchange carrier der Ortsvermittlungsanbieter (in den USA ein Telekommunikationsanbieter, der Langstreckenverkehr abwickelt)
local mode der geräteinterne Betrieb
local network räumlich begrenztes Kommunikationsnetz eines Anwenders, das keiner allgemeinen Benutzung durch andere unterliegt
local network adapter Netzwerkadapter an einem Terminal oder einem PC
local variable die lokale Variable
localbus der lokale Bus (alle rechnerinternen Komponenten sind über ein Bussystem miteinander verbunden)
locate auffinden, lokalisieren, ausfindig machen
location der Ort, die Speicherzelle, die Niederlassung
location of failure Fehlerort
lock sperren, verriegeln, die Sperrvorrichtung
lock off ausschließen (z.B. einen defekten Sektor von der weiteren Benutzung)
lock on verriegeln (z.B. von Tasten)
locking die Verriegelung (Mechanik)
locking type of button die arretierende Taste (Mechanik)
lock-nut die Gegenmutter (Mechanik)
lockout die Sperre
locus der geometrische Ort (Mathematik)
log der Logarithmus, loggen, registrieren
log off abmelden, ausloggen
log on anmelden, einloggen
log on point die Anmeldestelle (für Telekommunikationseinrichtungen)
logarithm der Logarithmus (Mathematik)
logarithm scale der logarithmische Maßstab (Mathematik)
logic die Logik
logic addition die logische Addition (Mathematik)
logic analysis die Logikanalyse
logic analyzer der Logikanalysator
logic array die logische Anordnung

logic circuit der Logikschaltkreis (Elektronik)
logic decision die logische Entscheidung
logic design der logische Aufbau
logic element das logische Element, das Verknüpfungselement
logic instruction der logische Befehl (Software)
logic level der logische Zustand
logic operation die Verknüpfung von Wahrheitswerten (Logik) nach der Boole'schen Algebra
logical logisch
logical building block die Logikbaugruppe (Elektronik)
logical card die Speicher-Chipkarte
logical circuit der logische Schaltkreis (Elektronik)
logical command der logische Befehl (nicht arithmetische Befehle, bei denen zwei oder mehr Operanden miteinander verglichen werden)
logical comparison der logische Vergleich
logical design der logische Aufbau
logical device address die logische Geräteadresse (im Gegensatz zu der tatsächlichen)
logical diagram der Logikplan
logical error der logische Fehler
logical function die logische Funktion (Mathematik)
logical link Verbindung in einem Netz, die nicht ausschließlich den verbundenen Teilnehmern zur Verfügung steht
logical link control die logische Verbindungskontrolle (Bestandteil des Protokolls für die physikalische Datenverbindung)
logical link identifier der Kennsatz einer logischen Verbindung
logical operand der logische Operand
logical operation die logische Operation
logical OR circuit die logische ODER-Schaltung (Elektronik)
logical organization die logische Organisation
logical program das logische Programm
logical shift die logische Verschiebung
logical symbol das logische Zeichen
logical test der logische Test
logical unit number die logische Gerätenummer (Adresse mit der ein SCSI-Bus arbeitet)
login die Anmeldung
login script die Initialisierungsdatei (im Netzwerk)
logistic die Logistik, das Versorgungswesen
Logitech Name eines Hardwareherstellers
logoff die Trennung einer Verbindung
logoff note die Abmeldenachricht (Nachricht, die man beim Verlassen einer Mailbox schreiben kann; Der nächste Anrufer sieht diese Nachricht beim Einloggen)
logon der Beginn einer Arbeitssitzung
logout die Fehlermeldung
long distance network das Fernnetz (Telekommunikation)
long distance transmission die Fernübertragung
long word das lange Datenwort (32 bit)
longevity die Langlebigkeit
longhand die Schreibschrift
longitude die Länge
longitudinal der Länge nach
longitudinal magnetic field das längsgerichtete Magnetfeld
longitudinal parity die Längsparität
longitudinal parity check die Längssummenkontrolle
longitudinal redundancy check die Längsprüfung (Verfahren der Datensicherung)
long-range langfristig
long-term langfristig, längerfristig
longways der Länge nach
look ahead vorausschauend
look up table die Nachschlagetabelle, Speichertabelle (meist hardwareseitig realisiert) für eine bestimmte Anwendung
lookeron der Zuschauer
looking-glass der Spiegel
loop die Schleife, die Programmschleife (Software), die Schlinge (Mechanik)
looped bus der durchgeschleifte Bus (Elektronik)
looping das Durchlaufen (z.B. einer Programmschleife)
loose coupling die lose Verbindung
looseness die Ungenauigkeit
loss der Verlust, die Dämpfung (Elektronik)
loss data die verlorenen Daten (z.B. durch einen Übertragungsfehler)

L

loss of accuracy der Genauigkeitsverlust
loss of signal der Signalverlust, der Ausfall eines Signals beispielsweise bei der Datenübertragung
lossy compression die verlustreiche Kompression
lost motion das Spiel, der Spielraum
lot das Los
Lotus Name eines Softwarehauses
Lotus 1-2-3 Name eines Tabellenkalkulationsprogrammes der Fa. Lotus (Software)
loudness die Lautstärke
low niedrig, tief
low access memory der Schnellzugriffsspeicher (Hardware)
low bottom limit die untere Grenze
low byte das niederwertige Byte
low cost fiber das kostengünstige Glasfaserkabel (aus Kunststoff statt Glas)
low frequency die Niederfrequenz (30 kHz bis 300 kHz)
low impedance niederohmig (Elektronik)
low layer attribute Bezeichnung für Merkmale (Dienste) der unteren Schicht (OSI-Schichtenmodell)
low layer compatibility die Kompatibilität auf niederer Ebene (OSI-Schichtenmodell)
low level format die Vorformatierung
low level language die niedere Sprache (Programmiersprache)
low level switch der Schalter für kleine Spannungen (Elektronik)
low noise amplifier der rauscharme Verstärker (Elektronik)
low order niederwertig
low power drain der geringe Stromverbrauch
low value niederwertig
lower bound die untere Grenze
lower case printing das Drucken mit Kleinbuchstaben
lower memory der untere Speicherbereich
lower order digit die nächstniedrigere Ziffer
lowest common denominator der kleinste gemeinsame Nenner (Mathematik)
lowest usable frequency die Dämpfungsfrequenz
low-level formatting die Vorformatierung (z.B. einer Festplatte)
lozenge die Raute (Mathematik)
lubricant das Schmiermittel
lubricate schmieren
lubrication die Schmierung (z.B. eines Lagers)
luminance die Helligkeit
luminous spot der Leuchtpunkt (auf dem Bildschirm)
lurking das Lauschen, das Mithören einer Diskussion beispielsweise in einer Newsgroup im Internet
lute der Kitt, verkitten
lye die Lauge

M

machine die Maschine (z.B. der Computer)
machine address die Maschinenadresse
machine aided maschinenunterstützt
machine assisted translation die maschinenunterstützte Übersetzung (MAT)
machine code der Maschinencode (von der CPU direkt ausführbare Anweisungen)
machine code instruction der Maschinenbefehl (Software)
machine cycle der Maschinenzyklus
machine dependent maschinenabhängig (z.B. ein Programm)
machine down time die Maschinenstillstandszeit
machine error der Maschinenfehler
machine failure der Maschinenausfall, das Versagen der Maschine
machine fault der Maschinenfehler
machine format das Maschinenformat (Darstellung von Daten)
machine independent maschinenunabhängig
machine instruction der Maschinenbefehl
machine language die Maschinensprache (Assembler)
machine load die Maschinenbelastung
machine oriented language die maschinenorientierte Programmiersprache (Software)
machine program das Maschinenprogramm
machine readable maschinenlesbar
machine readable data die maschinenlesbaren Daten
machine script die maschinenlesbaren Daten
machine sensible maschinenlesbar
machine setup time die Maschineneinstellzeit
machine shop die mechanische Werkstatt
machine time die Rechenzeit
machine tool die Werkzeugmaschine (Hardware)
machine translation die maschinelle Übersetzung
machine word das Maschinenwort (Software)
Macintosh Name eines Computers der Fa. Apple
macro das Makro, der Makrobefehl
macro call der Makroaufruf
macro cell die Makrozelle (Mobilfunk)
macro coding die Makrocodierung
macro expansion die Makroexpansion
macro instruction der Makrobefehl (Software)
macro language die Makrosprache (Gesamtheit aller Makrobefehle eines Systems)
macro library die Makrobibliothek (Software)
macroassembler der Makroassembler (Software)
magazine das Magazin, der Vorratsbehälter, die Zeitschrift
magenta der Rotanteil der vier Grundfarben
magnet der Magnet
magnetic magnetisch
magnetic area der magnetische Bereich
magnetic bubble memory der Magnetblasenspeicher (Elektronik)
magnetic card die Magnetkarte
magnetic card memory der Magnetkartenspeicher
magnetic characters die Magnetschrift (maschinenlesbar)
magnetic clutch die Magnetkupplung (Mechanik)
magnetic coating die Magnetschicht, die magnetische Beschichtung
magnetic component das magnetische Bauteil (Mechanik)
magnetic core der Magnetkern
magnetic disk der Magnetplattenspeicher (Hardware)
magnetic drum die Magnettrommel (Hardware)
magnetic drum memory der Magnettrommelspeicher (Hardware)
magnetic field das Magnetfeld (Elektronik)
magnetic field strength die Magnetfeldstärke, die Feldstärke (Elektronik)
magnetic flux der magnetische Fluss (Elektronik)
magnetic flux density die magnetische Flussdichte (Elektronik)
magnetic head der Magnetkopf
magnetic head mount die Magnetkopfhalterung (Mechanik)
magnetic ink die magnetisierbare Tinte

magnetic layer die Magnetschicht
magnetic memory der magnetische Speicher
magnetic reading die magnetische Abtastung
magnetic recording die magnetische Aufzeichnung
magnetic reluctance der magnetische Widerstand (Elektronik)
magnetic state der Magnetisierungszustand
magnetic stripe der Magnetstreifen
magnetic tape das Magnetband
magnetic tape device das Bandlaufwerk (Hardware)
magnetic tape transport der Magnetbandtransport (Mechanik)
magnetic tape unit die Magnetbandeinheit (Hardware)
magnetic track die Magnetspur
magnetically magnetisch
magnetizable medium das magnetisierbare Medium
magnetization die Magnetisierung
magnetize magnetisieren
magnetized to saturation magnetisch gesättigt (Elektronik)
magnetizing force die magnetische Feldstärke (Elektronik)
magneto-optical magneto-optisch, hybrid arbeitendes Aufzeichnungs- bzw. Leseverfahren für Datenträger
magneto resistive Bauart von Schreib-Leseköpfen für Festplattenlaufwerke
magnitude der Absolutwert (Mathematik)
mail der Brief, die Post, mit der Post schicken
mail bomb die Briefbombe (das massenhafte Versenden von E-Mails an einen Empfänger)
mail exchanger Computer, der E-Mails empfangen und versenden kann
mail explorer Bestandteil eines E-Mail-Systems
mail order house das Versandhaus
mail path Zusammenstellung einer Reihe von Maschinennamen, die benutzt werden, um E-Mails von einem Teilnehmer zum anderen zu leiten
mail reflector Bezeichnung für eine E-Mail-Adresse, die jede an sie gerichtete E-Mail automatisch an eine ganze Reihe anderer Adressen weiterleitet
mail user agent Benutzeroberfläche zum Lesen von E-Mails, zum Antworten und zum Verwalten gelesener Nachrichten
mailbox die Mailbox, der elektronische Briefkasten
main board die Hauptplatine eines Computers (Elektronik)
main memory der Hauptspeicher (Hardware)
main menu das Hauptmenü (Software)
main processor der Hauptprozessor (Hardware)
main program das Hauptprogramm (Software)
main storage der Hauptspeicher (Hardware)
main task die Hauptaufgabe
mainframe der Großrechner, der Zentralrechner (Hardware)
mains das Stromnetz
mains supply die Netzstromversorgung (Hardware)
maintainability die Wartungsmöglichkeit
maintenance die Wartung, die Instandhaltung
maintenance charges die Wartungskosten, die Unterhaltungskosten
maintenance part das Ersatzteil (Hardware)
maintenance program das Diagnoseprogramm
maintenance rate das Wartungsintervall
major cycle der Hauptzyklus
major defect der Hauptfehler
make brake contact der Umschaltkontakt (Mechanik)
make restitution Ersatz leisten
make-code der beim Drücken einer Taste erzeugte Code
makeshift die Übergangslösung, der Notbehelf
makeup time die Ausfallzeit durch eine Reparatur
maladjustment die mangelhafte Anordnung, die schlechte Anpassung
male screw die Schraubenspindel (Mechanik)
maleficence die Schädlichkeit
malfunction die Funktionsstörung, das Versagen
malfunction indicator die Störungsanzeige

malware (= malicious software) die bösartige Software (z.B. Viren)
manage handhaben, behandeln, verwalten
manageable handlich
management die Verwaltung, die Handhabung
management domain der Verwaltungsbereich (im Gegensatz z.B. zum Übertragungs- oder Speicherungsbereich eines Systems)
management information base die Verwaltungsinformationsdatenbank
management science die Wissenschaft der betrieblichen Verwaltung
manager der Verwalter, der Leiter, der Unternehmer
managing committee der geschäftsführende Ausschuss
mandantory Software mandantenfähiges Programm
mandatory obligatorisch
mandrel der Dorn (Mechanik)
man-hour die Arbeitsstunde
manifold vervielfältigen
manipulate geschickt handhaben, behandeln
manipulation die Handhabung, die Manipulation, die Beeinflussung
man-machine-dialog der Mensch-Maschine-Dialog
man-made noise die Störung
man-made static die Funkenstörung (Elektronik)
manometer der Druckmesser, das Manometer
manpower die menschliche Arbeitskraft
Mantis Name einer Programmiersprache (Software)
mantissa die Mantisse (Mathematik)
manual das Handbuch, mit der Hand gemacht
manual access der manuelle Zugriff
manual control die manuelle Steuerung, die Handsteuerung
manual input die Eingabe von Hand
manual of instruction die Betriebsanleitung, das Handbuch
manual operation der Handbetrieb
manual override key die Löschtaste
manual patching das Herstellen einer (Telefon-) Verbindung von Hand
manual transcription das manuelle Umschreiben, Übertragen
manually prepared von Hand hergestellt
manufactoring control die Fertigungskontrolle
manufactory die Fabrik
manufacture die Fabrikation, das Fabrikat
manufacturing inspection die Fertigungsprüfung
manuscript handschriftlich, das Manuskript
many-valued function die vieldeutige Funktion
mapping die Umwandlung von Programmadressen in Hardwareadressen
margin der Rand, der Spielraum
margin release die Randfreigabe
margin stop die Randeinstellung
marginal am Rand befindlich
marginal check die Randwertprüfung
marginal condition die Randwertbedingung
marginal note die Randbemerkung
marginal perforation die Randlochung (z.B. Endlospapier)
mark die Markierung, das Markierungszeichen, das Merkmal, bezeichnen
mark scanning die Zeichenabtastung
marker das Lesezeichen, das Markierbit, der Indexmarker
marker pulse der Markierungsimpuls (Elektronik)
market der Markt, auf den Markt bringen
market analysis die Marktanalyse
market research die Marktforschung
marketing der Vertrieb, die Vermarktung
marketing cost die Vertriebskosten
market-value der Marktwert, der Kurswert
marking die Bezeichnung, die Zeichnung
marking device die Markierungseinrichtung (Hardware)
marking ink die Zeichentinte
marking zone die Markierungszone
mask die Maske, die Abdeckung, maskieren
mask editor der Maskeneditor
mask instruction der Ausblendebefehl (Software)
mask register das Maskenregister
masked state der ausgeblendete Zustand
masking das Ausblenden
mass production die Massenproduktion
mass storage der Massenspeicher (Hardware)

master boot record der Verwaltungsbereich einer Festplatte
master catalog der Stammkatalog
master clock der Grundtakt
master file die Hauptdatei, die Stammdatei (Software)
master information die Stammdaten
master password das Masterpasswort (kontrolliert den Zugriff auf das gesamte Betriebssystem)
master pulse der Hauptimpuls (Elektronik)
master routine das Hauptprogramm (Software)
masterkey der Hauptschlüssel
mat mattiert, matt, die Matrize
match anpassen, passend machen, das Passende
matching die Anpassung
material das Material, der Stoff, materiell, sachlich
material accounting die Materialabrechnung
material code der Materialcode
material status der Materialbestand
mathematical mathematisch
mathematical check die rechnerische Kontrolle
mathematical computation die mathematische Berechnung
mathematical expression der mathematische Ausdruck
mathematical logic die mathematische Logik
mathematical problem das mathematische Problem
mathematical term der mathematische Begriff
mathematics die Mathematik
matrix die Matrix, die Matrize
matrix calculus die Matrizenrechnung (Mathematik)
matrix character das Matrixzeichen
matrix column die Matrizenspalte
matrix inversion die Matrizeninversion (Mathematik)
matrix line die Matrizenzeile
matrix matching der Mustervergleich (optische Zeichenerkennung)
matrix notation die Matrizendarstellung
matrix printer der Matrixdrucker (Hardware)
matrix printing der Matrixdruck
matrix row die Matrizenzeile
matrixmail die persönliche Nachricht an einen anderen Benutzer im FidoNet
Maxell Name eines Hardwareherstellers (Datenträger)
maximum seektime die maximale Suchzeit (Massenspeicher)
maximum segment size die maximale Segmentgröße (Hardwarespeicher)
maximum transmission unit die größte Übertragungseinheit (Netzwerk)
mean life die mittlere Lebensdauer
mean time between failure die mittlere Ausfallzeit
mean time between maintenance die wartungsfreie Zeit
mean time to repair die mittlere Reparaturzeit
mean up time mittlere Verfügdauer (Fernverbindungsleitung)
mean value der Mittelwert
measurable messbar
measurand die Messgröße
measure das Maß, der Takt, messen
measurement die Messung
measurement control system das Messlenkungssystem
measurement control system das Messüberwachungssystem
measurement process der Messprozess
measurement setup die Messanordnung
measuring bridge die Messbrücke (Elektronik)
measuring equipment das Messgerät (Hardware)
measuring equipment die Messmittel
measuring instrument das Messgerät (Hardware)
measuring point der Messpunkt
measuring range der Messbereich
measuring value der Messwert
mechanic der Mechaniker
mechanical engineering die Maschinenbaukunde
mechanical linkage die mechanische Verbindung
mechanical register das mechanische Zählwerk
mechanical strength die mechanische Festigkeit
mechanical translation die maschinelle Übersetzung
mechanicalness das Mechanische
mechanics die Mechanik, die Mechaniker
mechanism der Mechanismus

mechanized data die maschinenlesbaren Daten
media access control die Medienzugriffsteuerung (Netzwerk)
media control interface Name einer Multimedia-Schnittstelle
media descriptor byte Name der Softwarekennung einer Diskette
media player der Medienabspieler (Software)
median der Zentralwert (Mathematik)
medium das Medium, die Mitte, mittel
medium access unit die Medienzugriffseinheit (Netzwerk)
medium authority die Medienkompetenz
medium frequency die Mittenfrequenz (300 kHz bis 3000 kHz)
meet-me conference call vorangemeldete Konferenz mit Einwahl (Leistungsmerkmal im Euro-ISDN)
megabits per second Megabits pro Sekunde (Geschwindigkeitsmaß für die Datenübertragung)
Melissa Name eines Makrovirus
melting point der Schmelzpunkt
memorandum die Notiz, der Schriftsatz
memorize merken
memory der Speicher, das Gedächnis
memory address die Speicheradresse
memory address register das Speicheradressenregister
memory bank die Speicherbank (Hardware)
memory block der Speicherblock
memory board die Speichererweiterungskarte
memory buffer register Register eines Zwischenspeichers
memory bus der Speicherbus (Hardware)
memory capacity die Speicherkapazität
memory card die Speicherkarte
memory chip der Speicherchip (Hardware)
memory control die Speichersteuerung
memory cycle der Speicherzyklus
memory data register das Speicherregister
memory dump der Speicherauszug
memory effect der Gedächtniseffekt (entsteht bei unsachgemäßer Handhabung und Pflege von Akkus)
memory function die „Gedächnisfunktion“
memory location der Speicherplatz
memory location register das Speicherregister
memory management die Speicherverwaltung
memory management unit die Speicherverwaltungseinheit (MMU)
memory protection der Speicherschutz
memory requirements der Speicherbedarf (eines Programmes)
memory resident speicherresident, im Speicher verbleibend
memory size die Speichergröße
memory stack der Speicherblock
memory stick der Speicherstift, ein digitales Speichermedium für Daten (auch USB-stick)
memory word das Speicherwort (Folge von Bits, Zeichen oder Bytes, die ein Computer zusammenhängend speichern kann)
mental computation das Kopfrechnen
menu das Menü
menu bar die Menüleiste, der Menübalken (Software)
menu item der Menüpunkt (die Auswahl)
mercantile kaufmännisch
merchandise die Ware
merchandise processing system das Warenwirtschaftssystem
mercury das Quecksilber (Chemie)
merge mischen, verschmelzen
merging das Mischen
merging bits die eingemischten Bits (zur Fehlererkennung auf einer CD)
mesh ineinandergreifen, die Masche, das Sonderzeichen „#“
mesh network das Maschennetz (Netzwerk mit redundanten Verbindungen)
meshed net das vermaschte Netzwerk
message die Nachricht, die Meldung, die Botschaft
message command block der Nachrichtensteuerblock (Daten, die Steuerungszwecken bei der Datenübertragung dienen)
message handling system das Mitteilungs-Übermittlungssystem (E-Mail)
message heading der Nachrichtenkopf (Software)
message preamble der Nachrichtenvorsatz (Software)
message store Mitteilungsspeicher (Mailbox)

M

message switching die Nachrichtenvermittlung (Telekommunikation)
message transfer die Nachrichtenübertragung
messagebase die Nachrichtenbasis (Teil einer Mailbox)
messaging der Nachrichtenaustausch (Verfahren zur Verbindung von E-Mail und Voicemail)
messenger Software für den Nachrichtenversand in Echtzeit
meta character das Metazeichen; Zeichen, das für ein oder mehrere andere Zeichen stehen kann
meta compiler der Metacompiler (Compiler zur Unterstützung beim Entwurf von Compilern)
meta file die Metadatei
meta language die Metasprache (zur Beschreibung einer Programmiersprache)
meta server Verzeichnis-Server, der selbst keine Verzeichnisdaten vorhält, sondern auf andere Server verweist
metacompiler der Compiler für die Compilerentwicklung (Software)
metal oxide semiconductor der Metalloxid Halbleiter (MOS)
metaphor die Metapher
meter der Messer, der Zähler
method die Methode, das Verfahren
method of analysis die Berechnungsmethode
method of approach die Annäherungsmethode (Mathematik)
metric system das Dezimalsystem
metropolitan area network das Großstadtnetz (MAN)
micro chip der Mikrochip (Elektronik)
micro computer der Kleincomputer (Hardware)
micro disk die Mikrodiskette, die Diskette (Hardware)
micro instruction der Mikrobefehl (Software)
micro program das Mikroprogramm (Software)
microchannel der Mikrokanal (Bussystem von IBM)
microcircuit die Mikroschaltung (Elektronik)
microcode der Mikrocode (Software)
microcomputer der Mikrocomputer (Hardware)
microfine Qualitätsmerkmal von Toner
micrograded Qualitätsmerkmal von Toner
Micrografix Name eines Softwareherstellers
micrographics die Mikrofilmtechnologie
micrologic die Logik mit Mikroschaltungen (Elektronik)
microminiature circuit die Kleinstbaugruppe (Elektronik)
micromodule die Kleinstbaugruppe (Elektronik)
microprocessor der Mikroprozessor (Elektronik)
microprocessor instruction set der Mikroprozessor Befehlssatz
Microsoft Name eines Softwarehauses
microwave die Mikrowelle (Elektronik)
mid frequence die Mittenfrequenz (Elektronik)
midband service die „Mittelband-Dienste", Bezeichnung für kommunikationstechnische Dienste im elektrischen Übertragungsspektrum von etwa 100 kbit/s bis zu einigen Mbit/s
midget relay das Kleinstrelais (Elektronik)
migration die Wanderung (Elektronik)
mile die Meile (= 1609,33 m)
millisecond die Millisekunde
miniaturization die Miniaturisierung
minicartridge die Minikassette (Massenspeicher)
mini-CD die Mini-CD (die Single-CD)
minichanger der Kleinwechsler (CD-Wechsellaufwerk, das den Zugriff auf einige wenige CDs erlaubt)
minicomputer der Minicomputer (Hardware)
minimize minimieren, verkleinern
minimum inventory der Mindestbestand
minus coefficient der negative Koeffizient (Mathematik)
mirror der Spiegel (Server mit dupliziertem Datenbestand)
mirroring die Spiegelung, die zusätzliche Abbildung von Daten auf einer weiteren Festplatte
misalignment die Dejustierung (Mechanik)
miscalculate falsch berechnen, sich verrechnen

M

miscalculation der Rechenfehler
miscallaneous gemischt, vermischt, vielseitig
miscount falsch rechnen, die falsche Rechnung
misdate das falsche Datum, falsch datieren
mismatch die Fehlanpassung
misnumbered falsch nummeriert
misplacement die Verstellung
misprint der Druckfehler
misrouted fehlgeleitet
missing fehlend
misspell falsch buchstabieren, falsch schreiben
mistake der Fehler, verwechseln
mistranslate falsch übersetzen
mistranslation die falsche Übersetzung
mitre-wheel das Kegelrad (Mechanik)
mix mischen
mixed base notation die Schreibweise mit gemischten Basen (Mathematik)
mixed mathematics die angewandte Mathematik
mixed mode der Mischmodus (CD mit Audio- und Datenspuren)
mixture die Mischung
mix-up das Durcheinander
mnemonic mnemonisch, mnemotechnisch
mnemonic abreviation die mnemotechnische Abkürzung (Zeichenketten werden durch Worte und Kürzel ersetzt, die Bezug zur Bedeutung der Zeichenkette haben)
mnemonic code der mnemonische Code
mobile beweglich, mobil
mobile equipment das mobile Gerät
mobile station die Mobilstation (nicht stationsgebundene Telekommunikations einrichtung)
mobile switching center die Mobilfunk-vermittlung (GSM-System)
mobility die Beweglichkeit
mode der Modus, die Betriebsart, der Betrieb, der häufigste Wert (Mathematik), die Schwingung, die Art und Weise
mode of operation die Betriebsart
mode of transmission die Übertragungsart
model das Modell, das Muster
model language die Mustersprache (Datenbank-Abfrage)
modem das Modem (Modulator/ Demodulator)
modicum die geringe Menge, das Wenige
modification die Modifizierung, die Änderung
modification routine die Änderungsroutine (Software)
modify ändern, modifizieren
modul das Modul, die funktionelle Einheit (Hardware, Software)
Modula Name einer Programmiersprache (Software)
modular aus Bausteinen aufgebaut (Hardware, Software)
modular concept das modulare Konzept, das Konzept der modularen Bauweise
modular design die Modulbauweise (Hardware, Software)
modular phone jack Bezeichnung des Anschlusssteckers eines Modems an das Telefonnetz
modular programming language die modulare Programmiersprache (MODULA)
modulation die Modulation, die Tastung (Elektronik)
modulation rate die Schrittgeschwindigkeit (bei der Datenübertragung)
modulator der Regler, der Modulator (Elektronik)
module das Modul, der Baustein (Hardware, Software)
modulus der Absolutwert einer komplexen Zahl (Mathematik)
moistness, moisture die Feuchtigkeit
molecular electronics die Molecularelektronik
molten geschmolzen
moment of inertia das Trägheitsmoment (Mechanik)
monadic operation die Operation mit einem Operanden
money transfer der Zahlungsverkehr
monitor der Monitor, das Überwachungsprogramm, überwachen
monitor printer der Kontrolldrucker (Hardware)
monitor program Programm zur Leistungsmessung und für besondere Überwachungsfunktionen
monitoring die Überwachung
monitoring tool das Überwachunsgwerkzeug

M

monkey-wrench der Schraubenschlüssel (der „Engländer“)
monochrome einfarbig
monochrome display der monochrome Bildschirm (Hardware)
monocular für ein Auge, einäugig
monostable circuit die monostabile Schaltung (Elektronik)
monostable flip flop die monostabile Kippschaltung (Elektronik)
monosyllable das einsilbige Wort
mordant die Beize, das Beizmittel
morgue das Archiv
MOS der Metalloxid Halbleiter (Elektronik)
mosaic printer der Matrixdrucker (Hardware)
MOSFET der Metalloxid Feldeffekt Transistor (metal oxide semiconductor field effect transistor)
most significant bit das höchstwertige bit
Mostofate Name eine Computervirus (Trojaner)
motherboard die Hauptplatine, die Grundplatine (Elektronik)
M
motif das Motiv, Name einer Standardbasis-Software für grafische Benutzeroberflächen
motion die Bewegung
motionpictures der Film
Motorola Name eines amerikanischen Hardwareherstellers
mounten das Anmelden eines wechselbaren Massenspeichers
mounting die Montage, der Beschlag (Mechanik)
mouse die Maus (Hardware)
mouse arrow der Mauspfeil
mouse-pad die Mausunterlage
moveable beweglich
Mozilla Name eines Internetbrowsers
MSB (most significant bit) das höchstwertige bit
MSI (medium scale integration) die mittlere Integration
MS-Office Name eines Softwarepaketes der Fa. Microsoft
MTBF (mean time between failures) die mittlere Zeitspanne zwischen zwei Ausfällen
MTTR (mean time to repair) die mittlere Reparaturzeit
muffle die Muffe, umhüllen
multi address instruction der Mehradressbefehl (Software)
multi address message der Rundbrief, der Serienbrief
multi channel feed die Mehrkanaleinspeisung (Pay TV)
multi color gate array die Vielfarben-Verknüpfungsschaltung (Grafikkarte)
multi frequency code das Mehrfrequenz-Wählverfahren
multi protocol router Router, der im Gegensatz zum Einzelprotokoll-Router mehrere Kommunikationsprotokolle unterstützt (Hardware)
multi tasking das Multitasking (Software)
multi user dungeon Mehrbenutzer-Abenteuer- und Rollenspiel im Internet
multi user system das Mehrplatzsystem, Computer mit angeschlossenen Terminals, der mehreren Benutzern das scheinbar gleichzeitige Arbeiten erlaubt
multibyte instruction der Mehrwortbefehl (Software)
multicarrier die Trägerstromübertragung (Modem)
multicast backbone ein speziell für die Übertragung von Audiodaten eingerichtetes „Netz im Internet“
multicast connection Nachrichtenübertragung von einem Punkt zu einer Gruppe von Punkten
multichanger der Vielfachwechsler (Jukebox)
multidestination routing Bezeichnung für die Leitwegbestimmung in einem vermaschten Netz bei der Verteilung von Datenpaketen an mehrere Stationen
multifunction modem Modem, das nach unterschiedlichen Standards arbeiten kann
multihomed host Bezeichnung für einen host, der an zwei oder mehr Netzwerke angeschlossen ist
multilayer CD eine CD, auf der Daten in verschiedenen Ebenen abgespeichert werden können
multilayer disc die Mehrebenen-Platte (CD, DVD)
multilevel address die indirekte Adresse
multiline ISDN Mehrleitungs-ISDN (Zusammenfassung mehrerer Basiskanäle eines Anschlusssystems)
multilink procedure das Mehrfachübermittlungsverfahren

multimedia die Verbindung von Audio und Video, Schrift und Sprache usw.
multimedia compact disc Standard für die High-Density CD
multimedia conference die Multimediakonferenz
multimedia extension MMX, Weiterentwicklung des Pentium-Prozessors aus dem Hause Intel
multimode fiber die Multimodefaser, die Mehrmodenfaser (Glasfaser)
multipath transmission die Mehrwegübertragung (die Nutzung paralleler Übertragungswege in einem vermaschten Netzwerk)
Multiplan Name eines Tabellenkalulations-programmes
multiplattform-CD CD-ROM, die sowohl von PC-Systemen, als auch von Apple-Macintosh-Rechnern gelesen werden kann
multiple das Vielfache (Mathematik), vielfach
multiple address code der Mehradressencode
multiple choice die Mehrfachauswahl (Ankreuz-Test-Verfahren)
multiple connector der Mehrfachsteckverbinder (Hardware)
multiple digit number die mehrstellige Zahl
multiple firm die Firma mit Niederlassungen
multiple frequency shift keying die Frequenzumtastung
multiple subscriber number die Mehrfachrufnummer (ISDN)
multiple user interface die Mehrbenutzer-Schnittstelle
multiplex bündeln, vielfach
multiplex channel der Multiplexkanal
multiplex mode der Multiplexbetrieb, der Bündelbetrieb
multiplex operation der Mehrfachbetrieb
multiplexed information die gebündelte Nachricht
multiplexer der Multiplexer (Kanalaufteiler), Hardware
multiplexing das Bündeln
multiplicand der Multiplikand (Mathematik)
multiplication die Multiplikation (Mathematik), die Vermehrung, die Vervielfältigung
multiplication table die Multiplikations-tafel (Mathematik)
multiplier der Multiplikand, der Multiplikator (Mathematik)
multiplier register das Multiplikationsregister
multiply multiplizieren (Mathematik)
multiply instruction der Multiplizierbefehl
multipoint connector der Mehrfachsteckverbinder
multipole connector der Mehrfachsteckverbinder
multiprocessing die Simultanverarbeitung
multiprogramming die Programm-verzahnung (Software), der Mehrprogrammbetrieb
multiprotocol router Mehrprotokollrouter (Hardware)
multiscan monitor der Mehrfrequenzmonitor (Hardware)
MultiSpin Name einer Technik zur Erhöhung der Datentransferrate von CD-ROMs (höhere Drehzahl)
multistation access unit der Kabelkonzentrator (Netzwerk-Hardware)
MultiSync Name eines Monitormodells der Fa. NEC (Hardware)
multitasking das Multitasking, der scheinbar gleichzeitige Ablauf mehrerer Programme
multithreading das gleichzeitige Ablaufen von Prozessen
multitrack das Mehrspurverfahren (CD-R-Aufzeichnung)
multiuser operating system das Mehr-benutzerbetriebssystem (Software)
multiuser system das Mehrbenutzersystem
multivibrator der Multivibrator (Elektronik)
music-paper das Notenpapier
mu-SIMP Name einer Programmiersprache (Software)
mutability die Veränderlichkeit
mutable virus der mutierende (sich selbst ändernde) Virus
mutation die Veränderung, der Umlaut, die Mutation
mutilated character das verstümmelte Zeichen
mutilation die Verstümmelung
mutual gegenseitig, wechselseitig, gemeinsam

mutual inductance coupling die induktive Kopplung (Elektronik)
mutually exclusive sich gegenseitig ausschließend
MVS ein Betriebssystem für Großrechner (Multiple Virtual Storage)
MySpace Name eines sozialen Netzwerkes im Internet

N

n.d. (no date) ohne Datum
nailed connection die Langzeitverbindung, die festgeschaltete Verbindung
NAK (negative acknowledgement) die negative Quittung (bei der fehlerhaften Datenübertragung)
nanosecond die Nanosekunde, der milliardste Teil einer Sekunde
naperian logarithm der natürliche Logarithmus (Mathematik)
narrow pulse der schmale Impuls (Elektronik)
narrowband das Schmalband (Elektronik)
narrowband frequency modulation die Schmalbandfrequenzmodulation, Modulationsverfahren für die Datenübertragung
narrowband service der Schmalbanddienst (Telekommunikation)
national bureau of standard Name der US-amerikanischen Normungsbehörde, wurde 1988 in NIST umbenannt, vergleichbar der deutschen DIN
national number die nationale Datenrufnummer
national security agency US-amerikanische nationale Sicherheitsbehörde
native language support die Unterstützung der Landessprache
Natural Name einer Programmiersprache (Software)
natural base die natürliche Basis (e = 2,71828) (Mathematik)
natural color system das metrisches Farbsystem
natural language interface die natürlichsprachliche Schnittstelle
NC die numerische Steuerung (numerical control)
near end crosstalk das Nahnebensprechen, die Querdämpfung (Elektronik)
near letter quality die annähernde Briefqualität (eines Ausdruckes), die Korrespondenzqualität
neccessary notwendig, unvermeidlich
need der Bedarf, der Mangel
needle die Nadel (Mechanik)
negate verneinen
negation die Negation, die Verneinung
negativ logic die negative Logik
negative verneinend, negativ, die Verneinung
negative acknowledgement die negative Quittung (bei der fehlerhaften Datenübertragung)
neglect die Vernachlässigung, die Nachlässigkeit, vernachlässigen
negligence die Fahrlässigkeit
negotiability die Verkäuflichkeit
nested ineinandergeschachtelt
net das Netz, netto
net amount der Nettobetrag
net capacity die Nettokapazität (Massenspeicher)
net data throughput die Netzübertragungsrate
net gain das Nettogewicht
net node Einrichtung mit Vermittlung und Verteilungsfunktion (bzw. Konzentratorfunktion) im Netzwerk
net user der Teilnehmer am Netzbetrieb
netiquette die Netzwerk-Etikette, das korrekte Verhalten in einem Netzwerkverbund
Netscape Communicator Name eines Browser-Programmes (Software)
Netware Name eines Netzwerkbetriebssystems (Software)
network das Netzwerk, der Verbund
network access device das Netzzugangsgerät (Hardware)
network adapter die Steckkarte zur physischen Verbindung (Verkabelung) von Rechnern
network address die Netzwerkadresse, die Kennung zur Adressierung eines Knotens in einem Netzwerk
network command facility das Netzwerkmanagementprogramm (Software)
network computing die Verbindung von Computern unterschiedlicher (oder gleicher) Betriebssysteme und Hersteller zur gemeinsamen Nutzung aller Ressourcen
network congestion der Datenstau (Netzwerk)
network control die Überwachungsfunktionen in einem Netzwerk
network control center der Netzwerkzugangspunkt (Komponente in der unterschiedliche Management- und Kontrollfunktionen implementiert sind)

network control language die Netzwerksteuerungssprache
network database language die Netzdatenbanksprache (Software)
network element die Netzkomponente
network file system das Netzwerkdateisystem (Netzwerkprotokoll für verteilte Dateisysteme)
network information center das Netzwerkinformationszentrum; Organisation, die Netzwerkbenutzer mit Informationen versorgt und über Dienste informiert, die über das Netzwerk verfügbar sind
network interface card Netzwerk-Schnittstellenkarte (Hardware)
network interface unit die Netzwerkschnittstelleneinheit
network job entry der Netzwerkzugang
network layer die Netzwerkschicht, die Vermittlungsschicht (OSI-Schichtenmodell)
network management das Netzwerkmanagement
network management architecture die Netzwerkmanagementarchitektur
network manager der Netzwerkmanager, der Systemadministrator
network monitor die Software für die Netzwerküberwachung
network operating system das Netzwerkbetriebssystem
network performance die Netzwerkleistungsfähigkeit
network planning die Netzwerkplanung
network provider interface Netzwerkmodell von Windows, das unter anderem die gleichzeitige Ausführung mehrerer Netzwerkprotokolle zulässt
network response time die Reaktionszeit des Netzwerkes
network services die Netzwerkdienste (Angebote)
network services access point der Vermittlungsdienstzugangspunkt
network services protocol das Netzwerkprotokoll (regelt Dienste und Datenaustausch in Netzwerken)
network terminating unit die Netzwerkabschlusseinheit (z.B. ein Widerstand)
network termination der Netzwerkabschluss (z.B. der Übergang vom öffentlichen ISDN-Netz zur Teilnehmerschnittstelle)
network termination point die Netzwerk-Endstelle, der Netzwerk-Knoten
network terminator der Basisanschluss (ISDN)
network time protocol ein Internet Protokoll, das die Uhrzeit zwischen den unterschiedlichen Computern im Netzwerk synchronisiert
network topology die Netzwerktopologie (Hardware)
network user address die Rufnummer (für die Teilnahme am Datex-P-Dienst)
network user identification die Teilnehmerkennung (NUI)
network virtual terminal das virtuelle Netzwerkterminal, Terminal das eingerichtet, aber nicht physikalisch vorhanden ist
neural network das neuronale Netzwerk (Software, Hardware)
neutral neutral, der Nullpunkt
neutral zone die Totzone
new assignment die Neuzuordnung
new start der Neustart (eines Systems)
new technology die neue Technologie (NT), unspezifische Bezeichnung, um ein Produkt ggfls. von einer einfachen Fortschreibung oder Weiterentwicklung eines bereits bestehenden Produktes abzugrenzen
news die Nachrichten, die Neuigkeiten
newsgroup Name für die Diskussionsforen im Usenet
newsreader der „Nachrichtenleser", das Programm zum Lesen von Netzwerknachrichten (News) im Internet
Newton pad Name eines Pen-PC der Fa. Apple (Hardware)
next nächstfolgend, demnächst, Name eines Minicomputers
NextStep Name eines Betriebssystems (Software)
nibble das Nibble, das Halbbyte (Software)
niceness die Feinheit, die Genauigkeit
night service die Nachtschaltung, Leistungsmerkmal von Nebenstellenanlagen
nines complement das Neunerkomplement (Mathematik)
nitrogen der Stickstoff (Chemie)

n-leaved rose die Blattkurve (Mathematik)
no break space das „harte“ Leerzeichen (Leerzeichen, nach dem ein Zeilenumbruch unzulässig ist)
no go flag das Stoppflag, die Stoppanzeige
no operation die Nulloperation (Software)
no parity keine Paritätsprüfung
nob der Knopf
nock die Kerbe
nodal equation die Knotenpunktgleichung (Mathematik)
node der Knoten (in einem vermaschten Netzwerk)
node-address die Knotenadresse (Netzwerk)
nodelist die Knotenliste (Netzwerk)
no-how in keiner Weise, nicht in Ordnung
noise das Rauschen, das Geräusch
noise abatement der Lärmschutz
noise ratio der Störpegelabstand (Elektronik)
noiseless geräuschlos
noisy geräuschvoll, lärmend
nomenclature die Nomenklatur, die Fachbezeichnung, die Fremdsprache
nominal frequence die Nennfrequenz (Elektronik)
nominal voltage die Nennspannung (Elektronik)
nomination procedure das Nominierungsverfahren
non addressable memory der nicht adressierbare Speicher
non ambiguous eindeutig (Mathematik)
non coded information die nicht kodierten Daten, die unverschlüsselt vorliegende Information
non conductor der Nichtleiter (Elektronik)
non conjunction die NAND-Funktion
non contact making kontaktlos (Elektronik)
non dedicated server der nicht spezialisierte Server (im Netzwerk)
non destructive read das zerstörungsfreie Lesen eines Speichers (ohne Datenverlust)
non disclosure agreement die Vereinbarung der Nichtoffenlegung (Übereinkunft z.B. von Software-herstellern, Geheimhaltungsabkommen)
non disjunction die NOR-Funktion
non equivalence die Antivalenz, das exklusive ODER
non erasable memory der nichtlöschbare Speicher (Hardware)
non impact printer der anschlagfreie Drucker (Hardware)
non interlaced ohne Zeilensprung (Qualitätsmerkmal für Computermonitore)
non operation die Nulloperation, Befehl in einem Programm mit keiner Wirkung (Leeroperation)
non parity bit das ungerade Kontrollbit
non permissible nicht zulässig
non return to zero „ohne Rücksetzung“ (ein binärer Signalcode)
non volatile nicht flüchtig (Elektronik)
non volatile storage der energieunabhängige Speicher
non Windows application die Nicht-Windows-Anwendung
non zero ungleich Null
non-attendance das Ausbleiben
nonconformity die Abweichung, der Fehler
nonconformity record der Abweichungsbericht
noncurrent phenomenon die einmalige Erscheinung
nondestructive readout das zerstörungsfreie Lesen
non-fiction die Fachliteratur
non-interlaced ohne Zeilensprung (Monitortechnologie)
nonlocked asynchron, nicht taktgesteuert
non-profit organization die gemeinnützige Organisation
non-profit status die Gemeinnützigkeit
nonresident nicht ständig im Speicher
nonsmudge wischfest
non-stop durchgehend
nonuniform convergence die ungleichmäßige Konvergenz (Mathematik)
nook die Ecke, der Winkel
NOR-function die NICHT-ODER-Funktion
norm die Norm, die Regel, der Maßstab, das Muster
normal normal, üblich, senkrecht
normal call transfer das normale Umlegen (Leistungsmerkmal im ISDN)

normal response mode der Aufforderungsbetrieb, der Aufrufbetrieb (Telekommunikation)
normalize normalisieren
normally closed contact der Ruhekontakt (Elektronik)
normally open contact der Arbeitskontakt (Elektronik)
North American Software Name eines Softwarehauses
northbridge Hardwarekomponente einer Hauptplatine
Norton Utilities Name einer umfangreichen Hilfsprogrammsammlung (von Peter Norton)
not copyprotected nicht kopiergeschützt (Software)
not destructive readout das zerstörungsfreie Lesen
not lossy compression die verlustlose Kompression
not maskerable interrupt ein Interrupt, der nicht abgeschaltet werden kann, den das System immer bearbeiten muss
not negotiable cheque der Verrechnungsscheck
notation die Schreibweise, die Bezeichnung, das Zeichensystem
notch einkerben, die Kerbe, die Nut
note die Note, das Zeichen, das Merkmal, notieren, aufschreiben, beobachten
notebook das Notizbuch
notebook computer der Notizbuchcomputer (Größe etwa einer DIN-A4 Seite)
noted bekannt, berühmt
notepad computer der Notizblockcomputer (mit handschriftlicher Eingabe)
notepaper das Briefpapier
notice die Notiz, die Nachricht, die Anzeige, bemerken, beobachten
notice board das schwarze Brett
notification die Ankündigung, die Meldung, die Anzeige
nought die Null
nought state der Nullzustand
noughts complement das Basiskomplement (Mathematik)
noun das Hauptwort
novel neu, ungewöhnlich
Novell Name eines Softwarehauses
Novell-DOS Name eines Betriebssystem (vormals DR-DOS)
Novell-NetWare Name eines Netzwerkbetriebssystems der Fa. Novell (Software)
novelty die Neuheit
nozzle die Düse, die Tülle
NTSC (national television standard committee) Fernsehnorm in den USA
n-tuple n-fach
NUA (network user address) die Benutzeradresse im Netzwerk
NuBus Name einer 32-bit-Busschnittstelle (Hardware)
nucleonics die Atomtechnik
NUI (network user identification) die Nutzerkennung (für den Netzwerkzugang)
null drift die Nullpunktabweichung
null operation die Nulloperation (Software), Operation oder Befehl ohne Auswirkung
null statement der Leerbefehl (Software)
nullity die Ungültigkeit, das Nichts, die Null
number die Nummer, die Zahl, zählen, nummerieren
number cruncher der „Zahlenfresser", umgangssprachlich für Supercomputer
Number Nine Name eines Hardwareherstellers
number notation die Zahlenschreibweise
number representation die Zahlendarstellung
number serially durchnummerieren
number system das Zahlensystem
numeral das Zahlensymbol
numeration die Zählung, die Nummerierung
numerator der Zähler eines Bruches (Mathematik)
numeric numerisch
numeric keypad der Zehnerblock (auf der Tastatur)
numeric processor der numerische Prozessor, der Koprozessor (Hardware)
numerical numerisch, zahlenmäßig
numerical aperture die numerische Apertur, der Sinus des Akzeptanzwinkels (Einkopplungswinkel) einer optischen Faser
numerical coded instruction der numerisch codierte Befehl
numerical coding die numerische Codierung, die Zahlenverschlüsselung

numerical control die numerische Steuerung (von Werkzeugmaschinen), NC
numerical entry die Zahleneingabe
numerical integration die numerische Integration (Mathematik)
numerical processor unit der Koprozessor (Hardware)
numerical quantity die numerische Größe (Mathematik)
numerical sorting das Sortieren nach Nummern
numerous zahlreich
nut die Schraubenmutter (Mechanik)

O

Oberon Name einer Programmiersprache (Software)
object der Gegenstand, das Ziel, das Objekt
object code der Objektcode (Software), der Zielcode
object language die Zielsprache (Software)
object management system das Objektverwaltungssystem (z.B. das Dateiverwaltungssystem unter UNIX)
object oriented objektorientiert (Software), z.B. Programmiersprache
object oriented analysis die objektorientierte Analyse (Programmiermethode)
object oriented database die objektorientierte Datenbank (enthält unstrukturierte Daten, sogenannte Objekte)
object oriented design der objektorientierte Entwurf, eine Planung, basierend auf Objekten
object oriented programming die objektorientierte Programmierung (das Objekt besteht hier aus einer Mischung von Programmcode und Daten)
object program das Objektprogramm, das übersetzte Programm (Software)
object-glass, object-lense das Objektiv (Optik)
objective evidence der Nachweis
objective evidence document die Nachweisdokumente
oblique plane die geneigte Ebene (Mathematik)
oblong länglich, das Rechteck
obtuse angle der stumpfe Winkel (Mathematik)
Occam Name einer Programmiersprache (für Transputer)
occasion die Gelegenheit, die Veranlassung
occupation die Bearbeitungsart
occupational safety die Arbeitssicherheit
occur vorkommen
OCR (optical character recognition) die optische Zeichenerkennung
OCR-code OCR-Schrift (maschinenlesbar)
octagon das Achteck
octal digit die Oktalziffer
octal notation die Oktalschreibweise
octal number die Oktalzahl
octal number system das Oktalsystem
octet das acht-bit Byte
odd function die ungerade Funktion (Mathematik)
odd number die ungerade Zahl
odd parity die ungerade Parität
odd parity check die ungeradzahlige Paritätskontrolle
odd-even check die Ungerade-Gerade Kontrolle, die Paritätskontrolle
off state der Sperrzustand, nicht leitender Zustand (Elektronik)
Office Name eines Softwarepaketes der Fa. Microsoft
office appliances die Bürobedarfsartikel
office automation die Büroautomation
office document architecture Modell zur logischen und physischen Strukturierung von Dokumenten in hierarchischer Form für den Datenaustausch
office information system das Büroinformationssystem
office packet Programmpaket meist bestehend aus Textverarbeitung, Tabellenkalkulation, Grafikprogramm und Datenübertragungsprogramm
OfficeVision Name der Bedieneroberfläche unter OS/2 (Software)
official document das amtliche Schriftstück, der offizielle Beleg
off-line von der Leitung getrennt
off-line operation der Off-Line Betrieb
off-line operation der rechnerunabhängige Betrieb
off-line printer der selbständig arbeitende Drucker (Hardware)
offset der Adressenversatz, versetzt
offset stacker die versetzte Ablage
oil das Öl, ölen
Omnis 5 Name eines Datenbankprogrammes (Software)
on demand der wahlfreie Abruf
on line in Verbindung, der On-Line Betrieb
on off code der bistabile Code, der Ja-Nein-Code
on off switch der Ein-/Ausschalter, der Netzschalter, der Hauptschalter
on site vor Ort
on state der leitende Zustand (Elektronik)
on the fly Verfahren für das Beschreiben von CD-Rs

on unit die eingeschaltete Einheit
one address computer der Einadressrechner (Hardware)
one kick multivibrator der monostabile Multivibrator (Elektronik)
one level address die direkte Adresse
one level store der Speicher mit nur einer Zugriffsebene (z.B. Festwertspeicher)
one plus one address instruction der Zweiadressbefehl
one shot schrittweise, einmalig
one state der „Eins"-Zustand
one stop shopping der „Service aus einer Hand"
one time job das Einzelproblem
one valued function die eindeutige Funktion (Mathematik)
one's own need der Eigenbedarf
one-line processing die direkte Verarbeitung
ones complement das Einerkomplement
online verbunden
online conference die Online-Konferenz
online operation der direkte Betrieb, der rechnerabhängige Betrieb
online processing die direkte Verarbeitung (ohne vorherige Speicherung)
online-community die Netzgemeinschaft (Interessengemeinschaft im Internet)
on-off code der Ja-Nein-Code, der bistabile Code
on-off switch der Ein-/Ausschalter
on-off-control system das Ein-Aus-Regelsystem
on-unit die eingeschaltete Einheit
onward routing die Weiterverbindung (im Netzwerk)
opcode der Opcode, der Operationscode
open circuit impedance der Leerlaufwiderstand (Mechanik)
open circuit voltage die Leerlaufspannung (Elektronik)
open collaborative environment Programmierschnittstelle (Schnittstelle) für Macintosh-Rechner (Firma Apple)
open content der freie Inhalt (von Dritten zu nutzende, bereits veröffentlichte Inhalte)
open content publisher standard Verlegerstandard offenen Inhalts (Initiative US-amerikanischer Verleger, Distributoren und Produzenten)
open data link interface die „freie Anschlussschnittstelle" (Netzwerktreiber Spezifikation)
open database connectivity die freie Datenbankverbindung (Softwareschnittstelle)
open ended nicht abgeschlossen, erweiterungsfähig
open loop die offene (Programm-) Schleife (Software)
open network provision der freie Netzzugang, der diskriminierungsfreie Netzzugang
OpenOffice Name eines freien Office-Pakets (Kombination verschiedener Programme)
open shop testing der Eigentest eines Computers
open source die Quelloffenheit (Software)
open subroutine das offene Unterprogramm (Software)
open system Kommunikationssystem, das eine uneingeschränkte Kommunikationsmöglichkeit innerhalb eines genormten Übertragungsnetzes bietet
open wire line die Freileitung
open-shut control system das Zweipunktregelsystem
Opera Name eines Internetbrowsers
operable betriebsfähig
operand der Operand, die Rechengröße
operand address die Operandenadresse
operand channel der Operandenkanal
operand register das Operandenregister
operate arbeiten, betreiben, ansprechen, einwirken, in Gang bringen
operating coil die Arbeitswicklung (Elektronik)
operating current die Arbeitsspannung, der Betriebsstrom (Elektronik)
operating cycle der Arbeitszyklus
operating error der Bedienungsfehler
operating expenses die Betriebskosten
operating frequency die Betriebsfrequenz (Elektronik)
operating instructions die Bedienungsvorschriften
operating language die Betriebssprache
operating principle die grundsätzliche Arbeitsweise
operating sequence der Arbeitsablauf, die Arbeitsfolge
operating speed die Arbeitsgeschwindigkeit

operating staff das Bedienungspersonal
operating system das Betriebssystem (Software)
operating temperature die Betriebstemperatur
operating threshold die Ansprechschwelle (Elektronik)
operating time die Betriebsdauer
operating voltage die Betriebsspannung (Elektronik)
operation die Operation, der Betrieb
operation code der Befehlscode, der Operationscode (Software)
operation control language die Kontrollsprache, die Steuersprache, die Programmiersprache für ein System
operation instruction die Betriebsanweisung, die Betriebsanleitung
operation rate die Operationsgeschwindigkeit
operation register das Operationsregister
operation speed die Operationsgeschwindigkeit
operation time die Ausführungszeit
operational einsatzfähig, betriebsbereit
operational amplifier der Operationsverstärker (Elektronik)
operational chart die Ablauforganisation
operational guidance die Bedienungsrichtlinien
operational method die Verfahrenstechnik
operations research die Unternehmensforschung
operations scheduling die Arbeitsvorbereitung
operator der Operator, der Bediener
opposed entgegengesetzt
opposite gegenüberliegend, entgegengesetzt, das Gegenteil
optical optisch
optical attenuation die optische Dämpfung
optical carrier Definition von Übertragungsraten optisch arbeitender Systeme
optical character recognition die optische Zeichenerkennung
optical coding die optische Codierung
optical coupler der Optokoppler, elektronisches Bauteil für die Umsetzung elektrischer Signale in Lichtimpulse
optical disk die optische Diskette
optical distribution network das Glasfaserkabelnetzwerk
optical document reader der optische Belegleser
optical encoder der optische Codeumsetzer
optical fiber der Lichtwellenleiter
optical line terminal das Glasfaseranschlussendgerät
optical line termination der optische Netzwerkabschluss
optical media die optischen Medien (Speichermedien, bei denen die Informationen nur optisch abgetastet werden, z.B. die CD)
optical mouse die optisch (also ohne Rollkugel arbeitende) Maus
optical network unit die optische Netzwerkeinheit
optical pattern recognition die optische Zeichenerkennung
optical reader das optische Lesegerät (Hardware)
optical receiver der optische Empfänger (Netzwerk)
optical repeater der optische Signalverstärker (Netzwerk)
optical scanning die optische Abtastung
optical sensing device die optische Abtasteinrichtung
optical splice die dauerhafte Verbindung optischer Fasern
optical waveguide der Lichtwellenleiter
optimally optimal
optimization die Optimierung
option die Wahl, die Wahlfreiheit
optional wahlweise, freigestellt
optional feature wahlweise Zusatzeinrichtung (Hardware, Software)
optoelectric device die optoelektrische Schaltung (Elektronik)
optomagnetical media die optomagnetischen Medien (Speichermedien)
optomechanical mouse die optomechanisch arbeitende Maus
OR-circuit die ODER-Schaltung (Elektronik)
order die Anordnung, der Befehl, anordnen, befehlen
order die Größenordnung (Mathematik)
orderliness die Regelmäßigkeit

ordinal die Ordnungszahl (Mathematik)
ordinary differential equation die gewöhnliche Differentialgleichung (Mathematik)
ordinate die Ordinate (Mathematik)
OR-function die ODER-Funktion
organization die Organisation
organizational flow chart das Organisationsschaubild
organizational structure die Organisationsstruktur
organize organisieren, einrichten
orienting die Adressenzuweisung
origin der Ursprung, der Anfang, die Herkunft
original das Original, ursprünglich
original address die ursprüngliche Adresse
original data die Ausgangsdaten
original equipment manufacturer der Originalzubehörhersteller (OEM)
originate a message eine Nachricht erzeugen
originate mode der Sendemodus (Modem)
originating of information die Entstehung von Information
originating point code der Ursprungscode, die Adresse der sendenden Vermittlungsstelle in der Telekommunikation
originator der Urheber
orphaned page die verwaiste Internetseite (Seite auf die keine Links verweisen)
orthogonal coordinates die orthogonalen Koordinaten (Mathematik)
orthography die Rechtschreibung
OS/2 Name eines Betriebssystems (Software)
oscillate schwingen (Elektronik)
oscillation die Schwingung (Elektronik)
oscillator der Schwingungserzeuger (Elektronik)
oscillator circuit die Oszillatorschaltung (Elektronik)
oscillograph der Schwingungsschreiber (Hardware)
oscilloscope das Oszilloskop (Elektronik)
other common carrier der alternative Anbieter
out of order außer Betrieb sein, gestört
outage der Ausfall, das Versagen
outcome das Ergebnis
out-dated zeitlich überholt
outer track die äußere Spur, der Randbereich einer CD-ROM
outfit die Ausrüstung, die Ausstattung
outgoing abgehend
outgoing message abgehende Nachricht
outliers der Ausreißer
outline die Umrisslinie, die Skizze, skizzieren
outline font die Vektorschrift
Outlook Name eines Termin- und E-Mail-Programmes (Software)
output die Ausgabe, der Ausgang, die Produktion
output area der Ausgabebereich
output buffer storage der Ausgabe-Pufferspeicher
output channel der Ausgabekanal
output data die Ausgabedaten
output device das Ausgabegerät (Hardware)
output element die Ausgabeeinheit (Hardware)
output equipment das Ausgabegerät (Hardware)
output file die Ausgabedatei (Software)
output format das Ausgabeformat
output instruction der Ausgabebefehl (Software)
output port der Ausgabeport
output queue die Ausgabewarteschlange
output statement der Ausgabebefehl
output terminals der Ausgang eines Gerätes, die Ausgangsanschlüsse
output unit die Ausgabeeinheit (Hardware)
output winding die Ausgabewicklung (Elektronik)
outsourcing die Auslagerung, die Übertragung von DV-Leistungen in die Hände externer Dienstleistungsanbieter
outstation die Außenstation
oval das Oval, oval
oven der Thermostat
overall performance die Gesamtleistung
overbalance das Übergewicht, umkippen
overcharge die Überladung
Overdrive processor Name der Bauart eines Mikroprozessors (mit doppelter interner Taktfrequenz)
overdriven übersteuert
overflow der Überlauf, die Überschreitung der Kapazitätsgrenze
overflow indicator die Überlaufanzeige
overflow switch der Überlaufschalter

overhead Daten, die zusätzlich zu den reinen Nutzdaten übertragen werden
overhead cost die Verwaltungsdaten
overhead operation die organisatorische Operation
overheat überhitzen
overlap die Überlappung
overlay die Überlagerung, die Überlappung, überlagern
overlay card Videokarte, mit der sich Videos einer externen Bildquelle auf dem PC-Monitor darstellen lassen
overlay file die Überlagerungsdatei (Software)
overlay net das Überlagerungsnetz (auf die bestehende kommunikationstechnische Infrastruktur in Deutschland aufgesetztes optisches Breitbandnetz)
overload indicator die Überlastungsanzeige
overload relay das Überstromrelais
overloading die Überlastung
overprinting der Doppeldruck
override unterdrücken, übergehen
oversampling die Abtastung
overtone die Oberwelle (Elektronik)
overweight überladen, überlasten
overwrite überschreiben
oxid das Oxid (Chemie), allgemeinspr.: Oxyd
oxide coating die Oxydschicht
oxidize oxydieren
oxygen der Sauerstoff (Chemie)
ozone das Ozon (Chemie)
ozonic ozonhaltig

P

p.m. (post meridiem) nachmittags (bei Zeitangaben)
pace der Schritt, das Tempo
pack verdichten, das Paket, die Packung
pack of data die Datenmenge, das Datenpaket (Software)
package das Paket, die Gerätebaugruppe, das Frachtstück (Hardware)
packaged circuit die geschlossene Schaltung (Elektronik)
packet das Paket, das Datenpaket (Software)
packet exchange protocol das Paketvermittlungsprotokoll, Transportprotokoll in paketvermittelten Netzwerken
packet handler die Paketvermittlungseinrichtung, die Vermittlungseinrichtung mit Netzübergang zum Paketnetz, Datex-P
packet network Netzwerk, in dem Daten in paketierter Form übermittelt werden
packet overhead der Datenüberhang (Verhältnis von Nutz- und Paketierungsdaten)
packet radio das paketorientierte Verfahren zur drahtlosen Datenübertragung
packet switched data network das Paketnetz (digitales Datennetz, bei dem die zu übertragenden Nachrichten in Form einzelner Segmente übertragen werden)
packet switching die Paketvermittlung (Datenübertragung)
packet type identifier die Pakettypenidentifikation
packet writing die blockweise Aufzeichnung (CD-R)
packing das Verdichten
packing density die Packungsdichte, die Bauteildichte (Elektronik)
pact der Vertrag
pad das Polster, polstern
padding das Auffüllen
padding-Bit das Stopfbit
page die Seite, paginieren
page description language die Seitenbeschreibungssprache (z.B. PostScript)
page ranking die Seitenbewertung (Rang einer Webseite in einer Suchmaschine)
page up vorwärtsblättern
page-at-a-time printer der Ganzseitendrucker (Hardware)
PageMaker Name eines DTP-Programmes (Software)
pager der Funkrufempfänger
pagination die Paginierung, die Seitenzählung
paging das Paging, die Speicheraufteilung in Seiten, der Seitenwechsel
paint die Farbe, der Anstrich, malen
paint program das Malprogramm (im Gegensatz zum Zeichenprogramm, CAD)
paintbrush der Malpinsel, Name eines Malprogrammes (Software)
pair das Paar
pair cable das paarige Kabel
pair of conductors das Leitungspaar
pair of goggles die Schutzbrille
pair of scissors die Schere
pair programming die Paarprogrammierung (Softwareerstellung im Zweier-Team)
palette die Palette
pallet die Drehscheibe (Mechanik)
palm die Handfläche, die Handbreite
palmated handförmig
palmtop computer der Computer für die Handfläche
Panama-Virus Name eines Computervirus
Panasonic Name eines Hardwareherstellers
panel das Panel, die Tafel, das Fach, das Feld
pantone matching system das Pantone Mischsystem (Farbmischsystem)
paper das Papier, die Zeitung, die Banknote
paper feed der Papiervorschub (beim Drucker)
paper form das Formular
paper jam der Papierstau
paper tape der Papierlochstreifen
paper transport die Papierführung (beim Drucker)
paperless office das papierlose Büro
paperwhite „papierweiß", die Darstellung von schwarzen Zeichen auf weißen Grund
papery papierartig, dünn
parabola die Parabel (Mathematik)
parabolic arc der parabolische Bogen (Mathematik)

parabolic function die parabolische Funktion (Mathematik)
Paradox Name eines relationalen Datenbankprogrammes (Fa. Borland)
paragraph der Absatz
parallel parallel, gleichlaufend, die Parallele (Geometrie)
parallel arithmetic unit das Parallel-Rechenwerk (Hardware)
parallel balance die Summenkontrolle
parallel connection die Parallelschaltung (Elektronik, Hardware)
parallel interface die parallele Schnittstelle (Hardware)
parallel operation der Parallelbetrieb
parallel organization die parallele Organisation
parallel port die Parallelschnittstelle
parallel processing die Parallelverarbeitung
parallel readout die parallele Abtastung
parallel register das Parallelregister
parallel representation die Paralleldarstellung
parallel resistor der Parallelwiderstand (Elektronik)
parallel search memory der assoziative Speicher
parallel serial converter der Parallel-Seriell Umsetzer (Elektronik)
parallel storage die Parallelspeicherung
parallelogram das Parallelogramm (Mathematik)

parallelport drive das Parallelport-Laufwerk (externer Massenspeicher)
parameter der Parameter
parameter substitution instruction der Parameter Substitutionsbefehl (Software)
parameter value der Parameterwert
parametric amplifier der parametrische Verstärker
parametric equation die Parametergleichung (Mathematik)
paranthesis die runden Klammern (Mathematik)
paranthesize einschalten, einklammern
parasitic oscillation die Störschwingung (Elektronik)
parcel das Paket
parity die Parität, die Gleichheit
parity bit das Paritätsbit, das Prüfbit (Software)
parity character das Paritätszeichen (Software)
parity check die Paritätskontrolle (Software)
parity check bit das Kontrollbit (Software)
parity error der Paritätsfehler
park das Parken (Abstellen der Schreib-/Leseköpfe eines Festplattenlaufwerkes auf eine besondere Spur)
parse grammatisch zerlegen, analysieren
parser der Parser (Programm zur Aufschlüsselung der Grammatik eines Satzes)
part der Teil, das Stück, teilen, trennen
partial teilweise vorhanden
partial carry der Teilübertrag (Mathematik)
partial derivative die partielle Ableitung, der partielle Differentialquotient (Mathematik)
partial fraction der Partialbruch (Mathematik)
partial sum die Teilsumme (Mathematik)
participant der Teilnehmer
particle das Teilchen, der Partikel
particoloured bunt
partition die Unterteilung, die Teilung, Abschnitt einer Festplatte
partition table die Partitionstabelle (Massenspeicher)
Pascal Name einer Programmiersprache (Software)
pass der Arbeitsgang, der Durchlauf, vorübergehen, vorbeigehen
passable gangbar, gültig
passing vorübergehend, flüchtig, der Durchgang
passives routing die passive Wegefindung (Netzwerk)
passphrase die Kombination mehrerer Passwörter zur Erhöhung der Datensicherheit
password das Passwort, das Kennwort, die Zugangsberechtigung
password prompt die Passworteingabe-aufforderung
paste der Kleber, kleben
pasteboard die Pappe
pasteup der Umbruch (z.B. Seitenumbruch, Zeilenumbruch)
patch einpassen, anpassen, der Flicken (korrigierte Softwareversion)
patchboard die Stecktafel (Hardware)
patchwork das Flickwerk
patchy ungleichmäßig
patents das Patentwesen

path der Pfad, der Weg, die Bahn
path control die Pfadsteuerung (Festlegen des Weges durch ein vermaschtes Netzwerk)
path name der Pfadname (Verzeichnis)
path of integration der Integrationsweg
patron der Kunde, der Teilnehmer
pattern das Muster, die Figur, die Schablone, formen
pattern detection die Zeichenerkennung, die Mustererkennung
pattern matching der Mustervergleich
pattern processing die Zeichenverarbeitung
pattern recognition die Zeichenerkennung
pay stub die Gehaltsabrechnung
payload die Nutzdaten
payload type der Nutzdatentyp
payoff die Abrechnung
payoff period der Abschreibungszeitraum
payroll accounting die Lohn- und Gehaltsabrechnung
pay-station der öffentliche Fernsprecher (Telefon)
Peacock Name eines Hardwareherstellers
peak die Spitze, spitz aussehen, der Spitzenwert
peak cell rate die Spitzenzellrate (Mobilkommunikation)
peak current der Scheitelstrom (Elektronik)
peak flux density die maximale Flussdichte (Elektronik)
peak load die Spitzenbelastung
peak period die Sptzenzeiten
peaking das Anheben
Pearl Name einer Programmiersprache (Software)
peep das Piepen, piepen
peer-to-peer network Name eines Netzwerkes mit gleichberechtigten Stationen
pegboard die Stecktafel (Hardware)
pel das Pixel (picture element)
pellet das Kügelchen
pellucit durchsichtig
pencil der Bleistift, zeichnen
pending anstehend
pendulum das Pendel (Mechanik)
pen-feather die Schwungfeder (Mechanik)
pen-name der Schriftstellername
pen-PC der Stiftcomputer (mit handschriftlicher Eingabe)
Penpoint Name eines Betriebssystems für Notebooks (Software)
pentade die Fünfergruppe
pentagon das Fünfeck (Geometrie)
Pentium Name eines Mikroprozessors der Fa. Intel (Hardware)
percentage der Prozentsatz, die Provision
percentage reliability die prozedurale Betriebssicherheit
perceptibility die Erkennbarkeit
perforator der Locher
performance die Leistung, der Durchsatz
performance characteristics die Leistungsdaten, die Kennwerte
performance test der Leistungstest
perimeter der Umfang (Mathematik)
period die Periode, der Zeitraum, die Zeitdauer
periodic function die periodische Funktion (Mathematik)
peripheral peripher
peripheral control unit das Leitwerk (Bestandteil der CPU zur Peripherie-Steuerung)
peripheral device das periphere Gerät (Hardware)
peripheral device controller der Peripheriegerätecontroller
peripheral equipment die peripheren Geräte, die externen Geräte
peripheral interface adapter der Peripherie-Schnittstellenadapter (Hardware)
peripheral memory der externe Speicher (Hardware)
peripheral unit die periphere Einheit (Hardware)
peripherals die Peripherie, die peripheren Geräte (Hardware)
periphery die Peripherie, der Umfang (Mathematik)
permanence die Dauer, die Ständigkeit
permanent permanent, dauerhaft, dokumentenecht
permanent contract der unbefristete Vertrag
permanent data die unveränderlichen Daten, die Stammdaten, die Datenbasis
permanent memory der Permanentspeicher, der dauerhafte Speicher (Hardware)

permanent swap file die ständige Auslagerungsdatei (PSF)
permanent virtual circuit die feste virtuelle Verbindung (Telekommunikation)
permissible zulässig
permission die Erlaubnis, die Genehmigung
perpendicular senkrecht, aufrecht, die Senkrechte
perpetual laufend
persistance das Nachleuchten (des Bildschirms)
personal persönlich
personal access number die vertrauliche numerische Kennung (Geheimzahl)
personal digital assistant der stiftgesteuerte Kleinstcomputer
personal identification number persönliche Indentifikationsnummer (PIN)
personal shared connection die abgehende Einzelverbindung (paketvermitteltes Datenfunksystem Modacom)
personalize anpassen, personalisieren (Software)
personnel management das Personalwesen
perspective die Perspektive, perspektivisch
phantom view die durchsichtige Darstellung
phase die Phase (Elektronik)
phase alternation line der Phasenwechsel je Zeile (PAL)
phase angle der Phasenwinkel (Elektronik)
phase change der Phasenwechsel (Technik zur Informationsspeicherung auf optischen Datenträgern)
phase characteristics das Phasenverhalten (Elektronik)
phase detector der Phasendetector (Elektronik)
phase deviation die Phasenabweichung (Elektronik)
phase difference modulation die Phasendifferenzmodulation (digitales Modulationsverfahren)
phase disortion die Phasenverzerrung (Elektronik)
phase excursion die Phasenabweichung (Elektronik)
phase inverter circuit die Phasenumkehrschaltung
phase length modulation die Impulslängenmodulation (Modulationsverfahren für die Datenübertragung)
phase modulation die Phasenmodulation
phase opposition die Gegenphase (Elektronik)
phase reversal die Phasenumkehr (Elektronik)
phase shift die Phasenverschiebung (Elektronik)
phase shift keying die Phasenmodulation (digitales Modulationsverfahren)
phase velocity die Phasengeschwindigkeit (Elektronik)
phasing die Phasenlage (Elektronik)
phishing das illegale „Einfangen" von Benutzerdaten im Internet
phone das Telefon, der Telefonhörer
phonetic output die Sprachausgabe
phosphate das Phosphat (Chemie)
phosphorescent phosphorisierend
phosphorus der Phosphor (Chemie)
photo sensing mark die optisch abtastbare Marke
photo typing setting der Fotosatz
photocell die Fotozelle (Elektronik)
photodiode die Fotodiode (Elektronik)
photoelectric reader der optische Abtaster (Hardware)
photograph das Foto, fotografieren
photographic fotografisch
photographic print die Lichtpause
photography das Foto, die Fotografie
photoresist der Fotolack
photostatic copy die Fotokopie
phototype die Lichtpause
physical physikalisch, körperlich, physisch
physical format das physikalische Format
physical layer die Bitübertragungsschicht (OSI-Schichtenmodell)
physical medium attachment der physikalische Mediumanschluss (Anschluss eines Knotens an das Netzwerkkabel)
physical medium dependent mediumabhängig, Verfahren oder Technik, die vom verwendeten Medium abhängt (z.B. optisch oder magnetisch)
physical quantity die physikalische Größe

physical unit die physikalische Einheit, Knoten in einem SNA-Netzwerk, der eine oder mehrere logische Einheiten (LUs) unterstützt
pica Pica (Maßeinheit für die Schriftbreite)
picker arm der Greifarm (Mechanik)
pick-up voltage die Ansprechspannung (Elektronik)
picture das Bild, das Gemälde
picture image compression die Bilddatenkompression
picture resolution die Bildauflösung (gemessen in Pixel)
picture transmission die Bildübertragung
pie chart das Tortendiagramm (grafische Darstellung statistischer Daten)
piercer der Bohrer (Mechanik)
pigtail kurze Glasfaser, die auf nur auf einer Seite mit einem optischen Steckverbinder konfektioniert wurde
Pilot Name einer Programmiersprache (Software)
pin der Stift, die Nadel, der Nagel, befestigen (Mechanik)
pin board die Schalttafel (Hardware)
pin carriage der Stiftwagen (am Plotter)
pin feed platen device die Stachelwalzenführung (am Drucker)
pin grid array integrierter Schaltkreis mit vertikal angeordneten Pins
ping pong Bezeichnung für die wechselseitige Übertragung auf einer Telefonverbindung
pinion das Ritzel (Mechanik)
pinion-feather die Schwungfeder (Mechanik)
Pinwriter Name eines Nadeldruckers der Fa. NEC (Hardware)
pipeline die Pipeline (Software, Hardware)
piping Methode zur Befehlsverkettung
piston der Kolben (Mechanik)
piston-rod die Kolbenstange (Mechanik)
piston-stroke der Kolbenhub (Mechanik)
pitch der Grad, die Höhe, die Neigung, die Steigung
pits die Vertiefungen (zur Datenverschlüsselung auf einer CD)
pivot die Angel, der Drehpunkt, sich drehen
pixel das Pixel, der Bildpunkt
pixel density die Bildpunktdichte (Auflösung)
pixel per inch Punkte pro Zoll, Maß der Druckdichte
pixel processor der Grafikprozessor (Hardware)
PL/1 Name einer Programmiersprache (Software)
place in operation in Betrieb nehmen
place value der Stellenwert
placement die Anordnung
placement test der Einstufungstest
plain paper das gewöhnliche Papier
plain text der Klartext, die Handschrift
plan der Plan, der Entwurf, entwerfen, planen
plan view der Grundriss, die Draufsicht
plane die Ebene (Mathematik)
plane coordinates die ebenen Koordinaten (Mathematik)
plane curve die ebene Kurve (Mathematik)
plane geometry die Ebenengeometrie (Mathematik)
planish glätten, polieren
planning departement die Planungsabteilung
plasma screen der Plasmabildschirm (Hardware)
plastic plastisch
plastic foil die Kunststofffolie
plastic optical fiber der Kunststofflichtwellenleiter
plate die Anode (Elektronik)
plated thin film media die Metalldünnfilm-Platte (Hardware)
platen die Schreibwalze (Mechanik)
plausibility die Glaubwürdigkeit
plausibility check die Plausibilitätskontrolle
play das Spiel, der Spielraum, laufen
play list die Wiedergabeliste (z.B. Audio, Video)
playback die Wiedergabe
playback voltage die Lesespannung (Elektronik)
plesiochronous plesiochron, die zeitliche Beziehung von Signalen
pliability die Biegsamkeit
pliable biegsam, nachgiebig
plot graphisch darstellen
plotter der Plotter, das Zeichengerät (Hardware)

plotter-graphical-language die „Plottergrafiksprache", eine Vektorgrafik-Beschreibungssprache für die Plotterausgabe
plug and play „einstecken und loslegen", Technik für Erweiterungskarten, die nicht mehr konfiguriert werden müssen
plug compatible machine die steckerkompatible Maschine
plug in einstöpseln, anschließen, das Erweiterungsmodul (Software)
plug-compatible steckerkompatibel (Elektronik, Mechanik)
plug-in board die Steckkarte (Hardware)
plug-in card die Einschubkarte (Hardware)
plug-in module das Einsteckmodul (Hardware)
plug-in subassembly die steckbare Baugruppe (Hardware)
plug-in unit die steckbare Einheit (Hardware)
plumbago der Graphit
pneumatic pneumatisch
pocket die Tasche, das Fach
pocket computer der Computer für die Jackentasche (Hardware)
pod die Gruppe von Bauteilen (Elektronik)
podcasting das Produzieren und Anbieten von Mediendateien im Internet
point der Punkt, das Komma in einer Zahl, die Spitze, zeigen
point of impact die Aufschlagstelle (z.B. beim Drucker)
point of inflection der Wendepunkt (Mathematik)
point of intersection der Schnittpunkt (Mathematik)
point of presence der Zugangspunkt (zum Internet)
point of sale die Datenkasse
point plotting das punktweise Aufzeichnen
point position die Kommastellung
point setting die Kommaeinstellung
point shifting die Kommaverschiebung
pointer der Zeiger (Software)
polar coordinates die Polarkoordinaten (Mathematik)
polepiece der Polschuh (Elektronik)
policy Bezeichnung für die Zusammenstellung von Regeln
polish notation die Umkehrnotation, die polnische Schreibweise
poll periodisch abfragen
pollbit das Finalbit, die Endeanzeige
polling die Abfragetechnik, das Polling (z.B. beim Telefaxgerät)
polynomial das Polinom (Mathematik)
polyphase current der Mehrphasenstrom (Elektronik)
polyvalent number die mehrdeutige Zahl
pooling das Sammeln
poor mans routing „arme Leute Wegewahl", Routingtechnik in paketvermittelnden Netzwerken
pop auffüllen
pop removal die „Knacksentfernung", Option von CD-Writer Programmen für die Bearbeitung von Audio-Daten
popular leicht verständlich, populär
port der Port, der Anschluss, der Ausgang, der Eingang
portability die Portabilität, die Beweglichkeit
portable tragbar, beweglich
portable document format das übertragbare Dokumentenformat (systemübergreifende Dokumentenübermittlung auf Postscript-Basis)
portable mobile radio modem das portable Funkmodem
portable tool interface die portierbare Werkzeugschnittstelle (Schnittstelle zur Normierung von Software-Entwicklungsumgebungen)
portrait representation das Hochformat (im Gegensatz zum Querformat)
position die Position, die Stelle, positionieren
position encoder der Positionsgeber, der Stellungsgeber
positional notation die Stellenschreibweise
positioning die Positionierung
positioning control die Positionierungssteuerung
positive acknowledgement die positive Quittung (Steuerzeichen)
positive feedback die positive Rückkopplung (Elektronik)
positive integer die positive ganze Zahl
positive logic die positive Logik
post der Posten, buchen, nach
post dialling delay die Wähl-Verzögerung (Telefonie)

post editing die Nachbearbeitung
post gap die nachfolgende Lücke (Bereich zwischen zwei Tracks der CD)
post mortem dump der Speicherauszug nach einem Programmabbruch
post office control das Postamtsprotokoll, das Protokoll zur Übermittlung von elektronischer Post, E-Mail, Telefax
post sending delay die Sendeverzögerung
Postscript Name einer Seitenbeschreibungssprache (Software)
potential das Potential, die Spannung (Elektronik)
potentiometer der Drehwiderstand (Elektronik)
potentional distribution die Spannungsverteilung (Elektronik)
powder das Pulver, der Staub, pulverisieren, stauben
powdered material das pulverbeschichtete Material
power die Leistung, die Potenz (Mathematik), die Kraft
power calibration area der Leistungskalibrierungsbereich (CD-ROM)
power consumption die Leistungsaufnahme (Elektronik)
power current der Starkstrom (Elektronik)
power dissipation die Verlustleistung, der Wärmeverlust
power drain die Leistungsaufnahme (Elektronik)
power engineering die Starkstromtechnik (Elektronik)
power factor der Leistungsfaktor
power tail logic die Stromausfallsteuerung
power failure der Stromausfall
power formula die Potenzformel (Mathematik)
power function die Potenzfunktion (Mathematik)
power level der Leistungspegel (Elektronik)
power management das Energieüberwachungssystem (Elektronik)
power outage der Netzausfall (Elektronik)
power pack das Stromversorgungspaket, das Netzgerät, der Akku
power rating die Belastbarkeit
power series die Potenzreihe (Mathematik)
power stage die Leistungsstufe (Elektronik)
power supply die Stromversorgung (Elektronik)
power supply unit das Netzgerät (Elektronik)
power switch der Netzschalter (Elektronik)
power transformator der Netztransformator (Elektronik)
power transistor der Leistungstransistor (Elektronik)
power up diagnose die Einschaltdiagnose
Powerpoint Name eines Präsentationsprogrammes (Software)
practice-related anwendungsbezogen
preallocation die Vorbelegung
preamble die Einleitung
precautionary vorbeugend
precedence die Priorität, die Vordringlichkeit
precedence level die Prioritätsstufe
precedence rating die Prioritätsstufe
preciseness die Genauigkeit
precision die Genauigkeit, die Präzision
pre-compensation die Vorverdichtung
predate vordatieren
prediction die Vorhersage
preemtion multitasking das Zeitscheibenverfahren (Software)
prefix die Vorsilbe, das Präfix
preformatting die Vorformatierung (z.B. einer Festplatte)
pregroove die Rille, die vordefinierte Spur (CD)
preheat vorwärmen
preliminary vorläufig
premagnetization die Vormagnetisierung (Elektronik)
premastering die Vorlagenerstellung (CD)
premaster-tape das Vorlagenband (für die CD)
premium rate der Vorzugspreis
premium service der Mehrwertdienst
prepaid card die Guthabenkarte (Mobiltelefon)
preparation die Aufbereitung, die Vorbereitung
preprint der Vorabdruck
preprinted form das vorgedruckte Formular
preprocessor der Preprozessor (Hardware)

PreScribe Name einer Seitenbeschreibungssprache (Software)
prescribe vorschreiben
prescript die Vorschrift
preselection die Vorauswahl
presence die Anwesenheit
present darstellen, zeigen, anwesend, vorhanden
presentation die Darstellung, die Vorstellung
presentation header der Anfangskennsatz
presentation layer die Darstellungsschicht (OSI-Schichtenmodell)
presequenced data die vorsortierten Daten (Software)
preset conference calling die vorab festgelegte Konferenz (ISDN)
pressure der Druck
Prestel Name des T-Online entsprechenden Dienstes in Großbritannien
presumption die Wahrscheinlichkeit
pretty good privacy Name eines Kryptographie-Systems
preventive vorbeugend, präventiv
preventive action die Vorbeugungsmaßnahme
preview die Vorschau, der Ausblick
preview function die Vorschaufunktion
primary program das Quellprogramm
primary rate access der Primärratenzugriff (ISDN)

primary rate interface die Primärratenschnittstelle (ISDN)
prime time die Hauptbelegungszeit des Netzes, die Spitzenzeit
priming die Grundierung
principal value der Hauptwert (Mathematik)
principle das Prinzip, der Grund, der Ursprung
principle of operation die grundsätzliche Arbeitsweise
print der Abdruck, der Fingerabdruck, drucken
print command der Druckbefehl (Software)
print hammer der Druckhammer (Mechanik)
print head der Druckkopf (Mechanik)
print ink die Druckerschwärze
print line die Druckzeile
print mask die Druckmaske
print office die Druckerei
print out ausdrucken
print roll die Druckwalze (Mechanik)
print server der Druckerserver (Hardware)
print speed die Druckgeschwindigkeit
print unit das Druckwerk (Mechanik)
print wheel das Typenrad (Mechanik)
printed circuit die gedruckte Schaltung (Elektronik)
printed circuit board die Leiterplatte, die Platine, die Steckkarte (Elektronik)
printer der Drucker (Hardware)
printer driver der Druckertreiber
printer head der Druckkopf
printer spooler Zwischenspeicher zur Aufnahme von Druckaufträgen
printing mechanism das Druckwerk (Mechanik)
printing position die Schreibstelle
printing rate, printing speed die Druckgeschwindigkeit
priority die Priorität, der Vorrang, die Rangfolge
priority grading die Prioritätsstufe
priority scheme das Prioritätsschema
priority service der bevorzugte Anschluss (Leistungsmerkmal im ISDN)
privacy enhanced mail die besonders vertrauliche Nachricht (verschlüsselte E-Mail)
private automatic branch exchange die automatische Nebenstellenanlage
private branch exchange die Nebenstellenanlage (Hardware)
private management domain der private Versorgungsbereich
private mobile radio das private Mobilfunknetz
privilege class die Benutzerklasse (Telekommunikation)
privileged bevorzugt
probability die Wahrscheinlichkeit
probability curve die Wahrscheinlichkeitskurve (Mathematik)
probability of error die Fehlerwahrscheinlichkeit
probation die Probe, die Probezeit
probe die Sonde, die Untersuchung, sondieren
problem das Problem, die Aufgabenstellung
problem analysis die Problemanalyse

problem oriented language die problemorientierte Programmiersprache (Software)
problem solving die Problemlösung
procedure die Prozedur, das Verfahren
process der Prozess, das Verfahren, die Regelstrecke
process approach die Prozessorientierung
process automation die Prozess-Automatisierung
process computer der Prozessrechner (Hardware)
process control die Prozesssteuerung, die Verfahrenssteuerung
process in parallel parallel verarbeiten
process inspection die Prozessprüfung
process instruction die Verfahrensanweisung
process management das Prozessmanagement
processing of measured data die Messwertverarbeitung
processor der Prozessor, die Verarbeitungseinheit
Prodigy kommerzieller amerikanischer Online-Dienst
produce erzeugen, produzieren
producer der Hersteller
product das Produkt, das Erzeugnis
product control die Fertigungssteuerung
product engineering die Fertigungstechnik
product liability die Produkthaftung
product realization die Produktrealisierung
production planning die Fertigungsplanung
production rule die Ersetzungsregel
production standards die Produktionsnormen
profile das Profil
program das Programm, programmieren
program abort der Programmabbruch
program area der Programmbereich
program bundle das Programmpaket
program cartridge das Programm-Steckmodul (Firmware)
program checking die Programmprüfung
program collision die Programmkollision
program control die Ablaufsteuerung
program counter der Programmzähler, der Befehlszähler
program debugging die Fehlerbeseitigung in einem Programm
program description die Programmbeschreibung
program development time die Programmentwicklungszeit
program editor der Programmeditor (Software)
program fault der Programmfehler
program generator der Programmgenerator (Software)
program instruction der Programmbefehl (Software)
program interrupt die Programmunterbrechung
program language die Programmiersprache (Software)
program level die Programmstufe
program library die Programmbibliothek (Software)
program listing die Programmliste
program loop die Programmschleife (Software)
program maintenance die Programmpflege
program memory area der Programmbereich (Bereich auf der CD-R)
program modul das Programmodul (Software)
program run der Programmlauf
program sequence die Programmfolge
program skip der Programmsprung (Software)
program statement die Anweisung (Software)
program step der Programmschritt (Software)
program testing die Programmprüfung
program translation die Programmübersetzung
programmable array logic die Programmierbare Logik-Anordnung (Elektronik)
programmable communication interface die Applikationsschnittstelle (für ISDN-PC-Karten)
programmable option select die programmierbare Konfiguration
programmable peripheral interface die programmierbare Peripherie-Schnittstelle
programmable read only memory der programmierbare Nur-Lese-Speicher
programmed stop der programmierte Stop
programmer das Programmiergerät, der Programmierer

programming die Programmierung
programming assembly language die maschinennahe Programmiersprache
programming environmet die Programmierumgebung (Software)
programming error der Programmierfehler
programming flowchart das Flussdiagramm
programming language die Programmiersprache (Software)
programming method die Programmiermethode
programming technique die Programmiertechnik
program-sensitive error der programmabhängige Fehler
progression die Reihe (Mathematik)
project das Projekt
projective geometry die darstellende Geometrie
Prolog Name einer Programmiersprache (Software)
promotion die Förderung
prompt das Prompt, das Bereitschaftszeichen
prompter der Wecker
prone anfällig
proof figure die Prüfziffer
proof of academic achievement der Leistungsnachweis
proofable data die Nachweisdaten
proof-of-concept der Machbarkeitsbeweis, die Machbarkeits-Studie
propagated error der mitgenommene Fehler
propagation die Fortpflanzung
propagation time die Laufzeit
proper fraction der echte Bruch (Mathematik)
proportional proportional, angemessen
proportional spacing die Proportionalschrift
proprietary software die Individualsoftware
propulsion der Antrieb (Mechanik)
prospectus der Prospekt, die Werbeschrift
protected geschützt, ungestört
protected mode der „ungestörte" Modus (Programme können parallel laufen, ohne sich gegenseitig zu stören)
protected storage area der geschützte Speicherbereich
protection der Schutz
protection fault die Schutzverletzung
protection for registered designs der Gebrauchsmusterschutz
protection level die Schutzebene
protection of data die Datensicherung
protection of personal data der persönliche Datenschutz
protection ring der Schreibschutzring (Magnetbandspule)
protective layer die Schutzschicht einer CD
protocol das Protokoll (Software), protokollieren
protocol converter der Protokollkonverter
prototype der Prototyp, das Modell
provider der Anbieter, der Lieferant (Internet)
provision die Beschaffung, die Bereitstellung
provisional vorläufig, provisorisch
proxy (representative) der Stellvertreter
pseudo code der symbolische Code
pseudo instruction der Pseudobefehl (Software)
pseudo random binary sequence die binäre Zufallsfolge
pseudo random number die (pseudo) Zufallszahl
pseudo-floppy veralteter Name für RAM-Disk
public öffentlich, die Öffentlichkeit
public data network das öffentliche Netzwerk
public domain der öffentliche Bereich, die jedermann zugängliche Software
public key der öffentliche Schlüssel (Chiffriertechnik)
public key cryptosystem das öffentliche Verschlüsselungssystem
public relations die Öffentlichkeitsarbeit
public switched network Netzwerk mit Vermittlung der Teilnehmer untereinander
publication die Veröffentlichung, die Bekanntmachung
publicity die Öffentlichkeit
publisher der Herausgeber, der Verleger
publishing die Herausgabe, der Verlag
pull-down menu das Menü „zum Herunterziehen" (aus einer Menüleiste)
puls phase modulation die Pulsphasenmodulation, Modulationsverfahren für die Datenübertragung

pulse amplitude die Impulsamplitude (Elektronik)
pulse amplitude modulation die Pulsamplitudenmodulation (Modulationsverfahren)
pulse code der Impulscode (Elektronik)
pulse code modulation Verfahren für die Digitalisierung eines Analogsignals
pulse counter der Impulszähler
pulse crowding die hohe Impulsdichte (Elektronik)
pulse duration die Impulsdauer
pulse duration modulation Modulationsverfahren für die Datenübertragung
pulse frequency modulation Modulationsverfahren für die Datenübertragung
pulse generator der Impulsgenerator
pulse interval modulation die Pulsintervallmodulation, Modulationsverfahren für die Datenübertragung
pulse modulation die Impulsmodulation (Elektronik)
pulse pike die Impulsspitze (Elektronik)
pulse repetition frequency die Impulswiederholungsfrequenz
pulse rise time die Impulsanstiegszeit (Elektronik)
pulse shape die Impulsform (Elektronik)
pulse time modulation die Pulsdauermodulation, Modulationsverfahren für die Datenübertragung, die Pulszeitmodulation (Elektronik)
pulse train die Impulsfolge (Elektronik)
pulse width modulation die Impulsbreitenmodulation, Modulationsverfahren zur Datenübertragung
punched card die Lochkarte
punched tape der Lochstreifen
punched tape recorder der Lochstreifenleser
punctuation die Interpunktion
punctuation mark das Satzzeichen, das Interpunktionszeichen
punctuation symbol das Interpunktionssymbol
purchase der Kauf, der Einkauf, die Anschaffung, kaufen, anschaffen
purchaser der Käufer, der Abnehmer
pure binary notation die rein binäre Darstellung
purge area der Löschbereich, der freigegebene Bereich
purge date das Verfallsdatum
purification die Reinigung
purify reinigen
pushbutton der Druckknopf (Mechanik)
put in operation in Betrieb nehmen

Q

QBASIC Name einer Programmiersprache (BASIC-Dialekt)
QIC-Streamer der 1/4"-Streamer (Quarter Inch Cartridge)
quad inline package Name für eine Chipbauart mit Pins an allen vier Seiten (Hardware)
quad speed die vierfache Geschwindigkeit (CD Laufwerk)
quadbit Bezeichnung für ein Bitpaket, bestehend aus 4 bit
quadrangle das Viereck (Geometrie)
quadrant der Quadrant (Mathematik), der Viertelskreis
quadraspeed die vierfache (Umdrehungs-) Geschwindigkeit
quadratic quadratisch
quadratic equation die quadratische Gleichung (Mathematik)
quadratur phase shift keying die Vierphasenmodulation, Variante der Phasenmodulation
quadrature amplitude shift keying die Quadratur-Amplitudenmodulation (Modulationsverfahren)
quadrilaterial das Viereck, viereckig
quadruple vierfach
quadruple word das Vierfachwort (= 8 Bytes bzw. 64 Bits)
quad-scan-monitor der „Vierbereichsmonitor"
quadspin die „vierfache Umdrehungsgeschwindigkeit"
qualification die Befähigung, die Eignung
qualification process der Qualifizierungsprozess
qualification status der Qualifikationsstand
qualified geeignet, befähigt
qualifier die Kennzeichnung
qualifier bit das Unterscheidungsbit
quality die Qualität, die Güte, die Eigenschaft
quality assessment die Qualitätsbewertung
quality assurance die Qualitätssicherung
quality assurance die Qualitätssicherung
quality assurance level der Darlegungsgrad
quality assurance standard die Darlegungsnorm
quality audit das Qualitätsaudit
quality awards die Qualitätsauszeichnungen
quality characteristic das Qualitätsmerkmal
quality control die Qualitätskontrolle
quality improvement die Qualitätsverbesserung
quality inspection die Qualitätsprüfung
quality management das Qualitätsmanagement
quality objective evidence der Qualitätsnachweis
quality of service die Dienstgüte, die Dienstqualität
quality requirement die Qualitätsanforderung
quality review die Qualitätskontrolle
quantity die Quantität, die Größe
quantization die Quantisierung (digitale Verarbeitung von analogen Signalen)
quantization distortion die Quantisierungsverzerrung
quarter das Viertel, vierteljährlich
quartic equation die Gleichung vierten Grades (Mathematik)
quartz cristal der Quarzkristall
Quattro Pro Name eines Tabellenkalkulationsprogrammes (Borland)
quench löschen, dämpfen
query die Abfrage, das Fragezeichen, fragen
query by example die Abfrage mittels Beispiel (QBE)
query by form die Formularabfrage
query language die Abfragesprache (Datenbank)
quest die Suche, suchen, forschen
question die Frage, die Untersuchung
questionaire der Fragebogen
queue die Schlange, die Warteschlange
queuing problem das Warteschlangenproblem
quick access memory der Schnellzugriffsspeicher (Hardware)
QuickBasic Name einer Programmiersprache (Basic-Dialekt) von Microsoft (Software)
QuickC Name einer Programmiersprache (C-Dialekt) von Microsoft (Software)
quiescent state der Ruhezustand
quiet zone der Freiraum (beim Barcode)
quitance die Quittung, die Bestätigung
Qume Name eines Hardwareherstellers
quotation-marks die Anführungszeichen

quote das Zitat (E-Mail)
quotient der Quotient, die Teilerzahl (Mathematik)

R

rabbet der Falz, die Fuge, die Nut, einfalzen, einfügen
rack das Gestell
radial radial, sternförmig
radial network das Sternnetz (Netzwerktopologie)
radial noise signal das Spurabweichungssignal (CD-Laufwerk)
radian frequency die Winkelfrequenz (Mathematik)
radiance die Strahlen
radiancy die Strahlen, die Strahlung (Elektronik)
radiant strahlend, leuchtend
radiate strahlen, funken
radiation die Strahlung, die Ausstrahlung
radical sign das Wurzelzeichen (Mathematik)
radio cell die Funkzelle (Mobilfunk)
radio channel der Funkkanal
radio controlled clock die Funkuhr
radio data transmission der Datenfunk
radio fixed part die Basisstation (Telefongerät in drahtlosen Teilnehmeranschlussnetzen)
radio frequency die Hochfrequenz, der Frequenzbereich von 100 kHz bis 1 GHz
radio frequency interference die Hochfrequenzstörung
radio frequency modem das Hochfrequenzmodem
radio link die Funkbrücke, die Richtfunkverbindung
radio zone die Funkzone (GSM-Mobilfunk)
radius der Radius, der Halbmesser, die Speiche
radix die Basiszahl, die Wurzel (Mathematik)
radix point die Kommastelle
radix-two counter der binäre Zähler
rainbow books die bunten Bücher (Bezeichnung für die Definitionen verschiedener CD-Datei- und Aufzeichnungsformate)
raman scattering die Ramanstreuung
RAM-Shadowing die Speicherabbildung
random zufällig
random access der wahlfreie Zugriff
random access memory der Direktzugriffsspeicher (Hardware)
random error der Zufallsfehler
random file die Datei mit wahlfreiem Zugriff
random number die Zufallszahl
random number generator der Zufallszahlengenerator
range die Spannweite, die Reihe, die Kette, einreihen
rapid schnell, rasch
rapid memory der Schnellspeicher (Hardware)
rapid prototyping der schnelle Prototypenbau (Verfahren zur Herstellung von Musterbauteilen direkt aus Konstruktionsdaten)
rapidCAD Name eines Prozessor-Aufrüstsatzes (Hardware)
rapidity die Schnelligkeit
raster graphics die Rastergrafik (im Gegensatz zur Vektorgrafik)
raster image processor der Rasterbild-Prozessor (Hardware)
raster plotter der Rasterplotter
raster screen der Rasterbildschirm (Hardware)
rate das Verhältnis, das Maß, der Satz, die Rate
rate of error die Bitfehlerrate
rate of failures die Ausfallrate
rate of information transfer die Informationsübertragungsrate
rated current der Nennstrom (Elektronik)
rated load die Nennbelastung, die Belastbarkeit (Elektronik)
ratification die Bestätigung
ratify bestätigen
rating der Belastungswert, der Grenzwert
ratio das Verhältnis
rational fraction der rationale Bruch (Mathematik)
rational integral function die rationale ganzzahlige Funktion (Mathematik)
ration-free markenfrei
raw data die Rohdaten, die Ausgangsdaten
raw material das Rohmaterial, das Ausgangsmaterial
raw sectors die Rohsektoren (CD)
rayleigh scattering die Rayleighstreuung (Lichtwellenleiter)
raytracing die Strahlenverfolgung (Berechnungsmodell photorealistischer Bilder)
Rbase Name eines Datenbanksystems (Microsoft)
re: (in regard to ...) bezüglich ...

react reagieren, rückwirken
reaction die Reaktion, die Gegenwirkung
reactive power die Blindleistung (Elektronik)
reactor der Reaktor, die Drossel (Elektronik)
read lesen
read amplifier der Leseverstärker
read back check die Echoprüfung
read current der Lesestrom (Elektronik)
read error der Lesefehler
read instruction der Lesebefehl
read me file „Lies mich Datei", Datei mit neuesten Informationen zu einem Produkt
read mostly memory der bevorzugte Speicher
read only memory der Nur-Lesespeicher, der Festwertspeicher (ROM)
read out auslesen
read/write head der Schreib-/Lesekopf (Elektronik)
readable lesbar
read-back signal das Lesesignal (Elektronik)
reader das Lesegerät (Hardware)
readiness die Bereitschaft
reading accuracy die Ablesegenauigkeit
reading device das Lesegerät (Hardware)
reading head der Lesekopf (z.B. eines Magnetbandlaufwerkes)
reading operation der Lesevorgang (von einem Massenspeicher)
readjust wieder in Ordnung bringen, wiederherstellen
readjustment die Wiederherstellung, die Neuordnung
ready bereit, fertig
ready for operation betriebsbereit
ready for sending sendebereit
ready for use, ready made gebrauchsfertig
ready money bares Geld
ready to receive empfangsbereit
real wirklich, echt
real mode Betriebsmodus eines Betriebssystems
real name der tatsächliche Name
real number die reelle Zahl (Mathematik)
real power die Wirkleistung (Elektronik)
real reality die tatsächliche Realität (im Gegensatz zur virtuellen Realität)
real time die Echtzeit
real time clock die Echtzeituhr
real time computer der Echtzeitrechner (Hardware)
real time executive die Echtzeitausführung
real time language die Echtzeit-Programmiersprache
real time operating system das Echtzeitbetriebssystem
real time operation der Echtzeitbetrieb
real time processing die Echtzeitverarbeitung
real time system das Echtzeitsystem
real time video compression die Echtzeitvideokompression, Kompressionsalgorithmus des DVI (Digital Video Interactiv)
realize verwirklichen, sich vorstellen, zu Geld machen
Realtek Name eines Halbleiterherstellers (China)
reapplication die wiederholte Anwendung
rebate der Falz, die Nut, einfalzen
recalibration die Rekalibrierung
recall der Widerruf, die Antwort, abrufen, der Rückruf
recapitulation die kurze Wiederholung
receipt der Empfang, der Eingang, quittieren
receive empfangen, anerkennen, der Empfang
receive data register das Empfangsdatenregister
receive not ready nicht empfangsbereit (Steuermeldung)
receive ready empfangsbereit (Steuermeldung)
receive signal element timing der Empfangsschrittakt
received level der Empfangspegel
received quality die Empfangsqualität
receiver der Empfänger
recency die Neuheit
recension die Durchsicht, die Prüfung
recentness die Neuheit
reception coverage der Empfangsbereich
recess die Unterbrechung, die Pause
reciprocal der Reziprokwert (Mathematik)
reciprocal wechselseitig, reziprok, der reziproke Wert (Mathematik)
reciprocity die Gegenseitigkeit
reckon zählen, rechnen, schätzen
reclaim zurückbringen, bessern, aus Altmaterial gewinnen
reclaimable verbesserungsfähig

reclamation die Zurückforderung, die Besserung, die Reklamation
recognition die Wiedererkennung
recognize erkennen, anerkennen
recollection die Erinnerung, das Gedächnis
recommence wieder beginnen
recommend empfehlen
recommendation die Empfehlung, der Vorschlag
recommended standard die empfohlene Norm
reconditioning die Aufbereitung, die Überarbeitung
reconstitute wiederherstellen
reconstruction der Wiederaufbau, die Wiederherstellung
record die Aufzeichnung, das Protokoll, die Wiedergabe, aufzeichnen, eintragen, der Datensatz
record card die Karteikarte
record counting die Satzzählung
record current der Schreibstrom (Elektronik)
record gap die Satzlücke
record length die Satzlänge
record linkage die Aufzeichnungsverkettung
record locking die Datensatzsperrung (im Netzwerkbetrieb)
record playback head der Schreib-/Lesekopf (Elektronik)
record separator die Untergruppentrennung (Steuerzeichen im ASCII-Code)
record set der Datensatz, die Satzgruppe
recordable beschreibbar
recording density die Aufzeichnungsdichte (auf einem Massenspeicher)
recording gap der Luftspalt zwischen dem Schreib-/Lesekopf und dem Medium
recording head der Schreibkopf (Elektronik)
recording layer die Aufzeichnungsschicht (CD-R)
recording medium das Aufzeichnungsmedium (z.B. Magnetband)
recording method das Aufzeichnungsverfahren
recording software die Brenner-Software, Aufzeichnungssoftware für ein CD-ROM-Laufwerk
recording track die Aufzeichnungsspur
recovery die Wiederherstellung
recreate auffrischen, erholen
recreation die Erholung, die Erholungspause
rectangle das Rechteck
rectangular rechteckig, winkelig
rectangular cartesian coordinates die rechtwinkligen kartesischen Koordinaten (Mathematik)
rectangular hyperbola die gleichseitige Hyperbel (Mathematik)
rectangular pulse der Rechteckimpuls (Elektronik)
rectangular signal das Rechtecksignal (Elektronik)
rectangular wave die Rechteckwelle (Elektronik)
rectification die Berichtigung, die Verbesserung, die Gleichrichtung (Elektronik)
rectified voltage die gleichgerichtete Spannung (Elektronik)
rectifier der Gleichrichter (Elektronik)
rectifier circuit die Gleichrichterschaltung (Elektronik)
rectify berichtigen, verbessern
recurrent pulse der periodische Impuls (Elektronik)
recursion die Rekursion
recurve zurückbiegen
red book das Rotbuch, enthält die Spezifikationen des CD-DA-Standards
red tape die Bürokratie
red tape instruction der organisatorische Befehl
redact abfassen, herausgeben
redaction die Redaktion, die Fassung, die Neuausgabe
redeem amortisieren, entschädigen, ersetzen
redemption die Amortisation, die Ablösung, der Rückkauf
red-hot rotglühend, hitzig
redirect umleiten, nachsenden
reduce zurückführen, verringern
reduced instruction set computer der Computer mit reduziertem Befehlssatz (RISC)
reduction die Reduktion, die Zurückführung, die Verminderung
reduction factor der Reduktionsfaktor
reduction gearing das Untersetzungsgetriebe
reduction time die Reduktionszeit
redundance die Redundanz, der Überfluss

redundancy check die Redundanzkontrolle
redundancy ratio das Redundanzverhältnis
redundant überflüssig, übermäßig, weitschweifend
redundant array of inexpensive disks (RAID) das Zusammenfassen mehrerer Festplattenlaufwerke zu einem Gesamtsystem
redundant digits die redundanten Ziffern
reduplication die Verdoppelung
reed die Zunge (Mechanik)
re-edit neu herausgeben
re-education die Umschulung
reek der Rauch, der Dampf, rauchen, dampfen
reel die Bandrolle, die Wickelrolle (Mechanik)
reel brake die Bandtellerbremse (Mechanik)
reenter wieder eintreten
reentrant wieder einspringend
refer zurückführen, zuschreiben, zuweisen
reference address die Bezugsadresse
reference book das Nachschlagewerk
reference document das Bezugsdokument, das Vorlagendokument, die Vorlage
reference level der Bezugspegel (Elektronik)
reference model das Referenzmodell, die Modellvorlage
reference number das Aktenzeichen
reference point der Anhaltspunkt
reference standard das Bezugsnormal, die Nachweisnorm
reference value der Bezugswert
refill die Neufüllung, die Ersatzfüllung, neu füllen, auffüllen
refit ausbessern
refitment die Ausbesserung
reflect zurückwerfen, zurückstrahlen, widerspiegeln
reflection die Zurückstrahlung, die Widerspiegelung, der Reflex, das Spiegelbild, die Überlegung
reflective layer die Reflexionsschicht (CD-R)
reflective spot die Reflektormarke
reflector der Reflektor
reform die Verbesserung, die Reform, verbessern
reformat umformatieren
refract Strahlen brechen
refraction die Strahlenbrechung
refractive index die Brechzahl (Optik)
refractive index profile das Brechzahlprofil, das Lichtwellenleiterprofil
refractory hartnäckig, feuerfest
refresh das Auffrischen, auffrischen (z.B. den Speicherinhalt)
refresh circuit der Wiederauffrischungsschaltkreis (Elektronik)
refresh logic die Auffrischungsschaltung (Elektronik)
refresh rate die Bildfrequenz, die Bildwiederholrate
refreshing die Auffrischung (z.B. von Speicherbausteinen)
refrigerant kühlend, das Kühlmittel
refrigerate kühlen
refrigeration die Kühlung
regain wiedergewinnen
regenerate wiedererzeugen, erneuern
regeneration die Wiederherstellung, die Neubildung
regeneration cycle der Regenerationszyklus
regenerative feedback die positive Rückkopplung (Elektronik)
regenerative memory der leistungsabhängige Speicher (Hardware)
regenerative repeater Filter, der das Nebensprechen auf Datenleitungen verhindern soll
regional area network das regionale Netzwerk
regional exchange die Knotenvermittlungsstelle
register das Register, das Verzeichnis, der Schieber, verzeichnen
register insertion das Zugangsverfahren (Medienzugangsverfahren für lokale Netze)
register length die Registerlänge
registered eingetragen, gesetzlich geschützt
registered design das Gebrauchsmuster
registered jack der Westernstecker
registered society der eingetragene Verein (e.V.)
registration die Eintragung, die Anmeldung, die Registrierung
registration fee die Anmeldegebühr
registration form das Anmeldeformular
regrade die Neueinstufung

regression die Rückkehr, der Rückfall
regressive rückläufig, rückwirkend
regular regelmäßig, ordentlich
regularity die Regelmäßigkeit, die Ordnung
regulate regeln, ordnen, regulieren
regulated quantity die Regelgröße
regulating action der Regelvorgang
regulating circuit der Regelkreis
regulating resistor der Regelwiderstand (Elektronik)
regulation die Regulierung, die Vorschrift, die Verordnung
regulation process der Regelungsvorgang
reimburse entschädigen, Kosten erstatten
reimbursement die Erstattung, die Entschädigung
reinforce verstärken, die Verstärkung (mechanisch)
reiterate (dauernd) wiederholen
reiteration die Wiederholung
reject ausstoßen
rejection die Zurückweisung
relational data base die relationale Datenbank (Software)
relational data language die relationale Datenbanksprache (z.B. SQL)
relational model das relationale Modell (Datenbank)
relative sich beziehen, bezüglich, entsprechend
relative address die relative Adresse
relative addressing die relative Adressierung
relative coding die relative Kodierung
relative loader der Relativlader (Software)
relaunch der Neustart, der Neubeginn (Web-Seite)
relaxation die Lockerung, das Nachlassen
relay das Relais (Elektronik), die Übertragung, übertragen
relay facility die Vermittlungseinrichtung (Hardware)
relay network die Relaisschaltung (Elektronik)
release die Programmfreigabe (Software), die Uraufführung, abfallen (Elektronik), auslösen
release value der Abfallwert (Elektronik)
relevance feedback die sachdienliche Rückmeldung
reliability die Zuverlässigkeit
reliability characteristic das Zuverlässigkeitsmerkmal
reliable zuverlässig
relocatable verschiebbar, wieder auffindbar
relocatable address die wieder auffindbare Adresse
relocatable program das verschiebbare Programm (Software)
remain übrig bleiben, verbleiben
remainder der Rest (Mathematik)
remark die Anmerkung, die Bemerkung, der Kommentar
reminder die Mahnung
remodel umbilden
remote entfernt, entlegen
remote access der Fernzugriff (z.B. über ein Netzwerk)
remote bridge die Brücke, Gerät für die Verbindung von eine LAN mit einem WAN
remote control die Fernsteuerung
remote data processing die Datenfernverarbeitung
remote data transmission die Datenfernübertragung
remote database access der Fernzugriff auf eine Datenbank
remote file access der Dateifernzugriff
remote file sharing der gemeinsame Fernzugriff
remote file system das entfernte Dateisystem
remote job entry Betriebsart, die eine von der Dateneingabestelle entfernte Verarbeitung zulässt
remote login das entfernte Einloggen
remote maintenance die Fernwartung
remote multiplexer unit der Fernmultiplexer (Hardware)
remote operation service element der Fernoperationen-Dienst (ROSE)
remote procedure call der Prozedur-Fernaufruf
remote procedure error der Ablauffehler der Gegenseite (Fehler bei der Datenfernübertragung)
remote station die Außenstelle
remote terminal das entfernte Terminal
rendering die Wiedergabe, die Übersetzung
rental contract der Mietvertrag
renting das Mieten (z.B. einer Übertragungsleitung)
reorganization die Umorganisation

reorganize umorganisieren, neugestalten, sanieren
repair die Reparatur, die Instandsetzung, reparieren
repair shop die Reparaturwerkstatt
repeat wiederholen, die Wiederholung
repeater der Signalverstärker (in einem Netzwerk), der Zwischenverstärker, der periodische Dezimalbruch (Mathematik)
repeater spacing der Verstärkerabstand
repertory der Vorrat
repetition die Wiederholung
repetition counter der Wiederholungszähler
repetition rate die Folgefrequenz (Elektronik)
repetitive accuracy die Reproduzierbarkeit, die Wiederholbarkeit
repetitive computation die wiederkehrende Berechnung
replace ersetzen, wieder hinstellen
replacement der Ersatz
replacement part das Ersatzteil
reply antworten, erwidern
reply message die Quittungsnachricht
report der Report
report program generator der Listenprogrammgenerator (Software)
reporting structure das Berichtswesen
repository das Datenlexikon (Software)
representation die Darstellung, die Schilderung
reprint der Neudruck, die Neuauflage, neu drucken
reproduce wiedererzeugen, wiedergeben, nachbilden
reproduction die Nachbildung, die Reproduktion
request die Anforderung, die Nachfrage
request counter der Anforderungszähler (Netzwerkserver)
request disconnect die Verbindungsauslösungsanforderung
request for confirmation die Bestätigungsanfrage
request for connection die Verbindungsanforderung
request for discussion die Diskussionsaufforderung
request for information das Anfordern einer Information
request signal das Rückfragesignal
request to send die Sendeanfrage
require verlangen, fordern, brauchen
required erforderlich
requirement die Anforderung, die Forderung, die Erfordernis
rerun point die Wiederholungsstelle
research die Forschung, die Nachforschung
research concentration der Forschungsschwerpunkt
research facility die Forschungseinrichtung
research focus der Forschungsschwerpunkt
research model das Forschungsmodell
research organization die Forschungsorganisation
research paper der Forschungsbericht
research program das Forschungsvorhaben
research project das Forschungsprojekt, das Forschungsvorhaben
research unit die Forschungsstelle
researcher der Forscher
reseller der Wiederverkäufer
reserve die Reserve, der Vorrat, vorrätig, aufbewahren
reserved words die reservierten (belegten) Worte
reset der Reset, das Zurücksetzen
reset button der Resettaster, der Rückstellknopf
reset condition der Nullstellungszustand
residence time die Verweildauer
resident resident, ansässig
resident program im Speicher verbleibendes Programm
residual error rate die Restfehlerrate, die Eigenfehlerrate
residual induction der Restmagnetismus (Elektronik)
residual magnetism der Restmagnetismus (Elektronik)
residue check die Modulo N-Prüfung (Mathematik)
resilience die Elastizität, die Spannkraft (Mechanik)
resilient elastisch
resistance der Widerstand (Elektronik)
resistance bridge die Widerstandsbrücke
resistance coupling die Widerstandskopplung (Elektronik)
resistant widerstandsfähig

resistive component die ohmsche Komponente (Elektronik)
resistive load die ohmsche Belastung (Elektronik)
resistor der Widerstand (Elektronik)
resolution die Auflösung (z.B. eines Druckers, eines Bildschirms usw.)
resolve auflösen
resonance die Resonanz, der Widerhall
resonant circuit der Schwingkreis (Elektronik)
resource management das Management der Mittel
respond antworten, erwidern
response die Antwort, die Gegenwirkung, die Reaktion
response time die Antwortzeit, die Auflösungszeit, die Ansprechzeit
response time monitor die Antwortzeitüberwachung
responsibility die Verantwortlichkeit
responsible verantwortlich
ressource das Hilfsmittel (z.B. Speicherplatz)
ressource sharing die gemeinsame Nutzung von Hard- und Software beispielsweise in einem Netzwerk
rest der Rest, die Ruhe, ruhen
rest position die Ruhestellung
restart der Neustart (des Systems)
restitution die Wiederherstellung
restoral die Wiederinbetriebnahme
restore umspeichern, zurückstellen, wiederherstellen
restrict einschränken, beschränken
restriction die Einschränkung, die Hemmung
restrictive beschränkend, einschränkend
result das Ergebnis, die Folge, das Resultat, sich ergeben, folgen
résumé der Lebenslauf
retail der Einzelhandel
reticule das Fadenkreuz (z.B. Fadenkreuzlupe)
retouch retuschieren, überarbeiten
retrain procedure die Trainingsphase
retranslate zurückübersetzen
retranslation die Rückübersetzung
retransmission die wiederholte Übertragung (nach einem Fehler)
retrieval das Retrieval, das Wiederauffinden (von Daten)
retrograde rückläufig, zurückgehen
retry wieder aufnehmen
return wiederholen, zurückkehren, die Rückkehr
return address die Rücksprungadresse
return control transfer die Rückkehr zum Hauptprogramm
return from subroutine die Rückkehr vom Unterprogramm
return instruction der Rücksprungbefehl, die Return-Anweisung
return key die Eingabetaste, die Enter-Taste
return path der Rückweg (im Netzwerk)
return spring die Rückholfeder (Mechanik)
return stack der Rücksprungspeicher
return to zero Binärer Signalcode, bei dem das Signal periodisch nach jedem Bitintervall wieder auf 0 (Null) zurückgeht
returns die statistischen Aufstellungen
retype umschreiben
rev sich drehen, die Umdrehung
rev up auf Touren kommen
reversal die Umkehrung, der Umschwung
reverse das Gegenteil, umgekehrt
reverse character das inverse Zeichen
reverse charging die Kostenübernahme
reverse count die Rückwärtszählung
reverse current, reverse leakage der Sperrstrom (Elektronik)
reverse interrupt die umgekehrte Unterbrechungsanforderung
reverse polish notation die umgekehrte Polnische Notation (RPN)
reverse reading das Rückwärtslesen
reversible umkehrbar, doppelseitig
review die Nachprüfung, die Bewertung, prüfen
revision die Nachprüfung, die nochmalige Durchsicht, die Überarbeitung
revolution counter der Umdrehungszähler
revolve sich drehen, umlaufen
revolving sich drehend
rewind zurückspulen
rewind speed die Rückspulgeschwindigkeit (z.B. eines Magnetbandes)
rework die Nacharbeit
rewrite umschreiben, neu schreiben
rheostat der Drehwiderstand (Mechanik)
ribband das Band
ribbon das Band, das Farbband

ribbon cable das Flachbandkabel (Elektronik)
ribbon feed der Farbbandtransport (beim Drucker)
Rich Text Format das „reiche" Textformat, Name eines Formates mit Formatierungen
right adjusted rechtsbündig (z.B. Text)
right angle der rechte Winkel (90°)
right angled rechtwinklig (Mathematik)
right handed rechtsläufig
rightsizing die Größenanpassung
ring topology die Ringtopologie (Netzwerk)
ringing das unkontrollierte Schwingen
rip der Riss, reißen, trennen
RISC-PC der Personalcomputer mit einem RISC-Prozessor
rise time die Anstiegszeit z.B. eines Signals (Elektronik)
rivet der Niet, nieten, heften
rlogin das entfernte Einloggen (remote login)
roaming das Übergabeverfahren (Mobilfunk)
robot der Roboter, automatisch, mechanisch
Rockbox Names eines Betriebssystems für MP3-Player
roll die Rolle, die Walze, rollen, walzen, drehen
roll back wiederholen, die Datenrückführung
roll in einspeichern
rollabout der Rollwagen
rollback die Datenrückführung
rollover Bezeichnung für das gleichzeitige Drücken von mehreren Tasten
rombus die Raute (Mathematik)
rookie der Neuling, der Anfänger
root die Wurzel, das Wurzelverzeichnis (Software)
root directory das Wurzelverzeichnis, das Stammverzeichnis, die unterste Verzeichnisebene
root main square der Durchschnitt
roster die Liste
rotary rotierend, drehend
rotate rotieren
rotating head digital audio tape das digitale Schrägspurband
rotation die Rotation, die Umdrehung
rotational speed die Umdrehungsgeschwindigkeit
rotations per minute die Umdrehungen pro Minute (RPM)
rotor der Rotor, der Läufer (Elektronik)
round rund, gerundet, abgerundet, der Kreis
round off die Abrundung (Mathematik), abrunden
round trip time die Hin- und Rückzeit (Netzwerk)
round up die Aufrundung (Mathematik), aufrunden
rounding error der Rundungsfehler
route leiten, der Weg
route destination die Routenbestimmung, die Wegwahl in einem vermaschten Netzwerk
route selection die Richtungswahl (z.B. im Netzwerk)
router der Verbinder, Name für ein Gerät zur Verbindung unterschiedlicher Netzwerke
routine die Routine, das Programm (Software)
routine work die Routinearbeit
routing verbinden, die Wegewahl (durch ein vermaschtes Netz)
routing information die Richtungsinformation
routing server der Verbindungsrechner
row die Reihe, die Zeile
row oriented editor der Zeileneditor (z.B. EDLIN)
row pitch der Zeilenabstand
rub out löschen
rubber das Gummi, der Radiergummi
rule die Regel, die Vorschrift, der Zollstock, regeln
rule price der Marktpreis
rule-of-thumb die Faustregel
run der Lauf, der Durchlauf, laufen
run length encoding die Lauflängencodierung
run length limited die Lauflängenbegrenzung, Aufzeichnungsverfahren für Daten auf Festplatten (RLL)
run of the mill herkömmlich
run out sektor die Auslaufsektoren (CD-R)
runner der Läufer, die Laufschiene (Mechanik)

running program das ablaufende Programm (Software)
running time die Laufzeit, die Ablaufzeit,
running total die laufende Summe
runout der Schlag
runtime die Ausführungszeit, die Laufzeit (eines Programmes)
runtime-system das Laufzeitsystem (Software, die während der Laufzeit des Anwendungsprogramms zugleich im Hauptspeicher des Computers vorliegen muss)
rural area network die Vernetzung entlegener Gegenden
rustless rostfrei
rust-proof rostbeständig
rusty rostig, eingerostet

S

saddle point der Sattelpunkt (Mathematik)
safe sicher, gefahrlos, unversehrt, zuverlässig, sichern
safe browser der sichere Browser (Browser mit Sicherheitsfunktionen)
Safe Harbor der sichere Hafen (Name der Datenschutz-Vereinbarung zw. der EU und den USA)
safeguarding program das Sicherungsprogramm
safety die Sicherheit
safety engineering die Sicherheitstechnik
safety instruction die Sicherheitsvorschriften
safety officer der Sicherheitsbeauftragte
safety-lock das Sicherheitsschloss
salable verkäuflich
sale der Verkauf, der Vertrieb
sale-note die Auftragsbestätigung
sales accounting die Verkaufsabrechnung
sales analysis die Umsatzstatistik
salesman der Verkäufer
sample das Beispiel, die Probe, das Muster
sample inspection die Musterprüfung
sampled data die abgetasteten Werte
samplercard Soundkarte, die analoge Audiosignale in digitale Daten umformt
sampling das Sammeln, die Abtastung, die Quantisierung
sampling control die Abtastregelung
sampling inspection die Stichprobenprüfung
sampling rate die Abtastgeschwindigkeit, die Abtastfrequenz
sampling test die Stichprobenprüfung
sandbox der Sandkasten, Technik zum Abschirmen von Software gegenüber dem System
sandglas die Sanduhr
sanserif Name für eine serifenlose Schrift (z.B. Arial)
satellite der Satellit
satellite computer der Außenstellenrechner (Hardware)
satiate sättigen
satiation die Sättigung
saturate sättigen
saturation die Sättigung, die Farbsättigung
saturation flux der Sättigungsfluss (Elektronik)
saturation magnetization die Sättigungsmagnetisierung (Elektronik)
save retten, erhalten
saving sparsam, die Rettung
sawdust die Sägespäne
scalar der Skalar (Mathematik)
scalar product das Skalarprodukt (Mathematik)
scale der Maßstab, die Skala, die Gradeinteilung
scale factor der Skalierfaktor
scale setting die Skaleneinstellung
scale switch der Messbereichsumschalter (Elektronik)
scaling das Skalieren, die Maßstabsänderung
scan abtasten
scan code Name des von der Tastatur erzeugten Codes
scan matrix die Abtastmatrix
scan rate die Abtastzeit
scanmaster das Telefaxgerät (veraltete Bezeichnung)
scanner der Bildabtaster, der Scanner, das Lesegerät (Hardware), der Virensucher (Software)
scarp der Ausschuss
scarpe das Kratzen, kratzen
scart Name einer genormten Schnittstelle für Audio- und Videodaten
scatter die Streuung (Mathematik), streuen
scattering die Streuung (Mathematik)
scene die Szene, der Auftritt
schedule zuteilen, planen, einplanen, der Zeitplan, das Verzeichnis, die Tabelle
scheduling die Zuteilung, die Planung
schematic diagram die schematische Darstellung
scheme das Schema, der Plan, der Entwurf, planen, Name einer Programmiersprache
school die Schule, schulen
science die Wissenschaft, die Kenntnis
scientific wissenschaftlich
scientific analysis die wissenschaftliche Berechnung
scientific man der Wissenschaftler
schoolware die Schulungssoftware
scope der Gültigkeitsbereich, der Bildschirm
scope presentation die Darstellung auf einem Bildschirm

scrambler Einrichtung zur Vermeidung stationärer Signalmuster in Netzwerken
scrambling of data das kryptographische Verschlüsseln von Daten
scraper der Kratzer
scratch der Riss, die Schramme
scratch area der Arbeitsbereich (Memory)
scratch file die Datei, die nur temporär benötigt wird
scratchpad der Notizblock
screen der Bildschirm, die Abschirmung, abschirmen
screen design der Bildschirmaufbau
screen dump der Ausdruck des Bildschirminhaltes (auf einem Drucker)
screen editor der Bildschirmeditor (Software)
screen mask die Bilschirmmaske
screen pattern das Schirmbild
screen scraping Bildschirm auskratzen (Verfahren zum Auslesen von Texten aus Monitoren, z.B. einer Webseite)
screen shot das Abspeichern des Bildschirminhaltes in eine Datei
screened subnet das abgeschirmte Teilnetz (Firewall-Architektur)
screener der Sieber, der Leerraum-Entferner (Compiler)
screening die Vorrecherche
screening inspection die Sortierprüfung
screw die Schraube, schrauben
screwdriver der Schraubenzieher
script die Schrift, die Schriftart, die Schreibschrift, das Manuskript
script language die Steuersprache
scroll das Rollen des Bildschirminhaltes (screen roll), die Schriftrolle
scroll bar die Bildlaufleiste, der Rollbalken (Windows)
Seagate Name eines Hardwareherstellers (Festplatten)
seamless nahtlos
search suchen, absuchen, recherchieren, das Suchen
search and replace suchen und ersetzen
search engine die Suchmaschine (Software)
search file die Suchdatei (Software)
search process der Suchprozess
search time die Suchzeit
secant schneidend, die Sekante (Mathematik)
second derivative die zweite Ableitung (Mathematik)
second level cache der Zweitebenen-Cache (Hardware)
second life virtuelle Welt im Internet, die von den Benutzern gestaltet werden kann
secondary storage der Sekundärspeicher, der Hilfsspeicher (Hardware)
secrete verbergen
section die Sektion, der Schnitt, der Durchschnitt, die Abteilung
sector der Sektor, der Abschnitt
sector specific standard die branchenspezifische Norm
secure sicher, sichern
secure browser der sichere Browser, (Browser mit Sicherheitsfunktionen)
secure sockets layer Internet-Protokoll für das Homebanking
security die Sicherheit, der Schutz
security category die Sicherheitskategorie
security key lock das Sicherheitsschloss (Mechanik)
security management das Sicherheitsmanagement
sedecimal number die hexadezimale Zahl (zur Basis 16)
seek suchen
seektime die Suchzeit (von Informationen auf einem Massenspeicher)
segment das Segment, der Abschnitt, der Netzwerkabschnitt
seizing die Belegung
select auswählen
selection die Selektion, die Auswahl
selection check die Auswahlkontrolle
selection circuit die Ansteuerungsschaltung (Elektronik)
selection cycle der Auswahlzyklus
selection sort die Auswahlsortierung
selective access der indizierte Zugriff (auf Daten)
selective call forwarding die Anrufweiterschaltung unter vorgegebenen Bedingungen (Leistungsmerkmal im ISDN)
selectivity die Trennschärfe (Elektronik)
selector channel der Selektorkanal
selector pen der Lichtstift (Hardware)
selector switch der Schrittschalter (Mechanik)
seletion line die Ansteuerungsleitung (Elektronik)
self adapting selbstanpassend
self checking code der selbstprüfende Code

self contained equipment das unabhängige Gerät (Hardware)
self correcting code der selbstkorrigierende Code
self instructed carry der automatische Übertrag
self resetting die automatische Rückstellung
self resonant frequency die Eigenresonanz
self-assessment die Selbstbewertung
selfmade selbstgemacht
selsyn der Drehmelder
semantic coding die semantische Codierung
semantics die Semantik, die Wortbedeutungslehre
semi-automatic halbautomatisch
semiconductor der Halbleiter (Elektronik)
semiconductor diode die Halbleiterdiode (Elektronik)
semiconductor memory der Halbleiterspeicher (Elektronik)
semifinished halbfertig, unvollständig
send senden, schicken
send channel der Sendekanal
senior fitter der Obermonteur
sense abfühlen, abtasten
sense amplifier der Leseverstärker (Hardware)
sensing coil die Lesewicklung (Elektronik)
sensing contact der Abtastkontakt (Mechanik)
sensing current der Abfragestrom (Elektronik)
sensing head der Tastkopf (Elektronik)
sensing pin der Abtaststift (Hardware)
sensitive empfindlich, lichtempfindlich
sensitivity die Empfindlichkeit
sensitize lichtempfindlich machen
sensor der Sensor, der Messwertgeber
sensor screen der Sensorbildschirm (Hardware)
sentinel die Marke, das Trennsymbol
separability die Trennbarkeit
separate getrennt, gesondert
separation der Abstand, die Trennung
separator das Trennzeichen
sequence die Reihenfolge
sequence chart das Ablaufdiagramm
sequence counter der Programmzähler
sequence number die Zeilennummer, die Laufnummer
sequence number check die Zeilennummernkontrolle
sequence of instruction die Befehlsfolge
sequence of operations die Operationsfolge
sequence-controlled ablaufgesteuert, programmgesteuert
sequencer Gerät oder Programm, welches Notendaten speichert und als Töne abspielen kann
sequencing key die Suchschlüssel
sequent aufeinanderfolgend
sequential turnusmäßig
sequential access der sequentielle Zugriff (im Gegensatz zum parallelen)
sequential access method die sequentielle Zugriffsmethode
sequential control die Folgesteuerung
sequential file die sequentielle Datei (ohne wahlfreien Zugriff)
serial seriell (Aufgaben nacheinander durchführen)
serial access der serielle Zugriff
serial adder der Serienadierer
serial interface die serielle Schnittstelle (Hardware)
serial number die Seriennummer
serial operation der Serienbetrieb
serial port die serielle Schnittstelle (Hardware)
serial storage die serielle Speicherung
serial transfer die serielle Übertragung
serial transmission die serielle Übertragung
serialized bitseriell
serial-parallel converter der Seriell-Parallel-Umsetzer
series die Reihe, die Gruppe
series connexion die Reihenschaltung (Elektronik)
series expansion die Reihenentwicklung (Mathematik)
series register der Reihenwiderstand (Elektronik)
serried dichtgedrängt
server der Server (Hardware), der Diener
server load balancing die Serverlastverteilung (Netzwerktechnik)
serverfarm die Gruppe von gleichartigen, vernetzten Servern
service die Wartung, der Dienst, die Dienstleistung
service access point der Dienstzugriffspunkt (OSI-Schichtenmodell)

service center das Dienstleistungszentrum
service checking routine das Prüfprogramm (Software)
service contract der Wartungsvertrag
service integration die Diensteintegration, Prozess der Zusammenfassung mehrerer Dienste in einem Netz
service management system das Dienstmanagementsystem
service node der Dienstknoten (Komponente eines Netzwerkes)
service program das Dienstprogramm (Software)
service provider der Diensteanbieter (Internet)
service switching point der Dienstvermittlungsknoten, die Teilnehmer-Vermittlungsstelle
service transfer point der Signalübertragungsort, der Signalübergabeort
services die Dienste, die Angebote (z.B. eines Netzbetreibers)
servo amplifier der Servoverstärker (Elektronik)
servo controlled system das Nachlaufregelsystem
servo controller der Nachlaufregler (Elektronik)
servo motor der Servomotor (Elektronik)
servo system das Servosystem, das Nachlaufsteuerungssystem
session die Sitzung
session layer die Kommunikationssteuerschicht (OSI-Schichtenmodell)
set setzen, einstellen, der Satz
set point der Sollwert
setting accuracy die Einstellgenauigkeit
setting instruction der Substitutionsbefehl (Software)
setting potentiometer das Einstellpotentiometer (Elektronik)
setup die Anordnung, die Einstellung
setup string die Einstellungszeichenkette
severly errorded seconds die stark fehlerbehafteten Sekunden, Bezeichnung für die Zeitspanne gehäuft auftretender Fehler
shade der Schatten, die Schattierung
shadow RAM der Schattenspeicher
shadow store der Schattenspeicher, der Festwertspeicher (Hardware)
shaft die Welle, der Schaft, die Spindel (Mechanik)
shaft position digitalizer der digitale Winkelstellungsgeber (Mechanik)
shaft position encoder der Winkelstellungsgeber (Mechanik)
shakesort der „Schüttelsort“ (Sortierverfahren)
share der Teil, der Anteil, teilen
shared geteilt
shared memory der geteilte (gemeinsame) Speicher
shareware Name für „Prüf-vor-Kauf“-Software
sheet das Blatt, die Platte, das Blech
sheet feeder die Einzelblattzuführung, der Einzelblatteinzug (Drucker)
shell die Schale, die Shell, das Gehäuse
shell account die Zugangsberechtigung
shielded cable abgeschirmtes Kabel
shielded twisted pair der abgeschirmte Doppelleiter
shielding die Abschirmung
shift verschieben, die Veränderung, wenden, umlagern
shift in die Rückschaltung, Steuerzeichen im ASCII-Code
shift key die Umschalttaste
shift operation der Verschiebebefehl (Software)
shift register das Verschieberegister (Software)
shifting instruction der Verschiebebefehl (Software)
shock absorber der Schwingungsdämpfer, der Stoßdämpfer (Mechanik)
shock test die Stoßprüfung
shock-tolerance die Stoßfestigkeit, die Toleranz gegen Erschütterungen
shopping channel der Kaufkanal
short kurz, klein, brüchig (Metall)
short circuit der Kurzschluss (Elektronik)
short circuit voltage die Kurzschlussspannung
short message service (SMS) der Kurznachrichtendienst (Mobilfunk)
short term kurzzeitig
shortage der Fehlbetrag
shorten verkürzen
shortfall der Ausfall
shorthand die Kurzschrift, die Stenografie
shortness die Kürze, die Mangelhaftigkeit, der Mangel
show zeigen, ausstellen, die Ausstellung, die Schaustellung

shred das Stückchen, der Fetzen, zerfetzen, ausfasern
shrink schrumpfen
shrinkage die Schrumpfung, die Verminderung
shrunken geschrumpft
Shugart Name eines Hardwareherstellers (Laufwerke)
shunt der Nebenschluss (Elektronik)
shunt resistor der Parallelwiderstand (Elektronik)
shutdown die Abschaltung
side-face die Seitenansicht
sidelong seitlich, seitwärts
sideways sum die Quersumme (Mathematik)
sigma notation die Darstellung mit Summenzeichen (Mathematik)
sign das Zeichen, das Vorzeichen, die Unterschrift, unterzeichnen
sign control die Vorzeichensteuerung
sign position die Vorzeichenstelle
sign register das Vorzeichenregister
signal das Signal, die Wechselspannung (Elektronik)
signal amplifier der Signalverstärker (Elektronik)
signal generator der Signalgeber (Elektronik)
signal light das Signallicht, die Signallampe
signal oscillator der Messsender (Elektronik)
signal source die Signalquelle (Elektronik)
signal strength die Signalstärke, die Signalamplitude (Elektronik)
signal to noise ratio der Störspannungsabstand
signal tracer der Signalverfolger (Elektronik)
signaling function die Übertragungsfunktion
signaling speed die Übertragungsgeschwindigkeit
signalling message handling die Meldungsabwicklung
signatory der Unterzeichner, unterzeichnend
signature die Signatur, die Unterschrift
signed binary die Binärzahl mit Vorzeichen
significance die Wichtigkeit, die Bedeutung
significant bit die bedeutsame Ziffer
signify bezeichnen
silencer der Schalldämpfer
similar ähnlich, gleich
simple file transfer der Dateitransferdienst (Protokoll)
simplex communication der Simplexverkehr, die Übertragung in einer Richtung
simplification die Vereinfachung
simplify vereinfachen
Simula Name einer Programmiersprache (Software)
simulate simulieren
simulated recording die simulierte Aufzeichnung (Modus einer CD-Brennersoftware)
simulation die Simulation, die Vortäuschung
simultaneity die Gleichzeitigkeit
simultaneous simultan, beinahe gleichzeitig
simultaneous linear equation die simultane lineare Gleichung (Mathematik)
simultaneous operation der Simultanbetrieb, der gleichzeitige Betrieb
simultaneous transmission die Simultanübertragung, die gleichzeitige Übertragung
sine der Sinus (Mathematik)
sine function die Sinusfunktion (Mathematik)
sine wave die Sinuswelle (Mathematik, Elektronik)
single einzeln, einfach
single address code der Ein-Adress-Code
single board computer aus einer einzigen Platine bestehender Computer (Hardware)
single chip computer Computer auf einem einzigen Chip untergebracht (Hardware)
single density die einfache Dichte (z.B. Diskettenoberflächenbeschichtung)
single eXtension die einfache Auslegung (SX), z.B. von Datenleitungen
single handed selbständig, ohne Hilfe
single inline package Bezeichnung von Speicherbausteinen mit nur einer Anschlusspinreihe (Elektronik)
single mode fiber die Monomodefaser (Lichtwellenleiter)
single ply paper das Einfach-Papier
single precisions die einfache Genauigkeit

single protocol router der Einzelprotokoll-Router (Hardware)
single sheet feeder die Einzelblattzuführung (beim Drucker)
single sideband transmission die Einseitenbandübertragung, Bezeichnung für ein Datenübertragungsverfahren
single sided einseitig (z.B. Diskette)
single speed die einfache Geschwindigkeit (CD Laufwerk)
single step mode der Einzelschritt-Modus
single step operation der Einzelschritt-Betrieb
single user computer der Einzelplatzrechner
single user operating system das Einzelplatzbetriebssystem
single user operation der Einbenutzerbetrieb
single user system das Einplatzsystem
single-cycle processing die Einzelverarbeitung
single-edge guiding die einseitige Bandführung (Magnetband)
singlespeed die einfache (Umdrehungs-) Geschwindigkeit
singletasking nur eine Aufgabe (gleichzeitig) übernehmend
singular einzigartig, ungewöhnlich, die Einzahl, der Singular
singularity die Einzigartigkeit, die Sonderbarkeit
Sinix Name eines Betriebssystems (Software)
sink das Peripheriegerät, die Senke, das Kühlblech
sinuosity die Windung, die Krümmung
site der Aufstellungsort
sitting die Sitzung
situation die Lage, die Situation
size der Umfang, die Größe, nach der Größe ordnen, der Leim, leimen
size up schätzen, abschätzen
skeleton das Skelett, das Gerippe, das Gestell, im Entwurf, skizzieren
sketch der Entwurf, sie Skizze, entwerfen, skizzieren
sketchy skizzenhaft
skew die Schrägstellung, der Bandschräglauf, schräg, schief
skilled professionals die Fachleute
skin die Haut, die Hülle
skin-deep oberflächlich
skip springen, übergehen
skipping device die Papiervorschubeinrichtung (Drucker)
skirting board die Scheuerleiste (Mechanik)
skyline der Horizont, die Silhouette, der Umriss
Skype Name einer VoIP-Software, zum kostenlosen Telefonieren via Internet
Skythe Name eines Hardwareherstellers (Japan)
slack lose, locker
slant die schräge Fläche, schräg liegen
slanted mark die Schrägstrichmarkierung
slanting schief, schräg
slash der Schrägstrich
slave drive das nachgeordnete Laufwerk
slave key der abgeleitete Schlüssel (Software)
slave relay das Hilfsrelais (Elektronik)
slave system das nachgeregelte System
sledge der Schlitten (Mechanik), auf einem Schlitten fahren
sleek glatt
sleekness die Glätte
sleep function die Ruhefunktion, die Stromsparfunktion
slew sich drehen
slew rate die Anstiegsrate (Elektronik)
slide das Diapositiv
slide gleiten, rutschen
slide in chassis der Geräteeinschub
slide rule der Rechenschieber (Mathematik)
slide-in chassis der Geräteeinschub, der Einschub (Hardware)
slider der Schleifer (Elektronik)
slim schlank
slimline case Name für ein besonders flaches Gehäuse (Hardware)
slimline drive das halbhohe Laufwerk (Hardware)
slip gleiten, rutschen
slippage der Schlupf (Mechanik)
slope die Neigung, die Abschrägung, abschrägen
slope angle der Neigungswinkel
slot der Schlitz, die Nut (Mechanik), der Erweiterungssteckplatz (Elektronik), der Einschub (Hardware)
slotted geschlitzt
slotted card die Schlitzlochkarte
slow access storage der langsame Speicher (Hardware)

S

slow acting langsam reagierend, träge
slow motion die langsame Bewegung, die Zeitlupe
slow-down verlangsamen, verzögern
small klein
small area network das Kurzstreckennetzwerk
small scale integration die Kleinintegration (integrierte Schaltungen mit niedriger Bauteildichte)
smallish ziemlich klein
Smalltalk Name einer Programmiersprache (Software)
smart terminal das intelligente Terminal (Hardware)
Smartmodem Name einer Modembaureihe der Fa. Hayes
SmartSuite Name eines Softwarepaketes des Fa. Lotus (Software)
smash-up der Zusammenstoß
smelt schmelzen
smithereens die kleinen Stücke, die Splitter
smoke der Rauch, rauchen, dampfen
smooth glatt, glätten, ebnen
smoothness check die Stetigkeitskontrolle (Mathematik)
smother der Qualm
smudged verschmiert
snail mail die Schneckenpost (abfällige Bezeichnung für die herkömmliche, langsame Briefpost im Gegensatz zur E-Mail)
snapsphot die Momentaufnahme, der Speicherauszug
snippets die Schnipsel (in Suchmaschinen angezeigte Textschnipsel)
social network soziales Netzwerk (die Gesamtheit aller Webseiten, die auf dem Prinzip des Freundesnetzwerks aufgebaut sind)
society die Gesellschaft, der Verein
socket der Sockel, die Fassung, die Steckdose, die Muffe
socket address die Anschlussadresse (TCP/IP)
soft weich, leise
soft copy die Bildschirmdarstellung (im Gegensatz zur Hardcopy auf dem Drucker)
soft error der „weiche" Fehler (der nicht ständig auftauchende Fehler)
soft hyphen der „weiche" Bindestrich, der kurze Mittestrich
soft sectored Kennzeichnung der Sektoren (Diskette) durch gespeicherte Marken
Softmaker Name eines deutschen Softwarehauses
softsectored softwaremäßig unterteilt
software die Software, das Programm
software compatibility die Softwarekompatibilität
software decoder der Softwaredecoder
software development kit die Programmierumgebung (Softwaresammlung)
software engineering das professionelle Entwickeln von Software
software error der Programmfehler
software handshake das programmgesteuerte Quittungsverfahren
software house das Softwarehaus, der Softwareentwickler
software package das Programmpaket
software signatur das Prüfkennzeichen
software tool die Programmierhilfe (Software)
Solaris Name eines Betriebssystems der Fa. Sun (Software)
solder das Weichlot, die Lötmasse, löten
solder lug die Lötfahne
solder strap die Lötbrücke
soldering-iron der Lötkolben
solderless connection die lötfreie Verbindung (Elektronik)
solenoid der Elektromagnet
solenoid controlled elektromagnetisch gesteuert
solid fest, dauerhaft, massiv, körperlich, der Körper
solid angle der Raumwinkel (Mathematik)
solid geometry die Raumgeometrie, die Geometrie der festen Körper
solid state circuit der Festkörperschaltkreis (Elektronik)
solid state device das Festkörperbauteil (Elektronik)
solid state physics die Festkörperphysik
solid-logic volltransistorisiert (Elektronik)
solidus der Schrägstrich
solubility die Lösbarkeit, die Löslichkeit
soluble löslich, lösbar
solution die Lösung
solve lösen, auflösen
solve a problem ein Problem lösen
solve an equation for x eine Gleichung nach x auflösen (Mathematik)

sort sortieren, die Sorte, die Art, die Weise
sort program das Sortierprogramm (Software)
sorting method die Sortiermethode
sound der Klang, die Schall, der Ton, tönen, klingen, die Sonde, sondieren
sound synthesis die Klangerzeugung
sound-absorbing schallgedämmt, schallschluckend
Soundblaster Name einer Audioerweiterungskarte (Hardware)
soundcard die Soundkarte, die Audio-Erweiterungskarte (Hardware)
soundless lautlos
sound-proof, sound-tight schalldicht
source die Quelle, der Ursprung
source address die Herkunftsadresse, die Quelladresse, die Absenderadresse, das Ursprungsadressenfeld
source code der Quellcode (Software)
source data die Ausgangsdaten (Software)
source document das Originaldokument
source language die Quellsprache (Programmiersprache)
source of information die Informationsquelle (z.B. der Sender)
source program das Quellprogramm (Software)
southbridge Hardwarekomponente einer Hauptplatine
space der Zwischenraum, das Leerzeichen, der Abstand, der Raum
space bar der Leerzeichenbalken (die große Leerzeichentaste)
space curve die Raumkurve (Mathematik)
space division multiplex das Raummultiplex-Verfahren (Elektronik)
space pulse der Trennschritt
space requirement der Platzbedarf
space suppression die Leerstellenunterdrückung, die Zeilentransport-Unterdrückung
spacer der Abstandhalter (Mechanik)
spaghetti der Isolierschlauch
spaghetti code der unstrukturierte Programmcode
spam Bezeichnung für unerwünschte (Werbe-)E-Mails
spanner der Schraubenschlüssel
spare das Ersatzteil, überflüssig, überschüssig, spärlich
spare channel der Reservekanal
sparing sparsam, knapp, dürftig
spark der Funke, Funken sprühen, elektrisieren
sparkle der Funke, funkeln, blitzen, sprühen
spatial räumlich
special character das Sonderzeichen
special purpose computer der Spezialrechner (Hardware)
specific gravity das spezifisches Gewicht
specification die Spezifikation, die Patenschrift
specified measuring range der Messbereich
specimen das Muster, die Probe, das Exemplar
specs die Brille
spectacle der Anblick, das Schauspiel
spectator der Zuschauer
speculum der Metallspiegel
speech output die Sprachausgabe
speech processing die Sprachverarbeitung (Software)
speech recognition die Spracherkennung (Software)
speed die Geschwindigkeit, die Umlaufzahl
speed buffering das Anpassen unterschiedlicher Geschwindigkeiten mit einem Zwischenspeicher
speed dialing code die Kurzrufnummer
speed of operation die Schaltgeschwindigkeit (Elektronik)
speed up beschleunigen
speed variation unit der Drehzahlregler
spelling die Rechtschreibung
spelling checker die Rechtschreibprüfung (Software)
spelter das Zink
spherical kugelförmig
spherical coordinates die Kugelkoordinaten (Mathematik)
spherical function die Kugelfunktion (Mathematik)
spider Programm, das in regelmäßigen Abständen das World Wide Web durchstreift und nach vorgegebenen Informationen absucht
spike die Spitze, die Impulsspitze (Elektronik)
spill die Streuung
spillover der Ladeschwund (Elektronik)
spin die Drehung, der Wirbel, drehen, wirbeln
spin rate die Drehgeschwindigkeit

spin up time die Anlaufzeit (CD-Laufwerk)
spine der Dorn (Mechanik)
spinner der Datenbankbetreiber
spiral die Spirale, der Wirbel, sich schrauben
splash screen der Startbildschirm (software)
splice der Spleiß, die dauerhafte Verbindung (Mechanik)
splint die Schiene (Mechanik)
split aufteilen
split screen der geteilte Bildschirm
split-speed die asymmetrische Vollduplex-Datenübertragung
splitter der Aufteiler (die Frequenzweiche beim DSL-Anschluss)
spontaneous magnetization die spontane Magnetisierung (Elektronik)
spool die Spule, spulen, Abk. für „Simultaneous Peripherial Operations on Line“
spooler der Zwischenspeicher
spooling das Zwischenspeichern
spot der Punkt
spot check Stichproben nehmen
spray coating die Sprühbeschichtung
sprayer der Zerstäuber
spreadsheet das Tabellenkalkulationsblatt, das Arbeitsblatt, das Rechenblatt (Software)
spreadsheet program das Tabellenkalkulationsprogramm
springy federnd, federkräftig
sprite Bezeichnung für eine zusammengehörige Gruppe von Pixeln (Software)
spume der Schaum
spur der Sporn (Mechanik)
spur gear das Stirnrad (Mechanik)
spurious resonace die Nebenresonanz (Elektronik)
spyware (spy software) das Spionageprogramm
square das Quadrat, die zweite Potenz (Mathematik), viereckig, senkrecht
square law characteristic die quadratische Kennlinie (Elektronik)
square pulse der Rechteckimpuls (Elektronik)
square root die Quadratwurzel (Mathematik)
square wave die Rechteckwelle (Elektronik)
square wave generator der Rechteckwellengenerator (Elektronik)
squareness die Rechteckigkeit
squeezing Methode zur Datenkompression
stability die Standfestigkeit, die Kippsicherheit
stability of measurement die Messbeständigkeit
stabilization die Stabilisierung (Mechanik)
stabilize stabilisieren, kippsicher machen
stable stabil, sicher, dauerhaft
stable state der stabile Zustand
stack der Stapelspeicher, der Kellerspeicher, aufeinanderlegen, aufstapeln
stack overflow der Stapelüberlauf (Software)
stack pointer der Stapelzeiger (Software)
stacker der Kartenstapel (z.B. Lochkarten)
stacking das Stapeln (Verbinden mehrerer gleichartiger Einheiten zu einer größeren)
staff das Personal
staff member der Mitarbeiter
stage die Stufe, das Gerüst, das Stadium
stagnancy die Stockung
stainless fleckenfrei, rostfrei
staircase voltage die Treppenspannung (Elektronik)
stale alt, verbraucht
stale effect der Alterungseffekt
stamp der Stempel
stand alone solution die Insellösung (Software, Hardware)
stand-alone unit die Einzelstation (Hardware)
stand-alone workstation die unabhängige Arbeitsstation (Hardware)
standard der Standard, die Norm, die Regel
standard chart die Normzeichnung
standard deviation die Standardabweichung (Mathematik)
standard form das Standardformular, das Einheitsformular
standard output device das Standardausgabegerät
standardization die Normierung, die Standardisierung
standardize standardisieren
standards of operating procedure die Geschäftsordnung

standby betriebsbereit
standby storage der Reservespeicher (Hardware)
standstill der Stillstand
star connection die Sternschaltung (Elektronik)
Star Micronics Name eines Hardwareherstellers (Drucker)
star network das Sternnetz (Hardware)
start address die Startadresse (Software)
start bit das Startbit (Software)
start file die Startdatei
start of block der Blockanfang
start of heading der Beginn der Zeichenfolge
start of message der Mitteilungsanfang (Steuerzeichen)
start of text der Textbeginn (Steuerzeichen)
start pulse der Startimpuls (Elektronik)
start time die Anlaufzeit
starting address die Anfangsadresse (Software)
start-up company die Firmengründung
Starwriter Name eines Textverarbeitungsprogrammes (Software)
statement das Statement, die Anweisung, die Feststellung
static feststehend
static program das unveränderliche Programm (Software)
static RAM das statische RAM (im Gegensatz zum dynamischen RAM)
static random-access memory der statische Direktzugriffsspeicher (Hardware)
static register das statische Register
static storage der statische Speicher, die statische Speicherung
station die Station, der Standort, stellen, positionieren
stationary stationär, ortsgebunden
stationery die Schreibwaren, die Papierwaren
statistical statistisch
statistical data die statistischen Daten
statistical quality control die statistische Qualitätskontrolle
statistics die Statistik
status der Status, der Zustand, der Rang, die Stellung
status byte das Statusbyte, das Zustandsbyte (Software)
status register das Statusregister
status word das Statuswort, das Zustandswort (Software)
steadiness die Festigkeit (Mechanik)
steady stetig, sicher, fest, ruhig, gleichmäßig
steady-state impedance der statische Scheinwiderstand (Elektronik)
steady-state rating die Gleichstrombelastbarkeit (Elektronik)
Stealth virus der „Tarnkappenvirus" (Software)
steel der Stahl, stählern
steering die Steuerung, die Lenkung
step attenuator die Eichleitung (Elektronik)
step index fiber die Stufenindexfaser (Glasfaserkabel)
step-by-step operation der schrittweise Betrieb
stepped transformator der Stufentransformator (Elektronik)
stepping counter der Schrittzähler
stepping mechanism der Schrittschaltmechanismus (Mechanik)
stepping rate die Schrittgeschwindigkeit
stepping switch der Schrittschalter (Elektronik)
sticker der Aufkleber
still picture das Standbild, das stehende Bild
Still Video Name eines Verfahrens zur Abspeicherung von Fotos auf Diskette (Software)
stir die Bewegung, bewegen
stochastic zufällig
stock das Lager
stop bit das Stoppbit (Software)
stop button die Stopptaste (Hardware)
stop distance der Anhalteweg
stop polarity pulse der Trennschritt (Elektronik)
stop time die Haltezeit
stoppage die Sperrung
storage der Speicher, die Speicherung
storage allocation die Speicherbelegung
storage area der Speicherbereich
storage byte das Speicherbyte (Software)
storage capacity die Speicherkapazität
storage cell die Speicherzelle (Elektronik)
storage density die Speicherdichte, die Aufzeichnungsdichte
storage level die Speicherstufe

storage location der Speicherplatz, die Speicheradresse
storage medium das Speichermedium (z.B. Diskette)
storage module drive die modulare Festplattenbauart, die Wechselfestplatte
storage occupancy die Speicherbelegung
storage operation die Speicheroperation (Software)
storage overflow der Speicherüberlauf (Software)
storage period der Speicherungszeitraum
storage position der Speicherplatz
storage print der Speicherauszug
storage register das Speicherregister
storage zone die Speicherzone
store der Vorrat, der Speicher, speichern, lagern
store and forward switching die Speichervermittlung, die Teilstreckenvermittlung
straight line die Gerade (Mathematik)
straight line interpolation die lineare Interpolation (Mathematik)
straighten out in Ordnung bringen, entwirren
strain die mechanische Belastung, die Spannung (Mechanik), beanspruchen
strainer der Durchschlag, das Sieb
strap die Brücke, die kurze elektrische Verbindung, das Band
stray capacitance die Streukapazität (Elektronik)
stray magnetic field das magnetische Streufeld (Elektronik)
streamer der Streamer, das Streamerlaufwerk, das Band (Hardware)
streaming audio die kontinuierliche Übertragung von Audiodaten (z.B. Web-Radio)
streaming video die kontinuierliche Übertragung von Videodaten (z.B. Web-TV)
strech dehnen, strecken, die Dehnung
stress die Beanspruchung, die Spannung, beanspruchen, spannen
strict genau
striker der Schlagbolzen (Mechanik)
string die Zeichenkette, die Datengruppe, die Schnur, das Band
string search die Suche nach einer Zeichenkette
string variable die Alphazeichen-Variable
stringy faserig, zäh
strip auseinandernehmen
strobe Bezeichnung eines Statussignals (Elektronik)
strobe impuls der Taktimpuls (Elektronik)
strobe signal das Statussignal
strong-box die Stahlkassette
structure die Struktur, das Gebilde
structured programming die strukturierte Programmierung (Software)
structured query language die Sprache für strukturierte Abfragen (SQL)
study abroad das Auslandsstudium
study group der Arbeitskreis
sty der Kolben (Mechanik)
style sheet die Stilvorlage
subassembly die Baugruppe (Elektronik)
subchannel der Unterkanal (Elektronik)
subcommittee der Unterausschuss; Ausschuss, zuständig für die Diskussion von Detailfragen
subdirectory das Unterverzeichnis (Software)
subdivide unterteilen
subdivision die Unterteilung
subdomain die Domain unter einer Domain (SubNet)
subject das Subjekt, das Thema
subject searching die Sachrecherche
subnet das Teilnetz, das untergeordnete Netzwerk, das Netzwerksegment (Hardware)
subnetwork das Unternetz, das Teilnetz, allgemeine Bezeichnung für ein untergeordnetes Netz, das Netzwerksegment
subnotebook das besonders leichte (kleine) Notebook
subprogram, subroutine das Unterprogramm (Software)
subscribe unterschreiben, abonnieren
subscriber line die Amtsleitung, die Anschlussleitung im Telefonnetz zum Hauptvermittlungsamt
subscript das tiefergestellte Zeichen
subscription das Abonnement (z.B. einer Zeitschrift)
subsequence das spätere Eintreten
subsequent in der Folge, später, anschließend
subset das Endgerät, die Untermenge, die Teilmenge
subsidiary die Filiale
subsidiary company die Tochtergesellschaft

substance die Substanz, die Hauptsache, der Inhalt
substandard camera die Kleinbildkamera
substantial wesentlich, wirklich, namhaft, vermögend
substantiv das Hauptwort, das Substantiv, selbständig
substitute an die Stelle setzen, der Stellvertreter
substitute character das Ersatzzeichen (Kontrollsteuerzeichen)
substitution das Auswechseln, der Ersatz, die Stellvertretung
substitution part das Austauschteil (Hardware)
substrate die Trägerschicht
substructure der Unterbau
subsystem das Subsystem (das System als Bestandteil eines anderen)
subtract subtrahieren (Mathematik)
subtract carry der Subtraktionsübertrag (Mathematik)
subtraction die Subtraktion (Mathematik)
subvention die Beihilfe, die Subvention, die Unterstützung
succeed Erfolg haben, gelingen, folgen
success der Erfolg, das gute Ergebnis
successive aufeinanderfolgend
successor der Nachfolger
suffix anhängen, die Nachsilbe, das Suffix
suffusion der Überzug
suggestion die Anregung, der Vorschlag
suit anpassen, die Reihenfolge
suitcase der Handkoffer
sulphurize schwefeln, vulkanisieren
sum die Summe, der Betrag, rechnen, zählen
sum total die Gesamtsumme
summarize kurz zusammenfassen
summary die Inhaltsangabe, die Zusammenfassung
summation die Addition, die Summierung (Mathematik)
summation check die Längssummenkontrolle
super high frequency die Hochfrequenz, Frequenzbereich von 3 GHz bis 30 GHz
super large scale integration die besonders hohe Packungsdichte (Chiptechnologie)
super twisted nematic die „Drehzelle", die Weiterentwicklung der TN-Technik für LCD-Bildschirme
super user Name für den Systemverwalter eines UNIX-Systems
super-conductive material das supraleitende Material
superficiality die Oberfläche
superheat überhitzen
superiority die Überlegenheit
supernumerary überzählig
superscribe überschreiben, adressieren
superscription die Aufschrift, die Überschrift
supervise überwachen, beaufsichtigen
supervision die Überwachung, die Beaufsichtigung
supervisor der Aufseher, der Inspektor
supervisor administrator Person, die für die Administration und Wartung eines lokalen oder großräumigen Netzwerkes zuständig ist
supervisory frame der Steuerblock, standardisierter Übertragungsrahmen der bitorientierten Protokollgruppe HDLC/SDLC
supplement die Ergänzung, der Nachtrag, ergänzen
supplementary services die Zusatzdienste (Diensteklasse öffentlicher Telekommunikationsnetze)
supplier der Anbieter (Hardware), der Lieferant
supply liefern, versorgen, die Versorgung, die Zufuhr
supply data Daten bereitstellen
support die Unterstützung, unterstützen
supposition die Voraussetzung, die Annahme
surcharge überladen, die Überladung
surface die Oberfläche, die Fläche, auftauchen
surface integral das Flächenintegral (Mathematik)
surface model das Oberflächenmodell, das Flächenmodell (z.B. in einem 3-D-CAD-Programm)
surface mount technology die Oberflächenbestückungstechnik (Elektronik)
surface mounted device die auf die Leiterplatte aufbringbare Komponente (Elektronik)
surface scan der Oberflächentest
surface web das Oberflächen-Web (allgemein zugänglicher Teil des World Wide Web)

surfing das Springen von Dokument zu Dokument (Internet)
surge die stoßweise Änderung
surname der Zuname, der Nachname
surplus der Überschuss, überschüssig
surrogate der Stellvertreter
surrogate search die Nebenrecherche
survey der Überblick, das Gutachten, die Vermessung, besichtigen, begutachten, vermessen
surveying data die Vermessungsdaten (Software)
susceptibility of failure die Störanfälligkeit
sustainable nachhaltig
sustainable cell rate die Dauerzellrate (Netzwerk)
sustained ununterbrochen
swap vertauschen
swapfile die Auslagerungsdatei
swapping die Ein-/Auslagerung, die Vertauschung
swinging temperature die Temperaturschwankung
switch der Schalter (Mechanik oder Software), schalten, umlenken
switched access der gewählte Zugriff, der Zugriff auf ein Netzwerk nach Bedarf
switched connection die Wählverbindung (Netzwerk)
switched line die Wählleitung
switched virtual circuit die gewählte virtuelle Verbindung
switching das Vermitteln
switching algebra die Schaltalgebra
switching center die Vermittlungsstelle (Hardware)
switching circuit der Schaltkreis (Elektronik)
switching diode die Schaltdiode (Elektronik)
switching exchange die Vermittlungseinrichtung
switching function die Schaltfunktion
switching network das Wählnetz, das Kopplernetz
switching time die Schaltzeit
switching transistor der Schalttransistor (Elektronik)
swop austauschen, vertauschen
symbol das Symbol, das Sinnbild
symbolic symbolisch, sinnbildlich
symbolic address die symbolische Adresse (Software)
symbolic instruction der symbolische Befehl (Software)
symbolic language die symbolische Sprache (Software)
symbolic operation die symbolische Operation, die Pseudooperation (Software)
symbolic program das symbolische Programm (ohne Adressen)
symbolic programming die symbolische Programmierung (adressenfrei)
symbolize sinnbildlich darstellen
symmetric multi processor das symmetrische Multiprozessorsystem
Symphony Name eines Softwarepaketes der Fa. Lotus
sync character das Synchronisationszeichen
sync pulse der Synchronisationsimpuls (Elektronik)
synchronism der Gleichlauf, die Gleichzeitigkeit
synchronization channel der Synchronisationskanal (Datenübertragung)
synchronize zeitlich zusammenfallen, gleichzeitig sein, synchronisieren
synchronous gleichzeitig, gleichlaufend, synchron
synchronous data transmission die synchrone Datenübertragung
synchronous digital hierarchy die synchrone Digital-Hierarchie (Standard für ein Übertragungssystem auf internationalen Weitverkehrsnetzen)
synchronous dynamic random access memory das synchrone DRAM (Elektronik)
synchronous idle der Synchronisationsleerlauf (Steuerzeichen)
synchronous mode der Synchronmodus (SCSI-Geräte)
synchronous operation der Synchronbetrieb
synchronous transmission die Synchronübertragung
syncing die Synchronisierung (z.B. einer Datenübertragung)
synonym das Synonym, das sinnverwandte Wort
syntactic syntaktisch
syntax die Syntax, die Satzlehre
syntax error der Syntaxfehler
synthesize künstlich herstellen

synthetic synthetisch, künstlich
synthetic resin das Kunstharz
SyQuest Name eines Hardwareherstellers (Laufwerke)
sysop der Systembetreuer
system das System
system aging test der Systemalterungstest, Hardwaretest, der die Zuverlässigkeit eines Bauteils bezüglich seiner Einsatzdauer feststellen soll
system analysis die Systemanalyse
system analyst der Systemanalytiker
system application architecture die Systemanwendungsarchitektur, Gruppe von Software-Schnittstellen, Protokollen und anderen Konventionen, von IBM definiert
system clock der Taktgeber (Elektronik)
system crash der Systemabsturz
system disk die Systemplatte, die Systemdiskette
system documentation die Systemdokumentation
system fault tolerance die redundante Datenspeicherung
system login script die Initialisierungsdatei
system of equations das Gleichungssystem (Mathematik)
system operator der Systembetreuer
system program das Systemprogramm (Hardware)
system redundancy die Systemredundanz
system request die Systemabfrage
systematic error der systematische Fehler, der systembedingte Fehler
systematically systematisch, planmäßig, folgerichtig
systems network architecture die Netzwerksystemarchitektur
systems testing die Systemprüfung

T

tab tabellieren, der Streifen, das Schildchen
tab memory der Tabulatorspeicher
table die Tabelle, der Tisch, die Tafel, vorlegen
table look-up das Nachsehen in einer Tabelle
table of contents (TOC) das Inhaltsverzeichnis (Massenspeicher)
tabular tabellieren
tabular insert der Tabulator
tabulate tabellieren, tabellarisch ordnen
tachometer generator der Drehzahlgeber (Elektronik) z.B. eines Laufwerkes
tag die Markierung, markieren, anheften, die Kennzeichnung
tag image file format (TIFF) Grafikformat, welches speziell für Scanner entwickelt wurde
tagging das Markieren
take-off die Nachahmung, der Start
take-off speed die Ablaufgeschwindigkeit (z.B. Magnetband)
take-up speed die Aufwickelgeschwindigkeit (z.B. Magnetband)
take-up wheel die Aufwickelspule (Mechanik) (z.B. Magnetband)
talker der Sprecher, der Sender
tally die Stückliste
tandem connection die Hintereinanderschaltung, die Serienschaltung (Elektronik)
tangent die Tangente (Mathematik)
tank circuit der Parallelschwingkreis (Elektronik)
tape das Band, das Tonband
tape cartridge die Bandkassette (Massenspeicher)
tape deck das Magnetbandgerät (Hardware)
tape drive das Bandlaufwerk (Hardware)
tape error der Bandfehler
tape feed der Bandtransport (Mechanik)
tape jam die Bandstörung, der „Bandsalat“
tape leader der Bandvorspann (zur Schonung des Magnetbandes)
tape loop recorder der Endlosbandrekorder (Hardware)
tape outage das Bandende
tape recorder das Magnetbandgerät (Hardware)
tape reeling device die Bandwickelvorrichtung (Mechanik)
tape start der Bandanlauf
tape tension die Bandspannung (Mechanik)
tape threading die Bandeinfädelung (Mechanik)
tape transport die Bandführung, der Bandtransport (Mechanik)
target das Ziel
target data die Zieldaten (Software)
target language die Zielsprache (Software)
target program das Zielprogramm (Software)
task die Task, die Aufgabe
task dispatcher das Verteilerprogramm (Software)
task management die Aufgabensteuerung
task switcher der Programmumschalter (Software)
tax die Steuer, die Abgabe, besteuern
tax card die Lohnsteuerkarte
taylored version die maßgeschneiderte Version, die Sonderausführung
teamwork die Zusammenarbeit
technical brochures die technischen Unterlagen
technical characteristics die technischen Eigenschaften
technical committee das technische Komitee (Im Gegensatz beispielsweise zu einem kommerziell ausgerichteten)
technical expert der Sachkundige
technical manual das Gerätehandbuch
technical references die technischen Bezugsgrößen
technical service der technische Kundendienst
technician der Techniker
technique die Technik, das Verfahren
technology die Technologie
tele repair die Telewartung, die Fernwartung
telebanking die Erledigung von Bankgeschäften mit dem heimischen PC
telecommunication outlet die Telekommunikationsanschlussdose
Telecommunications Act das Telekommunikationsgesetz
telecommunications system die Fernmeldeeinrichtung (Hardware)
teleconferencing die Videokonferenz

telecopying equipment das Telefaxgerät (Hardware)
telegraph code der Fernschreibcode (Software)
telekom designed network die Telekommunikationslösung. Komplettangebot individuellen Zuschnitts für vernetzte Systemlösungen im Bereich der geschäftlichen Datenkommunikation
telelearning der Tele-Unterricht, der Fernunterricht
telematik Kunstwort aus Telekommunikation und Informatik. Bezeichnung für die Verbindung beider Bereiche
telemeeting die Videokonferenz
telemetering die Fernmessung
telephone bandwith die Fernsprechbandbreite, der Frequenzbedarf einer Nachricht
telephone handset der Telefonhörer
teleprinter der Fernschreiber (Hardware)
teleprinter exchange das Telex
teleprocessing die Datenfernübertragung
teleprocessing of data die Datenfernverarbeitung
telescoping ausziehbar
teleservice der Telematikdienst
teleshopping der Fernkauf (Homeshopping)
teleteaching der Fernunterricht
teletext der Bildschirmtext
teletype terminal (TTY) das Fernschreibgerät
teletype, teletypewriter der Fernschreiber (Hardware)
television set das Fernsehgerät (Hardware)
telex network das Fernschreibnetz
T
Telnet Name eines Protokolls für Terminalfernverbindungen (Software)
tempest monitoring der Lauschangriff auf Computer durch Abhören der kompromittierenden Strahlung
template die Schablone
temporary zeitweilig, vorübergehend
temporary file die temporäre Datei, die Auslagerungsdatei (Software)
temporary storage der Zwischenspeicher
ten digit keyboard die Zehnertastatur, der numerische Ziffernblock, die abgesetzte Zahlentastatur
tender das Angebot
tensile strength Zugfestigkeit (Mechanik)
tension die Spannung (Mechanik)
tentative versuchend, versuchsweise, der Versuch
term der Term (Mathematik), der Ausdruck, benennen, bezeichnen
terminable begrenzt, befristet
terminal das Terminal, das Datensichtgerät (Hardware), die Klemme (Mechanik), die Endstation
terminal access point der Endgeräteanschlusspunkt
terminal adaption die Endgeräteanpassung (ISDN)
terminal block die Klemmleiste (Elektronik)
terminal control unit die Terminalkontrolleinheit
terminal endpoint identifier die Endgeräteadresse (ISDN)
terminal equipment das Endgerät, die Endeinrichtung, im Telefonnetz (auch ISDN) beispielsweise Telefon, Telefax, Modem usw
terminal node der Endknoten (hier erfolgt die Datenein- u. Ausgabe im Netzwerk)
terminal node controller der Endknotenkontroller (Hardware)
terminal printer der Ausgabedrucker (Hardware)
terminal station die Endstelle
terminal strip die Lötleiste (Elektronik)
terminalemulation die Terminalnachbildung
terminate begrenzen, beenden
terminate and stay resident (TSR) das speicherresidente Hintergrundprogramm
termination der Abschlusswiderstand (Elektronik), die Beendigung, das Ende
ternary signal das Ternärsignal, Digitalsignal, dessen Signalparameter über den Wertevorrat 3, z.B. die Ternärzustände -1, 0 und +1 verfügt
terse bündig
test der Test, die Prüfung, testen, prüfen
test data die Testdaten (Software)
test data generator der Prüfdatengenerator
test in site die Prüfung vor Ort
test out durchtesten
test routine das Prüfprogramm (Software)

test signal das Prüfsignal (Elektronik)
testing probe die Prüfsonde (Elektronik)
testwriting das Testschreiben (Modus einer CD-Brennersoftware)
tetrad die Tetrade (Mathematik), vier bits
Texas Instruments Name eines Hardwareherstellers
text formatting die Textgestaltung
text processing die Textverarbeitung (Software)
text segment der Textbaustein
TextMaker Name eines Textverarbeitungsprogrammes (Software)
textual textbezogen
texture das Gewebe, das Gefüge, die Dichtigkeit (von Papier)
theorem das Theorem, der Lehrsatz (Mathematik)
theory of proportion der Proportionalitätssatz (Mathematik)
thermal drift die thermisch bedingte Abweichung
thermal noise das thermische Rauschen
thermal printer der Thermodrucker (Hardware)
thermal transfer printer der Thermotransferdrucker
thermic die Hitze, thermisch
thermo magnetical optical Thermo-Magneto-Optisch, Verfahren für das Beschreiben und Lesen der ROD
thermo sublimation Technik, die vorwiegend bei hochwertigen Farbdruckern zum Einsatz kommt
thermocouple das Thermoelement (Elektronik)
thesaurus der Wissensschatz
thickness die Dicke, die Dichtigkeit, die Lage, die Schicht
ThickWire Name für das Standard Ethernet Netzwerkkabel (das dickere Kabel)
Thin Ethernet cable Name für ein preiswertes (dünneres) Ethernet Netzwerkkabel
ThinWire Name für ein preiswertes (dünneres) Ethernet Netzwerkkabel
third country calling der Weltverbindungsdienst
thrashing die Überlastung eines Systems
threaded nut coupling die Gewinde-Kupplung, Steckerbauart für Koaxialkabel
threads Nachrichtenbäume
three party service die Dreierkonferenz (ISDN)
three-phase current der Drehstrom (Elektronik)
threshold circuit die Schwellenwert-Schaltung (Elektronik)
throttle drosseln
throughput der Durchsatz
throw der schnelle Papiervorschub (Mechanik) z.B. bei einem Drucker
thrust bearing das Drucklager (Mechanik)
thumb der Daumen
thumbnail der Fingernagel, das fingernagelgroße Bild
thumb-print der Daumenabdruck
thumb-screw die Flügelschraube (Mechanik)
thumbtack der Reißnagel
ticker der Fernschreiber (Hardware)
ticket der Zettel, der Schein, mit einem Zettel versehen, kennzeichnen
tie die Verbindung
tier die Etage
tight coupling die feste Kopplung
tighten (eine Schraube) anziehen, (eine Feder) spannen
tightness die Festigkeit
tight-rope das gespannte Seil, der Seilzug (Mechanik)
time die Zeit, das Zeitmaß, der Takt, das Tempo
time bomb die Zeitbombe, Programm mit destruktiver Funktionalität, die zu einem bestimmten Zeitpunkt ausgelöst wird
time compressing multiplexing das Zeit-Getrenntlageverfahren (Datenübertragungsverfahren über eine Zweidraht ISDN-Leitung)
time delay die Laufzeit
time dependent zeitabhängig
time displacement die Zeitverschiebung
time division die Zuweisung von Zeitabschnitten (Zeitscheiben) beim Multitasking
time division multiplex das Zeitmultiplexverfahren, das Zeitscheibenverfahren
time domain reflectometry die Zeitbereichsreflektometrie, Messverfahren zur Fehleranalyse und Fehlerortung in Übertragungskabeln

time sharing der Teilnehmerbetrieb, der Mehrbenutzerbetrieb, die Zeitaufteilung
time shedule der Zeitplan
time slice die Zeitscheibe
time to live die Lebenszeit, die Aktualität eines Datagramms im TCP/IP
timecode der Zeitcode
time-hour meter der Betriebsstundenzähler (Hardware)
time-lag die Verzögerung
time-limit die zeitliche Befristung
timeout die Zeitbegrenzung
timer der Zeitgeber
timesharing die Zeitaufteilung
timeslice die Zeitscheibe
timeware Bezeichnung für nur begrenzt lauffähige Software
timing die zeitliche Steuerung
timing diagram der Zeitplan
timing error der Gleichlauffehler
timing mark die Zeitmarke
timing pulse der Taktimpuls (Elektronik)
timing pulse rate die Taktrate (Elektronik)
timing signal der Taktimpuls (Elektronik)
tin das Blech, das Zinn, der Draht, blechern
tiny winzig
tipster der Ratgeber
titular dem Namen nach
toggle switch der Kippschalter (Hardware)
token das Zeichen
token access Name eines Zugriffsverfahrens im Netzwerk, welches mit Zugriffsberechtigungen arbeitet
token passing die Zeichenübergabe, Name eines Netzwerkprotokolls
token ring Name einer Netzwerkstruktur (IBM)
T
tolerance die Toleranz
tolerance limit die Toleranzgrenze
toll der Zoll
toll center die Ortsvermittlung (Telefonnetz)
toll free service der gebührenfreie Dienst (auch: Freephone, Beispiel: 0800-Service)
toll point die Ortsvermittlungsstelle (Telefonnetz)
toner Kunststoffpulver als Farbmittel
toner-cartridge der Tonervorratsbehälter (Laserdrucker, Fotokopierer)
tool das Werkzeug (Mechanik oder Software), das Gerät
tools of quality die Qualitätswerkzeuge
top down method Programmiermethode „vom Allgemeinen zum Speziellen“
top management die oberste Leitung
topic der Gegenstand, das Thema
top-level-domain Bezeichnung für den letzten Teil eines Domain-Namens, wie beispielsweise com, org, net usw.
top-loader Bauart eines externen CD-ROM Laufwerkes, bei dem das Einlegen der CD über eine obenliegende Klappe erfolgt
topology die Topologie, die Netzstruktur (z.B. Stern, Baum usw.)
torn-tape condition der Bandriss
torque das Drehmoment (Mechanik)
torsion die Drehung
tot die Summe, die Gesamtsumme
tot up sich summieren
total die Gesamtsumme, ganz, gänzlich, insgesamt betragen
totaling die Summenbildung (Mathematik)
totality die Vollständigkeit
totalize zusammenzählen
touch sensitive keyboard die Folientastatur (Hardware)
touch sensitive screen der Kontaktbildschirm (Hardware)
touch tone dial das Mehrfrequenzwahlverfahren
touchscreen der Bildschirm für die Eingabe durch Berührung (Hardware)
towercase das Towergehäuse
toxic giftig
toxin der Giftstoff
tpi (tracks per inch) Anzahl der Spuren pro Zoll, Maß für die Aufzeichnungsdichte (z.B. Diskette)
trace die Ablaufverfolgung, die Kurve, die Spur, verfolgen
traceability die Rückverfolgbarkeit
tracing das Durchpausen, die Pauszeichnung
tracing paper das Pauspapier
tracing program das Überwachungsprogramm (Software)
track die Spur, die Bahn
track at once modus Schreibmodus, bei dem zwischen zwei Tracks (CD) automatisch immer eine Pause geschrieben wird

track ball die Rollkugel, Eingabegerät zur Zeigerpositionierung als Alternative zur Maus
track density die Spurdichte (z.B. auf einer Diskette)
track recovery algorithm die Spurwiederherstellung (CD-R)
track to track seek time die Positionierzeit (Schreib-/Lesekopf)
track width die Spurbreite (z.B. auf einer Diskette)
trackball die Rollkugel (Hardware)
tracking die Spurführung
tracking guide groove die Aufzeichnungsspur (CD)
tracking selection die Spurauswahl
tracking symbol das Nachführsymbol
tracks per inch Anzahl der Spuren pro Zoll, Maß für die Aufzeichnungsdichte (z.B. Diskette)
traction das Ziehen, der Zug (Mechanik)
tractor der Papiertraktor (am Drucker), die Zugmaschine (Mechanik)
trade der Handel, das Geschäft
trade data interchange der Handelsdatenaustausch
trademark das Warenzeichen, die Schutzmarke, die Handelsmarke
Trademark Act das Markengesetz (MarkenG)
tradename die Warenbezeichnung
tradeprice der Händlerpreis
traffic der Verkehr, der Handel
traffic channel der Verkehrskanal (Mobilfunk)
Trailblazer-Modem Hochgeschwindigkeits-Modems der Fa. Telebit
trailer die Schlusskennung (Block, Paket, Zelle)
trailor record Bezeichnung für den letzten Record einer Datei (Software)
trainee der Auszubildende, der Praktikant
training plan der Schulungsplan
training program das Ausbildungsprogramm
trajectory die Flugbahn (der Schreib-/Leseköpfe)
transact abwickeln (einen Vorgang)
transaction die Transaktion, der Geschäftsvorgang
transaction number (TAN) die Transaktionsnummer, eine Geheimzahl für das Homebanking
transaction processing die Transaktionsverarbeitung (Kommunikationsprotokoll)
transaction service der Transaktionsdienst
transceiver Kunstwort aus transmit (= senden) und receive (= empfangen)
transcendal equation die transzendente Gleichung (Mathematik)
transcendal function die transzendente Funktion (Mathematik)
transcription das Umschreiben, das Abschreiben
transducer der Signalumformer (Elektronik)
transfer die Übertragung, übertragen
transfer address die Sprungadresse (Software)
transfer function die Übertragungsfunktion (Mathematik)
transfer impedance die Transferimpedanz, der Kopplungswiderstand
transfer instruction der Sprungbefehl, der Verzweigungsbefehl (Software)
transfer rate die Übertragungsgeschwindigkeit
transfer time die Übertragungszeit
transform umformen, umwandeln
transform equation die Transformationsgleichung (Mathematik)
transformation ratio das Übersetzungsverhältnis
transformer der Transformator, der Wandler
transient error der vorübergehende Fehler
transients die vorübergehenden Änderungen
transistor der Transistor (Elektronik)
transistorization die Bestückung mit Transistoren (Elektronik)
transit delay die Transitverzögerung (in paketvermittelten Datennetzen)
transit network das Durchgangsnetz; Bezeichnung für ein Netzwerk, das Informationen an andere Netze weiterleitet (Backbone)
transit time die Laufzeit
transition die Übertragung
translate übersetzen, zuordnen
translating routine das Übersetzungsprogramm (Software)
translation die Übersetzung

translation of axis die Koordinatentransformation (Mathematik)
translator der Umsetzer, das Übersetzungsprogramm
transliterate die buchstabenweise Übertragung (von einem Alphabet in ein anderes)
transmission die Übertragung, die Antriebswelle (Mechanik)
transmission buffer der Sendepuffer
transmission channel der Übertragungskanal
transmission clock der Schrittakt
transmission control die Sendesteuerung, das Sendesteuerungszeichen (z.B. ACK, NAK usw.)
transmission control code der Übertragungssteuerungscode (Steuerzeichen)
transmission control unit die Datenfernverarbeitungssteuereinheit
transmission error der Übertragungsfehler
transmission header die Übertragungskennung, die Anfangskennung einer Datensendung
transmission identification die Übertragungskennung
transmission line die Übertragungsleitung
transmission loss die Übertragungsdämpfung (Elektronik)
transmission path der Übertragungsweg
transmission procedure die Übertragungsprozedur
transmission reliability die Übertragungssicherheit
transmission speed die Übertragungsgeschwindigkeit
transmission system das Übertragungssystem
transmission time die Übertragungsdauer
transmission unit die Sendeeinheit
transmit die Übertragungssteuerung, übertragen
transmit data register das Sendedatenregister
transmit signal element timing der Sendeschrittakt
transmitter der Wandler, der Sender (Hardware)
transmitter clock der Sendetakt, der Schrittakt
transparent transparent, durchsichtig

T

transport layer die Transportschicht (OSI-Schichtenmodell)
transport network das Transportnetzwerk
transport provider der Transport-Anbieter (Netzwerk)
transport service der reine Übertragungsdienst in einem Netzwerk, im Gegensatz zu anderen Mehrwertdiensten
transporting drum die Transportwalze (Mechanik)
transporting lock die Vorschubsperre (Mechanik)
transposition error der Transpositionsfehler
transputer der Transputer, Bezeichnung für den Verbund von Prozessoren (Hardware)
trashing die Überlastung eines Systems
traverse durchlaufen
tree structure die Baumstruktur, die Baumtopologie
trellis coding die Trelliskodierung (Korrekturverfahren bei der Datenübertragung)
triade die Triade
trial run der Probelauf
trial-and-error das Ausprobieren
triangle das Dreieck (Mathematik)
triangular dreieckig
tributary station die Trabantenstation, die Folgestation, die Sekundärstation
trick der Trick, der Kniff
trickle server Computer im Internet, der Public Domain Software vorhält
trigger der Auslöser, der Abzug, der Drücker
trigger criterion das Auslösekriterium
trigger function die Auslösefunktion
trigger pair circuit die bistabile Kippschaltung, die Flip-Flop-Schaltung
trigger pulse der Auslöseimpuls
trigger signal das Auslösesignal
trigonomic equation die trigonometrische Gleichung (Mathematik)
trigonomic function die trigonometrische Funktion (Mathematik)
trigonomic series die trigonometrische Reihe (Mathematik)
Trilogy Name einer Programmiersprache (Software)
trip auslösen

triphase current der Drehstrom (Elektronik)
triplespeed die dreifache (Umdrehungs-) Geschwindigkeit z.B. bei CD-ROM Laufwerken
triplicate die dritte Ausfertigung
trojan horse das trojanische Pferd, ein Computervirus
trouble der Fehler, die Störung, stören
trouble location die Fehlersuche
trouble shooting die Fehlerbeseitigung, die Fehlersuche
true wahr, echt
true color die Echtfarbendarstellung (z.B. eines Monitors)
True Image Name einer Seitenbeschreibungssprache (Software)
TruePack Name einer True-Type-Schriftensammlung (Software)
TrueType Name einer Zeichensatztechnologie (Software)
truncate abbrechen, stutzen, verstümmeln
truncate error der Abbruchfehler
trunk das Bündel
trunk hunting die Rufverteilung (TK-Anlage)
trunk line die Fernleitung
trunk switch office die Fernvermittlung
trunked radio der Bündelfunk, zellularer Mobilfunkdienst für betriebliche Kommunikationsanwendungen
trust center das Zentrum des Vertrauens (Datenbank für elektronische Schlüssel)
truth table die Wahrheitstabelle (Mathematik)
try der Versuch, versuchen
try-out die Erprobung
T-square die Reißschiene
tumblelog Variation des weblogs (digitales Journal im Internet) mit unterschiedlichen Medientypen
tune diode die Tunneldiode (Elektronik)
tuned circuit der Resonanzkreis (Elektronik)
tunneling die Schleusung fremder Protokolle mit Hilfe eines „Gastgeberprotokolls"
tupel Bezeichnung für einen Datensatz in einer relationalen Datenbank
Turbo Pascal Name einer Programmiersprache (Borland)
turn die Drehung, drehen, die Windung einer Spule (Elektronik), die Umdrehung
turn ratio das Windungsverhältnis (Elektronik)
turnaround time die Antwortzeit
turnkey schlüsselfertig
turnkey system das einschaltbereite System
turnscrew der Schraubenzieher
twice zweimal, doppelt
twin check die Zwillingskontrolle
twinaxial cable das Doppelaxialkabel
twist die Drehung, die Windung, drehen, zusammendrehen, verdrehen (Mechanik)
twist together verdrillen (z.B. Drähte)
twisted pair cable zwei miteinander verdrillte Leitungen
twisted pair wiring die verdrillten Leitungspaare
twisted quad die Sternviererleitung, eine elektrische Nachrichtenleitung aus vier, gleichmäßig verdrillten zylindrischen Leitern
twistet nematic Technik für LCD-Bildschirme
two adapter der Doppelstecker (Hardware)
two-address code der Zweiadressencode (Software)
two-state system das binäre System
type font der Typensatz
type of error die Fehlerart
type ribbon das Farbband (eines Druckers)
type script das Manuskript (mit der Schreibmaschine geschrieben)
type wheel das Typenrad (Drucker)
typed mistake der Schreibfehler
typewriter die Schreibmaschine
typewriting machine die Schreibmaschine
typing error der Schreibfehler
typing pool das Schreibbüro

U

ultra high resolution die besonders hohe Auflösung, Grafikstandard mit einer Auflösung von 2048 × 1536 Pixeln
ultra large scale integration die besonders hohe Integration, Bezeichnung für eine Bauart von Schaltkreisen
Ultrix Name eines Betriebssystems (Software)
umbrella Bezeichnung für das Sternnetz (Hardware)
umbrella organization die Dachorganisation
unable unfähig, außerstande
unabridged ungekürzt
unaccountable unerklärlich, seltsam
unaccustomed ungewohnt, ungewöhnlich
unacknowledged nicht anerkannt
unacquainted unkundig
unadvisable unratsam
unaided ohne Unterstützung
unalterable unveränderlich
unapproachable unzugänglich
unapt untauglich, ungeeignet
unasked ungefragt
unassigned cell die Leerzelle (Zelltyp beim Asynchronous Transfer Mode)
unassisted ohne Hilfe
unattended installation unbeaufsichtigte Installation (Setup ohne weitere notwenige Eingaben vom Benutzer)
unattended operation unüberwachter Betrieb
unauthorized unberechtigt, unbefugt
unavailable nicht verfügbar, unbrauchbar
unavailing nutzlos, vergeblich
unavoidable unvermeidlich
unbend gerade richten, entspannen
unbolted unverriegelt (Mechanik)
unbreakable unzerbrechlich
unbroken ungebrochen, ununterbrochen
unbundle entpacken (z.B. komprimierter Daten)
unbundling die Entbündelung (Trennung von Hard- und Software beim Verkauf)
unburden entlasten
uncalled unaufgefordert, unverlangt
uncared unbeachtet
unceremonious formlos
uncertainty of measurement die Messunsicherheit
unchangeable unveränderlich
unchecked ungehindert
unclose öffnen
uncoil aufrollen
unconditional unbedingt, bedingungslos
unconditional jump der unbedingte Sprung (in einem Programm)
unconnected unverbunden
unconsidered unberücksichtigt
uncontrollable unkontrollierbar
uncountable unzählbar
uncouple auskoppeln
undamaged unbeschädigt
undated ohne Datum, nicht datiert
undecipherable unentzifferbar, nicht zu entziffern
undefined unbestimmt, unbegrenzt
undelete das Widerrufen eines Löschvorganges (Name eines DOS-Befehls)
underestimate unterschätzen
underflow der Unterlauf (eines Speichers, im Gegensatz zum Überlauf)
underground der Untergrund
underlay die Unterlage, unterlegen
underline unterstreichen
undernet das „Teilnetz", andere Bezeichnung für das IRC-System
underrun der Leerlauf, Bezeichnung für einen leeren Datenpuffer durch einen längeren Abbruch der Datenzufuhr
underscore character das Unterstreichungszeichen
understandable verständlich
undo aufheben, ungeschehen machen (z.B. einen Befehl)
undo command der Aufhebungsbefehl (z.B. für das versehentliche Löschen einer Datei)
undocumented command der undokumentierte Befehl
unequal ungleich
unexposed nicht entwickelt (z.B. Foto), unbelichtet
unfamiliar unbekannt
unfinished unfertig, nicht beendet
unfit ungeeignet, unpassend, untauglich
unfixed unbefestigt
unformat das Widerrufen eines Formatierungsvorganges (Name eines DOS-Befehls)
unformatted unformatiert (z.B. eine Diskette)
unformatted capacity die Bruttokapazität, Kapazität eines Datenträgers vor dessen Formatierung
ungear auskuppeln

ungrounded nicht geerdet (Elektronik), unbegründet
unguarded ungeschützt, unvorsichtig
unheeded unbeachtet
unhurt unverletzt
Unicode Name eines 16-bit Codes (Software)
unidirectional eingerichtet, Merkmal von Kommunikationsmitteln und -verfahren, bei denen Nachrichten oder Signale nur in einer Richtung übertragen werden
unidirectional pulse der Gleichstromimpuls (Elektronik)
unification die Vereinheitlichung
uniform gleichmäßig, gleichartig
uniform convergence die gleichmäßige Konvergenz (Mathematik)
uniform ressource locator (URL) die einheitliche Ressourcen-Adresse (ein Verweis zu einer anderen Web-Seite oder einem anderen Ort im Internet)
uniformity die Gleichmäßigkeit
unify vereinheitlichen
unilateral einseitig
unimpaired unvermindert, uneingeschränkt
unimpeded ungehindert
unimportant unwichtig
unimproved unverbessert
uninfluenced unbeeinflusst
uninformed nicht unterrichtet
uninjured unbeschädigt, unverletzt
uninstructed nicht unterrichtet, ohne Verhaltungsvorschriften
uninterruptable power supply die unterbrechungsfreie Stromversorgung (Hardware)
union die Verbindung, die Vereinigung
unit die Einheit, die Anlage (Hardware, Software)
unit area die Flächeneinheit (Mathematik)
unit counter der Einheitenzähler
unit element der Einheitsschritt
unit of information die Informationseinheit
unity gain der Verstärkungsfaktor
universal allgemein, allumfassend
universal language die Weltsprache
universal peripheral interface die Universalschnittstelle
universal product code der Artikelnummercode (Barcode, Strichcode)
university die Hochschule
university research die Hochschulforschung
Unix Name eines Betriebssystems (Software)
unjustified text der Flattersatz (im Gegensatz zum Blocksatz)
unknown die Unbekannte (Mathematik), unbekannt
unlawful ungesetzlich, rechtswidrig
unlicensed unberechtigt, ohne Lizenz
unlike ungleich, anders als
unlikelihood die Unwahrscheinlichkeit
unlikely unwahrscheinlich
unlimited unbegrenzt, unbeschränkt, grenzenlos
unlock aufschließen
unlocked unverschlossen
unloose lösen, losmachen
unmake rückgängig machen, vernichten
unmanned operation der unbemannte Betrieb
unmark eine Markierung löschen
unmarked unbezeichnet, unbemerkt
unmask eine Maske löschen
unmeet unpassend, ungeeignet
unmistakeable unmissverständlich, eindeutig
unmodified nicht abgeändert
unmounted nicht montiert
unmoved unbewegt
unnecessary unnötig
unnoted unbemerkt, unbekannt
unnoticed unbemerkt
unnumbered nicht nummeriert, ungezählt
unobjectionable einwandfrei
unoccupied unbesetzt
unopposed ungehindert, ohne Widerstand
unpack auspacken, entpacken
unpaid unbezahlt, unfrankiert
unperceived unbemerkt
unpicked unsortiert
unprepared unvorbereitet
unproductive unergiebig, unproduktiv
unpronounceable unaussprechlich
unpropitious ungünstig, ungeeignet
unprotected ungeschützt
unprovoked ohne Grund, grundlos
unpublished unveröffentlicht
unqualified ungeeignet
unreadable unleserlich, unlesbar
unready nicht bereit

unrecognized nicht erkannt
unrecorded nicht aufgezeichnet
unregarded unbeachtet
unrelated ohne Beziehung zu
unreliable unzuverlässig
unrelieved ununterbrochen, ohne Hilfe
unremitting unerlässlich, unermüdlich
unreserved unbeschränkt, ohne Vorbehalt
unrestricted uneingeschränkt
unruled nicht liniert, unliniert
unsafe unsicher
unsanctioned unbestätigt, unerlaubt
unscathed unbeschädigt, unversehrt
unscrew aufschrauben (Mechanik)
unserviceable unbrauchbar
unsettled nicht festgesetzt, unbestimmt
unshielded cable nicht abgeschirmtes Kabel
unshielded twisted pair die ungeschirmte Doppeladerleitung
unsigned nicht unterzeichnet
unsized unsortiert, nicht nach Größe geordnet, nicht grundiert, ungeleimt (Papier)
unsold nicht verkauft
unsolder loslöten, ablöten
unsolicited unverlangt, unaufgefordert
unsolvable unlösbar
unsolved ungelöst
unspend unverbraucht
unsqueezed unkomprimiert
unstable instabil, unbeständig
unstinted unverkürzt, unbeschränkt
unsubscribe abbestellen (Abonnement)
unsuccessful erfolglos
unsuitable unpassend, unangemessen
unsure unsicher
untack losmachen
untaxed unbesteuert
untransferable nicht übertragbar
untranslatable nicht übersetzbar
unused ungebraucht
unvaried unverändert
unvarying unveränderlich
unweighted unbewertet
unwind abgespult, abspulen, loswickeln, abwickeln (z.B. ein Magnetband)
unworkable betriebsunfähig
unwritten ungeschrieben, unbeschrieben
unwrough unbearbeitet
up-and-coming vielversprechend
update aktualisieren, auf den neusten Stand bringen
updating file die Änderungsdatei
upgrade aufsteigen, Software: eine neue Programmversion, Hardware: z.B. ein neuer Prozessor
upgrade processor der Aufrüstungsprozessor (Hardware)
upgraded contacts vergütete Kontakte (Elektronik)
uphold aufrechterhalten, stützen
upkeep die Instandhaltungskosten
uplink die Verbindungsrichtung vom Teilnehmer zum Sender im Mobilfunknetz und in der Satellitentechnologie
upload das Senden von Daten (z.B. an eine Mailbox)
upper bound die obere Grenze
upper case der Großbuchstabe
upper memory der „hohe" Speicherbereich (zwischen 640 KB und 1 MB)
upper memory blocks die oberen Speicherblöcke
up-to-date aktuell
upward compatible aufwärtskompatibel
urban legends die Großstadtlegenden, moderne Mythen, moderne Sagen
urgency die Dringlichkeit
urgent dringend, dringlich
usability die Benutzbarkeit (Benutzerfreundlichkeit, Ergonomie einer Website)
usable brauchbar, verwendbar
usage der Gebrauch, der Sprachgebrauch, die Behandlung
USB stick der Speicherstift, ein digitales Speichermedium für Daten (USB = Universal-Serial-Bus, die hier eingesetzte Technik)
use der Gebrauch, die Benutzung
useful nützlich, brauchbar
useful life die praktische Lebensdauer
useful signal das Nutzsignal (Elektronik)
useful surface die Nutzfläche, die nutzbare Fläche
useless unbrauchbar, nutzlos, unnütz
Usenet Name eines weltweiten Netzwerkverbundes
user der Benutzer, der Anwender
user agent „der für den Anwender handelnde", Komponente eines E-Mail-Systems
user friendly benutzerfreundlich
user friendly interface die benutzerfreundliche Schnittstelle

user group die Benutzergruppe, Zusammenfassung von Anwendern z.B. mit gleichen Zugriffsrechten
user identification die Nutzerkennung (z.B. Passwort)
user interface die Benutzerschnittstelle, die Benutzeroberfläche
user label der Benutzerkennsatz
user login script die Initialisierungsdatei
user manual das Anwenderhandbuch
user network interface die Benutzerschnittstelle, die Nutzer-Netz-Schnittstelle
user program das Anwenderprogramm (Software)
user protocol das Anwenderprotokoll
userport die Benutzerschnittstelle
user-to-user signalling Teilnehmer-zu-Teilnehmer-Zeichengabe, Leistungsmerkmal im Euro-ISDN
usual handelsüblich, gewöhnlich
utensil das Gerät, das Utensil
utility das Hilfsprogramm (Software), der Nutzen, die Nützlichkeit
Utility Model Act das Gebrauchsmustergesetz
utility plant das (Energie-) Versorgungsunternehmen
utility program das Dienstprogramm (Software)

V

V.24-Interface die V.24-Schnittstelle (Hardware)
v.v. (vice versa) umgekehrt
vacancy die Leere, der leere Platz
vacant leer, frei, unbesetzt
vacuum tube die Vakuumröhre
vague unbestimmt, unklar
valid gültig, richtig
validate für gültig erklären
validation identifier die Schutzkennung; Merkmal einer Datei, die sensible Daten enthält
validity die Gültigkeit
validity check die Gültigkeitsprüfung
value der Wert, abschätzen, schätzen
value added services die Mehrwertdienste, alle Dienste, die über die Bereitstellung einer einfachen Kommunikationsverbindung hinausgehen
Value Added Tax die Mehrwertsteuer (VAT)
value engineering die Wertanalyse
valve das Ventil (Mechanik), die Radioröhre (Elektronik)
vapourize verdampfen, verdunsten
variability die Veränderlichkeit
variable die Variable (Mathematik), veränderlich
variable bit rate die anpassungsfähige Bit-Übertragungsgeschwindigkeit (Modem)
variable capacitor der Drehkondensator (Elektronik)
variable data die Bewegungsdaten (Software)
variable declaration die Variablendeklaration, die Festlegung einer Variablen auf einen bestimmten Zahlentyp
variable format das veränderliche Format (Software)
variable frequency modem das Modem mit veränderbarer Frequenz
variable length code die Entropie-codierung, Codierverfahren mit variabler Wortlänge
variable record length die veränderliche Satzlänge (Software)
variable resistor der veränderliche Widerstand (Elektronik)
variable track capacity recording Aufzeichnung mit variabler Spurkapazität, Aufzeichnungsverfahren (VTCR) für Festplattenlaufwerke zur Kapazitätssteigerung
variable word length die veränderliche Wortlänge (Software)
variant abweichend, die Variante
variation die Abänderung, die Schwankung, die Abwandlung
varied verschieden
various verschiedenartig, wechselvoll
v-belt der Keilriemen (Mechanik)
vector der Vektor (Mathematik)
vector analysis die Vektorrechnung (Mathematik)
vector graphics die Vektorgrafik (im Gegensatz zur Pixelgrafik)
vector oriented vektororientiert
vector screen der Vektorbildschirm
vectorfont die Vektorschrift
vellum paper das Velinpapier, das Schreibpergament
velocity die Geschwindigkeit
vend verkaufen
vendor der Verkäufer, der Händler
Ventura Publisher Name eines DTP-Programmes (Software)
verbal wörtlich, mündlich
Verbatim Name eines Hardwareherstellers (Speichermedien)
verbatim wörtlich, wortgetreu
verifiable nachweisbar
verification die Vergleichsprüfung, die Verifizierung, die Nachprüfung
verification signal das Quittungssignal (Software)
verify nachprüfen, beweisen, bestätigen
versatility die Vielseitigkeit
version die Version, die Fassung, die Darstellung
version number die Versionsnummer
versus gegen
vertex der Scheitel (Mathematik)
vertical deflection die vertikale Ablenkung (z.B. des Elektronenstrahls der Bildröhre)
vertical misalignment die vertikale Fehlausrichtung
vertical parity check die vertikale Paritätskontrolle
vertical redundancy check die Querprüfung (Datensicherung)

vertical scroll das vertikale Rollen des Bildschirminhaltes
vertical synchronisation die Vertikalsynchronisation (Signal an einem Monitor)
vertical tabulation der Senkrecht-tabulator, Steuerzeichen im ASCII-Code
very high frequency die Hochfrequenz (30 bis 300 MHz)
very high resolution die Hochauflösung (Grafikauflösung von 1280 × 1024 Pixeln)
very local area network das Kurzstreckennetz
very low frequency die Niederfrequenz (Frequenzbereich von 3 kHz bis 30 kHz)
viability die Funktionstüchtigkeit
vibrant vibrierend, zitternd
vibrate vibrieren, schwingen, zittern
vibration die Vibration
vibration absorber der Schwingungsdämpfer (Mechanik)
vice versa umgekehrt
video bandwith die Videobandbreite, die für die Aufzeichnung von bewegten Bildern benötigte Bandbreite
video cassette recorder der Videorekorder
video conference die Videokonferenz
video connector der Videoausgang (Schnittstelle)
video controller der Videocontroller (Hardware)
video data die Videodaten
video digitizer der Signalwandler
video disc die Videospeicherplatte (Massenspeicher)
video display das Videosichtgerät (Hardware)
Video Graphics Array (VGA) Name eines Grafikstandards
video home system (VHS) Standard zur Aufzeichnung von Videosignalen auf Magnetbandkassetten
video keying das digitale Mischen von Video und Computergrafik
video memory der Videospeicher
video overlay die Videoüberlagerung, Verfahren, um Videobilder am PC-Bildschirm darzustellen
video processor der Videoprozessor (Hardware)
video server Hardwarekomponente in multimedialen Kommunikationskonzepten
video signal das Videosignal (enthält alle Bildinformationen)
video-bandwith die Videobandbreite (Elektronik)
videomicrographics die Datenspeicherung auf Mikrofilm
videotext system der Bildschirmtext (Software)
Vienna definition language Wiener Definitionssprache (zur Beschreibung der Semantik von Programmiersprachen)
viewer der Betrachter (Software)
virtual virtual, eigentlich, dem Wesen nach
virtual address die virtuelle Adresse
virtual card calling die virtuelle Kartenverbindung
virtual channel der virtueller Kanal (Übertragungskanal, der eingerichtet, aber nicht physikalisch vorhanden ist)
virtual circuit die virtuelle Verbindung
virtual circuit switch die virtuelle Leitungsvermittlung
virtual device driver Treiberprogramm für ein virtuelles Gerät
virtual drive das virtuelle Laufwerk (Laufwerk an einem anderen Rechner, das so genutzt werden kann, als sei es physikalisch im lokalen Rechner vorhanden)
virtual file system die Dateiverwaltung über mehrere Laufwerke hinweg
virtual image das virtuelle Abbild (einer CD)
virtual local area network das emulierte LAN
virtual machine Gerät, das für den Benutzer nicht tatsächlich vorhanden, sondern mittels Software und/oder Hardware emuliert wird
virtual memory der virtuelle Speicher, der Seitenwechselspeicher, der Hintergrundspeicher
virtual memory manager der virtuelle Speichermanager, Treiberprogramm für den Hauptspeicher
virtual pages die virtuellen Speicherseiten
virtual path identifier die Pfadkennzeichnung, Adressinformation im Zellkopf (Header) einer ATM-Zelle

virtual reality die virtuelle Realität, die Scheinrealität
virtual route die virtuelle Verbindung, der logische Datenübermittlungspfad zwischen zwei Endsystemen
virtual storage der virtueller Speicher (nicht tatsächlich vorhandener Speicher)
virtual terminal Bezeichnung für ein Gerät, das nicht tatsächlich vorhanden sein muss, sondern von einem anderen emuliert (nachgebildet) wird
virus der Virus (auch Software), der Krankheitserreger, das Gift
virus scanner Programm zum Aufspüren von Viren
visible sichtbar, sichtlich
visible web das sichtbare Web (allgemein zugänglicher Teil des World Wide Web)
VisiCalc Name des ersten Tabellenkalkulationsprogrammes (Software)
visited network das besuchte Netzwerk (des Mobilfunk-Fremdanbieters)
visitor location register die Besucherdatei (Netzkomponente eines GSM-Systems)
Vista Betriebssystem der Firma Microsoft
Visual Basic Name einer Programmiersprache für Windows (Microsoft)
visual check die Sichtkontrolle, die optische Prüfung
visual display die optische Anzeige
visual display terminal das Bildschirmgerät, der Monitor (Hardware)
visual indicator die Anzeigeeinrichtung (Hardware)
visual readout das visuelle Lesen
visual record die sichtbare Aufzeichnung
visual signal das optische Signal
visualisation das Sichtbarmachen (optische Umsetzung) beispielsweise eines technischen Entwurfes
visualize sich ein Bild machen, vor Augen stellen
vivid lebhaft, lebendig
vlog Variation des weblogs (digitales Journal im Internet) mit Videobeiträgen
vocabulary das Wörterverzeichnis, der Wortschatz
voice die Stimme, ausdrücken
voice channel der Fernsprechkanal
voice chat multimediale Anwendung im Internet, bei der zwei Teilnehmer mit Hilfe eines speziellen Voice-Programms einen telefonähnlichen Sprachdialog abwickeln
voice communication die Sprechverbindung
voice frequency der Sprachbereich
voice mail, voice message die gesprochene Nachricht
voice output die Sprachausgabe
voice over IP (voIP) die Sprachübertragung mittels Internet
voice portal das Sprachdialogsystem (Telefon)
voice server der Sprachserver
void leer, nichtig, ungültig, die Leere, die Lücke, entleeren, ungültig machen
void result das unbestimmte Ergebnis
volatile flüchtig (Elektronik)
volatile storage der flüchtige Speicher, der nichtpermanente Speicher (Hardware)
voltage die Spannung (Elektronik)
voltage divider der Spannungsteiler (Elektronik)
voltage fluctuation die Spannungsschwankung (Elektronik)
voltage gain die Spannungsverstärkung (Elektronik)
voltage level der Spannungspegel (Elektronik)
voltage pulse der Spannungsimpuls (Elektronik)
voltage regulator der Spannungsregler (Elektronik)
voltage stabilizator der Spannungstabilisator (Elektronik)
voltage waveform der Spannungsverlauf (Elektronik)
volume der Band, das Volumen, die Masse
volume control die Lautstärkeregelung
volume descriptor Bereich am Anfang einer CD, der die Struktur des Dateisystems sowie weitere, Angaben zur CD enthält
volume integral das Raumintegral (Mathematik)
volume label der Datenträgername
volume production die Massenproduktion
voluted schneckenförmig
voucher der Beleg, die Quittung

W

wafer die (Silizium-) Scheibe
wait warten, das Warten
waitstate der Wartezyklus
wall socket die Wandsteckdose, die Steckdose
wanderer Bezeichnung für ein Web-Programm, das in regelmäßigen Abständen das World Wide Web durchstreift und nach vorgegebenen Informationen absucht
warm boot der Warmstart (Wiederanfahren eines Systems)
warmth die Wärme
warm-up time die Anlaufzeit
warning die Warnung, die Mahnung
warranted garantiert
warranty die Garantie, die Gewährleistung
washer die Unterlegscheibe, der Dichtungsring (Mechanik)
waste unbrauchbar, überflüssig, die Verschwendung, die Abnutzung
waste instruction der Leerbefehl (Software)
wastepaper basket der Papierkorb
watch dog der Wachhund, Programm, das der Systemüberwachung dient
waterproof wasserdicht
watt das Watt (Elektronik)
wattage rating die Belastbarkeit
wave die Welle (Elektronik)
wave lenght die Wellenlänge, der Abstand zwischen zwei gleichen, aufeinanderfolgenden Schwingungszügen einer periodischen Wellenbewegung
waveform die Wellenform (Elektronik)
wavetable die Wellenlängensynthese
wear die Abnutzung
web die Bahn, das Band, der Gurt, die Papierrolle
web Kurzbezeichnung für das verteilte Hypermediasystem (World Wide Web, Internet)
web design Webgestaltung (Aufbau und Nutzerführung von Webseiten)
web page Bezeichnung für eine Kombination aus Text, Grafiken und Hyperlinks zu anderen Seiten
web scraping Web(-seite) auskratzen (Verfahren zum Auslesen von Texten einer Webseite)
web server Computer, der Web-Dokumente vorhält
webhosting die Bereithaltung von Webseiten auf dem Server eines Internet Service Providers
weblog das digitale Journal im Internet (auch kurz: blog)
website Menge von zusammengehörigen Web-Seiten und Dokumenten im Internet (bzw. im www)
websolution die Internetlösung (Softwarelösung oder Internetdienstleistung)
webspace der Speicherplatz im Netz (von Anbietern im Internet bereit gestellt)
wedge-shaped keilförmig
weighing function die Bewertungsfunktion (Mathematik)
weight das Gewicht
weighting die Gewichtung, die Bewertung
Weitek Name eines Chipherstellers (z.B. Coprozessoren)
weld schweißen, die Schweißnaht
welding das Schweißen
welltimed rechtzeitig
welt der Rahmen
western plug der Western-Stecker (RJ-45)
wheel das Rad, die Scheibe, die Drehung, der Kreis, drehen, rollen, fahren
whirl sich drehen, der Wirbel
white line skipping die Weißzeilenunterdrückung (Telefaxgerät)
white pages Datenbanken im Internet, die grundlegende Informationen für die Benutzer wie E-Mail-Adressen, Telefonnummern und Postadressen beinhalten (WHOIS)
white pages server Name des Server-Rechners, der Adressen verwaltet (Hardware)
whitelist die weiße Liste (zugelassene Adressen bei einem Spam-Filter)
whole-sale der Großhandel
Wibree Name einer drahtlosen Funktechnik
Wide Area Network (WAN) das Weitbereichsnetz
wide area telephone service der Fernsprechfernverkehr
wide band channel der Breitbandkanal
widespread weitverbreitet
width die Weite, die Breite
Wikipedia Name einer Online-Enzyklopädie

wildcard das Jokerzeichen, der Zeichenersatz
willow der Reißwolf
winchester disk Name einer Festplatte (Hardware)
wind winden, wickeln
wind up aufwickeln
winding die Wicklung (Elektronik), die Windung (Spur der CD)
window das Fenster, das Bildfenster
windowed mit Fenstern (Software)
windowing die Fenstertechnik (Software)
Windows grafische Benutzeroberfläche der Fa. Microsoft
Windows Vista Betriebssystem der Firma Microsoft
Winword Name eines Textverarbeitungsprogramms (Software)
wiping contact der Wischkontakt, der Schleifkontakt (Elektronik)
wire der Draht, verdrahten
wire printer der Nadeldrucker (Hardware)
wire telegraph network das Fernschreibnetz
wireless drahtlos
Wireless Access Point (WAP) der drahtlose Zugangsknoten (Schnittstelle zw. Funk- u. Kabelnetzwerk)
wireless local area network (WLAN) das drahtlose LAN
wiring die Verdrahtung, die Verkabelung (Elektronik)
wiring diagram der Schaltplan (Elektronik)
wirte permit ring der Schreibschutzring (Teil einer Magnetbandspule)
withdraw zurückziehen, zurücknehmen
withhold zurückhalten
wobble wackeln, flackern, das Wellenmuster (vordefinierte Spur auf einer CD-R)
word das Datenwort (= 2 Bytes bzw. 16 Bits)
word das Wort, die Nachricht, ausdrücken
Word Name eines Textverarbeitungsprogramms (Software)
word format die Wortstruktur
word length die Wortlänge (in Bits)
word processing die Textverarbeitung (Software)
word processing system das Textverarbeitungssystem
word processor das Textprogramm
word size die Wortlänge
word structure der Wortaufbau
word-book das Wörterbuch
Wordcraft Name eines Textverarbeitungsprogramms
wording die Formulierung (Verfassen von Texten für Webseiten für die Belange von Suchmaschinen
WordPerfect Name eines Textverarbeitungsprogramms
WordStar Name eines Textverarbeitungsprogramms
work die Arbeit, das Werk, arbeiten
work file die Arbeitsdatei
work permit die Arbeitserlaubnis
work space der Arbeitsspeicher (veraltete Bezeichnung)
workable betriebsfähig, brauchbar
workgroup computing Überbegriff für das gruppenbezogene Arbeiten am Computer
working cycle der Arbeitszyklus
working draft der Arbeitsentwurf
working group die Arbeitsgruppe
working hour die Arbeitsstunde
working instruction die Arbeitsanweisung
working memory der Arbeitsspeicher (Hardware)
working method die Arbeitsmethode
working paper das Arbeitspapier
working process der Arbeitsvorgang
working program das Arbeitsprogramm (Software)
working space der Arbeitsbereich (z.B. im Speicher)
working standard das Gebrauchsnormal
working storage der Arbeitsspeicher (Hardware)
works Name eines Softwarepakets (Fa. Microsoft)
workstation der Arbeitsplatzrechner
world wide web Informationssystem im Internet
worm der Wurm, Typus eines Computervirus
worm-drive der Schneckenantrieb (Mechanik)
worm-gear das Schneckengetriebe (Mechanik)
worms Typus von Computerviren
worm-wheel das Schneckenrad (Mechanik)

wrap wickeln, einwickeln, einhüllen, die Hülle
wrapped connection die gewickelte Verbindung (Elektronik)
wrapper die Hülle, der Umschlag
wrapping die Umhüllung, die Verpackung
Write Name eines Textverarbeitungsprogrammes (Software)
write schreiben, speichern
write at once modus der unterbrechungsfreie Schreibmodus (CD-R)
write current der Schreibstrom (Elektronik)
write enable ring der Schreibschutzring (bei der Magnetbandspule)
write instruction der Schreibbefehl, der Speicherbefehl
write lock der Schreibring (Magnetbandspule), der Schreibschutz (z.B. bei der Diskette)
write once das einmalige Schreiben
write protected schreibgeschützt
write protection der Schreibschutz, die Schreibsperre (z.B. bei der Diskette)
writer der Schreiber, der Verfasser
write-read head der Schreib-/Lesekopf (für die magnetische Datenspeicherung)
writing das Schreiben, die Handschrift, das Schriftstück
writing action der Schreibvorgang (z.B. auf Diskette)
writing current der Schreibstrom (Elektronik)
written schriftlich, geschrieben
written test die Klausur
wrongheaded verdreht, verschoben
wry schief, krumm, verzerrt
WWW Abk. f. „World Wide Web", das weltweite Spinnwebsystem, Informationssystem im Internet
wye connection die Sternschaltung (Elektronik)
WYSIWYG engl. Abkürzung für „what you see is what you get", die Übereinstimmung der Bildschirmdarstellung mit dem Ausdruck

X

X/Open Name der Unix-Anbietervereinigung
X/Open portability guide die Portabilitätsrichtlinie von X/Open
X/Open Unix Name eines Unix-nahen Betriebssystems
Xcode Name einer integrierten Entwicklungsumgebung zur nativen Softwareentwicklung (Fa. Apple)
xerographic printer das Trockenkopiergerät (Hardware)
Xmodem Name eines Protokolles für die Datenfernübertragung (Software)
XOR-gate das XOR-Gatter
X-ray die Röntgenstrahlen, durchleuchten, röntgen
X-Windows Name eines netzwerkorientierten Window-Systems (Software)

Y

Yahoo Name eines Internetportals mit Online-Angeboten
year das Jahr
yearly jährlich
yearn verlangen
yellow gelb, das Gelb
yellow book das Gelbbuch (mit Spezifikationen zur CD-ROM)
Yellow Cable das gelbe Kabel, Name eines bestimmten Koaxialkabeltyps
yellow pages die gelben Seiten (Telefonbuch)
yield beliefern, liefern, ergeben, der Ertrag, die Ausbeute

Z

zenith der Höhepunkt, der Zenit
Zenith Name eines Hardwareherstellers
zero die Null, das Nullsetzen, der Anfangspunkt
zero access store der Schnellspeicher (Hardware)
zero blanking die Nullstellenkontrolle
zero check die Nullstellenprüfung
zero defects concept das Null-Fehler-Programm
zero error der Nullstellenfehler
zero fill das Auffüllen mit Nullen
zero insertion force Bauform eines Sockels für die Aufnahme eines Chips
zero level address die unmittelbare Adresse
zero shift die Nullstellenverschiebung
zero state der Nullzustand
zero suppression die Nullenunterdrückung
zerofill das Aufnullen, das Auffüllen z.B. von Speicherbereichen mit Nullen
zeroise nullstellen, das Auffüllen mit Nullen
zig zag inline package (ZIP) Bezeichnung einer bestimmten Bauart für Speicherchips
ZigBee Name eines offenen Funknetz-Standards
zigzag der Zickzack, im Zickzack laufend
Zilog Name eines amerikanischen Hardwareherstellers
ZIP (Zone Improvement Plan) das amerikanische Postleitzahlsystem
zone die Zone, das Gebiet
zone description der Zeitunterschied
zone improvement plan (ZIP) amerikanische Postleitzahl
zooming das stufenlose Verändern der Größe
Zyxel Name eines Hardwareherstellers (Modems)